Reihe Politik und Bildung – Band 61

Dirk Lange, Ayça Polat (Hrsg.)
Migration und Alltag
Unsere Wirklichkeit ist anders

D1734554

Reihe Politik und Bildung – Band 61

Dirk Lange, Ayça Polat (Hrsg.)

Migration und Alltag

Unsere Wirklichkeit ist anders

WOCHEN SCHAU VERLAG

Bibliografische Information der Deutschen Nationalbibliothek

Die Deutsche Nationalbibliothek verzeichnet diese Publikation in der Deutschen Nationalbibliografie; detaillierte bibliografische Daten sind im Internet über http://dnb.d-nb.de abrufbar.

www.wochenschau-verlag.de

Umschlaggestaltung: Ohl Design

Gedruckt auf chlorfreiem Papier
ISBN 978-3-89974659-4

Inhalt

Einleitung

Prof. Dr. Dirk Lange, geb. 1964

*Professor für Didaktik der Politischen Bildung an
der Carl von Ossietzky Universität Oldenburg*

Dr. Ayça Polat, geb. 1972

*Soziologin, seit 2008 Integrationsbeauftragte
der Stadt Oldenburg (Oldenburg)*

Dirk Lange / Ayça Polat
Migration und Alltag

Im alltagsweltlichen und politischen Diskurs Deutschlands spielen Fragen der Migration eine zunehmend wichtige Rolle. Einwanderung und Integration gehören mittlerweile zu den zentralen Politikfeldern in Deutschland. Mehr als 50 Jahre nach der ersten Anwerbung von Gastarbeitern hat sich auf politischer Ebene die Erkenntnis durchgesetzt, dass Deutschland ein Einwanderungsland und eine Integrationsgesellschaft ist. Dieser Tatbestand kann heute nicht mehr ernsthaft in Frage gestellt werden.

Trotz einer stagnierenden Zuwanderungsrate macht ein Blick auf die Bevölkerungszusammensetzung deutlich, in welchem Ausmaß Einwanderung Realität in Deutschland ist. Mittlerweile weist ein Fünftel der Bevölkerung Deutschlands einen Migrationshintergrund auf. Mehr als die Hälfte davon hat die deutsche Staatsbürgerschaft. 2007 hatte in Deutschland von den insgesamt knapp 8,6 Millionen Familien mit minderjährigen Kindern im Haushalt gut jede vierte Familie (27 Prozent) einen Migrationshintergrund. Dieser Anteil war im früheren

Bundesgebiet (ohne Berlin) mit 30 Prozent mehr als doppelt so hoch wie in den neuen Ländern (einschließlich Berlin) mit 14 Prozent.[1] Bei der Altersgruppe der unter 10-Jährigen liegt der Migrantenanteil in einigen Städten sogar bei über 40 Prozent.[2] Faktisch hat mehr als jedes vierte Kind in Deutschland einen Migrationshintergrund und die Tendenz ist steigend.[3]

Strittig ist jedoch die Frage, wie der Staat auf den migrationsbedingten gesellschaftlichen Wandel reagieren soll. Sollen Einwanderer/innen als Neubürger/innen mit allen politischen Rechten integriert oder dauerhaft mit einem Gaststatus versehen bzw. nur geduldet oder als Unerwünschte abgeschoben werden? Zwischen diesen Polen hat sich „Migration" als ein Politikfeld etabliert. Im Jahr 2005 wurde erstmals ein Zuwanderungsgesetz und im Jahr 2007 ein „nationaler Integrationsplan" verabschiedet.

Migrationsprozesse stellen die einzelnen Bürgerinnen und Bürger der Einwanderungsgesellschaft vor neue Fragen. Hierbei wandelt sich auch das Bürgerbewusstsein über Migration. Im Alltag bewährte Konzepte, beispielsweise von Staatsbürgerschaft, Deutschsein oder Integration, genügen den aktuellen Entwicklungen nicht mehr oder verlieren im Kontext von Migrationen an Plausibilität. Bürgerinnen und Bürger des 21. Jahrhunderts benötigen komplexe Konzepte über die Diversität und Pluralität der Gesellschaft. Dadurch gewinnen Aspekte von Migration und Interkulturalität für die politische Bildung an Relevanz. Mündige Bürgerschaft wird zukünftig auf interkulturelle Kompetenzen angewiesen sein.

Der Prozess der Vergesellschaftung in Migrationsprozessen wird durch Konzepte über das Individuum und die Mechanismen seiner sozialen Inklusion und Exklusion erklärbar. Zur Beantwortung der Frage, was die Gesellschaft trotz ihrer Vielfalt zusammenhält, sind im Bürgerbewusstsein Vorstellungen über Formen der Interaktion und Kommunikation in Integrationsgesellschaften vorhanden. Lernende haben eine Vorstellung über das Verhältnis von Individuum und Gesellschaft. Sie erleben migrationsbedingte Heterogenität, die sie subjektiv ordnen und gruppieren. Die mentalen Modelle existieren im Kontext des Alltags. In der alltäglichen Auseinandersetzung mit Migration findet das Bürgerbewusstsein eine Bestätigung oder einen Anlass zur Änderung. Insofern stellt sich die Frage nach den kommunikativen Situationen und den diskursiven Bedingungen, in denen die Vorstellungen über die Migrationsgesellschaft gebildet werden. Deshalb ist es für die politische Bildung so bedeutsam, ihre Maßnahmen im Alltag der Lernenden zu verankern. Im Alltag sind die migrationsbezogenen Vorstellungen wirksam und im Alltag sind sie veränderbar.

Bürgerbewusstsein im Wandel

Dieses Buch geht von der Prämisse aus, dass die politische Bildungspraxis eine Bürgerbewusstseinsbildung zum Ziel hat, die zum einen zu mehr Verständnis und zur Akzeptanz von einwanderungsbedingten Veränderungsprozessen in der deutschen Gesellschaft befähigt und zum anderen durch verbesserte Orientierung in der Migrationsgesellschaft die Mündigkeit von Bürgerinnen und Bürgern im Kontext des gesellschaftlichen Wandels erhält und fördert. Die hier versammelten Autorinnen und Autoren beschäftigen sich aus unterschiedlichen Perspektiven mit dem Wandel des Bürgerbewusstseins in der Integrationsgesellschaft. Es werden sowohl die „Innenseiten" der Einwanderungsgesellschaft beleuchtet und es wird gefragt, wie sich Menschen mit Migrationshintergrund alltäglich in der Gesellschaft orientieren, als auch politische, wissenschaftliche und alltagsweltliche Konzepte von Integration und Einwanderung präsentiert. Das Ziel ist eine differenzierte Darstellung der Probleme, Perspektiven und Kontroversen in der deutschen Einwanderungsgesellschaft.

Die verschiedenen Aspekte des Themas „migrationspolitische Bildung" werden auch in den Stilformen der Beiträge deutlich, mit denen wir uns bewusst für eine vielschichtige Zugangsweise entschieden haben. Der Band enthält sowohl essayistische und journalistische Beiträge als auch wissenschaftliche und didaktisch-methodische. Mit dieser Herangehensweise möchten wir einer möglichst breiten Leserschaft einen Zugang zu diesem aktuellen Thema eröffnen. Das Buch richtet sich zum einen an die Insider der politischen Bildung. Die wissenschaftlichen Positionen sowie die methodischen Beiträge und Projektberichte sollen Anregungen für die alltägliche politische Bildungspraxis geben. Wir möchten aber auch diejenigen ansprechen, die politische Bildung bislang nur von außen wahrgenommen haben. Die verschiedenen Perspektiven, die eingenommen werden, sollen Einblick in die Theorie und Praxis politischer Bildung geben. Wir wollen mit diesem Buch zeigen, dass die politische Bildung ein attraktiver und lebendiger Bildungsbereich ist, der sich mit den aktuellen Herausforderungen der Gegenwart auseinandersetzt.

Innenansichten

Das erste Kapitel „Aspekte des Bürgerbewusstseins" widmet sich mit seinen Beiträgen in erster Linie den Innenansichten auf die Migrationsgesellschaft. Im Vordergrund stehen die Lebensgeschichten und Lebenswelten von Menschen mit Mehrfachzugehörigkeiten und die Effekte von Migration auf die mentalen Modellierungen zu ethnischer Differenz und kultureller Diversität. Die subjektiven

Repräsentationen sind wesentliche Bestandteile von individuellen Vergesellschaftungsprozessen. Für die Identifikation mit der Gesellschaft ist relevant, welche Position das Subjekt im sozialen und gesellschaftlichen Raum einnimmt bzw. welche ihm zugestanden wird. Die soziale Identität von Menschen leitet sich aus ihrem Wissen um die Mitgliedschaft in sozialen Gruppen ab. Dort, wo soziale Anerkennung herrscht, kann auch das „Gefühl von Zugehörigkeit" entstehen.

Verschiedene Innenansichten von Personen und Gruppen in der Migrationsgesellschaft, seien sie Nichtdeutsche, Neudeutsche oder Herkunftsdeutsche, sind Gegenstand eigener Beiträge in diesem Band. Aber nicht alle Erfahrungen konnten explizit aufgenommen werden. Zum Teil jedoch spiegeln sich ihre Perspektiven, insbesondere die der Mehrheitsgesellschaft, in den Darstellungen und Beobachtungen der Autoren/innen wider.

Die Beiträge des ersten Kapitels verdeutlichen, wie unterschiedlich und fassettenreich sich der Alltag in der Einwanderungsgesellschaft gestalten kann. So zeigt die Studie „Die Milieus der Menschen mit Migrationshintergrund in Deutschland" des Forschungsinstituts SINUS-Sociovision, dass sich die Lebenswelt und der Alltag von Migranten/innen genauso nach unterschiedlichen Milieus differenzieren lassen wie bei Herkunftsdeutschen.

Wissenschaft und Politik

Das zweite Kapitel widmet sich der Frage, welche Integrations- und Migrationskonzepte in Wissenschaft und Politik verwendet werden. Diese korrespondieren eng mit dem Bürgerbewusstsein in der Einwanderungsgesellschaft und setzen die äußeren Rahmenbedingungen und Voraussetzungen für Integrationsprozesse. Sie sind somit zentral für die politische Bildungspraxis. Das Kapitel „Integrationskonzepte in Politik und Wissenschaft", aber auch das Kapitel „Konzepte politischer Bildung" verdeutlicht, dass der politische Diskurs um Migration und Integration viel stärkere Kontroversen enthält als der wissenschaftliche Diskurs. Im wissenschaftlichen Diskurs werden die Auswirkungen des jahrzehntelangen Verkennens der Einwanderungsrealität in Deutschland reflektiert und Schlussfolgerungen für die Integrationspolitik bzw. w die politische Bildungspraxis formuliert, die den Anforderungen einer Einwanderungsgesellschaft gerecht werden können. Dagegen wird im Gespräch zwischen der Bundestagsabgeordneten Lale Akgün und dem hessischen Innenminister Volker Bouffier deutlich, wie kontrovers die politische Diskussion zum Thema Einwanderung, Integration, Parallelgesellschaften und Staatsbürgerschaft in Deutschland geführt wird.

Während im politischen Diskurs die Forderung nach Anpassung nach wie vor eine bedeutende Rolle spielt, haben sich in der Wissenschaft weder Assimilationstheorien noch eine wissenschaftlich begründete Definition der sogenannten „deutschen Leitkultur" durchsetzen können. Dies lässt sich zum einen dadurch erklären, dass Wissenschaft und Politik anderen Rationalitätskriterien unterliegen. Erkenntnisgewinn und Machtgebrauch gehen nicht immer konform. Die Diskrepanz ist aber auch darauf zurückzuführen, dass der wissenschaftliche Diskurs viel stärker von internationalen Theorien und Perspektiven geprägt ist als der politische. Dieser wird im Wesentlichen von den politischen Strömungen und Interessengruppen eines Landes dominiert.

Strategien politischer Bildung

Der Wandel des Bürgerbewusstseins in der Migrationsgesellschaft fordert auch die Strategien der politischen Bildung heraus. Das Kapitel „Konzepte politischer Bildung" beschäftigt sich daher mit den Inhalten und Zielen der politischen Bildung und formuliert Desiderate für die Bildungspraxis. Neben den Bildungsinhalten geht es um die Qualifikationsanforderungen an das Bildungspersonal. Kritisiert wird hierbei eine monokulturelle und monolinguale Bildungsperspektive, die der Lebensrealität der Lernenden in der Einwanderungsgesellschaft zu wenig gerecht wird. Welche Wege kann die politische Bildung gehen, um eine gegenseitige Toleranz- und Anerkennungskultur schon früh zu fördern, und wie kann bürgerschaftliches Engagement in der Migrationsgesellschaft gestärkt werden?

Schließlich verändert die Migrationsgesellschaft den Alltag politischer Bildung. Im Kapitel „Aus der Praxis politischer Bildung" werden sowohl einzelne erfolgreiche Maßnahmen der politischen Bildung in der Einwanderungsgesellschaft als auch neue didaktische Ansätze vorgestellt. Zentral ist dabei die Frage, wie in der politischen Bildungspraxis Strukturen und Prozesse von Migrationsgesellschaften subjektiv verständlich gemacht werden können und wie auf die Lernchancen der Migrationsgesellschaft hingewiesen werden kann. Hierfür wurden bewusst sehr unterschiedliche Ansätze und Projekte gewählt.

Die Lage der politischen Bildung in den Bundesländern

Das letzte Kapitel verlässt den Themenschwerpunkt Migration und Alltag und stellt einige Kennzahlen zur Lage der politischen Bildung in den Bundesländern vor. Diese basieren auf einer umfassenden Recherche und Auswertung von Kerndaten zu den institutionellen und curricularen Bedingungen der politischen Bildung in Deutschland. Der Beitrag möchte einen ersten Einblick in dieses

Datenmaterial vermitteln und fasst die Ergebnisse zu den Bereichen „Landeszentralen für politische Bildung", „Politische Bildung in der universitären Lehrerausbildung", „Ausgaben (der Länder) im Rahmen der Kinder- und Jugendhilfe und Kinder- und Jugendförderpläne" sowie „Politische Bildung in der Schule" zusammen.

Anmerkungen

1   Vgl. Statistisches Bundesamt (Hrsg.), Familienland Deutschland, Wiesbaden 2008, S. 9; http://www.destatis.de/jetspeed/portal/cms/Sites/destatis/Internet/DE/Presse/pk/2008/Familienland/Pressebroschuere_Familienland,property=file.pdf (letzter Zugriff: 27.03.2009).

2   Vgl. Statistisches Bundesamt (Hrsg.), Bevölkerung und Erwerbstätigkeit. Bevölkerung mit Migrationshintergrund. Ergebnisse des Mikrozensus 2007, Fachserie 1, Reihe 2.2., korrigierte Version Wiesbaden 2009, S. 19, https://www-ec.destatis.de/csp/shop/sfg/bpm.html.cms.cBroker.cls?CSP CHD=0070000100004htm7mjW000000QhpuNT6zBaJgLHlpSsd2dg--&cmspath=struktur,vollanzeige.csp&ID=1023127 (letzter Zugriff: 30.3.2009).

3   Vgl. ebd., S. 36–37.

Aspekte des Bürgerbewusstseins

Canan Topçu, geb. 1965

Redakteurin bei der Frankfurter Rundschau,
Autorin, Dozentin an der Hochschule Darmstadt,
Fachbereich Media

Canan Topçu
Meine Heimat ist Deutschland, sofern man es meine Heimat sein lässt

Ausgrenzung. Abschottung. Akzeptanz. Anerkennung. Anpassung. Neben all den A-Worten fällt noch das E-Wort. E wie Einbürgerung. Diese Begriffe tauchen in der Debatte um das Einwanderungsland Deutschland immer wieder auf. Die Debatte konzentriert sich – um es zu Beginn klarzustellen – hauptsächlich auf Probleme, und sie konzentriert sich auf die türkischstämmige und muslimische Bevölkerung.

Die Zugewanderten und ihre Nachkommen gelten als die „troublemaker". Sie bereiten Sorgen, und sie verursachen Kosten; sie können kein Deutsch und machen sich nicht einmal die Mühe, die Sprache dieses Landes zu lernen; sie kümmern sich nicht um die schulischen Belange ihrer Kinder; sie interessieren sich weder für Deutsche noch für Deutschland; sie importieren aus ihren Herkunftsländern nicht nur Bräute und Bräutigame, sondern auch archaische Lebensweisen und Rituale; sie halten nichts von demokratischen Werten, nichts von der Gleichheit der Geschlechter und nichts vom Recht auf selbstbestimmtes Leben; sie sind brutal und kriminell. Das jedenfalls sind die gängigen Klischees.

Einerseits ...

Es ist keineswegs so, dass ich Probleme unter den Teppich kehren will. Es gibt in der Tat nicht wenige Einwanderer, die seit Jahrzehnten in diesem Land leben und keine Ahnung von seinem politischen System haben. Sie wissen nicht einmal, wie das Gemeindewesen funktioniert, verwechseln die Ordnungsbehörde mit der Polizei, kennen weder ihre Pflichten noch ihre Rechte.

Es gibt etliche Väter und Mütter, die sich herzlich wenig auf das Land eingelassen haben, in dem sie leben und in dem die Zukunft ihrer Kinder liegt; es gibt Eltern, die keinerlei Verantwortung übernehmen und sich nicht um die Bildung ihres Nachwuchses kümmern; es gibt brutale und kriminelle Jugendliche aus Einwandererfamilien; es gibt Eltern aus muslimischen Ländern, die ihre Töchter zur Ehe zwingen; es werden leider auch in Deutschland junge Frauen getötet, wenn sie einen anderen als den von der Familie vorgegebenen Lebensweg einschlagen. Angesichts dieser Missstände könnte ich verzweifeln. Mir behagt es nicht, dass sich meine „Landsleute" abschotten und in Deutschland so leben wie auch schon in ihrer anatolischen Heimat. Ich schüttele den Kopf über Frauen und Männer, die mehr als die Hälfte ihres Lebens in Deutschland verbracht haben und kaum einen Satz auf Deutsch sprechen können. Wie können Menschen nur so desinteressiert, so ignorant sein? Warum lassen sie sich denn so gar nicht ein auf das Land, in dem sie schon so lange leben? Und es gibt Zeiten, in denen es mir nicht in den Kopf will, warum Frauen freiwillig ihren Kopf bedecken. Verhüllte verstören mich! Und wenn sie sich dann auch noch mit einem Gesichtsschleier auf die Straße begeben, frage ich mich, ob sie denn gar nicht Rücksicht nehmen können auf Menschen, denen der Schleier unheimlich ist. Müssen Muslime ihre Religion unbedingt so zur Schau stellen? Sollten sie nicht Rücksicht nehmen auf die „Ur-Deutschen", die noch nicht angekommen sind in der Einwanderungsrealität? Wird Einheimischen nicht zu viel Toleranz abverlangt? Werden sie nicht überfordert?

Es gibt Situationen, in denen ich durchaus Verständnis für Einheimische habe, für Menschen, denen es schwerfällt zu akzeptieren, dass sich „ihr" Land verändert hat, dass inzwischen auch solche Menschen die Straßen bevölkern, deren Kleidung nicht dem westlichen Modegeschmack entspricht – und auch nicht der Vorstellung von Gleichberechtigung, wenn es sich um verschleierte Frauen handelt, weil ja Verhüllung mit Unterdrückung gleichgesetzt wird.

Andererseits ...

Es empört mich zugleich, wenn – wie nicht nur tagtäglich am Stammtisch, sondern immer wieder auch in Parlamenten und großen Medien – bestimmte Zuwanderergruppen pauschal als Integrationsverweigerer hingestellt und als undankbare Gäste dargestellt werden – als Gäste, die vom Sozialsystem profitieren, sich aber partout nicht an die „Hausordnung" halten wollen. Dann ärgere ich mich über all die Vertreter/innen der Mehrheitsgesellschaft, die kein Einfühlungsvermögen haben und nicht verstehen wollen, warum es „den" Migranten/innen so schwerfällt, sich hier einzuleben. Und ich bin fassungslos, wenn ich Sätze höre wie diesen: „Wer sich hier nicht anpassen will, der soll dorthin zurück, von wo er her kommt." Wohin sollen sie denn – die Menschen, die hier geboren sind oder schon lange hier leben und Staatsbürger dieses Landes sind?

Im Zuge der Berichterstattung über den Moscheebau-Streit in einem Frankfurter Stadtteil habe auch ich immer wieder die Aufforderung erhalten, in meine Heimat zurückzukehren – von Alteingesessenen, die vor nichts eine größere Angst zu haben

Moscheebau-Streit:
Das Vorhaben, im Frankfurter Stadtteil Hausen eine dritte Moschee zu bauen, löste in den Jahren 2007/2008 heftige Auseinandersetzungen aus. Gegnerinnen und Gegner waren der Meinung, Hausen könne eine weitere Moschee nicht verkraften. Mit Verweis auf die im Grundgesetz garantierte Religionsfreiheit wurde im Juli 2008 die Baugenehmigung erteilt.

scheinen als vor der Vereinnahmung durch Muslime. Auch wenn ich aus der Türkei stamme: Meine Heimat ist Deutschland, sofern man es meine Heimat sein lässt.

Die Integrationsdebatte wird zuweilen sehr aufgeheizt geführt. Da darf es nicht verwundern, wenn sich Kinder und Kindeskinder der Gastarbeiter/innen in die eigene Ethnie zurückziehen oder aggressiv reagieren. All das Draufhauen kränkt doch. Die Nachkommen der Arbeitsmigranten/innen wollen sich nicht permanent für ihr Hiersein rechtfertigen, wollen als Individuen wahrgenommen werden. Sie suchen nach Anerkennung, fühlen sich aber ausgegrenzt.

Empathie könnte weiterhelfen

Wer die Motive und Ursachen von Abschottung und Abgrenzung verstehen will, wer wirklich nach Wegen für Akzeptanz und Anerkennung sucht, der sollte einen Perspektivwechsel wagen. Bedauerlicherweise sind dazu nur wenige bereit. Gerade diejenigen, denen dies guttäte, tun sich schwer mit einer anderen Sichtweise und verfangen sich viel zu schnell in Schuldzuweisungen und Anklagen. Mit Empathie – um ein weiteres und wichtiges E-Wort in die Integrationsdebatte einzubringen – könnten Einheimische und Eingewanderte das eine oder andere Problem im alltäglichen Zusammenleben bewältigen. Für den großen Wurf sind allerdings die Politikerinnen und Politiker verantwortlich – und denen würde bei der Ausarbeitung der gesetzlichen Vorgaben eine empathische Herangehensweise gewiss nicht schaden. Psychologisches Fachwissen gehört bedauerlicherweise nicht zu den Voraussetzungen für ein politisches Mandat. Jeder Küchenpsychologe weiß nämlich, wie Menschen auf Ablehnung reagieren. Politiker/innen und andere Entscheidungsträger tun sich hingegen schwer damit, die Wechselwirkungen zu verstehen.

Integration durch Einbürgerungstests?

Was soll man also davon halten, wenn eine Regierung einerseits für Einbürgerung wirbt und gleichzeitig Gesetze verkündet, die eine Hürde auf dem Weg dahin bedeuten? So geschehen im Sommer 2008. Das Bundesinnenministerium gab im Juli bekannt, dass die Verordnung über den im Jahr zuvor vom Bundeskabinett verabschiedeten Einbürgerungstest im September in Kraft treten werde. Kaum war der Katalog mit rund 320 Fragen, aus dem der 33 Fragen enthaltende Multiple-Choice-Test zusammengestellt wird, im Internet veröffentlicht, sorgte er sogleich für Trubel. Opposition und Migrantenverbände kritisierten sowohl das Verfahren als auch einzelne Fragen; die Stimmen der Kritiker/innen wurden aber ignoriert. Im Juli, zum selben Zeitpunkt also, präsentierte Integrationsministerin Maria Böhmer (CDU) eine neue Einbürgerungsbroschüre und warb dafür, die deutsche Staatsangehörigkeit anzunehmen. Die Einbürgerung sei ein wichtiges Ziel erfolgreicher Integrationspolitik, verkündete Böhmer. Mit der Einbürgerung bekennten sich Migrantinnen und Migranten zu ihrer neuen Heimat und identifizierten sich mit unserer Gesellschaft. „Werden Sie Deutsche. Deutschland braucht Sie", appellierte die Staatsministerin. Dazu fallen mir die Worte des Doktor Faust in Goethes Werk ein: „Die Botschaft hör ich wohl, allein mir fehlt der Glaube."

> **Einbürgerungstestverordnung**
> Die vom Bundesminister des Innern am 5. August 2008 erlassene Einbürgerungstestverordnung trat am 1. September 2008 in Kraft und führte bundesweit den bundeseinheitlichen Einbürgerungstest ein. Damit werden die „Kenntnisse der Rechts- und Gesellschaftsordnung und der Lebensverhältnisse in Deutschland" nachgewiesen, die nun als weitere Einbürgerungsvoraussetzung verlangt werden. Davon befreit sind alle, die noch keine 16 Jahre alt oder aufgrund Krankheit, Behinderung oder altersbedingt beeinträchtigt sind.
> *www.bmi.bund.de*

Der Test, argumentiert der Gesetzgeber, werde zur Integration von Einbürgerungskandidaten/innen beitragen, weil er Kenntnisse über die „Rechts- und Gesellschaftsordnung und die Lebensverhältnisse in Deutschland" vermittle. Kritiker hingegen sehen es ganz anders: Er sei eine weitere Hürde für Menschen, die hier heimisch werden wollen. Wer hat nun recht? Zweifelsohne ist der Test auch eine Barriere, weil er mit zusätzlichen Behördengängen und Kosten verbunden ist. Ob dieses „Aufnahmeverfahren" tatsächlich abschrecken wird, werden statistische Auswertungen zeigen. Ungewiss ist allerdings, ob mit der Abfrage von Kenntnissen über „Mensch und Gesellschaft", „Leben in der Demokratie" und „Geschichte und Verantwortung" – dies sind die Bereiche, aus denen die Fragen zusammengestellt sind – die Integration gefördert und das Interesse an dem politischen System geweckt wird. Konservative Politiker werden jedenfalls nicht müde, das zu behaupten.

Die Einbürgerungszahlen zeugen nicht gerade davon, dass sich Menschen mit Migrationshintergrund um deutsche Ausweispapiere reißen. Vielleicht liegt dieses geringe Interesse am mangelnden Wissen über die Vorzüge, Staatsbürger/in eines demokratischen Landes zu sein. Die Situation im „Einwanderungsland" Deutschland ist vertrackt. Einerseits wird verkündet, dass Migrantinnen und Migranten als Staatsbürger erwünscht sind und gebraucht werden, anderer- seits vermitteln restriktivere Gesetze den Eindruck, dass es ein grundsätzliches Misstrauen gegen sie gibt. Die Debatte um den Einbürgerungstest er- weckt nicht nur bei Außenstehenden den Eindruck, als gebe es massive Probleme mit bereits eingebür- gerten Migranten/innen, als müsse daher verhindert werden, dass jeder, der einen deutschen Pass haben will, ihn auch bekommt. Dabei gehen die Vor- behalte, die zum Beschluss der Innenministerkonfe- renz für dieses Prüfungsverfahren führten, auf Schwierigkeiten mit „Integrationsverweigerern" zurück – also auf die Migranten/innen, die sich nicht an die Spielregeln der demokratischen Gesellschaft halten und sich nicht auf das Leben in Deutschland einlassen. Wer den Staat hinters Licht führen will, der wird sich auch durch die geforderten Kenntnisse über die hiesige Rechts- und Gesellschaftsordnung nicht davon abhalten lassen.

Einbürgerungszahlen
Nach Angaben des Statistischen Bundesamtes (Destatis) wurden in Deutschland im Verlauf des Jahres 2007 rund 113 000 Ausländerinnen und Ausländer eingebürgert. Das waren 11 800 Einbürgerungen weniger als im Vorjahr (– 9,5%). Im Jahr 2000 hatten die Einbürge- rungen mit der Einführung des neu- en Staatsangehörigkeitsrechts den Höchststand von knapp 186 700 Personen erreicht. In den Folgejah- ren nahm ihre Zahl jeweils ab, ledig- lich unterbrochen von einer Zunah- me um + 6,5% im Jahr 2006. *www.destatis.de*

Ich halte nichts von Multiple-Choice-Tests; nichts von auswendig gelernten Antworten auf Fragen, mit denen man nichts anfangen kann. Umso mehr bin ich dafür, gerade die jungen Menschen mit dem so genannten Migrationshintergrund mit der demokratischen Rechtsordnung vertraut zu machen und ihnen dieses System schmackhaft zu machen. Als Stichwort sei hier politische Bildung genannt – und zwar vermittelt auf Augenhöhe und nicht mit der Attitüde „Wir wissen, wo es langgeht, und zeigen euch das jetzt mal".

Der Einbürgerungstest ist – wenn es tatsächlich um die Integration gehen sollte – der hilflose Versuch von realitätsfernen Politikerinnen und Politikern, das Interesse von Zugewanderten für Deutschland zu wecken. Nicht über das Abfragen von Wissen und Kenntnissen, sondern über Identifikationsanreize lässt sich die Liebe (!) für dieses Land wecken. An solchen Anreizen mangelt es allerdings in Deutschland seit Beginn der Arbeitsmigration. Es rächt sich, dass in der Politik lange Zeit das Thema Integration ausgespart und Wohlfahrtsverbänden und Selbsthilfeorganisationen überlassen wurde – und das wider besseres Wissen. Denn schon Ende der 1970er Jahre hatte Heinz Kühn, der erste Ausländerbeauftragte der Bundesregierung, in einem Memorandum unter dem Titel „Stand und Perspektiven der Integration der ausländischen Arbeitnehmer und ihrer Familien in der Bundesrepublik Deutschland" festgestellt, dass die Erwartung, die Arbeitsmigranten/innen würden in ihre Herkunftsländer zurückkehren, eine Selbsttäuschung sei. Der SPD-Politiker formulierte explizit, dass Deutschland „faktisch ein Einwanderungsland" sei, und forderte die Politik auf, Schlussfolgerungen daraus zu ziehen. Für den Ausländerbeauftragten der Bundesregierung bedeutete das schon damals, Förderprogramme ins Leben zu rufen, damit die Nachkommen der Gastarbeiter/innen in der Schule, in der Arbeitswelt und in der Gesellschaft gleichgestellt würden. Kühn war weitsichtig und hatte erkannt, dass der Weg zur Integration und Identifikation über Gleichstellung und Chancengleichheit verläuft.

Integrationsprogramme für die Mehrheitsgesellschaft

An diesem Punkt sind wir fast dreißig Jahre nach dem so genannten Kühn-Memorandum angekommen – zumindest auf dem Papier. Es muss allerdings noch viel Wasser den Rhein hinabfließen, bis der in 2006 verabschiedete Nationale Integrationsplan Früchte trägt. Und dafür muss vor allem Geld für langfristige Förderprogramme und Projekte bereitgestellt werden. Wie wäre es mit nachholenden Integrationsprogrammen – auch für die Mehrheitsgesellschaft? Für Bevölkerungsgruppen, die zu früheren Zeiten eingewandert sind, gibt es solche Kurse ja bereits. Es würde den gesellschaftlichen Frieden fördern, wenn auch „Ur-Deutsche" Einblick in die Einwanderungsrealität bekämen. Denn sowenig wie die Gastarbeiter auf das Leben in diesem Land vorbereitet wurden, sowenig wurden auch die Einheimischen darauf vorbereitet, dass diese Menschen hierbleiben würden und sich somit „ihr" Land verändern würde. Sowenig wie Zugewanderte darin bestärkt wurden, sich auf das Leben in Deutschland einzulassen, sowenig ist Einheimischen vermittelt worden, dass ihre Sorge um kulturelle Überfremdung unbegründet ist. Wenn „Ur-Deutsche" noch immer nicht realisiert haben, dass Deutschland nicht mehr nur „ihr" Land ist, dann ist das auch auf ein Versäumnis der Politik zurückzuführen. Aber nicht nur. Es liegt wohl – das sei erlaubt, offen auszusprechen – auch an Borniertheit, Weltfremdheit oder mangelnder Klugheit. Die Medien tragen nicht unerheblich dazu bei, dass Zugewanderte als anpassungsunwillige Fremde wahrgenommen werden.

Den kleingeistigen Migrantinnen und Migranten, die hier nach den strengen Werten und Normen sowie den Traditionen ihrer Herkunftsländer weiterleben, stehen die kleingeistigen Einheimischen gegenüber, die die deutsche Leitkultur hochhalten, was auch immer diese Leitkultur sein mag. Es stehen sich zwei Gruppen von Menschen gegenüber, die sich aus einer tiefen Verunsicherung und panischer Angst vor Überfremdung an ihre Kultur klammern oder auf diese pochen. Viele Migrantinnen und Migranten der ersten Generation hängen an ihrer Herkunftskultur und suchen die Nähe zu Menschen aus der eigenen Community. Weil sie sich in diesem Land noch immer fremd fühlen, selbst wenn sie seit vielen Jahren hier leben. Migration ist ein lebenslanges Trauma! Das wird viel zu oft vergessen. Diese Menschen fühlten und fühlen sich noch immer überfordert von den hiesigen Lebensumständen.

Mangelnde Anerkennung wird unterschiedlich bewältigt

Aber auch etliche aus der neuen Generation leben hier mit dem Gefühl, nicht willkommen und anerkannt zu sein. Darauf reagieren sie mit unterschiedlichen Bewältigungsstrategien. Manche finden den Ausweg aus dem Identitätsdilemma im Islam, fühlen sich in ihrem Glauben aufgehoben. Dass ihre Religion als Bedrohung empfunden wird, kränkt sie wiederum und bestätigt sie zugleich in ihrem Grundgefühl, unerwünscht in ihrem Geburtsland zu sein. Manche jungen Männer kultivieren das Machogehabe oder berufen sich auf ihre ethnische Herkunft; sie stecken in dem Dilemma, weder Türke zu sein, noch Deutscher sein zu dürfen. Denn sie erleben immer wieder Situationen, in denen ihnen zu verstehen gegeben wird, dass sie nicht Deutsche sein können, nicht mit dem Namen, den sie tragen, und nicht mit ihrem Aussehen. Die Reaktion auf diese Kränkung fällt unterschiedlich aus: Manche gehen gestärkt daraus hervor und entwickeln Ehrgeiz, setzen auf die Karrierekarte, um es „den" Deutschen zu zeigen; manche werden aber auch wütend und aggressiv und kriminell, andere wiederum sprachlos und schwach oder suchen Halt im Spirituellen.

Menschen, die nicht „blond und blauäugig" sind, die Namen haben, die anders klingen als Tobias, Matthias oder Juliane, erleben in diesem Land tagtäglich Ausgrenzung. Sie werden – beabsichtigt oder unbewusst, verbal oder via Mimik – ausgegrenzt. Die Integrationskampagnen dürfen sich daher nicht nur auf Zugewanderte konzentrieren, sie müssen auch die Mehrheitsgesellschaft einbeziehen. Denn noch hat ein Großteil der „Ur-Deutschen" nicht realisiert, dass „unser" Land bunter geworden ist und auch das Land von Menschen mit Ö und Ü im Namen und dunklem Teint und dunklen Haaren ist.

Ausgrenzung findet auf vielen Ebenen statt

Ich weiß, wie sich Ausgrenzung anfühlt. Auch ich bin immer wieder solchen Situationen ausgesetzt, wie vor kurzem auf einer Zugfahrt nach Italien. Ich reise mit dem Gedanken, dass es ein gutes Gefühl ist, mit deutschem Pass unterwegs zu sein. Ich hatte noch meine letzte Zugfahrt nach Italien im Kopf. Das Datum werde ich nicht vergessen: 30. Dezember 1993. Ich wollte den Jahreswechsel mit Freunden in Verona feiern. Um ein Haar wäre aus der Silvesterparty nichts geworden. Denn kurz vor der Grenze musste ich den Zug verlassen. „Ohne Visum dürfen sie italienisches Territorium nicht betreten", erklärten mir Grenzbeamte. Irgendwann zwischen Sommer und Winter 1993 hatte Italien auch für im Ausland lebende Türken die Visumspflicht eingeführt, ich hatte aber davon nichts mitbekommen. Mein Bitten und Flehen half nichts. Ich musste umkehren, fuhr zurück bis Innsbruck, eilte zum italienischen Konsulat und ließ mir ein Visum ausstellen. Silvester konnte ich mit meinen Freunden feiern, hatte sogar eine spannende Geschichte zu erzählen. Dass ich auf der Fahrt Rotz und Wasser geweint hatte, sparte ich aber aus.

Die diesjährige Bahnfahrt in die Sommerferien wird mir auch in Erinnerung bleiben, weil sie mit einem kränkenden Erlebnis verbunden war. Im Abteil saß außer mir noch eine junge Frau mit blondem Haar. An der deutsch-schweizerischen Grenze mussten wir unsere Pässe vorzeigen. Meinen schauten sich die Beamten sehr genau an. Und nur meine Personalien ließen sie per Funk überprüfen. Vielleicht war es nur ein Zufall, dass ich und nicht die blonde Mitreisende ins Visier genommen wurde. Vielleicht hatte es nichts mit meinem Aussehen und meinem Namen zu tun. Warum die Wahl für die eingehende Kontrolle auf mich fiel, weiß ich nicht, wohl aber, dass ich mich in diesem Moment schlecht gefühlt habe. Ich war die Verdächtige, ich war die Ausgegrenzte.

„Meine Güte, was ist die empfindlich, es war bestimmt nur eine routinemäßige Kontrolle an der Grenze." Manch einem wird dieser Gedanke durch den Kopf gehen. Mag sein, dass ich überreagiert habe. In dieser Situation wurde mir wieder einmal so richtig klar, was junge Migrantinnen und Migranten meinen, wenn sie erklären, dass es im Grunde egal ist, ob sie einen deutschen Pass haben oder nicht. „Für die anderen bleiben wir doch die Ausländer. Weil wir so aussehen, wie wir aussehen und so heißen, wie wir heißen."

Ausgrenzung – das erfolgt nicht allein über Negatives. Ausgegrenzt, zur Anderen gemacht werde ich auch über Lob und Hervorhebung meiner „Leistungen". Das, was für mich selbstverständlich ist, wird zu etwas Besonderem gemacht, und damit bin ich nicht mehr selbstverständlicher Bestandteil dieser Gesellschaft, was ich aber gerne sein möchte. Um es an einem Beispiel zu verdeutlichen: Während eines Kolloquiums zum Thema Religion und Integration lernte ich im Frühjahr 2008 in Paris eine junge Wissenschaftlerin aus Deutschland kennen. Sie studierte katholische Theologie und forschte zum Institutionalisierungsprozess des Islam in der Bundesrepublik. Beim Mittagessen kamen wir ins Gespräch, plauderten über dies und das. Ich erfuhr, dass sie sich nicht nur Forschungsprojekten widmet, sondern auch Mutter einer zweijährigen Tochter ist. Sie wiederum hörte von mir, dass ich Literaturwissenschaft und Geschichte studiert habe und Tochter von Gastarbeitern bin. „Oh, dann haben sie ja eine erfolgreiche Migrantenkarriere gemacht", stellte die Mittdreißigerin wohlwollend fest. Ich schluckte. Was sollte ich auf solch eine Bemerkung erwidern? Noch bevor ich mir Gedanken über diese Frage machen konnte, kam eine Frage von ihr: „Machen Sie denn auch Ausgrenzungserfahrungen wie ihre Landsleute?" Wieder musste ich schlucken. Sollte ich der Bildungsbürgerin, die über Menschen wie mich forschte, denen sie offenbar nicht oft genug gegenübersaß, erklären, dass ich soeben solch eine Erfahrung gemacht hätte, nämlich mit ihrer gutgemeinten Bemerkung über meine erfolgreiche Migrationskarriere? Und sollte ich ihr erklären, warum ich – anders als die meisten Töchter und Söhne von Einwanderern – nicht auf der Strecke geblieben bin?

Ich habe es nicht gemacht, will es aber jetzt nachholen. Dies vorweg: Das deutsche Schulsystem grenzt aus, was Studien wie PISA und IGLU mehrfach belegt haben. Kinder mit Migrationshintergrund werden aufgrund ihrer Biografie benachteiligt; sie haben auch bei guten Leistungen wegen ihres familiären Hintergrunds geringere Chancen auf eine Empfehlung für den Besuch von weiterführenden Schulen. Das ist ein bildungspolitischer Skandal. Die Ausbildung von Lehrerinnen und Lehrern muss reformiert werden und beispielsweise Seminare zur interkulturellen Kompetenz und zur Geschichte der Arbeitsmigration sollten zur Pflicht werden.

> **PISA und IGLU**
> „Programme for International Student Assessment" (PISA) ist eine international vergleichende Leistungsstudie, die in den Fächern Lesen, Mathematik und Naturwissenschaften ermittelt, welche Kompetenzen 15-jährige Schüler/innen erworben haben. Diese Studie wurde erstmals im Jahr 2000 durchgeführt, sie wird alle drei Jahre (2003, 2006, 2009 etc.) wiederholt. Die „Internationale Grundschul-Lese-Untersuchung (IGLU)" testet international vergleichend das Leseverständnis von Schülerinnen und Schülern der vierten Jahrgangsstufe.

Man kann nicht oft genug feststellen: Wenn die Bedingungen in der Schule bessere wären, könnten es in diesem Land viel mehr Söhne und Töchter von Gastarbeitern/innen und anderen Zugewanderten zu etwas bringen. Kinder von Eltern mit Migrationserfahrung sind nicht per se dümmer als der Nachwuchs von „Ur-Deutschen". Dieser Eindruck entsteht allerdings, wenn man sich die Zusammensetzung von Schulklassen an Haupt- und Realschulen sowie Gymnasien anschaut.

Bildung im Wohnzimmer der deutschen Mittelschicht

Die Biografien von Migranten/innen mit erfolgreichen Bildungsverläufen gleichen sich: Sie stammen aus Gastarbeiterfamilien, ihre Eltern sprachen kaum Deutsch, konnten bei den Hausaufgaben keine Hilfe sein, legten aber Wert auf Bildung. Wir „Erfolgreichen" haben deutsche Freunde gehabt und Menschen, die uns gefördert haben. Wir haben Glück gehabt, weil wir an Pädagoginnen und Pädagogen gerieten, die uns positiv bestärkt haben.

Auf die Frage, wie er es denn zu einem „mustergültigen, integrierten, globalisierten Schwabentürken" gebracht habe, antwortete der Grünen-Politiker Cem Özdemir in einem Zeitungsinterview: „Für meinen Weg war wichtig, dass in Bad Urach, wo ich aufgewachsen bin, die Lingua franca Deutsch war – oder, um korrekt zu sein, Schwäbisch. Ich hatte das Glück, dass ich deutsche Freunde hatte, die mich mit nach Hause genommen haben. Wenn ich dann bei meinem Freund Hermann im Wohnzimmer saß, dann kümmerte sich die Mutter oder die Großmutter auch um meine Hausaufgaben. Das waren die wenigen Male, an denen ich meine Hausaufgaben in der Grundschulzeit selbst gemacht und sie nicht noch schnell vor der ersten Stunde abgeschrieben habe. Das Wohnzimmer der deutschen Mittelschicht ist ein wichtiger Bestandteil der deutschen Bildungspolitik."

Ich hatte zwar keinen Freund namens Hermann, dafür aber Oma Naujoks. Sie war unsere Nachbarin und half mir während der Grundschulzeit bei den Hausaufgaben. Oma Naujoks interessierte sich für mich, sie fragte nach, zeigte und erklärte viel. Von der Kriegerwitwe, die Mitte der 1970er Jahre jenseits der 80 war, habe ich viel gelernt. Lange Zeit war sie außerhalb des Schulhofs die einzige, die mit mir Deutsch sprach. Später kamen Beate und André hinzu – auch ihnen habe ich sehr viel zu verdanken. Wie Cem Özdemir hatte ich also das Glück, deutsche Mittelschichtkinder als Freunde zu haben.

Der schulische und berufliche Erfolg von Migrantenkindern hängt nicht allein – wie es in der Integrationsdebatte und in Medienberichten immer wieder durchklingt – vom Elternhaus ab, sondern auch von Schulen und Lehrern/innen, die fördern, und von positiven Vorbildern. Wie aber sollen diese Kinder deutsche

Freunde bekommen, wenn sie Kindertagesstätten und Schulen besuchen, in denen neun von zehn Kindern ausländischer Herkunft sind? Die oft angeprangerte ethnische Konzentration ist doch auch auf den Rückzug deutscher Eltern zurückzuführen. Wenn – wie ich es immer wieder auch in meinem Freundes- und Bekanntenkreis erlebe – auch Vertreter der liberalen Mittelschicht ihre Kinder nicht in Betreuungseinrichtungen und Schulen mit hohem Migrantenanteil schicken, wird sich das Dilemma so schnell nicht auflösen lassen. Deren Sorge um die lückenlosen Bildungskarrieren ihres Nachwuchses kann ich nachvollziehen. Die Politik ist gefordert zu handeln. Wer für die Zukunft investieren will, der muss jetzt investieren – und zwar in das Bildungssystem. Deutschland ist eines der Länder, das sehr viel Geld ins Hochschulsystem, aber sehr wenig Geld in Vorschule, Schule und berufliche Bildung steckt.

Die Politik muss auf die veränderten Lebens- und Arbeitsbedingungen reagieren. Viele Eltern sind überfordert, werden ihren Aufgaben nicht gerecht. Die Schulen sind Orte, an denen Kinder demokratische Grundwerte und Sozialkompetenz erlernen sowie emotionale Intelligenz entwickeln können. Die Schulen müssen daher besser mit Personal ausgestattet werden – nicht nur mit Lehrerinnen und Lehrern, sondern auch mit Psychologen/innen und Sozialarbeitern/innen. Nicht kleckern, sondern klotzen – das sollte die Maxime in der Bildungspolitik sein. Es bedarf aber auch weiterer Orte und Angebote für junge Menschen aus Einwandererfamilien, damit sie ihre Chancen und Möglichkeiten erkennen. Damit aus diesen Kindern weltoffene Bürger werden, die sich nicht aus Furcht vor der Freiheit und dem Mangel an Wahlmöglichkeiten an Tradition und Religion klammern.

Susanne Simon
geb. 1964, Schauspielerin, freie Autorin

Kulturschocks sind gesund. Vier Porträts

Die hier porträtierten Personen haben es im Gegensatz zu vielen anderen geschafft, sich in Deutschland zu verwurzeln. Doch um Ansehen, Zugehörigkeit und Identität ringen sie noch heute.

„Wenn ich Deutschland nicht lieben würde, hätte ich den deutschen Pass nicht genommen"

Der damalige Jurastudent Aoun Farhat, geboren in Beirut, bat 1986 um Asyl. Sein Antrag wurde abgelehnt, drei Jahre bekam er Duldungen. Er fühlte bei den Beamten der Ausländerbehörde von Anfang an den Unglauben seiner Geschichte gegenüber, den unausgesprochenen Vorwurf, warum er überhaupt da sei, er raube ihre Zeit. Heute ist Aoun Farhat deutscher Staatsbürger und Besitzer eines Friseursalons in der Innenstadt von Karlsruhe.

„Ich habe immer erfahren", betont Farhat, „dass eine deutsche Person die Tür schließt, und eine andere sie öffnet." Aufgrund seiner ersten Ehe mit einer Deutschen musste man ihm eine zunächst befristete Aufenthaltsgenehmigung geben. Als Vater von zwei Kindern konnte er sein Studium nicht fortsetzen, Bafög hätte er nicht bekommen. Ein Friseur, bei dem er jobbte, zahlte ihm einen Sprachkurs und die Ausbildung zum Friseur. Herr Farhat lacht: „Dieser Mensch hat mir einfach aus sich heraus geholfen. Wäre er Arzt gewesen, säße ich hier als Arzt, wäre er Metzger gewesen, als Metzgermeister."

„Mit der deutschen Staatsbürgerschaft steht die Bürokratie hinter mir und meiner Familie. Aber – das wird mir keiner glauben – wenn ich Deutschland nicht lieben würde, hätte ich den deutschen Pass nicht genommen. Ich habe damit meine Beziehung zum Land gewertet. Das heißt jedoch nicht, dass ich auf meine Heimat verzichte. Wenn ich mich vergesse in meinem Leben hier, dreht sich mein Gesicht Richtung Libanon. Heimat ist Kindheit. Die verliert man nicht so leicht. Meine Kinder wachsen hier auf. Vielleicht werden sie einmal Karlsruhe als Ort ihrer Kindheit so lieben wie ich Beirut."

Damals hatten die Leute Angst, er wolle Geld aus dem „deutschen Topf", und das ohne ein Gefühl für ihr Land zu entwickeln. Er spürte Misstrauen sogar bei Menschen, die ihm anfangs Hilfe anboten. Sie versteckten ihre Wertsachen, so glaubte er zu bemerken, bevor er zu ihnen kam.

Sein Wunsch war nicht nur Brot, obwohl er hungrig war. Er wollte eine Zukunft ohne Überlebensangst, die Möglichkeit, sein Potenzial auszuschöpfen und mit anderen zu teilen. Und das konnte und kann er sich mit den Deutschen vorstellen. Macht ihm heute jemand den Platz streitig, sagt Farhat: „Ich nehme dir nichts weg, ich habe immer gearbeitet und Steuern gezahlt, und schau, ich bin mit der Plastiktüte gekommen und habe heute ein Haus, das kann also auch ein Deutscher schaffen."

Das Haus liegt in Staffort, einem Dorf unweit von Karlsruhe. Hier wohnt Aoun Farhat mit seiner Frau, gleicher Herkunft wie er, und fünf Kindern, zwei davon aus erster Ehe. Hierhin zu ziehen, haben sie gewagt, weil in derselben Straße deutsche Freunde leben.

Einige Nachbarn sind irritiert. Skeptisch beobachten sie, hinter dem Vorhang eines Fensters verborgen, die Renovierungsarbeiten am Haus. Die Baupolizei erhält anonyme Anrufe, die die Farhats bezichtigen, Schwarzarbeiter auf dem Grundstück zu beschäftigen. Ein anderer Anrufer meint melden zu müssen, sie würden unerlaubt anbauen. Gelassen lässt er solche Vermutungen überprüfen. Über Jahre hat er sich bemüht: „90 Prozent aller Deutschen setzen Muslime gleich mit Islamismus und Terrorismus. Die Menschen betrachten einen von außen, in die Seele können sie nicht hineinschauen. Ich musste mich erst beweisen, ihnen Zeit lassen, mich kennen zu lernen. Ich habe fünf Gedichtbände geschrieben und übersetzt, darin sind auch meine Erfahrungen in Deutschland enthalten. Im Eigenverlag herausgegeben, gedruckt in Beirut. Unter anderem zeige ich damit, dass ich einen kulturellen Beitrag leiste und wer ich bin – hinter dem Bild, das sie befürchten."

Für das befreundete deutsche Ehepaar sind „wildfremde Menschen" beste Freunde im Dorf geworden. Der Umgang ist familiär. Springt der Wagen nicht an, wirft Farhat seinen Autoschlüssel auf ihren Tisch und fährt mit dem Rad zur Arbeit. Das Buch des Freundes ließ er in Beirut drucken mit der gleichen Freude, als wäre es sein eigenes.

Der Freund hat bei Renovierungsarbeiten geholfen und baut den kleinen Jungen von Farhat einen Sandkasten. Hinter dem Zaun steht ein 5-Jähriger und guckt sehnsüchtig zu. Er darf nicht mitspielen. Bislang sprechen seine Eltern nicht mit den Farhats. Nur einmal. „Hier ist ein Loch im Zaun", sagte der Nachbar. „Das müssen Sie flicken." „Warum? Sie haben so schöne Tomaten, dann könnte ich mir keine mehr holen." Am nächsten Tag war der Zaun geflickt. Aoun Farhat meint, er brauche keinen Zaun. Darum müssten die Leute sich selbst kümmern. Er habe seinem Nachbarn einen kleinen Schock verpassen wollen. Das sei gesund.

Oft wird der Friseur von Kunden nach Frau und Tochter befragt, sie wollen wissen, wie er mit ihnen umgeht, und er sieht die Antwort in ihren Augen, bevor er sich äußert. Also macht er sich einen Spaß, wenn eine Kundin meint, seine Frau sehe heute aber schlecht aus. Aoun Farhat tut dann zerknirscht. „Wir haben gestritten." „Warum denn?" „Ja, stellen Sie sich vor, wir haben fünf Kinder, und meine Frau glaubt tatsächlich, eine Waschmaschine zu brauchen." „Um zu wachsen", erklärt er, „müssen wir unser Bewusstsein schütteln, uns Kultur-schocks aussetzen. Ich kann mich selbst in die Hand nehmen und schütteln oder ich schüttele andere."

Farhat weiß, wovon er spricht. Sein Kulturschock, den er nicht missen will, begann im Asylbewerberheim. Dort teilte er mit fünf Christen aus afrikanischen Ländern ein Zimmer. Auf engstem Raum schlief, kochte und aß man gemeinsam. Christen waren im Libanon Feinde für ihn gewesen, und Menschen mit schwarzer Hautfarbe hatte er noch nie gesehen. „Plötzlich kommst du an einen Ort, und du könntest denken, du seist der einzig Intelligente unter Idioten, und entdeckst, es ist genau umgekehrt, denn du bist der Einsame. Und so habe ich mich an ihren Tisch gesetzt und gegessen, was sie gekocht haben. Die Menschen waren liebevoll. Und ihre Probleme größer als meine. Da begann meine Zeit des sich Ent-Täuschens. Die Gedanken und Werte waren in meinem Kopf programmiert wie in einem Apparat: Mit wem ich zusammen sein soll, wer mein Feind ist, wie oft ich am Tag zu beten habe, die unterschiedliche Wertung von Mann und Frau. Ich habe die Hälfte meiner durch Erziehung bedingten Prinzipien fallen gelassen. Und so nehme ich mir heute das Reife und Gute aus der deutschen Kultur und bewahre alles Wertvolle aus der meinen."

„Die große Sorge gilt dem Leben meiner Kinder"

Zemzem flüchtete mit vier jüngeren Geschwistern aus Eritrea in den Sudan: Die Eltern hatten ihr Geld gegeben und den Rat: „Bleibt immer zusammen, auch wenn ihr in Bombardements geratet." In den Nächten waren sie unterwegs, zu Fuß und auf Kamelen, mit vielen anderen Flüchtenden. 1980 flogen sie nach Deutschland und wurden nach einem Aufenthalt im Auffanglager Konstanz der Ortschaft Hemsbach in Baden Württemberg zugeteilt. „Wir kannten nur Krieg, Ausnahmezustand und Unterdrückung. Mit der Ankunft in Deutschland war mir, als sei mein eigenes Leben verschwunden."

Wenn Zemzem Menschen aus Eritrea trifft, die wegen der Ansammlung negativer Erfahrungen schon bei kleinen Anlässen explodieren oder sich von den einheimischen Deutschen zurückgezogen haben, erzählt sie ihnen von ihrem Glück in Deutschland, um zu relativieren. „Kaum war mein jüngster Bruder von der Behörde in die Hauptschule geschickt worden, besuchte uns seine Klassenlehrerin. Sie wollte von unserer Flucht wissen und was wir uns in Deutschland wünschten. Ich berichtete ihr auf Englisch in einer Ausführlichkeit wie keinem anderen Menschen in den ersten Jahren. Sie versprach uns ihre Unterstützung und dass wir uns auf sie verlassen könnten. Eine Nachbarin kam dazu, mit der Frage, wer wir seien. Die Lehrerin erklärte ihr unsere Situation. Diese Nachbarin war eine einfache und herzliche Frau, der wir verbunden blieben, bis sie starb. Sie schlug vor, uns als ihre Kinder anzunehmen. Die beiden Frauen teilten sich die Aufgaben. Behördengänge und unsere Schulbildung übernahm die Lehrerin, die Nachbarin sämtliche Haushaltsangelegenheiten. Auch zu anderen Menschen im Ort bekamen wir schnell Kontakt, wir hatten immer ein Wörterbuch bei uns. Ich war für meine Geschwister verantwortlich, aber bei der Lehrerin konnte ich mich ausweinen. Die Hilfe und Zugewandtheit der zwei Frauen war prägend. Deshalb sind spätere schlechte Erfahrungen an mir abgeprallt."

Die Geschwister schlossen die Schule alle mit der mittleren Reife oder mit dem Abitur ab. Zemzem bekam über die Quotenregelung für Asylbewerber einen Studienplatz. Sie arbeitet heute als Lebensmittelchemikerin und ist Mutter von zwei Kindern. Ihren Mann lernte sie auf der Universität kennen. Er kommt auch aus Eritrea.

„Ich habe eritreische und deutsche Freunde. Im Nachhinein denke ich, dass es leichter ist, das Leben in Deutschland zu bewältigen, wenn man einen Partner hat, der dasselbe Schicksal teilt. Es bedarf nur einer Geste, weniger Worte, um sich im Alltag zu verständigen."

Zemzem reagierte mit Schweigen, als ein Nachbar ihr als Hochschwangeren die Tür vor der Nase zuschlug. Als er sie anschrie, ihre Familie würde den Deutschen Sozialleistungen wegnehmen und sie würde auch noch auf Kosten des Staates studieren, gelang ihr eine beherrschte Antwort: „Ich bin ein freier Mensch. Wie ich mich finanziere, hat Sie nichts anzugehen." Sie erwähnte nicht, dass sie Bafög zurückzahlte. Das Suchen nach einer Arbeitsstelle dauerte lange. Als Urlaubsvertretung kam sie in eine Firma hinein. Sie hatte mit Erfolg darauf gebaut, dass ihre berufliche Kompetenz die Skepsis gegenüber ihrer Herkunft überwinden werde. Die Frage „Wann gehen Sie wieder zurück?" hört sie oft. Diesen „Konversationskiller" erwartet sie noch im Altersheim. Davor schützt kein deutscher Pass. In unerfreulichen Situationen ist Zemzem aber immer im Gedächtnis, warum sie hier ist.

„Die wirkliche Sorge gilt dem Leben meiner Kinder. Sie sind hier als Deutsche geboren, schon ab früher Kindheit feinfühlig für Mimik und Zwischentöne in der deutschen Sprache. In der Heimat zu erleben, nicht dazuzugehören, ist ein Schock. Sie haben nur das Leben in Deutschland, da gibt es nichts zu relativieren. Wenn also meine Tochter mit Freundinnen in einem Theaterstück auftritt, danach alle vom Bürgermeister gelobt werden und nur meine Tochter nach ihrer Herkunft gefragt wird, ist das eine Verletzung. Als ich den ersten Termin mit der Klassenlehrerin meiner Tochter hatte, setzte sie voraus, dass ich eine Putzfrau bin. Das spürt man. Ich musste ihr durch die Blume sagen, dass ich hier studiert habe und als Lebensmittelchemikerin arbeite. Sie meinte, mit meiner Tochter sei alles bestens, sie habe in den Hauptfächern eine 3 und eine 2. Ich sagte, mit einer 3 käme sie in die Hauptschule, ich würde um sie kämpfen. Meine Tochter macht jetzt ihr Abitur. Das ist bei vielen Lehrern/innen wie ein Reflex, sie sehen ein Kind mit Migrationshintergrund und ordnen es vorzeitig in die Hauptschule ein. Ich habe diesen Reflex oft auf Elternabenden erlebt, wenn ich Einwanderinnen mit schlechteren Deutschkenntnissen begleitet habe. Die Aussage „Ihr Kind ist super, es hat eine 3" können viele nicht einordnen, weil sie nichts vom dreigliedrigen Schulsystem wissen. Für Aufklärung muss man selbst sorgen.

Mein Sohn ist in der Pubertät und sehr empfindlich. Man hat ihn in der Schule körperlich angegriffen und als Neger beschimpft. Das tun auch Schulfreunde, die oft bei uns gegessen und übernachtet haben, wenn die Gruppendynamik sie mitreißt. Ich versuche, ihn stark zu machen, indem ich mit ihm und den Lehrerinnen und Lehrern im Gespräch bleibe, ihm die Möglichkeit gebe, zu Hause zu weinen, seine Verletzungen zu zeigen. Er muss lernen, sich zu schützen, sich nicht an einem Wort aufzuhalten, zu unterscheiden zwischen verbaler und subtiler Diskriminierung, wie Absagen im Beruf oder bei Wohnungen, die vergeben sind, sobald die Vermieter den Namen hören. Ich will ihn bewahren vor Hass auf das Land, in dem er lebt. Ich sage meinen Kindern, dass es ihre Aufgabe sein wird, sich gesellschaftlich und politisch zu engagieren, zu kämpfen für eine bessere Situation. Genauso wie es die Aufgabe der einheimischen Deutschen ist, Deutschland als Einwanderungsland zu begreifen, den Mythos aufzugeben, Eingewanderte würden zurückgehen. Welche Deutschen, die aus Armut nach Amerika gegangen sind, kamen je zurück?"

„Ich war ein dickes Problem"

Nurcan Schörbach saß im Bus und sprach mit ihrer einjährigen Tochter, die sie auf dem Schoß hielt. Eine ältere Dame, deren Blick sie schon eine Weile auf sich ruhen fühlte, begann ein Gespräch über das Wetter. Beim Aussteigen meinte die Dame freundlich lächelnd, jedoch mit vorwurfsvollem Unterton, ob es nicht besser wäre, mit dem Kind die deutsche Sprache zu pflegen, um späteren Problemen in der Schule vorzubeugen. Nurcan Schörbach kochte innerlich. Die türkische Seite in ihr fühlte sich angegriffen. Sie war ihren langen Weg alleine gegangen, um sowohl die türkische als auch die deutsche Hälfte in ihrem Innern würdigen zu können. Was wusste diese Frau schon?

„Meine Mutter hat in einer Dachziegelei gearbeitet", erzählt sie. „Als ihre Eheschließung geplant wurde, packte sie einen Koffer und flüchtete aus dem Dorf in Zentralanatolien. Das war Anfang der 1960er Jahre. Sie wusste, die Deutschen suchen dringend Arbeitskräfte. Voller Ängste saß sie im Zug, und als Tochter war sie erstmal abgeschrieben. Sie wurde als Arbeitskraft zugelassen und einer Fabrik zugeteilt. Meine Mutter verpflichtete sich zu Schichtarbeit und willigte ein, für die Dauer des Arbeitsverhältnisses kein Kind zu bekommen. Bald verliebte sie sich in meinen Vater, einen Arbeitskollegen aus ihrer Heimat, sie heirateten und dann kam ich. Ich bin aus ihrer Liebe entstanden und war ein dickes Problem. Aus Angst, die Arbeit zu verlieren, gab meine Mutter mich nach der Geburt in ein Kinderheim in Berlin. Mein Vater wurde krank, man operierte ihn und schickte ihn zurück in die Türkei. Die weiteren Therapiebehandlungen wollte Deutschland nicht übernehmen. Meine Mutter blieb. Sie fand einen neuen Lebensgefährten. Ich war 4 Jahre alt, als sie mich aus dem Kinderheim holte. Ich weiß nicht, wie wir uns damals verständigt haben, wohl mit Händen und Füßen, die Wochenenden mit ihr hatten nicht gereicht, um Türkisch zu lernen. Das Deutsch meiner Mutter war noch schlechter als heute. Sie hatte keine Zeit, die Sprache zu lernen. In der Fabrik gab es einen Dolmetscher, der übersetzte, wenn es Probleme gab."

Das neue Zuhause von Nurcan Schörbach war eine Einzimmerwohnung in Wedding. Dort schlief und wohnte man zu dritt, oft füllte sich der Raum mit Verwandtschaft aus der Türkei. Sie wuchs jetzt nach Bräuchen und Ritualen ihrer Mutter auf. Sie begleitete ihre Mutter auf Ämter und zu Ärzten, um für sie zu dolmetschen, füllte ihre Papiere aus und unterstützte türkische Klassenkameradinnen mit ihrer Berliner Schnauze, wenn es sich zu behaupten galt. Ihre Mutter ermahnte sie oft: „Erinnere dich, du bist ein türkisches Mädchen und gehörst zu einer türkischen Familie, auch wenn wir in Deutschland leben." In der Hauptschule sagte ein Lehrer, als sie frech wurde: „Erinnere dich, du bist hier zu Gast." Sie verstand nicht. Ein deutscher Junge erwiderte: „Sie ist kein Gast, ihre Mutter zahlt Steuern wie Sie!"

Mit 16 Jahren musste sie ihren eigenen Aufenthaltsstatus klären. Die Ausländerbehörde gab ihr nur Duldungen, solange die Mutter arbeitslos war. Sie ließ sich davon nicht beeindrucken, ihrem Gefühl nach hatte sie ein Anrecht, in Deutschland zu leben. Schließlich war sie die ersten Lebensjahre von Deutschen erzogen worden und hatte immer in Deutschland gelebt. Aber wer war sie und wo konnte sie Wurzeln schlagen? Musste sie sich für eine Kultur entscheiden?

Die Achtzehnjährige brach ihre Schneiderlehre ab, heiratete einen blonden, blauäugigen Türken und wanderte in die Türkei aus. Auch dort fühlte sie sich nicht ganz zu Hause. Mit ihrem dreijährigen Sohn kam sie nach einer gescheiterten Ehe zurück nach Berlin. Sie arbeitete als Schweißerin, Reinigungskraft in einem Kühlhaus und als Sekretärin. Bald verliebte sie sich in einen Deutschen und bekam ein zweites Kind. Nurcan Schörbach entdeckte, dass eine Entscheidung für die eine oder andere Kultur nicht notwendig ist, sondern dass beide in ihrem Innern eine Daseinsberechtigung haben. In Berlin-Kreuzberg hat sie jetzt ihren Ort gefunden. Hier kann sie ihre Binationalität leben. Was fehlt, ist der deutsche Pass. Sie hatte ihn zweimal beantragt, war jedoch noch keine zehn Jahre ohne Unterbrechung in Deutschland gewesen und hatte keinen unbefristeten Arbeitsvertrag. „Das ist ein seltsames Gefühl", sagt sie, „Berlin ist doch ein Stück von mir und meine Sprache könnte nicht besser sein!"

Als ihre Tochter eingeschult wurde, herrschte ein strenger Ton: „Kein Türkisch auf dem Schulhof!" Da zuckte die türkische Hälfte in ihr zusammen. Die

Tochter sprach zu Hause kaum noch Türkisch, seit sie im Kindergarten gewesen war. Klar, dachte die deutsche Hälfte in Nurcan Schörbach, das ist wie ein Verbot der deutschen Sprache auf einem englischen College. Die türkische Hälfte aber rief: „Warum der harte Ton?" Also bat sie auf dem Elternabend um eine freundlichere Herangehensweise, denn, so stellte sie in den Raum, wie wollen wir den Kindern die Liebe zur Zweisprachigkeit vermitteln? Nurcan Schörbach arbeitet heute für den Gemeindedolmetscherdienst, ein Modellprojekt in Berlin. Sie versteht sich als Sprach- und Kulturmittlerin. Mit ihren Erfahrungen in zwei Kulturen baut sie die Brücke zwischen Menschen türkischer Herkunft und deutschen Angestellten in Jugendämtern, Schulen, Kindergärten und Krankenhäusern. Ihre beiden inneren Hälften sind dabei ihr Seismograf.

Aus zwei Herkünften bildet sich eine dritte

Als Jugendlicher träumte Martin Hyun davon, als erster Deutsch-Koreaner profimäßig in einer hohen Eishockeyliga zu spielen. Er hatte im Alter von fünf Jahren mit der Sportart begonnen. „Eishockey ist von Weißen dominiert", sagt er. „Man traute es mir nicht zu. Ich musste viel mehr als andere leisten, um in der Mannschaft anerkannt zu sein. Mein Vater meinte, dass ich in Deutschland das Doppelte geben müsse, um geachtet zu werden. Er hatte recht. Das Publikum beschimpfte mich als ‚Reisfresser', ‚Schlitzauge', ‚Nasi Goreng'." Der Junge schluckte solche Worte und behielt sie für sich, verfolgte sein Ziel mit der Unterstützung der Eltern im Rücken. Sein Vater fuhr ihn jeden Morgen um fünf Uhr vor seiner Arbeit ins Stadion, damit er eine Stunde trainieren konnte, und guckte zu. Er brachte ihn zu sämtlichen Eishockeyschulen in Europa.

„Meine Eltern gehören zu der Generation, die sich lautlos ein Leben in Deutschland aufgebaut hat – und das ihrer Verwandten in Korea. Sie sind daran gewöhnt, Erlebtes und Schmerz nicht nach außen zu tragen, weder in das Land, in dem sie leben, noch zu den eigenen Kindern. Meine Mutter arbeitete als Krankenschwester. Mein Vater wurde Bergmann unter Tage, dann Vorarbeiter bei Thyssen-Edelstahl. Deutsch hat er in herber Atmosphäre gelernt. Noch heute spricht er es gebrochen. Nach anfänglichen Bemühungen, sich zu integrieren, sind sie unter sich geblieben."

Martin Hyun bahnte sich über seine Erfolge einen Weg in die Öffentlichkeit. 2004 schaffte er es als erster Deutsch-Koreaner bis zum Profi in der Deutschen Eishockeyliga. Er verfolgte zugleich seine akademische Karriere, studierte in den USA und legte in Brüssel seinen „Master of Arts in International Relations" ab. Als Teilnehmer des Leadership-Programms der Bertelsmann-stiftung wurde er 2008 zum EU-Botschafter für das Europäische Jahr des inter-kulturellen Dialogs 2008 ernannt.

Schon mit 15 Jahren ging es ihm nicht nur um persönlichen Erfolg. Vielleicht, dachte er, werden es nach mir andere Deutsch-Koreaner leichter haben. Er nutzte jede Gelegenheit, den Fokus auf die Deutsch-Koreaner seiner Generation zu lenken. Bald formulierte er es so: „Ich will ein Sprachrohr sein und die Laut-losigkeit beenden und auch Menschen anderer Herkunft mit einbeziehen. Was wir brauchen, ist das Vertrauen der Mehrheitsgesellschaft in uns. Dazu müssen wir uns mehr artikulieren."

Woher kommen Sie, warum sprechen Sie so gut, wann gehen Sie wieder zurück? Solche Fragen gehören zu seinem Alltag. Martin fühlt sich wie ein Kellner in einem Restaurant. Der Gast sagt Nummer 23 bitte, woraufhin er das auswendig gelernte Menü herunterschnurrt. So bedient er den Fragereflex, der durch seine koreanische Erscheinung ausgelöst wird. Dies tägliche Sich-aufs-Neue-rechtfertigen-Müssen, die neugierigen Ohren und Blicke, die sich an ihn heften, verblüfft oder konsterniert, wenn er mit seinen Eltern unterwegs ist, sie Koreanisch sprechen und er Deutsch antwortet, empfindet er als mühsam. Deutsch-koreanische Freunde, die sich beruflich hoch qualifiziert haben, finden keinen Job. Man fragt sie im Vorstellungsgespräch, warum sie für ein deutsches und nicht für ein koreanisches Unternehmen arbeiten wollen. Nach einigen Absagen wandern seine Freunde nach Korea aus und werden dort gerne genommen.

Der kleine Martin hieß ursprünglich Jong-Bum. Seine Eltern hatten ihm den deutschen Vornamen zur Einschulung gegeben, um seine Integration zu erleich-tern. Dennoch verhinderte der Nachname ein Begabtenstipendium. „Tut uns Leid", hieß es, „für Ausländer sind wir nicht zuständig, wir leiten Sie weiter." Martin Hyun erklärte, dass er deutscher Staatsbürger sei, für eine erneute Bewerbung war es jedoch zu spät. Als die Deutsch-Koreaner auch zum 2. Inte-grationsgipfel nicht eingeladen wurden, bat er schriftlich um eine Erklärung. Schriftliche Begründung: „Wegen der geringen Anzahl von Koreanern im Land sei deren Teilnahme für Deutschland uninteressant."

Nicht dazuzugehören, diese Erfahrung machte Martin Hyun auch in der Heimat seiner Eltern. Ein Jahr hatte er in Seoul gearbeitet. Er genoss es, auf den Straßen zu schlendern ohne aufzufallen. Aber sobald er den Mund auftat, aus dem kein einwandfreies Koreanisch kam, erntete er abschätzige Blicke. Er recherchierte das Leben seiner Eltern in Korea, begriff noch deutlicher, was Identitätsfindung für ein Migrantenkind beinhaltet: nicht nur die Kenntnis des Landes, in dem es lebt, sondern tiefes Nachempfinden der elterlichen Herkunft. Da bildet sich aus zwei Herkünften eine dritte. Die Geschichte seiner Eltern und die Integrationserfahrungen anderer Koreaner und Deutsch-Koreaner hat er in einem Buch zusammengefasst, das im September 2008 im Eb-Verlag Hamburg erschien: „Lautlos ja – Sprachlos nein".

Martin Hyun lässt sich nicht beirren. Erstens schätzt er ein Zitat von Dr. Margaret Mead: „Zweifle nie daran, dass eine kleine Gruppe von Menschen die Welt verändern kann." Und zweitens folgt er einem Prinzip seiner Mutter: „Warte nicht, dass der Staat was für dich tut, tu was für den Staat." Und so hat er eigene Projekte. Unter anderem das Mentoring-Projekt für Hauptschüler aus sozialen Brennpunkten in Krefeld, das er mit Freunden ins Leben gerufen hat. Es will Jugendliche unterstützen, den eigenen beruflichen Weg zu finden. „In jedem Menschen steckt ein Talent, man muss es nur wachküssen", sagt er, „gerade in einer Zeit, in der Menschen eher ab- als aufsteigen." Er erinnert sich auch an seine Sehnsucht in diesem Alter, von einem liebevollen Gegenüber in Bereichen beraten zu werden, die seinen Eltern nicht zugänglich waren.

> **Margaret Mead**
> 1901–1978, US-amerikanische Anthropologin und Ethnologin. Sie gilt als eine wichtige Vertreterin des Kulturrelativismus, der den Pluralismus von Kulturen feststellt und dem zufolge moralische Urteile nicht universal gefällt werden können, sondern immer vom kulturellen Umfeld des Handelnden abhängen.

Und er hat eine Vision: „Das Land ist längst bunter, als es dies begreift. Irgendwann wird es ein Deutschland geben, das Menschen mit Migrationshintergrund zu 100 Prozent mitgestalten können. Weil sie es wollen und sich mit dem Land identifizieren. Dann wird man sich damit abfinden, z.B. einen afrodeutschen Botschafter und eine Ministerin mit afghanischem Hintergrund zu haben."

Die Erfahrungen meiner Interviewpartnerinnen und -partner zeigen, wie sehr das allgemeine Bewusstsein der Realität, dass Deutschland längst ein Einwanderungsland ist, hinterherhinkt. Ich plädiere für Migrationsgeschichte unterschiedlicher Herkünfte als Teil des Geschichtsunterrichts an Schulen. Das würde helfen, Vorurteile abzubauen, Deutschland in seiner gesellschaftlichen Zusammensetzung tiefer zu begreifen und Jugendlichen mit Migrationshintergrund mehr Boden unter den Füßen zu geben. Ich befürworte eine Quotenregelung für Einwanderer und deren Kinder an Fachhochschulen und Universitäten, gefördert über ein Stiftungswesen wie beispielsweise in den USA. Um sich als interkulturelle Gesellschaft begreifen zu können, braucht es die Erfahrung, wie Menschen mit Migrationsgeschichte Verantwortung auch in hoch qualifizierten Berufen übernehmen. „Die erste Hürde zur Integration", sagt Zemzem, „ist die deutsche Sprache. Wir müssen verbindliche Arbeitsstrukturen finden, um Kindern, solange sie noch weich und offen sind, das Erlernen der deutschen Sprache zu ermöglichen." „Mit der Achtung vor ihrer Muttersprache, weniger restriktiv", würde Nurcan Schörbach hinzufügen. „Auch wenn einige die Verbindlichkeit als diskriminierend empfinden", so Zemzem. Man sollte beachten, was mir eine Bengalin sagte: „Seht uns doch als Menschen, bevor wir eure Sprache können."

Dr. Nevim Çil, geb. 1972

Politologin mit den Forschungsschwerpunkten Migration, Generationen- und Verwandtschaftsbeziehungen sowie Europa der Migranten

Nevim Çil

Der vergessene Teil der Einheit. Türkische Migrantinnen und Migranten in Deutschland nach dem Mauerfall

Die Einwanderung der türkischen Migrantinnen und Migranten, die durch den Anwerbevertrag von 1961 nach Deutschland kamen, begann vor gut 40 Jahren. Die Anwerbepraxis sah vor, dass ein Ausnahmezustand in Deutschland – der Mangel an Arbeitskräften durch Krieg und Mauerbau – für eine begrenzte Zeit reguliert und kanalisiert werden sollte. Die Anwerbeverträge waren nicht dafür gedacht, die Einwanderung nach Deutschland auf Dauer zu einer gängigen Praxis zu entwickeln. Die eingewanderten und zunächst für eine kurze Zeit sich in Deutschland niederlassenden Arbeitskräfte kehrten aber wider Erwarten nicht in ihre Herkunftsländer zurück. Aus dieser Tatsache heraus entwickelte sich aus einem vorübergehenden Verhältnis zu Deutschland eine Dauerbeziehung zwischen den türkischen Migrantinnen und Migranten und der Bundesrepublik. Die Folgen der Anwerbepraxis, die Hoffnungen und Erwartungen der eingewanderten Arbeitskräfte wie auch der aufnehmenden Gesellschaft stellten zu Beginn der Einwanderung keine zentralen Fragen dar. Genauso wenig wurde darüber nachgedacht, ob und wie sich die eingewanderten Arbeitskräfte und später ihre Kinder zu Deutschland zugehörig fühlen würden. Die Ambivalenzen in der Entwicklung dieses Zugehörigkeitsgefühls und in den Verortungsversuchen der Migrantinnen und Migranten in Deutschland sind erst deutlicher in das wissenschaftliche und politisch-öffentliche Interesse gerückt, als klar wurde, dass sie ihren Aufenthalt in Deutschland nicht mit einer Rückkehr beenden würden.

Die Tatsache, dass eine Rückkehr nicht vollzogen wurde, verdeutlicht, dass Migration als eine Gesellschaftsbeziehung zwischen zwei Gruppen zu lesen ist, die beide – beabsichtigt oder unbeabsichtigt – miteinander eingegangen sind. Die Beschaffenheit und die Basis – quasi die Essenz – dieser Gesellschaftsbeziehung kommen besonders im Umgang mit und in der Verarbeitung von gesellschaftlichen Umbruchphasen zum Vorschein. Der Mauerfall im Jahre 1989 und die ein Jahr später erfolgte Wiedervereinigung stellen einen solchen gesellschaftlichen Umwälzungsprozess dar.

Die sozialen, politischen und ökonomischen Veränderungen, die durch die Ereignisse von 1989/90 ausgelöst wurden, betrafen die gesamte Gesellschaft, so auch die unterschiedlichen Migrantengruppen, die seit Generationen in der Bundesrepublik lebten. Die Sichtweise der türkischen Einwanderinnen und Einwanderer sowie deren Kinder auf diesen gesellschaftlichen Veränderungsprozess, ihre Suche nach einem sozialen Platz und die Neuverortungsversuche im veränderten Deutschland sollen hier in den Vordergrund gestellt werden. Es ist also eine Lesart der Ereignisse von 1989/90, die die Sichtweise der türkischen Einwanderinnen und Einwanderer und ihrer Kinder hervorhebt und damit einen allzu oft als deutsch-deutsches Thema besprochenen Gegenstand aus einer anderen Perspektive beleuchtet.

In meiner Dissertation[1] konnte ich die Veränderungen in der Sichtweise der ehemals angeworbenen türkischen Arbeitskräfte und der Nachkommengeneration, ausgelöst durch den Mauerfall und die Wiedervereinigung, nachzeichnen. Bedeutend für meine wissenschaftliche Arbeit war die Herausarbeitung einer intergenerativen Perspektive auf die Wende und die mit dieser Erfahrung verknüpften Veränderungen in der Zugehörigkeitsentwicklung zu Deutschland. Der Transformation von Verortung und Zugehörigkeit zu Deutschland wurde besondere Aufmerksamkeit geschenkt.

Gestützt auf meine Ergebnisse möchte ich in diesem Artikel die Veränderungen in der Beziehung zwischen der deutschen Gesellschaft und den Nachkommen der ersten Einwanderergeneration in den Fokus stellen. Sie hatten bereits in der Vorwendezeit große Anstrengungen unternommen, ein Teil der deutschen Gesellschaft zu werden.[2] Das Interessante an diesen Nachkommen ist, dass entlang ihrer Anstrengung auch die Gesellschaftsbeziehung zwischen ihnen und der deutschen Gesellschaft am deutlichsten zum Vorschein kommt.

Der Beitrag stellt deshalb den Entwicklungsprozess der Beziehung zwischen den türkischen Migrantinnen und Migranten und der deutschen Gesellschaft in den Vordergrund. Wie ist dieses Verhältnis vor und nach der Wende zu bewerten? Welche Brüche und Kontinuitäten werden in dieser Beziehung durch den gesellschaftlichen Veränderungsprozess sichtbar?

Interdependenzen in der Gesellschaftsbeziehung

Ich hatte eingangs vorgeschlagen, die Geschichte der Migration nach Deutschland als eine Geschichte der Gesellschaftsbeziehung zu lesen, um so die Möglichkeit zu eröffnen, die Balance zwischen beiden Seiten genauer zu betrachten. Diese Begrifflichkeit bietet die Chance, Verantwortlichkeiten und Erwartungen in einer soziopolitischen Dimension zu diskutieren, die die Beziehung zwischen den beiden Seiten in den Vordergrund stellt. Es geht also um Interdependenzen und darum, dass die Dynamik der Beziehung nicht nur von einer Seite, nämlich der der Mächtigeren, bestimmt wird, sondern beide Gruppen einen Anteil an der Beschaffenheit der Beziehung haben, wie Norbert Elias in seinem Werk „Etablierte und Außenseiter"[3] sehr detailliert und anschaulich darstellt. Elias beschreibt Macht als ein Potenzial, das sich erst im Laufe einer Beziehung und erst im Verhältnis zu einer Gruppe oder einer Person entwickelt. Macht wird so zu einem Beziehungsbegriff, der sich nicht alleine, sondern in Abhängigkeit zu jemandem entwickelt.[4]

Diese zunächst sehr allgemein wirkende Aussage erreicht in der Beziehungsdynamik jedoch eine weitere wichtige Ebene, wenn die Beziehungsparteien sich nicht nur in ihrer Wohndauer an einem Ort unterscheiden, sondern auch Unterschiede in Herkunft und Sprache, also so genannte ethnische und kulturelle Verschiedenheiten aufweisen, welche als Unterscheidungsmerkmale hervorgehoben werden – so wie sie in der Konstellation zwischen der deutschen Gesellschaft und den türkischen Migrantinnen und Migranten sowie deren Nachkommen gegeben sind.

Integration als Selbstemanzipation

Für einen Teil der türkischen Bevölkerung war in den 1980er Jahren durchaus die Hoffnung lebendig, dass eine Zugehörigkeit zu Deutschland auch ohne Passwechsel möglich sei. Die Diskussion um das kommunale Wahlrecht stellte auch den Wunsch dar, unabhängig von der Herkunft ein Teil der deutschen Gesellschaft zu werden. Um diese Zugehörigkeit zu entwickeln und damit einhergehend eine politische und gesellschaftliche Partizipation in Deutschland zu ermöglichen, wurde Integration zu einem feststehenden Begriff dieser Zeit.

Auch wenn zunächst unklar war, welche Ziele die Integration verfolgen und wie sie praktisch zu bewältigen sein sollte, so beinhaltete sie doch eine grundlegende Aussage: Integration wurde als ein Projekt der Selbstemanzipation verstanden. Damit ging einher, dass auf der einen Seite die deutsche Gesellschaft grundsätzlich Offenheit für die Neuankömmlinge signalisierte. Auf der anderen Seite sollten die Eingewanderten und ihre Angehörigen auch einen Beitrag leisten. Dieser Beitrag bestand darin, Integration mit der Mühe zu verbinden, kulturelle Elemente aus der Herkunftsgesellschaft abzulegen und stattdessen mehrheitsgesellschaftliche Vorstellungen zu übernehmen. Dies wurde mit der Annahme verknüpft, dass mit einer Selbsttransformation, also Integration, tatsächlich ein sozialer, statusbezogener Wechsel, also ein Wechsel von der Bezeichnung „Ausländer/in"[5] in „Deutsche/r", möglich sei. Diese Erwartung wurde besonders von direkten Nachkommen eingewanderter Arbeitskräfte gehegt.

Es sind jene Nachkommen, die in den 1970er Jahren in Deutschland geboren bzw. damals in sehr jungen Jahren im Rahmen der Familienzusammenführung von ihren Eltern nach Deutschland gebracht wurden, die ich hier beschreiben möchte.

Integration als Selbstemanzipation und -transformation war also ein Projekt dieser Nachkommen, die sich heute im vierten Lebensjahrzehnt befinden. Das Projekt Selbstemanzipation haben sie besonders ernst genommen. „Die in den frühen 1980er Jahren nach Lebenslauf und Selbstverständnis schon als Einwandererminorität beschriebenen Ausländer wurden unterdessen immer einheimischer und von den Deutschen im Alltag der Begegnung immer weniger als Fremde betrachtet."[6] Für die Nachkommen war damit die Hoffnung greifbar nahe, tatsächlich aus der Gruppe der Unterlegenen, also der türkischen Gruppe, in die Gruppe der Angesehenen, also in die deutsche Gesellschaft, zu wechseln. Durch die gesellschaftlichen Veränderungen, die durch den Mauerfall und die Wiedervereinigung ausgelöst wurden, fand der Transformationsgedanke sein Ende.

Der Mauerfall und die deutsche Einheit

In der Wendezeit wurde die bereits vorher wahrgenommene Anders- und Fremdartigkeit von Zugewanderten nun verstärkt hervorgehoben und damit eindeutig eine Trennlinie zwischen ihnen und der deutschen Gesellschaft gezogen. Nicht ihre Eingliederung, sondern ihre vermeintliche Gefahr für die deutsche Gesellschaft stand nun im Vordergrund. Der Wiedervereinigungsprozess stellt somit eine Zäsur in der Beziehung zwischen der (west)deutschen Gesellschaft und den Einwanderinnen und Einwanderern dar.

Die Wiedervereinigung hat gleich auf mehreren Ebenen zur Veränderung im Umgang mit und in der Wahrnehmung von Einwanderern geführt. Die Veränderung des sozialen Gefüges wandelte die Zwei-Gruppen-Konstellation (Westdeutsche–Einwanderer) in eine Drei-Gruppen-Konstellation (Westdeutsche–Ostdeutsche–Einwanderer) und drängte somit zur Neupositionierung der Gruppen. Klaus J. Bade bemerkte treffend zur neuen politischen Lage Deutschlands, dass „es [...] Zusatzbelastungen durch den Vereinigungsprozess in einer neuen Einwanderungssituation [gibt], in der sich nicht nur Deutsche und Ausländer oder Einheimische und Fremde begegnen, sondern auch einheimische Ausländer und fremde Deutsche."[7]

Parallel zu dieser sozialen Veränderung bestimmten Themen von Nichtdeutschen und Asylsuchenden, die als Ruhestörer die vermeintlich deutsche Kultur unterwandern und überfremden würden, die mediale Ebene. Es war die Rede vom „überfüllten Boot" und vom „ungezügelten und ungebremsten Zustrom von Asylbewerbern"[8], die auf Kosten der deutschen Bevölkerung leben würden.

Die gesellschaftlichen Entwicklungen seit 1989 erschwerten es den Einwanderergruppen, ihren Platz im neuen Deutschland zu finden und sich als ein Teil dessen zu fühlen. Die verbalen und physischen Gewalttaten gegenüber Migrantinnen und Migranten sowie deren Nachkommen, die in den ersten Jahren des deutsch-deutschen Zusammenwachsens überhandnahmen, verdeutlichen, dass nicht nur eine positive Zugehörigkeit zu Deutschland verhindert wurde, sondern in ihren extremen Auswüchsen sogar eine Gefahr für Leib und Leben entstand. Die fremdenfeindlichen Ausschreitungen und Brandanschläge von Hoyerswerda (22.–24.9.1991), Rostock-Lichtenhagen (22.–26.8.1992), Mölln (23.11.1992), Solingen (29.5.1993), um nur

Rechtsextremistische Übergriffe

Hoyerswerda: Mehrtägige rechtsextremistische Ausschreitungen, bei denen u.a. ein Asylbewerberwohnheim angegriffen wird, so dass es evakuiert werden muss. Zahlreiche Menschen werden verletzt.

Rostock-Lichtenhagen: Tagelange Ausschreitungen rechtsextremistischer Jugendlicher, die sich zunächst gegen die zentrale Aufnahmestelle für Asylbewerber des Landes Mecklenburg-Vorpommern und die sich dort aufhaltenden Asylbewerber richten. Später wird u.a. ein Wohnhaus in Brand gesetzt, in dem hauptsächlich Vietnamesen leben.

Mölln: Rechtsextremistisch motivierter Brandanschlag auf zwei von Personen türkischer Herkunft bewohnte Häuser. Drei Menschen sterben, neun werden zum Teil schwer verletzt.

Solingen: Rechtsextremistisch motivierter Brandanschlag auf ein Zweifamilienhaus, das von Menschen türkischer Abstammung bewohnt war. Fünf Türkinnen verbrennen, 16 weitere Familienmitglieder erleiden zum Teil schwerste Verletzungen.

einige der Übergriffe zu nennen, zeigen genau, welcher Platz Zugewanderten und ihren Kindern in den Jahren nach 1989/90 zugewiesen wurde. Sie wurden dehumanisiert.

Gesetzliche Verschärfungen

In den Folgejahren der Wende wurde die Ausgrenzung von Migrantinnen und Migranten auch auf der juristischen Ebene verfestigt. Die Verschärfung des Ausländergesetzes im Jahre 1991 und die Aufhebung des so genannten Asylartikels (Art.16 Abs. 2 Satz 2 GG) im Jahre 1993 manifestierten einen weiteren Bruch zwischen Einwanderinnen und Einwanderern und der deutschen Gesellschaft. Hajo Funke hat in seiner Studie zu den Unruhen in Rostock, die schließlich in einen Brandanschlag mündeten, eine Verbindung zwischen dem Versagen der politisch Verantwortlichen, der örtlichen Polizei und der Feuerwehr einerseits und dem autoritären Charakter der Brandstifter, dem Beifall klatschenden Mob und der Asyldebatte andererseits festgestellt. Die akribisch genaue Darlegung der Ereignisabläufe in Rostock – wonach sich die Situation bereits ein Jahr vor dem gewalttätigen Ausbruch zugespitzt hatte, was den örtlichen Zuständigen nur allzu bekannt war, ohne dass sie intervenierten – verdeutlicht erschreckend genau die Wechselwirkung zwischen dem Brandanschlag und der Asyldebatte, die schließlich zu einer restriktiven Asylpolitik führte. „Im Mikrokosmos des politischen Skandals von Rostock wiederholte und steigerte sich die Interaktion bis hin zu einer Pogromstimmung, die dann ihrerseits im Sinne einer zirkulären Verstärkung die Bereitschaft zur Gewalt gegen ‚Fremde' und zur Verschärfung des Asylrechts in der deutschen Öffentlichkeit angefacht hat." [9] Funke wertet die Asyldebatte als ein Manöver zur Ablenkung von den Kosten der deutschen Einheit, [10] das auf dem Rücken der Einwanderinnen und Einwanderer ausgetragen worden sei. Schlimmer noch: Es scheint so, als ob die politisch Verantwortlichen durch die angeheizte Stimmung den Brandstiftern und ihren Unterstützern im Volk ein Zugeständnis machen mussten, um die Lage zu entschärfen. Dieses Zugeständnis war die Veränderung des Asylartikels. Die Brandanschläge führten

---

Aufhebung Artikel 16 Abs. 2 Satz 2

Ursprünglich hieß es in Artikel 16 Absatz 2 Satz 2 des Grundgesetzes: „Politisch Verfolgte genießen Asylrecht." Dieser Satz wurde 1993 aufgehoben. Ergänzt wurde Artikel 16a, der zwar das Asylrecht für politisch Verfolgte garantiert, dieses aber einschränkt. Insbesondere dürfen sich seitdem Ausländerinnen und Ausländer, die über einen Staat der Europäischen Gemeinschaften oder einen anderen Drittstaat einreisen, in dem die Anwendung des Abkommens über die Rechtsstellung der Flüchtlinge und der Konvention zum Schutze der Menschenrechte und Grundfreiheiten sichergestellt ist, nicht auf das Asylrecht berufen.

so zum Legitimationsgewinn von fremdenfeindlichen Einstellungen. Funke wertet den Brandanschlag in Rostock-Lichtenhagen als „eine Zäsur in der Nachkriegsgeschichte Deutschlands."[11]

Veränderung der wissenschaftlichen Perspektive und der öffentlichen Wahrnehmung

Neben der soziopolitischen und juristischen Veränderung vor allem in der Asyldebatte, die ein neues Zeitalter einleitete, wandelte sich auch die wissenschaftliche Perspektive gerade gegenüber türkischen Jugendlichen. Wurde vor 1989/90 eher die Identitätsunsicherheit und die innere Zerrissenheit der Nachkommen von türkischen Arbeitskräften hervorgehoben, wird nun nach der Wende mit Erschrecken ihre Identitätssicherheit festgestellt. Diese Identitätssicherheit wurde dabei vor allem auf die Islamisierungstendenz der jungen Nachkommen, den Ethnisierungsprozess und die gleichzeitige Ablehnung von Integrationsinhalten, die oft als Integrationsunwilligkeit interpretiert wurde, zurückgeführt. Unterstützung fand dieser Standpunkt auch in der Presse. Das renommierte Magazin „Der Spiegel" veröffentlichte im April 1997 eine Ausgabe mit dem Titel „Gefährlich fremd", auf deren Titelbild messerzückende, türkische junge Männer, kopftuchtragende, türkische junge Frauen und eine überdimensional große türkische Fahne, getragen von einer jungen Frau, abgelichtet wurden.[12] Das Magazin berichtete von dem unberechenbaren und gewalttätigen Potenzial dieser Jugendlichen.

Die öffentliche Wahrnehmung von Menschen mit Migrantionshintergrund verknüpfte alte Stereotype und Vorurteile in einer neuen Dimension miteinander und nahm einen prägenden Einfluss auf das Selbstbild der Migrantinnen und Migranten sowie deren Positionierung im „neuen" Deutschland. Somit stellte der Mauerfall die Weichen für die Gesellschaftsbeziehung insbesondere zwischen den Nachkommen von ehemals eingewanderten türkischen Arbeitskräften und der deutschen Gesellschaft neu. Die Erfahrung von Ausschluss und Ausgrenzung war für die Nachkommen nicht neu, dennoch gab es einen Unterschied zwischen der Zeit vor und nach der Wende. Vor 1989/90 waren Ausgrenzung und Anfeindung auf bestimmte gesellschaftliche Bereiche, Parteien und Akteure begrenzt betrachtet worden. Nach der Wende jedoch sei eine grundsätzliche, alle gesellschaftlichen Bereiche umfassende Ablehnung der Menschen mit Migrationshintergrund deutlich geworden, so geben es die Gesprächspartner/innen in den von mir geführten Interviews zu Protokoll.[13] Dieser entscheidende Unterschied schlägt sich auch in ihren Selbstverortungsversuchen nieder.

Die Nachkommen, die sich zum Zeitpunkt des Interviews im vierten Lebensjahrzehnt befanden, die Integration als Projekt der Selbstemanzipation und -transformation verstanden hatten, sahen sich nun einer neuen Situation gegenübergestellt. Mein Interviewpartner Ufuk K., der erzählt, dass er sich als ein Teil der deutschen Bevölkerung gesehen habe, stellt in Bezug auf den Mauerfall und die Wiedervereinigung Folgendes fest:

„Dieser Begriff von Deutschland ist irgendwie wieder hochgewachsen. Und wenn man sich so überlegt, wie alt war ich da? Schon soweit, dass ich deutlich 'ne Meinung hatte. Und irgendwie hatte man das Gefühl: Sechzehn Jahre, die man so in Deutschland verbracht hat, hat man als Türke, sag' ich mal, einen gewissen Status erreicht, und ich hab da nur noch die Felle davonschwimmen sehen. Jetzt ist die Mauer weg, jetzt ist Deutschland wieder so hochgeputscht, und irgendwie alles, was man sich sechzehn Jahre lang erarbeitet hat, das geht jetzt erst einmal nach unten, man fängt wieder bei null an."

Die Irritation, die Ufuk K. zur Sprache bringt, ist in dieser Gruppe der Nachkommen besonders verbreitet. Sie geht auch mit der Verwirrung über die eigene Situation und den eigenen Status in Deutschland einher. Der Versuch, den eigenen (neuen) Platz im sozialen Gefüge in Deutschland in der Nachwendezeit (wieder) zu finden, geht mit einer weiteren Erschütterung einher, die ein anderer Interviewpartner, Bülent T., aus dieser Nachkommengruppe folgendermaßen zusammenfasst:

„Ja, plötzlich stelle ich mir diese Frage, und dieser Zweifel, ob's nicht schon damals, auch vor dem Mauerfall, schon Leute gab, die eine negative Meinung gehabt haben von Türken und Ausländern, aber das nie zur Sprache gebracht haben, weil es sich nicht ziemte. Wie gesagt, weil die Atmosphäre da doch ein bisschen anders war in Deutschland, man war noch nicht souverän und hat nach außen einfach jedes negative Bild von sich nicht preisgegeben."

Mit diesem Argument unterzieht Bülent T. nicht nur die Post-, sondern auch die Prä-Wendezeit einer neuen Überprüfung. Selbstzweifel und Selbstanklage, nicht früher erkannt zu haben, dass eine Aufnahme in die charismatische, etablierte deutsche Gesellschaft der 1980er Jahre trotz aller Mühe doch verwehrt bleiben würde, besteht als ein unangenehmer Effekt dieser Zeit fort. Es ist eine grundsätzliche Erschütterung der eigenen Wahrnehmung, die durch die Ereignisse von 1989/90 ausgelöst wurde. Diese Verwirrung hatte zur Folge, dass sich insbesondere diese Nachkommengruppe auf die Suche nach neuen Orientierungspunkten machte. Die Brandanschläge von Mölln und Solingen wurden als ein weiterer Meilenstein, eine Art Fortführung der mit der Wende eingeleiteten offensichtlichen Ausschlusspraxis gesehen.

Bewältigungsstrategien

Die durch die Ereignisse von 1989/90 ausgelöste Orientierungssuche mündete teilweise in eine neue Auseinandersetzung mit dem elterlichen Migrationsprojekt. Die Lebenswege der Eltern wurden mit anderen Augen betrachtet, um neue gangbare Wege zu ermitteln. Dabei gewann die anfängliche Rückkehrvorstellung der Eltern eine neue Dimension für die Nachkommen. In diesem Kontext wird Rückkehr nicht mehr als eine von den Eltern aufgebürdete Vorstellung, sondern als ein unabhängiges, durch die gesellschaftliche Veränderung hervorgerufenes Element begriffen. Das Thema Rückkehr wird so zur artikulierten Form sozialer Unzufriedenheit. Es wird zu einer Strategie, um sich mit soziopolitischen Ereignissen auseinanderzusetzen. Auch wenn die Rückkehr als solche nicht umgesetzt wird, so bewirkt doch der Gedanke an sie eine Veränderung der Sichtweise auf die eigene Position in Deutschland. Beachtenswert ist dabei, dass sie vor allem von den Nachkommen erwähnt wird, die sich besonders angestrengt hatten, ein Teil dieser Gesellschaft zu werden und nun mit den Erfahrungen von 1989/90 – wenn auch nur zeitweise – um Distanz zur deutschen Gesellschaft bemüht sind.

Eine weitere mögliche Strategie, mit gesellschaftlichen Entwicklungen umzugehen, ist die Bildung von Enklaven. Sie wird u.a. von Nachkommen in Erwägung gezogen, die ich oben beschrieben habe, also von jenen, die ein Selbsttransformationsprojekt versucht hatten. Eine erneute Öffnung wird erst nach einem Rückzug wieder als möglich erachtet. Beide Strategien verdeutlichen, dass sie erst durch die Ereignisse von 1989/90 ausgelöst und von den hier beschriebenen Nachkommen als Option zum bisherigen Transformationswunsch entwickelt wurden.

Fazit

Rückkehr und Enklave sind zwei Möglichkeiten, um mit Veränderungen im wiedervereinigten Deutschland umzugehen. Besonders die Rückkehr als strategische Auseinandersetzungsform mit gesellschaftlichen Ereignissen ist bei den Nachkommen am deutlichsten ausgeprägt, die große Anstrengungen geleistet haben, um ein Teil dieser Gesellschaft zu werden. Diese Gruppe der Nachkommen kann zunächst als Gewinner ihrer Generation beschrieben werden; ihr Bildungsniveau liegt am höchsten; die Werte der Gesellschaft, in der sie lebte, hat sie zu ihren eigenen umformuliert. Gleichzeitig wurde die Zerrissenheit zwischen sozialer Position, die es zu transformieren galt, und der deutschen Gesellschaft bei diesen Nachkommen am deutlichsten und stärksten empfunden. Durch die Ereignisse von 1989/90 betrachten sich die vermeintlichen Gewinner nun als die Statusverlierer ihrer Generation. Die Ablehnung der Herkunft, der Bruch mit dem so genannten Türkischsein, die Adaptionsversuche an die deutsche Gesellschaft und die persönlichen Krisen, die in engem Zusammenhang mit ihrer sozialen Position stehen, haben sie kaum zum gewünschten Ergebnis geführt. Der Übergang von der niedrigen zur höheren sozialen Gruppe beschreibt für diese Nachkommen ein Lebensprojekt, welches sie nun durch die Ereignisse von 1989/90 als zum Scheitern verurteilt betrachten.

Gleichzeitig hat die deutsche Gesellschaft das Integrationsangebot dieser Nachkommengruppe zurückgewiesen, indem mit dem Mauerfall und der Wiedervereinigung nicht nur staatsbürgerschaftliche Zugehörigkeit, sondern auch gesellschaftliche Zugehörigkeit über das Blut definiert wird. Die Abstammung als Merkmal für die Zugehörigkeit steht dem Transformationsgedanken der beschriebenen Nachkommengruppe fundamental entgegen.

Die Art und Weise, wie nach dem Mauerfall die Wiedervereinigung als ein deutsch-deutsches Projekt umgesetzt wurde, hat die Gesellschaftsbeziehung zwischen der deutschen Gesellschaft und den Nachkommen von ehemaligen türkischen Arbeitskräften empfindlich getroffen. Die deutsche Gesellschaft hat zu jener Zeit die Chance verpasst, eine Zugehörigkeit zu Deutschland anzubieten, unabhängig von ethnischer und nationaler Herkunft. Die Enttäuschung der Nachkommen hinsichtlich der Unveränderbarkeit ihres sozialen Status in Deutschland ist eine der wesentlichen Erkenntnisse aus dieser Zeit, die die Suche nach neuen Identifikationsgrundlagen anschob. Den Werteinhalten der deutschen Gesellschaft nicht mehr trauen zu können, ist nicht nur für die hier beschriebene Nachkommengruppe erschütternd gewesen, sondern sollte auch die deutsche Gesellschaft dazu animieren, neue und vor allem positive Identifikationsangebote zu machen. Ohne neue Angebote wird sie langfristig die Nachkommen der ehemaligen Arbeitsmigrantinnen und -migranten verlieren, die in Transformation erprobt sind und dadurch eine Erfahrungsgrundlage geschaffen haben, von der die Gesellschaft profitieren könnte.

Anmerkungen

1 Die Dissertation ist im Hans Schiler Verlag unter dem Titel Nevim Çil, Topographie des Außenseiters. Türkische Generationen und der deutsch-deutsche Wiedervereinigungsprozess, Berlin 2007, erschienen. Für meine Arbeit habe ich insgesamt 16 Interviews in einer offenen Interviewform geführt, die im Zeitraum von November 2000 bis September 2002 entstanden sind. Entscheidend bei der Auswahl der Interviewpartnerinnen und Interviewpartner war, dass diese entweder als angeworbene Arbeitskräfte oder als Nachkommen von angeworbenen Arbeitskräften in Deutschland lebten.

2 In meiner Dissertation habe ich die Unterschiede innerhalb der Nachkommengeneration anhand von Lebensjahrzehnten aufgezeigt, um so die Heterogenität dieser Gruppe in der Verarbeitung ihrer sozialen Situation und ihrer Verortung deutlich zu machen. Da ich hier nicht alle Veränderungen innerhalb der einzelnen Nachkommengruppen darstellen kann, konzentriere ich mich auf die Nachkommen, die sich zum Zeitpunkt der Befragung im vierten Lebensjahrzehnt befanden.

3 Norbert Elias geht in seinem Werk sehr anschaulich darauf ein, dass die Zusammensetzung einer Beziehung unverständlich bleibt, sofern die aktive Rolle beider Parteien an der Gestaltung dieser Beziehung nicht berücksichtigt wird. Er hebt damit hervor, dass die Balance zwischen Gruppen erst durch deutliche Hervorhebung der Rolle beider Gruppen deutlich wird. Siehe Norbert Elias / John L. Scotson, Etablierte und Außenseiter, Frankfurt am Main 1990, S. 33.

4 Siehe Norbert Elias, Was ist Soziologie?, München 1996, S. 77f.

5 In den 1980er Jahre sprach man nicht von Migranten oder von Menschen mit Migrationshintergrund – dieser Terminus ist jüngeren Datums –, sondern von Ausländern bzw. von ausländischen Mitbürgern. Der Begriff Ausländer ist dem juristischen Status eines Bevölkerungsmitglieds entlehnt und wurde in wissenschaftlichen Studien auch auf die soziale Situation übertragen. Der sozialwissenschaftliche Gebrauch des Begriffs „Ausländer" gründet auf Ablehnung. Siehe Mark Terkessidis, Migranten, Hamburg 2000, S. 7f.

6 Klaus J. Bade, Tabu Migration: Belastung und Herausforderung in Deutschland, in: Ders. (Hrsg.), Das Manifest der 60: Deutschland und die Einwanderung, München 1994, S. 73.

7 Ebd., S. 66.

8 Siehe Hajo Funke, Brandstifter. Deutschland zwischen Demokratie und völkischem Nationalismus, Göttingen 1993, S. 160–161.

9 Ebd., S. 178; auch Bade unterstreicht, dass die deutsche Seite durch öffentliche Abwehrreaktionen am Entstehen des Feindbildes des so genannten Asylanten beteiligt war, siehe hierzu: Klaus J. Bade, Migration und Asyl im geteilten und vereinigten Deutschland, in: Blätter für deutsche und internationale Politik, 02 (2001), S. 235.

10 Hajo Funke, Rechtsextremismus – Zeitgeist, Politik und Gewalt. Eine Zwischenbilanz, in: Richard Faber / Hajo Funke / Gerhard Schoenberner (Hrsg.), Rechtsextremismus. Ideologie und Gewalt, Berlin 1995, S. 29f.

11 Vgl. H. Funke (Anm. 8), S. 104. Vgl. auch H. Funke (Anm. 10), S. 24f.

12 Vgl. Der Spiegel, Nr. 16 vom 14.04.1997. Die fahnetragende junge Frau, die zentral auf das Titelblatt platziert wurde, stellte eine Strafanzeige gegen das Magazin „Der Spiegel". Das Foto von der jungen Frau war ursprünglich bei den Protestaktionen nach dem Brandanschlag in Solingen aufgenommen worden. Der Spiegel montierte in die erhobene Faust eine türkische Fahne. Er erhielt dafür eine Geldstrafe von 3.000 DM. Ferner wurde das Magazin dazu verurteilt, diese Ausgabe mit dem besagten Titelblatt aus dem Verkehr zu ziehen. Bei wiederholter Handlung soll das Magazin eine Geldbuße von 500.000 DM zahlen. Siehe Hürriyet, vom 17.05.2000: Der Spiegel'i dize getirdi.

13 Siehe Anm. 1

Andreas Lutter, geb. 1973

Lehrkraft für besondere Aufgaben in der Stellung
eines Studienrates für Fachdidaktik der Sozial-
wissenschaften an der Universität Duisburg-Essen

Andreas Lutter
Zwischen Assimilation und Multikultur.
Integrationskonzepte von Schülerinnen und Schülern

Zwar gilt Deutschland faktisch seit geraumer Zeit als Migrationsgesellschaft, dennoch wurden migrationsbedingte Herausforderungen unter dem Mantel jahrzehntelanger „Wirklichkeitsverweigerung" (Klaus J. Bade) verborgen, bevor sie allmählich Eingang in die gesellschaftspolitischen Diskussionen gefunden haben. Mehr als 50 Jahre nach Beginn des Anwerbens von „Gastarbeitern" zählt Migration zu den grundlegenden Merkmalen des sozialen Alltags und bedingt neben gesellschaftspolitischen nicht zuletzt auch Herausforderungen für Unterricht und Schule.[1] Im Zuge der sich etablierenden „Alltäglichkeit" schulischer Heterogenität bezüglich Migrationserfahrung, Mehrfachidentität und Mehrsprachigkeit der Schülerinnen und Schüler gelang es nicht, Migrationsprozesse als Normalfall und Chance für Bildungserneuerung wahrzunehmen. Migrationsbedingte Heterogenität wurde eher als Defizit denn als „nützliche Ressource"[2] betrachtet. In diesem Zusammenhang fehlen bis heute pädagogische Ansätze und didaktische Wege, die diese Entwicklungstendenzen aufnehmen.

Dies gilt ebenfalls für die sozialwissenschaftlichen Fachdomänen, blickt man auf die gesellschaftlichen Realitäten und Herausforderungen der kommenden Jahrzehnte. Bürgerbewusstsein wird zukünftig vermehrt auf inter- und transkulturelle Kompetenzen und Ambiguitätskonzepte angewiesen sein: „Im Alltag bewährte Konzepte, beispielsweise von Staatsbürgerschaft, Deutschsein oder Integration, genügen den aktuellen Entwicklungen nicht mehr oder verlieren im Kontext von Migrationen an Plausibilität. Bürgerinnen und Bürger des 21. Jahrhunderts benötigen komplexe Konzepte über die Diversität und Pluralität der Gesellschaft."[3] Dies bedingt nicht zuletzt eine doppelte interkulturelle Erneuerung der politischen Bildung: Neben der migrationsbedingten Pluralität und Heterogenität der Lerngruppen gewinnen Aspekte von Migration und Integration als inhaltliche Lerngegenstände an Bedeutung.

Die migrationspolitische Bildung will daher die Orientierungsfähigkeit in der durch Inter- und Transkulturalität geprägten Migrationsgesellschaft verbessern. Für die Aufgaben der migrationspolitischen Bildung impliziert dies die Vermittlung wesentlicher „Qualifikationen und Kompetenzen [...], die für die Bewältigung des Zusammenlebens in einer vom Anspruch her demokratischen Einwanderungsgesellschaft für Einheimische und Zugewanderte erforderlich sind."[4] Pluralitätskompetenzen gründen in den Alltagsvorstellungen über Migration. Allgemein dienen Vorstellungen (engl. conceptions) der mentalen Erschließung und Erklärung der Welt.

Im vorliegenden Beitrag werden Vorstellungen als Ausgangspunkt für Lehr- und Lernprozesse untersucht und als Schülervorstellungen bezeichnet. Diese beherbergen im thematischen Zusammenhang mit Migration und Integration Konzepte über Funktion und Anerkennungswürde von sozial-kultureller Differenz, Mehrsprachigkeit und Heterogenität. Sie stellen das Fundament für den Aufbau und die Förderung von Migrationsbewusstsein dar, da sie einer prinzipiellen Veränderbarkeit unterliegen.[5] Um die im Alltag erworbenen Vorstellungen der Schülerinnen und Schüler für migrationspolitisches Lehren und Lernen zu nutzen, ist von besonderem Interesse, welche lebensweltlichen Schemata und Analogien herangezogen werden, um Aspekte von Migration und Integration subjektiv erklärbar zu machen. Nachfolgend werden exemplarisch Schülervorstellungen zum Basiskonzept Integration dargestellt und mögliche Anknüpfungspunkte für die migrationspolitische Bildung aufgezeigt. Im Vordergrund steht das subjektive Integrationsverständnis von Schülerinnen und Schülern über das Zusammenleben von Zugewanderten und Einheimischen sowie ihre Vorstellungen über die Ziele von Integration.

Zum Begriff Integration

Der fassettenreiche Begriff der Integration hat als ein zentrales Schlagwort in den gesellschaftspolitischen Diskursen um die Eingliederung von Migrantinnen und Migranten Aufmerksamkeit erlangt. Bisweilen ist die Verwendung jedoch unpräzise und mehrdeutig. Integration wird zuweilen mit Assimilation gleichgesetzt. Während „unter Assimilation die Anpassung [von Zuwanderern, von

Minderheiten] an eine bestehende Kultur mit ihren spezifischen Werten verstanden wird, versteht man unter Integration die Eingliederung in die Teilbereiche
einer Gesellschaft, die einer umfassenden Assimilation vorausgeht."[6] In medialen
und gesellschaftspolitischen Zusammenhängen schwingen häufig implizit
Assimilationsvorstellungen bei der Verwendung des Integrationsbegriffs mit –
zumeist als unterschwellige Anpassungsaufforderung an Minderheiten und
Zugewanderte. In kritischer Tradition hierzu stehen multi- und interkulturalistische
Integrationsverständnisse, die den Eigenwert sozial-kultureller Vielfalt betonen
und sich gegen Integration als Assimilation aussprechen. Diesen Ansätzen wurde
wiederum die Tendenz zur Kulturalisierung und Ethnisierung der Gesellschaft
vorgeworfen. Diese Mehrdeutigkeit und Ideologisierbarkeit des Integrationsbegriffs verdeutlicht die Notwendigkeit einer begrifflichen Klärung: Nicht zuletzt
unterliegt der Integrationsbegriff einer breiten Verwendung in gesellschaftlichen,
politischen und medialen Diskursen und transportiert zuweilen implizite Wahr-
nehmungsformen über Zuwanderung und Migration. In unterrichtlichen Zusammenhängen kann gerade die begriffliche Mehrdeutigkeit fruchtbar gemacht
werden. Begriffliche Reflexionstätigkeit kann einen wesentlichen Beitrag zu der
Frage leisten, welche Vorstellungen über Migration und Integration einen lern-
förderlichen Beitrag zum Verständnis der Migrationsgesellschaft stiften.

Forschungsdesign und methodische Vorgehensweise

Durch die Analysen von Schülervorstellungen über Integration soll eine exem-
plarische Einschätzung der Lernmöglichkeiten für die migrationspolitische
Bildung erfolgen und didaktische Konsequenzen an den dargestellten Beispielen
entwickelt werden. Da die Komplexität von Vorstellungen in ihrer Tiefe und
Qualität ergründet werden soll, kommen Methoden der qualitativen Forschung
zum Einsatz. Die Schülerinnen und Schüler wurden in themenzentrierten Interviews anhand eines halbstrukturierten Interviewleitfadens auf ihr Integrationsverständnis hin befragt. Sie besuchen die Oberstufe verschiedener Gesamtschulen.
Die Sampling-Strategien beziehen Teilnehmerinnen und Teilnehmer mit und
ohne Migrationshintergrund als Zugehörige der Einwanderungsgesellschaft in
die Untersuchungen ein.

Die Auswertung der Einzelinterviews erfolgte schrittweise und methodisch
kontrolliert unter Modifikation der qualitativen Inhaltsanalyse im Kontext fach-
didaktischer Lehr- und Lernforschung.[7] Unterschiedliche qualitative Interpreta-
tionsformen und -schritte werden dabei sachzielbezogen zusammengeführt.
Zunächst wurden die Transkripte redaktionell bearbeitet. Es erfolgte sodann eine
Transformation der erzählgenerierenden Interventionen, d.h., die Fragen des

Interviewers wurden entfernt und die Inhalte in den Aussagenkontexten der Interviewpartnerinnen und Interviewpartner wiedergegeben. Die anschließende Paraphrasierung beinhaltet eine leichte grammatikalische Glättung und die Ausformulierung zu vollständigen Sätzen. Dabei sollen die sprachlichen Stilmittel der Schülerinnen und Schüler jedoch weitgehend erhalten bleiben. Insgesamt sollen sich durch das Redigieren die Aussagen bezüglich der Interpretationsaufgabe akzentuierter lesen lassen und verständlicher erscheinen als die relativ unübersichtlichen Transkriptionsdokumente. In diesem Arbeitsschritt wurden die Aussagen thematischen Komplexen zugeordnet, um in der Alltagssprache der Schülerinnen und Schüler deren Vorstellungen darzulegen. Der nächste Untersuchungsschritt erfasst als Explikation das individuelle Verständnis von Integration. In diesem Rahmen vollzieht sich die interpretative Erschließungsaufgabe der spezifischen Vorstellungsstrukturen. Die geordneten Aussagen und ihre Explikation werden im Rahmen dieses Beitrags miteinander verknüpft, um die Schülervorstellungen deutlicher hervortreten zu lassen. Abschließend identifiziert die migrationsdidaktische Strukturierung wesentliche Vorstellungen, die für migrationspolitisches Lehren und Lernen besondere Relevanz entfalten und im Unterricht beachtet werden sollten. Im Folgenden werden zwei ausgewählte Beispiele illustriert.

Lena[8] ist politisch interessiert und hat Erfahrungen im Umgang mit Flüchtlingen gesammelt. Diese gründen in der Auseinandersetzung um vermeintliche Missstände an der örtlich ansässigen ZAAB (Zentrale Aufnahme- und Ausländerbehörde), woraufhin sich öffentliche Debatten über die Lebensbedingungen der Asylsuchenden in der Einrichtung entzündeten. Diese wurden auch im Schulunterricht thematisiert. Weiterhin engagiert sie sich in einer einschlägigen sozialen Arbeitsgruppe ihrer Schule. Falco verfügt über einen so genannten Migrationshintergrund – seine Großeltern kamen einst aus der Türkei nach Deutschland. Er wurde in Deutschland geboren und besucht – wie Lena – die 11. Klasse einer Gesamtschule.

Schülervorstellungen über Integration
Lena: „Miteinander und Nebeneinander – Multikulti"

Lena stellt sich Integration als Aufnahme und Akzeptanz innerhalb der gesellschaftlichen Lebenssituation von Zugewanderten und Minderheiten vor: „Integration bedeutet, dass man in der Gesellschaft, in der man lebt, aufgenommen wird, dass man akzeptiert wird." Die Aufforderung zu Akzeptanz gründet in der vermeintlichen Nähe des Begriffs zu Anpassungsforderungen der einheimischen Deutschen. Lena entwickelt ihr Integrationsverständnis in

Abgrenzung zu damit vermeintlich verbundenen Vorstellungen: „Die Aufnahme in unsere Gesellschaft läuft meistens so ab, dass viele Deutsche meinen, man müsse sich an die deutsche Kultur anpassen." Lena betont hingegen: „Integration darf nicht mit Anpassung gleichgesetzt werden." Integration geht in dieser Vorstellung nicht einseitig in der Anpassung an die Alltagspraktiken der Mehrheit auf. Vielmehr unterliegen in den Vorstellungen von Lena Zuwanderer der Marginalisierung und Ausgrenzung als „Fremde". In der Auseinandersetzung mit dem Integrationsbegriff greift Lena natio-kulturelle Zugehörigkeitskonzepte und deren ausgrenzende Wirkung auf: „[Integration] bedeutet auch, dass nicht von vornherein eine Unterteilung von Menschen – in deutsch und nicht-deutsch – stattfindet. Diese Unterteilung kommt daher, weil man Angst vor Fremden hat." Sie betrachtet diffuse Ängste und Vorbehalte gegenüber Fremden als wesentliche Ursache von Ausgrenzung. Lena möchte diese Grenzziehungen und Fremdheitszuschreibungen überwinden und entwickelt einen universalen Zusammenhang: „Das Ziel von Integration wäre, dass alle Menschen vernünftig nebeneinander und miteinander leben können, ohne dass man sie unterteilt und sie irgendwie diskriminiert." Die von ihr abgelehnten Zugehörigkeitsmuster entlang natio-kultureller Trennlinien löst Lena daher normativ in der Forderung nach Toleranz und einer auf Humanität und Menschenrechten basierenden Grundhaltung im Zusammenhang mit Zuwande-rung und Integration auf. Hier liegt zugleich der Schlüssel zur Integrations-vorstellung von Lena: „Kulturen können auch nebeneinander oder miteinander existieren. Das ist kein Problem, Multikulti funktioniert auf diese Art und Weise." Das gleichwertige Nebeneinander und Miteinander unterschiedlicher Kulturen bedingt die Ausstattung von kultureller Differenz mit einer besonderen Anerkennungswürde – ein Kern multikulturalistischer Denkfiguren und zugleich normative Integrationsformel von Lena: „Integration kann man daran sehen oder messen, wie die Menschen allgemein miteinander umgehen oder auch mit – in ihren Augen – fremden Menschen." So drückt sich Integration in der Vorstellung von Lena als Anerkennung von Differenz und Toleranz im Umgang mit Fremdheit aus. Der bei den einheimischen Deutschen vermeintlich fehlenden Wertschätzung von Pluralität stellt Lena den Eigenwert kultureller Heterogenität entgegen: „Multikulti bedeutet viele verschiedene Menschen verschiedener Nationen mit verschiedenen Kulturen – etwas Tolles." Kulturelle Vielfalt erhält den Eigenwert des Besonderen und der Bereicherung und wird dadurch anerkennungswürdig. Die Integrationsverantwortung trägt die Aufnahme-gesellschaft – sie muss ihre Akzeptanzmodelle mit der Wertschätzung von Pluralität und kultureller Differenz ausstatten. Der selbstverständliche Umgang mit multikultureller Differenz und vermeintlicher Fremdheit und ein diskrimi-nierungsfreies Miteinander im Zusammenhang mit Zuwanderung und Migration bildet demnach ein wesentliches Kriterium und zugleich Ziel von Integration in den Vorstellungen von Lena.

Falco: „Sprache ist das Einzige, worauf sich das Land noch stützen kann"

„Wenn man Integration bildlich darstellen würde, wäre das, als wenn man ein Stück – einen Bauklotz – in eine Kette anderer Bauklötze hineintut, damit das genau passt." So verleiht Falco seinem Integrationsverständnis bildhaften Ausdruck. In einem ähnlichen Zusammenhang setzt er sich mit Synonymen des Integrationsbegriffs auseinander: „Wenn ich Integration mit einem anderen Wort umschreiben müsste, wäre das ,Anpassung'." Eine wichtige Voraussetzung von Anpassung bildet für ihn die soziale Veränderungsbereitschaft der zugewanderten Minderheit. „Anpassung bedeutet, dass man aus sich herausgeht und nicht nur mit seinen eigenen Leuten Kontakt hat, sondern versucht, sich mit jedem in Verbindung zu setzen – Kontakte zu knüpfen." Die Anpassung und Übernahme von Alltagspraktiken geht mit dem Aufbau sozialer Beziehungen zu Einheimischen und Freundschaften einher. Damit greift Falco auf ein grundlegendes Sinnbild von Assimilationskonzepten zurück – die Vorstellung eines funktionalen, an den Alltagspraktiken der Mehrheitsgesellschaft orientierten Prozesses der Annäherung und Angleichung. Falco betont in diesem Zusammenhang auf Seiten der Minderheit die Notwendigkeit des Aufbaus von Akzeptanz und einer positiven Grundhaltung zur Aufnahmegesellschaft und deren kulturellen Eigenheiten. „Anpassung – dass man die neue Kultur nicht als niedrig ansehen sollte und seine eigene so ,hochprahlt'. Man sollte eher denken: Ich habe meine für mich, ihre ist für sie genauso viel wert, also sollte ich das respektieren und versuchen, diese Kultur kennenzulernen, und es wird mir vielleicht gefallen, auch danach zu leben." Anpassung konkretisiert sich als Forderung nach kultureller Neugierde und Aufgeschlossenheit. Festhalten an sozial-kulturellen Eigenheiten auf Seiten der Zugewanderten lehnt Falco ebenso ab wie eine völlige Aufgabe der kulturellen Identität. Es gilt vielmehr, Anknüpfungspunkte für verbindende Perspektiven zu finden: „Anpassung bedeutet [auch], dass man versucht, die Lebensweise von den Leuten anzunehmen, die hier schon waren – dass man sich nicht abtrennt und sagt: So wie ich bisher war, so lebe ich hier weiter, sondern dass man versucht, Gemeinsamkeiten zu finden."

Ein derartig grundlegendes, gemeinsames und verbindendes Merkmal findet er in der Sprache: „Sprache ist wichtig, weil die Sprache das Land ausmacht – die Sprache ist das Einzige, worauf sich das Land noch stützen kann. In Deutschland treffen viele Kulturen aufeinander und die einzige gemeinsame Sprache ist

Deutsch." Sprache ist für Falco von enormer Bedeutung. Er stellt die Bedeutung von Sprache in den Kontext von Zuschreibungs- und Ausgrenzungsprozessen. Sprache verbindet und trennt zugleich: Er charakterisiert Sprachkenntnisse als Merkmal, von dem ausgehend auf Herkunft geschlossen wird und Zuschreibungen vorgenommen werden. „Das ist auf jeden Fall ein Merkmal, man ordnet die Leute zu, woher sie kommen, auch innerhalb Deutschlands." Die Bedeutung von Spracherwerb drückt sich auch in Falcos weiterer Auseinandersetzung mit Integration aus: „Der größte Punkt ist für mich, die Sprache zu lernen." Integration stellt Falco in einen prozesshaften Zusammenhang: „Integration passiert in Schritten. Man kann ja nicht von heute auf morgen integriert sein."

Den finalen Endpunkt von Integration identifiziert Falco in fehlendem Fremdheitserleben und einer subjektiv empfundenen Zugehörigkeit: „Der Endpunkt wäre, wenn man sich hier wirklich als vollwertigen Mitbürger ansieht und nicht mehr denkt: ‚Ich bin immer noch fremd hier.' Wenn man längere Jahre hier wohnt [und der Meinung ist]: Das ist meine Umgebung, das ist mein Umfeld und hier werde ich wahrscheinlich auch immer leben." Integration gründet insgesamt vornehmlich in der Übernahme der vorherrschenden Sprache und erfolgt durch Anpassung an die Alltagspraktiken der Mehrheitsgesellschaft. Sie bedingt ein wechselseitig angelegtes Akzeptanz- und Anerkennungsverhältnis und gewährt schließlich Lebensperspektiven sowie den Aufbau sozialer Kontakte zwischen Zugewanderten und Angehörigen der Mehrheitsgesellschaft.

Zusammenfassend kann man sagen: Lena entwickelt ein multikulturalistisches Integrationsverständnis, das im Kern auf der Anerkennung des Eigenwertes migrationsbedingter kultureller Differenz beruht und durch ihre lebensweltlich-schulischen Erfahrungen geprägt erscheint. Falcos Integrationsverständnis umfasst den Spracherwerb, welcher den Aufbau sozialer Beziehungen zwischen Zuwanderern und Angehörigen der Mehrheitsgesellschaft ermöglicht. Die subjektive Bedeutung von Sprache und ihrer orientierungsleitenden Funktion spiegelt Falcos eigene Migrationserfahrung. Falco und Lena verfügen über relativ stabile Kulturvorstellungen und Fremdheitskonzepte, die sie im Integrationskontext zu unterschiedlichen Perspektiven führen. Während Lena die Anerkennung kultureller Differenz einfordert, betont Falco Anpassung und Orientierung im sozial-kulturellen Alltag.

Schülervorstellungen differenzieren und anreichern

Es ist in Vermittlungssituationen von entscheidender Bedeutung, welche Integrationsverständnisse die Schülerinnen und Schüler in den Unterricht hineintragen.

Wird Integration als Anpassung in Alltagssituationen verstanden, die der funktionalen Orientierung von Spracherwerb und der Lebensbewältigung im Aufnahmekontext dienlich sind und die Veränderungen auf Seiten der Migrantengruppe betonen? Oder wird Integration als Grundhaltung der Aufnahmegesellschaft eingefordert, die sich vornehmlich in der Akzeptanz von kultureller Pluralität und der Vermeidung struktureller Diskriminierung zeigt? Beide Perspektiven gründen in den individuellen Alltagserfahrungen der Schülerinnen und Schüler und sind dort als sinnstiftend und kohärent erfahren worden. Gleichzeitig geraten beide Perspektiven an Grenzen ihrer Erklärungskraft, wenn sie in umfassendere Kontexte gestellt werden. Den gesellschaftlichen Anforderungen von Pluralität genügen die Vorstellungen nicht mehr, da sie die Dynamik aktueller und zukünftiger Integrationsformen nicht erfassen. Durch den migrationsbedingten gesellschaftlichen Wandel und die damit einhergehende Pluralisierung verlieren herkömmliche Konzepte von Einwanderung, Anpassung, Fremdheit, Deutsch-Sein oder multikultureller Differenz an Erklärungs- und Orientierungskraft. Die komplexen Strukturen moderner Migrationsgesellschaften und ihre multilokalen Integrationsräume geraten aus dem Blick. Für die Bewältigung von ethnisch, sprachlich und sozial heterogenen Lebenssituationen und Gemengelagen, die sich jenseits natio-kultureller Gleichförmigkeit aufspannen, gilt es daher, die Schülervorstellungen in der migrationspolitischen Bildung zu differenzieren und konzeptuell anzureichern. Dies umfasst neben dem Aufbau von interkulturellen Kompetenzen und Pluralitätskonzepten ein tieferes Verständnis der Hintergründe, Zusammenhänge und Merkmale moderner Migrationsgesellschaften. Im Zentrum steht die vermittlungswirksame Auseinandersetzung mit den Konzepten und Denkschemata der Schülerinnen und Schüler.

Lena und Falco verfügen beispielsweise über sehr unterschiedliche Anpassungsvorstellungen. Während Lena Anpassung im Integrationskontext als nicht erforderlich zurückweist, betont Falco die orientierungsleitende Funktion von Anpassungsleistungen in Alltag und Schule. Im Lernprozess können solche Anpassungskonzepte didaktisch genutzt werden, indem sie ihrem jeweiligen lebensweltlichen Kontext entzogen und re-interpretiert werden. Die zugrunde liegende Vorstellung einer einseitigen Anpassung der Migrantengruppen verliert an Plausibilität, wenn in den Lehr- und Lerndesigns die Gesellschaftsbedingungen als wandelbar erfahrbar werden. Die Schülerinnen und Schüler können erkennen, dass sich durch Migration und Integration nicht nur die Einwanderer, sondern auch die Aufnahmegesellschaft verändert. Integration wird als offener und dynamischer Prozess verstehbar, der auf einer beiderseitigen Öffnung und Anpassung beruht und durch den etwas Neues entsteht, das der Aushandlung und politischen Gestaltung unterliegt.

Die Schülerinnen und Schüler ziehen Analogien zu sozialen Beziehungen und Fremdheitskonzepten für die Erklärung von Funktion und Zielen der Integration heran oder lösen vermeintliche Desintegration in normativen Appellen zu Solidarität und Toleranz auf. Diese Vorstellungen können durch Konzepte von Identitätswandel, Zugehörigkeitsmanagement und Transnationalismus in einen größeren Zusammenhang gestellt werden. Die Vorstellungen einer pluri-lokalen sozialen Integration können im Unterricht einer versachlichenden Auseinandersetzung dienlich sein und polaren Konzepten von deutsch und nicht-deutsch, von Zugehörigkeit und Nicht-Zugehörigkeit oder von Integriert- und Nicht-integriert-Sein ihre Erklärungskraft entziehen. Mehrdeutigkeit als zentrales Merkmal der Migrationsgesellschaft unterliegt somit einer Normalitätserwartung. Gleichzeitig wird die normative Einforderung von Respekt und Toleranz von der mitschwingenden Opferrolle, die Zugewanderten und Minderheiten häufig zugewiesen wird, gelöst. Auf diese Art und Weise können die Schülervorstellungen als Hilfen zum Verständnis eingesetzt und für Strategien der Didaktik genutzt werden.

Fazit

Migrationspolitisches Lernen geht nicht in der Vermittlung von Integrationskonzepten auf, sondern erfordert die Beachtung der spezifischen Relevanz, mit der Integration in alltäglichen Kontexten der Schülerinnen und Schüler sichtbar gemacht wird. Lebensweltliche Erfahrungen und das Selbst- und Weltverständnis der Schülerinnen und Schüler prägen die in der Auseinandersetzung mit dem Lernfeld hervortretenden Erklärungskonzepte wesentlich mit und müssen entsprechend in Vermittlungssituationen beachtet und genutzt werden – vor allem, weil die migrationspolitische Bildung auf die Lernchancen angewiesen ist, die ihr der Alltag bereitstellt.

Anmerkungen

1   Vgl. Carla Schelle, Migration als Entwicklungsaufgabe in der Schule, in: Tarek Badawia / Franz Hamburger / Merle Hummrich (Hrsg.), Bildung durch Migration, Wiesbaden 2005, S. 41–53.

2   Rudolf Leiprecht / Anne Kerber, Einleitung. Schule in der pluriformen Einwanderungsgesellschaft, in: Dies. (Hrsg.), Schule in der Einwanderungsgesellschaft. Ein Handbuch, Schwalbach/Ts. 2005, S. 8.

3   Dirk Lange / Ayça Polat, Einleitung, in diesem Buch S. 12

4   Axel Schulte, Politische Bildung in der Einwanderungsgesellschaft. Pädagogische Aufgaben, sozialwissenschaftliche Grundlagen und Elemente der didaktisch-methodischen Umsetzung, in: Heidi Behrens / Jan Motte (Hrsg.), Politische Bildung in der Einwanderungsgesellschaft. Zugänge – Konzepte – Erfahrungen, Schwalbach/Ts. 2006, S. 43.

5   Vgl. Dirk Lange, Kernkonzepte des Bürgerbewusstseins, in: Georg Weißeno (Hrsg.), Politik-kompetenz. Was Unterricht zu leisten hat, Wiesbaden 2008, S. 245–258; sowie Andreas Lutter, Schülervorstellungen, in: Dirk Lange / Volker Reinhardt (Hrsg.), Basiswissen Politische Bildung (Band III), Baltmannsweiler 2007, S. 74–80.

6   Ingrid Oswald, Migrationssoziologie, Stuttgart 2007, S. 93.

7   Vgl. im Folgenden: Harald Gropengießer, Qualitative Inhaltsanalyse in der fachdidaktischen Lehr- und Lernforschung, in: Phillip Mayring / Michaela Glaeser-Zikuda (Hrsg.), Die Praxis der Qualitativen Inhaltsanalyse. Weinheim/ Basel 2005, S. 172–189.

8   Die Namen der Schülerinnen und Schüler wurden geändert.

Tanja Merkle, geb. 1970

Soziologin, Politologin und Erziehungswissenschaftlerin,
Senior Research and Consulting im sozialwissenschaft-
lichen Institut SINUS-Sociovision in Heidelberg

Tanja Merkle
Lebenswelten in Deutschland. Ergebnisse aktueller Studien von Sinus Sociovision

Möchte man Menschen in ihrem Alltag, ihrem Alltagshandeln und ihren Entscheidungsprozessen (z.b. in Bezug auf Bildung und politische Bildung, in Bezug auf bürgerschaftliches Engagement und politische Partizipation) sowie ihrem Verständnis (etwa in Bezug auf Ausländerpolitik, Einwanderung, Integration, Demokratie, Geschichte) verstehen, sollte man sich mit ihrer Lebenswelt, d.h. mit allen wichtigen Alltagsbereichen, auseinandersetzen, und zwar aus der jeweils subjektiven Sicht dieser Menschen. Genau dies ist Aufgabe der Lebensweltforschung, welche mittels qualitativer Methoden und in Form ganzheitlichen Verstehens einen tiefer gehenden Blick „hinter die Kulissen" wirft.

Was ist das Besondere an der Lebensweltforschung? Sind nicht auch herkömmliche Ansätze und Typologien anhand soziodemografischer Faktoren wie Alter, Schulbildung, Beruf und Einkommen eine bewährte Herangehensweise, um Menschen im Allgemeinen und Zielgruppen im Speziellen kennen und verstehen zu lernen? Solcherlei rein demografische Rahmenbedingungen bewegen sich primär auf deskriptivem Niveau und tragen letztlich nur in begrenztem Umfang zu einem tatsächlichen Verstehen der Menschen bei. Die Soziodemografie allein klärt nicht die Hintergründe dessen auf, was Menschen bewegt und wie sie bewegt werden können.

„Soziodemografische Zwillinge" können sich, dies wird anhand des nachfolgenden Beispiels deutlich, hinsichtlich ihrer Lebensstile, ihrer Grundorientierungen und Werteinstellungen völlig unterscheiden: Charles, Prince of Wales, und Ozzy Osbourne, der „Prince of Darkness", sind im gleichen Jahr geboren, beide sind in Großbritannien aufgewachsen, beide sind verheiratet und haben erwachsene Kinder, beide leben nicht mehr mit den Müttern ihrer Kinder zusammen, beide sind beruflich erfolgreich und vermögend. Und doch, dies ist mehr als offensichtlich, könnten ihre Lebensstile und Vorlieben kaum unterschiedlicher sein. Sie gehören verschiedenen Milieus an, die äußerst unterschiedlich „ticken".

Sinus und die Sinus-Milieus

Das Sinus-Institut in Heidelberg hat dies schon vor langer Zeit erkannt und den Schritt vom Beschreiben zum Verstehen getan. Die Sinus-Milieus® sind das Ergebnis von mehr als drei Jahrzehnten sozialwissenschaftlicher Forschung (http://www.sinus-sociovision.de/).

Sie sind eine Basissegmentation der Gesellschaft auf der Grundlage von Wertorientierungen (subjektive Einstellungen, Interessen, Maximen, Werturteile, Ziele), Lebensstilen (Verhaltensgewohnheiten, Routinen, Rituale, Geschmackspräferenzen, ästhetische Prägungen) und sozialen Lagen. Sie fassen „Gruppen Gleichgesinnter" zusammen, die sich hinsichtlich dieser Dimensionen ähneln. Bedeutsam ist, dass in die Analyse auch Alltagseinstellungen (zur Arbeit, zur Familie, zur Freizeit, zu Geld und Konsum), Wunschvorstellungen, Ängste und Zukunftserwartungen eingehen.[1] Im Gegensatz zu sozialen Schichten beschreiben die Sinus-Milieus® real existierende Subkulturen in unserer Gesellschaft mit gemeinsamen Sinn- und Kommunikationszusammenhängen in ihrer Alltagswelt. Sie sind somit ein lebensechtes Abbild der gesellschaftlichen Strukturen und kein statistisches Konstrukt.

Gerade weil sie ein lebensechtes Abbild der Gesellschaft sind und den Menschen ganzheitlich ins Blickfeld rücken, sind die Sinus-Milieus® ein gefragtes Instrument, das u.a. als „Seh- und Verständnishilfe" sowie zur Komplexitätsreduktion dienen kann. Dabei greifen sowohl öffentliche Auftraggeber (z.B. Ministerien, politische Parteien, Stiftungen, Kirchen, Gewerkschaften, Verbände, Universitäten etc.) als auch Auftraggeber aus der Wirtschaft auf das „Mehr" an Informationen und Entscheidungshilfen zurück, das ihnen dieser Ansatz bietet.

Das Sinus-Milieumodell ist nicht statisch. Parallel zum Wertewandel in unserer Gesellschaft wird es regelmäßig aktualisiert und weiterentwickelt. Basis hierfür sind die Sinus-Trendforschung sowie kontinuierliche Studien zu den Lebenswelten der Menschen. Derzeit werden pro Jahr ca. 100.000 Interviews in

Die Sinus-Milieus® in Deutschland 2008
Soziale Lage und Grundorientierung

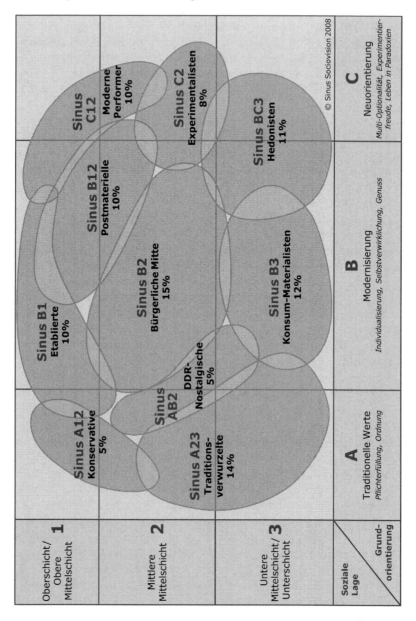

© Sinus Sociovision 2008

mehreren unabhängigen Stichproben durchgeführt, um das Modell zu überprüfen und – in Bezug auf die statistische Verteilung wie auf die inhaltlichen
Beschreibungen – neu zu justieren. Das Modell beruht somit auf einem breiten
empirischen Fundament. In Westdeutschland wird die Milieulandschaft seit 1979
kontinuierlich beobachtet, in Ostdeutschland seit Anfang der 1990er Jahre. Seit
2001 gibt es erstmals ein gesamtdeutsches Milieumodell, das zehn Milieus
umfasst.

Die Grenzen zwischen diesen zehn Milieus sind fließend. Es liegt in der Natur der
sozialen Wirklichkeit, dass Lebenswelten nicht so exakt eingrenzbar sind wie
soziale Schichten (etwa nach Einkommen oder Schulabschluss). Sinus nennt
das die Unschärferelation der Alltagswirklichkeit. Dabei handelt es sich um einen
grundlegenden Bestandteil des Milieu-Konzepts: Zwischen den verschiedenen
Milieus gibt es Berührungspunkte und Übergänge. Wäre das nicht der Fall,
könnte man schwerlich von einem lebensechten Modell sprechen. Diese Überlappungspotenziale sowie die Position der Sinus-Milieus® in der deutschen
Gesellschaft nach sozialer Lage und Grundorientierung werden anhand der
folgenden Grafik deutlich: Je höher das entsprechende Milieu in dieser Grafik
angesiedelt ist, desto gehobener sind Bildung, Einkommen und Berufsgruppe;
je weiter es sich nach rechts erstreckt, desto moderner im soziokulturellen Sinn
ist die Grundorientierung des jeweiligen Milieus.

Die Migranten-Milieus in Deutschland

Neben dem Sinus-Milieumodell in Deutschland wurden für 18 weitere Länder,
von den USA bis China, entsprechende Modelle entwickelt; der Ansatz ist also
auch international etabliert. Darüber hinaus wurde in jüngster Vergangenheit auf
anderer Ebene kulturübergreifend geforscht: Getragen von einem Auftraggeber-
Gremium aus Politik, Medien und Verbänden[2] hat Sinus Sociovision im Zeitraum
von 2006 bis 2008 eine qualitative ethnografische Leitstudie sowie eine Quantifizierung auf repräsentativer Basis zu den Lebenswelten von Menschen mit Migrationshintergrund in Deutschland durchgeführt.[3] Grundgesamtheit der Studie
sind, analog der Definition des Statistischen Bundesamts 2006, neben den in
Deutschland lebenden Ausländern/innen alle in Deutschland lebenden Zuwan-
derer/innen (u.a. Spätaussiedler/innen, Eingebürgerte) und ihre in Deutschland
lebenden Nachkommen.[4]

Im Rahmen der Studie wurden zum ersten Mal die Lebenswelten und Lebensstile
von Menschen mit unterschiedlichem Migrationshintergrund mit dem gesellschaftswissenschaftlichen Ansatz der Sinus-Milieus® untersucht. Ein wichtiges

Menschen mit Migrationshintergrund:

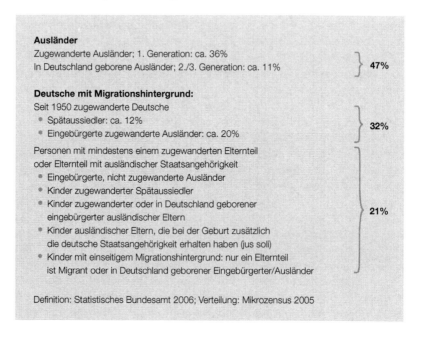

Ausländer
Zugewanderte Ausländer; 1. Generation: ca. 36%
In Deutschland geborene Ausländer; 2./3. Generation: ca. 11%   } **47%**

Deutsche mit Migrationshintergrund:
Seit 1950 zugewanderte Deutsche
⊛ Spätaussiedler: ca. 12%
⊛ Eingebürgerte zugewanderte Ausländer: ca. 20%   } **32%**

Personen mit mindestens einem zugewanderten Elternteil
oder Elternteil mit ausländischer Staatsangehörigkeit
⊛ Eingebürgerte, nicht zugewanderte Ausländer
⊛ Kinder zugewanderter Spätaussiedler
⊛ Kinder zugewanderter oder in Deutschland geborener
  eingebürgerter ausländischer Eltern   } **21%**
⊛ Kinder ausländischer Eltern, die bei der Geburt zusätzlich
  die deutsche Staatsangehörigkeit erhalten haben (jus soli)
⊛ Kinder mit einseitigem Migrationshintergrund: nur ein Elternteil
  ist Migrant oder in Deutschland geborener Eingebürgerter/Ausländer

Definition: Statistisches Bundesamt 2006; Verteilung: Mikrozensus 2005

konzeptionelles Element war es, Migranten nicht aufgrund ihrer Ethnie vorab einem Segment zuzuordnen, d.h. die Ethnie nicht als Vorfilter zu betrachten, sondern lediglich als ein Deutungsmittel. Ziel war es, eine empirisch fundierte Sehhilfe zu liefern, um das Selbstverständnis und die Alltagskulturen der Menschen mit Migrationshintergrund besser zu verstehen. Das Ergebnis der Studie ist die Identifikation und Beschreibung von acht Migranten-Milieus, ihrer Lebensziele, Wünsche, Zukunftserwartungen, ihrer Wertorientierungen, Lebensstile und Integrationsniveaus.

Zentrale Ergebnisse

Zentraler Befund der Studie ist, dass es in der Population der Menschen mit Migrationshintergrund eine bemerkenswerte Vielfalt von Lebensauffassungen und Lebensweisen gibt. Gründe hierfür mögen u.a. der langfristige Wertewandel in Deutschland und die bis in die 1950er Jahre zurückreichende Migrationsgeschichte in der Nachkriegszeit sein, die zu einer Prägung der kulturellen Identität der Migrantinnen und Migranten beitrugen. Jeder neue Migrationsschub führte zu Diffusion, Imitation und auch Distinktion innerhalb der Gesamtheit der

Menschen mit Migrationshintergrund. Anhand der nachfolgenden Übersicht werden die verschiedenen Grundorientierungen, die aktuell die Lebenswelten von Menschen mit Migrationshintergrund prägen, veranschaulicht.

Die Wertorientierungen der Migranten in Deutschland

Parallelkultur	Arbeitsmigrantenkultur	Teilhabekultur	Integrationskultur	Multikultur
• Traditionelle Werte und religiöser Dogmatismus (oft: islamisch) • Patriarchalisches Weltbild, überkommene Familienwerte und Zwangsnormen • Rigide-konventionalistischer Lebensstil, strenge Moral • Kulturelle Enklave, keine Integrationsbereitschaft	• Selbstverständnis als (dauerhafter) „Gast" – auf niedrigem Integrationsniveau • Traditionelle Pflicht- und Akzeptanzwerte, Sparsamkeit, Bescheidenheit • Materielle Sicherheit, bescheidener Wohlstand als Lebensziel • Festhalten an den Traditionen und Gebräuchen des Herkunftslandes, aber Respektieren der deutschen Mehrheitskultur	• Soziale und kulturelle Entwurzelung, materialistische Ersatzwerte • Streben nach Besitz und Status, Konsum und Genuss • Bemühen um soziale Akzeptanz und Anpassung, Aufstiegsorientierung	• Individualisierung der Überzeugungen und Lebensstile, Selbstverwirklichung als zentraler Wert • Kritische Auseinandersetzung mit der Herkunftskultur • Streben nach Aufklärung und Emanzipation • Bi-kulturelle Orientierung	• Aufhebung kultureller Identitäten und Gruppenzugehörigkeiten • Unsicherheit als Grunderfahrung, Sinnsuche • Postmodernes Werte-Patchwork, Flexibilität und Mobilität • Multikulturelle Identifikation, Subkultur-Bildung
AI **Vormoderne Tradition**	**AII** **Ethnische Tradition**	**BI** **Konsum-Materialismus**	**BII** **Individualisierung**	**C** **Multi-Optionalität**
Tradition		**Modernisierung**		**Neuidentifikation**

© Sinus Sociovision 2008

Neben der Identifikation dieses vielfältigen und fassettenreichen Bildes konnten eine Reihe hierzulande verbreiteter Negativ-Klischees über Zugewanderte widerlegt werden. So scheint der in Deutschland geführte Integrationsdiskurs im Licht der Untersuchungsbefunde doch allzu stark auf eine Defizitperspektive verengt. Meist werden die Ressourcen an kulturellem Kapital von Migranten/innen, ihre Anpassungsleistungen und der Stand ihrer Etablierung in der Mitte der Gesellschaft unterschätzt, ebenso fehlt es häufig an Differenziertheit. Oft werden (formal oder augenscheinlich) Nicht-Deutsche in die Container-Kategorie der „Migranten" eingeordnet, begleitet von der impliziten Erwartung, man wisse damit bereits etwas über ihre Werte, ihre soziale Lage und ihren Lebensstil. Aber:

Die Menschen mit Migrationshintergrund in Deutschland sind, genauso wenig wie die autochthone deutsche Bevölkerung, eine soziokulturell homogene Gruppe.

Im Rahmen der Studie wurde deutlich: Die Migranten-Milieus unterscheiden sich weniger nach ethnischer Herkunft und sozialer Lage als vielmehr nach ihren Wertvorstellungen, Lebensstilen und ästhetischen Vorlieben. Gemeinsame lebensweltliche Muster und Grundorientierungen finden sich bei Migranten/innen aus den unterschiedlichsten Herkunftskulturen. Das heißt: Menschen des gleichen Milieus mit unterschiedlichem Migrationshintergrund verbindet mehr miteinander als mit dem Rest ihrer Landsleute aus anderen Milieus. Man kann somit nicht von der Herkunftskultur auf das Milieu schließen, genauso wenig, wie man vom Milieu auf die Herkunftskultur schließen kann.[5]

Betrachtet man die Herkunftsländer der in Deutschland lebenden Menschen mit Migrationshintergrund (Ausländer/innen und Eingebürgerte), so wird deutlich, dass die Länder der Ex-Sowjetunion an der Spitze stehen und mittlerweile die Türkei abgelöst haben.

Herkunft der Migranten in Deutschland

Ex-Sowjetunion	21%
Türkei	19%
Südeuropa (Italien, Spanien, Portugal, Griechenland)	12%
Polen	11%
Ex-Jugoslawien	10%
Land in Asien	9%
Andere EU-Länder	6%
Andere osteuropäische Länder	6%
Land in Amerika	3%
Land in Afrika	3%
Andere Länder	1%

© Sinus Sociovision 2008

In allen Milieus gibt es – je spezifische – Integrationsbarrieren und Verflechtungsbeziehungen. Integrationsdefizite finden sich, wie auch bei der autochthonen deutschen Bevölkerung, am ehesten in den unterschichtigen Milieus. Die Barrieren gegenüber kultureller Anpassung sind am größten im Religiös-verwurzelten Milieu. Die meisten Migrantinnen und Migranten verstehen sich aber als Angehörige der multi-ethnischen deutschen Gesellschaft und wollen sich aktiv einfügen – ohne ihre kulturellen Wurzeln zu vergessen. Mehr als die Hälfte der Befragten zeigt einen uneingeschränkten Integrationswillen. 87% sagen: Alles in allem war es richtig, dass ich bzw. meine Familie nach Deutschland gekommen ist.

Insbesondere in den soziokulturell modernen Milieus wird das Label „Migranten" als oftmals pauschalisierende, stigmatisierende und z.T. auch diskriminierende Globalkategorie erlebt. Viele haben ein bi-kulturelles Selbstbewusstsein und eine postintegrative Perspektive. Sie sind längst in dieser Gesellschaft angekommen, Integration ist für sie kein Thema mehr. Und viele erleben Migrationshintergrund und Mehrsprachigkeit als Bereicherung – für sich selbst und für die Gesellschaft. 61% der Befragten sagen von sich, sie hätten einen bunt gemischten internationalen Freundeskreis. In den gehobenen Milieus liegt dieser Anteil deutlich über 70%.

Vor diesem Hintergrund beklagen viele – quer durch die Milieus – die mangelnde Integrationsbereitschaft der Mehrheitsgesellschaft und das geringe Interesse an den Eingewanderten. Etwa ein Viertel der befragten Menschen mit Migrationshintergrund fühlt sich isoliert und ausgegrenzt – insbesondere Angehörige der unterschichtigen Milieus. Das bedeutet jedoch andererseits, dass Erfahrungen von Diskriminierung und Ausgrenzung nur für einen kleineren Teil der Migranten/innen alltagsrelevant sind.[6]

Erfolgreiche Etablierung in der Aufnahmegesellschaft ist wesentlich von der Bildung der jeweiligen Migranten/innen abhängig. Grundsätzlich gilt: Je höher das Bildungsniveau und je urbaner die Herkunftsregion, desto leichter und besser gelingt dies. Der großen Mehrheit der Einwanderer ist dieser Zusammenhang bewusst. Die meisten haben einen entsprechend ausgeprägten Bildungsoptimismus – der allerdings aufgrund von strukturellen Hürden, Informationsdefiziten und Fehleinschätzungen nicht immer in adäquate Abschlüsse und Berufspositionen mündet.

Ein wichtiger Integrationsfaktor ist die Beherrschung der deutschen Sprache – so sehen es auch die allermeisten Migranten/innen. 85% sagen: Ohne die deutsche Sprache kann man als Zuwanderer in Deutschland keinen Erfolg haben. 68% der Befragten schätzen ihre deutschen Sprachkenntnisse als sehr gut oder gut ein. Weitere 26% haben mittlere oder zumindest Grundkenntnisse. Bei 65% wird im engeren familiären Umfeld überwiegend Deutsch gesprochen, für 82% ist Deutsch die Verkehrssprache im Freundes- und Bekanntenkreis.

In der Migranten-Population deutlich stärker ausgeprägt als in der autochthonen deutschen Bevölkerung ist die Bereitschaft zu Leistung und der Wille zum gesellschaftlichen Aufstieg. Mehr als zwei Drittel zeigen ein modernes, individualisiertes Leistungsethos. 69% sind (im Vergleich zu nur 57% in der Gesamtbevölkerung) der Meinung: „Jeder, der sich anstrengt, kann sich hocharbeiten." Im Ergebnis sind die Unterschiede in der sozialen Lage, d.h. hinsichtlich Einkommens- und Bildungsniveau, zwischen Migranten/innen und Einheimischen nicht sehr groß. Lediglich das Segment der gehobenen Mitte ist in der Migranten-Population etwas weniger ausgeprägt als in der Gesamtbevölkerung.

Dagegen ist das Spektrum der Grundorientierungen bei den Migranten/innen breiter, d.h. heterogener als bei den Bürgerinnen und Bürgern ohne Zuwanderungsgeschichte. Es reicht vom Verhaftetsein in vormodernen, bäuerlich geprägten Traditionen über das Streben nach materieller Sicherheit und Konsumteilhabe, nach Erfolg und gesellschaftlichem Aufstieg, nach individueller Selbstverwirklichung und Emanzipation bis hin zu Entwurzelung und Unangepasstheit. Es gibt also in der Migrantenpopulation sowohl traditionellere als auch soziokulturell modernere Segmente als bei einheimischen Deutschen. Gleichzeitig liegen Migranten-Milieus im Gegensatz zum Milieumodell für die deutsche Gesamtbevölkerung meist nicht eindeutig in einem Werteabschnitt, sondern erstrecken sich oft über zwei Werteachsen. Diese Lagerungen sind möglicherweise Resultat einer multikulturellen Adaption (Leben mit und zwischen alten und neuen Welten und Wertemustern).

Insgesamt zeigen die Ergebnisse der Untersuchung, dass es sich bei den in Deutschland lebenden Menschen mit Migrationshintergrund nicht um ein besonderes und schon gar nicht um ein einheitliches Segment in der Gesellschaft handelt. Ein solcher Blick wird der empirischen Wirklichkeit nicht länger gerecht. Die den verbreiteten Negativklischees entsprechenden Teilgruppen gibt es zwar, und sie sind im vorliegenden Migranten-Milieumodell auch lokalisierbar. Aber: Es sind sowohl soziodemografisch als auch soziokulturell marginale Randgruppen.

Das Migranten-Milieumodell

Analog zum Milieumodell in Deutschland sind auch die Grenzen zwischen den Migranten-Milieus fließend. Sowohl die Überlappungspotenziale als auch die Position der Migranten-Milieus in der deutschen Gesellschaft nach sozialer Lage und Grundorientierung werden anhand der nachfolgenden Grafik veranschaulicht. Auch hier gilt: Je höher ein Milieu in der Grafik angesiedelt ist, desto gehobener sind Bildung, Einkommen und Berufsgruppe; je weiter rechts es positioniert ist, desto moderner ist die Grundorientierung.

Die Migranten-Milieus in Deutschland 2008
Soziale Lage und Grundorientierung

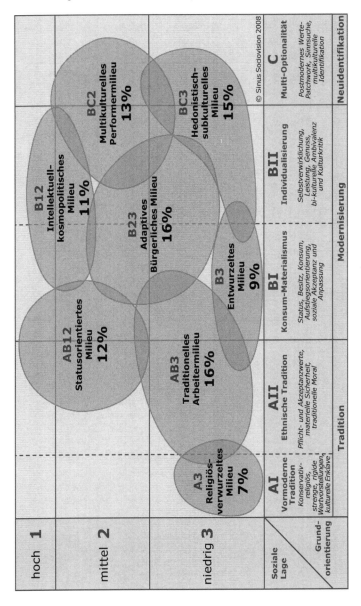

© Sinus Sociovision 2008

Die Migranten-Milieus in Deutschland
Kurzcharakteristik

Bürgerliche Migranten-Milieus

Sinus B23 (16%)
Adaptives Bürgerliches Milieu

Die pragmatische moderne Mitte der Migrantenpopulation, die nach sozialer Integration und einem harmonischen Leben in gesicherten Verhältnissen strebt

Sinus AB12 (12%)
Statusorientiertes Milieu

Klassisches Aufsteiger-Milieu, das durch Leistung und Zielstrebigkeit materiellen Wohlstand und soziale Anerkennung erreichen will

Traditionsverwurzelte Migranten-Milieus

Sinus A3 (7%)
Religiös-verwurzeltes Milieu

Vormodernes, sozial und kulturell isoliertes Milieu, verhaftet in den patriarchalischen und religiösen Traditionen der Herkunftsregion

Sinus AB3 (16%)
Traditionelles Arbeitermilieu

Traditionelles Blue-Collar-Milieu der Arbeitsmigranten und Spätaussiedler, das nach materieller Sicherheit für sich und seine Kinder strebt

Ambitionierte Migranten-Milieus

Sinus BC2 (13%)
Multikulturelles Performermilieu

Junges, leistungsorientiertes Milieu mit bi-kulturellem Selbstverständnis, das sich mit dem westlichen Lebensstil identifiziert und nach beruflichem Erfolg und intensivem Leben strebt

Sinus B12 (11%)
Intellektuell-kosmopolitisches Milieu

Aufgeklärtes, global denkendes Bildungsmilieu mit einer weltoffenen multikulturellen Grundhaltung und vielfältigen intellektuellen Interessen

Prekäre Migranten-Milieus

Sinus B3 (9%)
Entwurzeltes Milieu

Sozial und kulturell entwurzeltes Milieu, das Problemfreiheit und Heimat/Identität sucht und kompensatorisch nach Geld, Ansehen und Konsum strebt

Sinus BC3 (15%)
Hedonistisch-subkulturelles Milieu

Unangepasstes Jugendmilieu mit defizitärer Identität und Perspektive, das Spaß haben will und sich den Erwartungen der Mehrheitsgesellschaft verweigert

Multikulturelles Performermilieu und Statusorientiertes Milieu: Perspektiven für die politische Bildung

Ende 2008 führte Sinus Sociovision im Auftrag der Bundeszentrale für politische Bildung/bpb eine qualitative Studie durch, um Erkenntnisse für die Praxis der politischen Bildung zu gewinnen. Generell verfolgt die Zielgruppenarbeit der bpb zwei Ansätze:

1. Als Bildungseinrichtung will die bpb ihre klassischen Zielgruppen erreichen, d.h. diejenigen, die sich für Bildung interessieren und offen für Bildungsprozesse sind. Dazu gehören auch bildungsaffine Migrantinnen und Migranten.
2. Bildungsferne Gruppen sollen durch spezifische Maßnahmen der Aktivierung, der Motivation und des Empowerments ihre Barrieren gegen Bildung überwinden und für politische Bildung gewonnen werden.

Beide Ansätze werden in der Arbeit der bpb intensiv verfolgt. Im Folgenden wird es jedoch ausschließlich um den ersten Ansatz gehen. Es wurden zwei Milieus ausgewählt, die eine positive und offene Einstellung gegenüber Bildung haben, die aber gleichzeitig auch als eher zurückhaltend im Hinblick auf Politik und Beteiligung beschrieben werden. Dies sind:

- Statusorientiertes Milieu
- Multikulturelles Performermilieu

Die Untersuchung erfolgte in vier Gruppendiskussionen (zwei pro Milieu getrennt nach Frauen und Männern) mit jeweils acht Personen und einer Dauer von vier bis fünf Stunden. Milieuspezifische Besonderheiten bezüglich der Zusammensetzung von Ethnien sowie hinsichtlich des Alters wurden berücksichtigt.[7]

Es wurden Teilnehmende mit dem folgenden Migrationshintergrund befragt, wobei die Reihenfolge der Aufzählung die Häufigkeit der in den Gruppendiskussionen vertretenen Herkunftsländer wiedergibt: Türkei, Asien (Vietnam, Thailand, Pakistan), Südeuropa (Spanien, Portugal), Polen, Ex-Jugoslawien (Bosnien, Kroatien), Rumänien, Ex-Sowjetunion (Kasachstan), Afrika (Ruanda).

Um die zentralen Ergebnisse der Studie zu den Themenfeldern Bildung, politische Bildung sowie das Verständnis von Politik und Geschichte im weiteren Verlauf besser einordnen zu können, folgt nachstehend ein überblicksartiges soziodemografisches Profil der beiden genannten Milieus.

Sinus AB12: Statusorientiertes Milieu
Soziodemografisches Profil

Lebens-situation	• Altersschwerpunkt **zwischen 20 und 50 Jahren;** **überdurchschnittlicher Männeranteil**: 56% (gesamt: 51%) • **Überwiegend verheiratet, mit Kindern**; 4-Personen-Haushalte sind überrepräsentiert
Bildung	• **Gehobenes Bildungsniveau: mittlere und höhere Abschlüsse (Studienzugangsberechtigung)** sind deutlich überrepräsentiert; häufig **qualifizierte Berufsausbildung** (z.B. Meisterbrief) oder Studium • **35%** sind in Deutschland zur Schule gegangen (gesamt: 32%)
Beruf	• Höchster Anteil **voll Berufstätiger** im Milieuvergleich: 69% (gesamt: 46%) auch Studenten sind leicht überrepräsentiert • Hoher Anteil **Selbstständiger**: 18% (gesamt: 10%); qualifizierte und leitende Angestellte
Finanzielle Situation	• **Gehobene Einkommensklassen**: 33% verfügen über ein **monatliches Haushaltsnettoeinkommen von über 3.000 €** (gesamt: 20%); viele Doppelverdiener • **34% haben Wohneigentum** (gesamt: 27%); überdurchschnittliche Nutzung von Baufinanzierungen und Existenzgründungsdarlehen

Sinus BC2: Multikulturelles Performermilieu
Soziodemografisches Profil

Lebens-situation	• **Jüngere Altersgruppen bis 30 Jahre**, 45% sind zwischen 20 und 30 Jahre alt (gesamt: 23%); **ausgeglichenes Geschlechterverhältnis** • **60% sind ledig** (gesamt: 30%), 31% leben noch bei den Eltern (gesamt: 15%); 1- und 3-Personenhaushalte sind überrepräsentiert
Bildung	• **Gehobenes Bildungsniveau: mittlere und höhere Abschlüsse (Studienzugangsberechtigung)** sind deutlich überrepräsentiert; 68% haben eine **abgeschlossene Berufsausbildung** (gesamt: 56%) • **60%** sind in Deutschland zur Schule gegangen (gesamt: 32%)
Beruf	• **Voll Berufstätige** sind überrepräsentiert, ebenso wie **Personen in Ausbildung**: 35% Lehrlinge, Schüler und Studenten (gesamt: 15%) • Häufig **mittlere Angestellte** und kleinere Selbstständige, auch Facharbeiter
Finanzielle Situation	• **Mittlere Einkommensklassen**, Schwerpunkt: **2.000 € bis unter 4.000 €** **monatliches Haushaltsnettoeinkommen** • Viele sind noch **am Anfang ihrer Karriere** bzw. leben noch im elterlichen Haushalt; 31% erwarten, dass es ihnen in einem Jahr finanziell besser gehen wird (gesamt: 18%)

Key Learnings

Beide Milieus zeigen, dies kann nach allem bisher Gesagten nicht mehr verwundern, ausgeprägte Bildungsaspirationen. Bildung ist zunächst die Grundlage für materiellen Wohlstand und gesellschaftlichen Erfolg, Bildung ist aber auch untrennbar mit humanistischen Vorstellungen der Persönlichkeitsentwicklung, Selbstverwirklichung und „Mündigkeit" verbunden. „Gebildet" ist somit, wer über mehr als Faktenwissen verfügt. Gebildet ist, wer sich im Alltag und in unterschiedlichen Umgebungen souverän bewegt, über ein hohes Maß an sozialer, emotionaler und situativer Intelligenz verfügt sowie Offenheit und Toleranz gegenüber Anderen beweist. Gebildet sein heißt aber auch, die Notwendigkeit lebenslangen Lernens zu erkennen und entsprechend zu agieren. Wichtigster Berührungspunkt sowohl für Bildung als auch für politische Bildung ist eben dieser Alltag, sind „gelebte Erfahrungen", z.B. in Schule, Ausbildung, Studium, Beruf, letztlich in jedweder Form der Kommunikation und Interaktion. Daher erweist sich die Verankerung von Maßnahmen der politischen Bildung genau hier, im Alltag, als so zentral. Daneben spielt ein möglichst frühzeitiger Zugang eine wichtige Rolle, um bestenfalls schon im Kindesalter kritische Urteilsfähigkeit und das Wissen um die Möglichkeit der politischen Partizipation zu erlangen.

Trotz der grundsätzlichen Offenheit in Bezug auf Bildung und politische Bildung wird Letztgenannte häufig nicht aktiv nachgefragt. Sie erweist sich z.T. eher als Frage des persönlichen Nutzens. So besteht ein ausgeprägtes Interesse primär an Themen mit starkem Bezug zum eigenen Leben und mit Auswirkungen auf die persönliche Situation, z.B. an Sozialpolitik, Gesundheitspolitik und Ausländerpolitik. Darüber hinaus zeigen sich genderspezifische Interessenlagen: Während Frauen Politikfelder wie Familienpolitik, Gewalt und Menschenrechte als persönlich interessant benennen (und auch sie es sind, die das Thema Frauenwahlrecht explizit erwähnen), gilt das Hauptinteresse männlicher Befragter den Themenbereichen Wirtschaftspolitik, Parteiensystem, Rassismus und Rechtsextremismus.

Instruktiv ist in diesem Zusammenhang das Verständnis von politischer Bildung. Dieses wird in engem Zusammenhang zum nahezu ausschließlich negativ konnotierten Begriff „Politik" verstanden. Viele der damit einhergehenden Assoziationen (z.B. Macht, Kontrolle, Missbrauch, Lügen) werden gewissermaßen eins zu eins auf die politische Bildung übertragen, so dass eine ausgeprägte Sehnsucht in Bezug auf die Neutralität von Bildungsanbietern und Bildungsmedien offenkundig wird. Dies kann als Ausdruck eines diffus gelagerten Unbehagens verstanden werden, der Sorge, dass man im Bereich der politischen

Bildung in Deutschland von staatlichen Institutionen beeinflusst werden könnte. Insbesondere für Menschen aus Herkunftsländern ohne westliches Demokratieverständnis mag dies in besonderem Maße zutreffen. Somit gilt für das persönliche politische Bildungsverhalten: Unabhängig davon, welcher Bildungsmedien man sich im Einzelfall bedient, zentral scheint es, mehrere Quellen zu konsultieren, um ein möglichst ganzheitliches Bild, welches implizit mit Objektivität verbunden wird, zu erlangen. Aber auch hinsichtlich eines jeweils für sich alleine stehenden Bildungsmediums signalisiert die von beiden Milieus teilweise geäußerte Unsicherheit bei der Bewertung politischer Sachverhalte den Anspruch, dass politische Bildungsangebote zu einzelnen Themen grundsätzlich mehrere Perspektiven bzw. Meinungen nebeneinander abbilden sollten, um die jeweiligen Unterschiede zu verdeutlichen.

Mit Bezug auf die konkrete Ausgestaltung von Medien im Bereich der politischen Bildung verdeutlicht die Studie: Es existiert ein nur geringes Interesse an allzu komplexen, „fußnotenbehafteten" Materialien. Die Welt als solche wird als so komplex erlebt, dass man sich zumindest in der Auseinandersetzung mit ihr Leichtigkeit und Convenience wünscht: keine zu differenzierten Darstellungen; leicht verständliche, lebendige Sprache; moderne, ansprechende Aufmachung etc. Grundsätzlich solle sich politische Bildung nach Meinung der Befragten am Durchschnittsbürger orientieren und keine überfordernden Angebote machen. Gleichzeitig sollte dies jedoch nicht zu Lasten der Seriosität gehen. Vielmehr gilt es, die Balance zwischen leicht zugänglichen, interessant aufbereiteten Informationen und dem wahrgenommen Bedürfnis nach Objektivität und Seriosität zu finden.

Ebenso zentral erscheint es, sich kritisch mit der Frage auseinanderzusetzen, inwieweit die Entwicklung von spezifischen Bildungsmaterialien im Bereich der politischen Bildung für Menschen mit Migrationshintergrund überhaupt sinnvoll ist. Insbesondere in Bezug auf die hier untersuchten Migranten-Milieus stellt sich diese Frage. Alleine das Faktum, dass es sich um Personen mit Migrationshintergrund handelt, erweist sich noch nicht als distinktives Merkmal für die Entwicklung entsprechender Materialien. Gerade Multikulturelle Performer mit ausgeprägter postintegrativer Perspektive würden sich hierdurch vielmehr brüskiert und lächerlich gemacht fühlen. Mit großer Wahrscheinlichkeit würde man letztlich nur diejenigen Personen erreichen, die sich explizit als „Migranten" verstehen. Multikulturelle Performer und Statusorientierte, die mehrheitlich eine starke Identifikation mit und Integration in Deutschland haben,[8] in der Regel ohne größere Schwierigkeiten „ein Leben in verschiedenen Welten leben", „Mix and Match" als Privileg erleben, sich in der Eigenwahrnehmung als interkulturell kompetent und teilweise als EU- oder gar Weltbürger verstehen, lassen sich hierdurch jedoch nicht erreichen.

Andererseits können sie jedoch neue Themenfelder für die politische Bildung aufzeigen, indem sie offenbaren, dass wir in einer transnationalen Gesellschaft leben. In diesem Zusammenhang genannte Bereiche sind zum einen länderspezifische Themen (z.b. Atatürk und die Gründung der Republik Türkei), EU-spezifische Topics (z.b. Migration und Ausländerpolitik, Bildungspolitik, Gesundheitspolitik) oder aber weltpolitische Themen (z.b. G8, Islamismus, Terrorismus, die Entwicklung in China, Russland, Irak, Energie- und Umweltpolitik, atomare Bedrohung etc.).

Neben der Auseinandersetzung mit Fragen der Bildung und der politischen Bildung bestand ein weiterer Interessenschwerpunkt der Studie darin, das Demokratie- und Geschichtsverständnis der Teilnehmenden kennenzulernen. Dabei wurde deutlich, dass der Begriff der Demokratie ein positiv besetzter Begriff ist, gleichzeitig aber auch als Platzhalter zu fungieren scheint. Häufig fallen in diesem Kontext eher sozial erwünschte, normative Begriffe (z.B. Grundrechte, Reisefreiheit, Informationsfreiheit).

Als Akteure und Gruppen in der Demokratie werden Politiker/innen, Parteimitglieder, Multiplikatoren etc. benannt, zu denen man sich selbst jedoch eher nicht zählt. Zwar wird politische Beteiligung von Bürgerinnen und Bürgern generell als Möglichkeit gesehen, sie hat jedoch wenig persönliche Relevanz. Weitere Stichworte, die mit Demokratie assoziiert werden, sind z.B. Gesundheitssystem, Arbeitsmarkt, Gleichberechtigung, Säkularisierung. Weitaus seltener kommt es zu echten Bedeutungsketten und detaillierten inhaltlichen Auseinandersetzungen. Befragt, welche historischen Ereignisse in Deutschland eine wichtige Rolle spielten, zeigt sich, dass Nationalsozialismus, der Zweite Weltkrieg, Gründung der Bundesrepublik Deutschland, Gastarbeiteranwerbung, Mauerbau, Studentenbewegung sowie die Wahl der ersten deutschen Kanzlerin als zentrale Momente gesehen werden. Insbesondere Nationalsozialismus und Zweiter Weltkrieg sind bei den Befragten stark im Bewusstsein verankert, man setzt sich kritisch damit auseinander. Gleichsam kritisiert man das andauernde Konfrontiertsein mit Vorurteilen und Beschimpfungen im Ausland, z.T. selbst im Herkunftsland. Frauen benennen zudem die Einführung des Grundgesetzes sowie Mauerfall und Wiedervereinigung als Meilensteine deutscher Geschichte.

Was bedeuten diese Ergebnisse nun für die politische Bildung? Welche Erwartungen, welche Vorstellungen und Wünsche sollte ein Anbieter politischer

Bildung berücksichtigen? Aus der Perspektive der Studienteilnehmer/innen sollte dieser unterschiedliche Funktionen erfüllen: Er sollte das „Transportunternehmen" für die Vermittlung eines Bildungsverständnisses „auf Augenhöhe" sein und gleichzeitig als Dialogforum dienen. Darüber hinaus sollten Bildungsanbieter als Zentralstellen fungieren, die das Spektrum dessen, was politisch im weiteren Sinne relevant und wichtig ist, darstellen, indem sie Expertenmeinungen und -positionen sondieren, bündeln und neutral widerspiegeln. All dies veranschaulicht, dass die politische Bildung aus Sicht der Befragten auch in Zukunft ein multiples Anforderungsprofil erfüllen muss.

Anmerkungen

1   Berthold Bodo Flaig / Thomas Meyer / Jörg Ueltzhöffer, Alltagsästhetik und politische Kultur. Zur ästhetischen Dimension politischer Bildung und politischer Kommunikation, Bonn 1997; Carsten Wippermann / Katja Wippermann, Wege zur Gleichstellung heute und morgen, Berlin 2008.

2   Die sozialwissenschaftliche Untersuchung des Sinus-Instituts wurde zusammen mit dem Bundesministerium für Familie, Senioren, Frauen und Jugend, dem Ministerpräsidenten des Landes Nordrhein-Westfalen, Abteilung Kultur, dem Deutschen Caritasverband, der Konrad-Adenauer-Stiftung, der SWR Südwestrundfunk & Landesanstalt für Kommunikation Baden Württemberg, dem vhw Bundesverband für Wohneigentum und Stadtentwicklung e.V. sowie der Bundeszentrale für gesundheitliche Aufklärung durchgeführt.

3   Dabei wurden zunächst über 100 mehrstündige Tiefeninterviews mit Migranten unterschiedlicher ethnischer Herkunft, unterschiedlichen Alters, Geschlechts und unterschiedlicher Bildung durchgeführt und sozialwissenschaftlich ausgewertet. Darauf aufbauend erfolgte eine Befragung von 2072 Personen, repräsentativ für die definierte Grundgesamtheit ab 14 Jahren, mit dem Ziel einer Validierung und Strukturbeschreibung der in der Leitstudie identifizierten Migranten-Milieus. Den Ergebnissen dieser Untersuchung kommt sowohl inhaltliche Gültigkeit zu, d.h., es wurden alle relevanten Einstellungen und Motive der Zielgruppe erfasst, als auch Repräsentativität im statistischen Sinne.

4   Nicht dazu gehören Menschen, die sich als Touristen, Geschäftsreisende o. ä. nur kurzfristig in Deutschland aufhalten (keinen Wohnsitz haben) oder nur vorübergehend zu Ausbildungszwecken / zum Studium nach Deutschland gekommen sind.

5   Zwar ist eines der acht Milieus von seiner religiösen Bindung geprägt, spielt im „Religiösverwurzelten Milieu" die Religion eine alltagsbestimmende Rolle. Hier sind Muslime (mit 54%) und entsprechend auch Menschen mit türkischem Migrationshintergrund (mit 47%) überrepräsentiert. Das heißt aber andererseits, dass in diesem Milieu knapp zur Hälfte auch andere Herkunftsländer und Religionen vorkommen. Dies ist in allen anderen Milieus in noch stärkerem Umfang der Fall. Hier findet sich ein breites ethnisches und konfessionelles Spektrum.

6   Eine Selbststilisierung als benachteiligt und chancenlos ist typisch für das Entwurzelte Milieu und das Hedonistisch-subkulturelle Milieu. Sie unterscheidet sich strukturell aber nicht von analogen Sichtweisen in den einheimischen Milieus der modernen Unterschicht ohne Migrationshintergrund.

7   Die Gesprächsführung erfolgte themengestützt und non-direktiv sowie unter Zuhilfenahme imaginativer, projektiver und kreativer Erhebungstechniken; die Protokollierung, Transkription, Verdichtung, Auswertung und Analyse der Gespräche erfolgte nach Methoden der sozialwissenschaftlichen Hermeneutik.

8   Selbst wenn sie sich auf emotionaler Ebene häufig dem Herkunftsland stark verbunden fühlen, was insbesondere am Beispiel von Fußball / Fußball-Europameisterschaften deutlich wird.

Integrationskonzepte in Politik und Wissenschaft

María do Mar Castro Varela
geb. 1964, Professorin an der Alice Salomon Hochschule Berlin mit dem Schwerpunkt „Diversity Studies"

Migrationshistorisches Vakuum?
Zum Selbstverständnis Deutschlands als Einwanderungsland

Am 10. September 1964 werden die Menschen am Deutzer Bahnhof in Köln Zeugen eines kuriosen Ereignisses. Mit Blumen und einem nagelneuen Moped wird feierlich der einmillionste „Gastarbeiter" empfangen. Es ist Armando Rodrigues de Sá aus Vale de Madeiros, Portugal, der wie seine Mitreisenden eine lange und beschwerliche Zugfahrt in Kauf genommen hat, um in Deutschland sein „Glück" zu suchen. Das Bild des jungen, etwas verstört in die Kamera blickenden jungen Mannes mit Anzug und Hut auf einem Moped sitzend wird zu der Repräsentation von Migration in die Bundesrepublik Deutschland nach dem Zweiten Weltkrieg.[1] Wir finden es heute in Schulbüchern, Fachbüchern zu Migration und immer wieder illustriert es Vorträge zur Einwanderung nach Deutschland wie auch Bücher zur historischen Migrationsforschung.

„Amando Rodrigues de Sá auf seinem Moped – eines der am häufigsten verwendeten Motive, wenn die frühen Jahre der Arbeitsmigration in der Bundesrepublik bebildert werden. Es ist die klassische Inszenierung eines gesellschaftlichen Anlasses für Medienzwecke. Ein konkreter Mensch wird mit Blumen und einem Geschenk überrascht, damit man eine abstrakte Zahl anschaulich machen kann."[2]

Das Bild erzählt eine Geschichte und verdeckt dabei doch ein ganzes Netzwerk alternativer Geschichten, die sich um die Migration nach Deutschland ranken. Es stellt nicht nur das dar, was wir sehen, sondern ist auch Sinnbild für das migrationspolitische Schweigen. Es stellt ein machtvolles Porträt von dem „armen, naiven Südländer" dar, der im Land des Wirtschaftswunders als Arbeitskraft freundlich willkommen geheißen wird. Amando Rodrigues de Sá wird mit der Melodie „Auf in den Kampf, Torero" begrüßt, und während sich die meisten Deutschen in den 1960er Jahren ein Auto leisten können, erhält er ein Moped – die Differenz wird deutlich markiert. Da Macht in einer engen Beziehung zur Repräsentation steht, lässt sich an dieser Stelle fragen: Welche Repräsentationen haben kognitive Autorität oder können die Hegemonie sichern, welche haben keine Autorität bzw. sind nicht hegemonial?[3] Warum also wurde diese spezifische Repräsentation zu der Repräsentation von Einwanderung nach Westdeutschland nach dem Zweiten Weltkrieg? Was sagt sie über die Repräsentierenden aus?

Kritisches Geschichtsbewusstsein

Ein kritisches Geschichtsbewusstsein gilt als Bestandteil intellektueller Verantwortlichkeit, und so scheint es nur angemessen, ein Einwanderungsgeschichtsbewusstsein zu fordern, das Migration nach Deutschland nicht nur zur Kenntnis nimmt, sondern ihren Einfluss auf die weitere Entwicklung des Landes würdigt.

Jan Assmann, der den erinnerungspolitischen Diskurs stark beeinflusst hat, differenziert zwei Ebenen gesellschaftlicher Erinnerungsformen: das kulturelle Gedächtnis und das kommunikative Gedächtnis der Gesellschaft. Das kulturelle Gedächtnis stellt das institutionalisierte Wissen einer Gesellschaft dar, das von Generation zu Generation weitergegeben wird und in dem sich entsprechend die normativen und institutionalisierten Erwartungen einer Gesellschaft über das, was als erinnerungswürdig betrachtet wird, finden. Beim kommunikativen Gedächtnis handelt es sich dagegen um die durchaus kontroverse Verständigung innerhalb von Kollektiven über das, was als Geschichte verstanden wird.[4] Aleida Assmann unterscheidet darüber hinaus zwischen einem kulturellen Funktions- und einem kulturellen Speichergedächtnis. Das Funktionsgedächtnis ist selektiv und besteht lediglich aus einem kleinen Teil des möglichen Erinnerungsgehalts, während das Speichergedächtnis das Reservoir zukünftiger Funktionsgedächtnisse darstellt. Seine Bestände sind gewissermaßen Ressourcen der Erneuerung, was kulturellen Wandel, Assmann folgend, erst ermöglicht. Entscheidend ist hier, dass das, was als Sinn zirkuliert, nicht deckungsgleich mit dem kulturellen Gedächtnis ist, da es eben auch das Vergessene speichert.[5] Interessant ist die Analyse von Erinnerungsformen insbesondere dann, wenn Widersprüche und Spannungen herausgearbeitet werden können. So zeigt die alltägliche Kommunikation, dass die meisten Menschen, die selbst nicht über

Migrationserfahrungen verfügen, kaum Wissen über Migrationsbewegungen, -motive und -praxen haben. Zwar gibt es eine lang anhaltende Debatte darüber, wie denn die zu bezeichnen sind, die keine deutschen Großeltern haben, oder die, deren erste Sprache nicht Deutsch ist, aber detailliertes migrationspolitisches Wissen ist bei weitem schwerer freizulegen. Wir haben es hier mit einem vielschichtigen Phänomen zu tun: Auf der einen Seite zeigen die jahrzehntelange Tabuisierung von Migration und die alltagsweltliche Negierung der Einwanderungsrealität deutliche Effekte, auf der anderen Seite scheint Migration ein depolitisiertes Terrain zu sein. Die staatlicherseits verordnete „Lebenslüge" und die Transformation von Migrationsfragen in Fragen zur „Interkulturalität" tragen gewissermaßen ihre Früchte.

Eine problematisierende Sicht à la Michel Foucault kann nun nachzeichnen, welche migrationspolitischen Kapriolen geschlagen wurden und werden, um Migration zu ermöglichen und diese dabei gleichzeitig als „Störung" der funktionierenden „intakten Ganzheit" zu definieren. Migration wird im Mainstream immer noch als das „Nicht-Normale" definiert, was u.a. zur Folge hat, dass immer wieder in Seminaren zur interkulturellen Pädagogik darüber debattiert wird, ob man Migration gut oder schlecht findet. Migration ist in dieser Lesart kein „normaler Prozess", sondern vielmehr eine „schwierige, konfliktgeladene Situation", die es zu lösen gilt.

1964 wurde die Anwerbung von „Gastarbeitenden", wie die Feierlichkeiten um den Millionsten „Gastarbeiter" zeigen, noch als Symbol für das deutsche Wirtschaftswunder gehandelt. Die deutsche Wirtschaft boomte und „Gastarbeitende" schlossen die Lücken in den Produktionsketten.

„Und dann arbeiten sie. Schwere, unangenehme Tätigkeiten, die meisten als ungelernte Arbeiter. Bei BMW, Kraus-Maffei, MAN, auf Baustellen. Gastarbeiter bauen die U-Bahn, das Olympiagelände […] und tragen dabei mehr zum Bruttosozialprodukt bei, als ihre deutschen Kollegen: Die ‚Problemstudie' der Stadt München aus dem Jahr 1972 schildert, dass die Erwerbstätigkeit der Ausländer damals bei 70 Prozent liegt – bei den Deutschen aber nur bei 50 Prozent."[6]

Doch gleichzeitig wurden Migranten/innen effektiv von der deutschen Mehrheitsbevölkerung segregiert: Deutschkurse waren rar und die Unterbringung der Arbeiter/innen in Baracken auf Firmengelände oder in der Nähe der Produktionsstätten war die Regel. Zudem wanderte die große Mehrheit der Arbeiter/innen zurück in ihre Herkunftsländer – entsprechend der Idee des Rotationsverfahrens.

Auch Armando Rodrigues de Sá plante nach einigen Jahren seine Rückkehr. Doch viele blieben auch: Einige gründeten in Deutschland Familien, viele brachten ihre Familien nach Deutschland, einige lebten in Partnerschaften oder blieben als Alleinstehende in Deutschland. Viele von ihnen pendelten ein Leben lang zwischen Deutschland und ihrem Herkunftsort. Schon früh machten sich Migranten und Migrantinnen selbstständig und bereicherten die damals noch karge deutsche Gastronomie oder belebten bereits verloren gegangene Gewerbe wie etwa das der Änderungsschneiderei. Die meisten jedoch arbeiteten Zeit ihres Lebens an den Bändern, Hochöfen oder in den Minen des Ruhrpotts. Die industrielle Produktion brauchte Arbeitskräfte wie nie zuvor, und in nicht wenigen Betrieben waren in den 1960er Jahren bald die Mehrheit der am Band arbeitenden Frauen und Männer nicht-deutscher Herkunft.

Die breite Rekrutierung, die 1955 begann, kam erst 1973 mit der Weltwirtschaftskrise zum Erliegen. In der Migrationsforschung wird hier von der so genannten „Gastarbeiterperiode" oder „Anwerbephase"[7] gesprochen. Die Einwanderung war staatlicherseits organisiert und reguliert. Anwerbekommissionen in den unterschiedlichsten Ländern (Italien, Spanien, Griechenland, Türkei, Marokko, Portugal, Tunesien, ehemaliges Jugoslawien), die auf Basis bilateraler Anwerbeverträge operierten,[8] warben in diesem Zeitraum junge Frauen und Männer aus den Peripherien Europas an. Dadurch sollte der Arbeitskräftemangel, der durch Arbeitszeitverkürzung, Einführung der Bundeswehr, den Eintritt geburtenschwacher Jahrgänge ins Berufsleben, den Zuzugsstopp der Zuwanderung von Frauen und Männern aus der DDR nach dem Mauerbau sowie den Rückzug von Frauen aus dem Erwerbsleben entstanden war, abgefedert werden.

Entgegen der öffentlichen Wahrnehmung wurde die Anwerbung von Frauen aus Süd(ost)europa durch die Bundespolitik bis zum Anwerbestopp im Jahr 1973 aktiv gefördert. „In der zeitgenössischen Wahrnehmung [...] blieb der ‚Gastarbeiter' bis in die 1970er Jahre hinein ein Mann", schreibt die Historikerin Monika Mattes und merkt kritisch an, dass „auch die migrationshistorische Forschung" die damit verbundenen „Perzeptionsmuster und Denkmuster lange Zeit unhinterfragt festgeschrieben" hat.[9] So blieben in der Wahrnehmung der Mehrheit die migrantischen Frauen „passive(s) Anhängsel ihrer ökonomisch aktiven Ehemänner"[10], die erst in einer späteren Phase der Familienmigration zuwanderten.

Die Beschäftigung „einer möglichst großen Zahl von Frauen in Leichtlohngruppen"[11] bedeutete einen ökonomischen Nutzen für die Betriebe und war insoweit alles andere als ungewöhnlich. Als zudem gesundheitsgefährdende

Arbeitsplätze nicht mehr mit deutschen Frauen zu besetzen waren, sollten Migrantinnen eingesetzt werden, da ihnen „eine größere Resistenz, aber auch Indifferenz gegenüber unattraktiven Arbeitsplätzen"[12] zugeschrieben wurde. Reguliert wurde die Einwanderung u.a. durch das Rotationsprinzip. Das Konzept sah vor, dass Migrantinnen und Migranten nur für kurze Zeit, als „Gast" eben, in der Bundesrepublik bleiben sollten, weswegen nur befristete und eingeschränkte Arbeitserlaubnisse und davon abhängige Aufenthaltserlaubnisse vergeben wurden. Integration war indes nicht auf der Tagesordnung, viel eher setzte die Bundesregierung auf eine systematische Abschottung. Die „Gastarbeiter/innen" arbeiteten für eine kurze Zeit in den Betrieben und sollten dann gegen neue, „unverbrauchte" Arbeitskräfte ausgetauscht werden. Gleichzeitig wurden zahlreiche Maßnahmen ergriffen, um den Kontakt zur deutschen Bevölkerung zu erschweren oder unmöglich zu machen.

„Da die ‚Gastarbeiterin' als ‚sittlich' besonders gefährdet galt [...], bemühten sich die kirchlichen Wohlfahrtsverbände um eine möglichst intensive fürsorgliche Betreuung."[13]

Zuvor hatten Migranten und Migrantinnen bereits in den Herkunftsländern gesundheitliche Untersuchungen über sich ergehen lassen müssen, bei denen überprüft wurde, ob sie gesund und vor allem arbeitstauglich waren. Mathilde Jamin zitiert in ihrem Artikel das Bundesinnenministerium, welches für die Anwerbung türkischer Arbeitnehmer/innen verlangte, dass die medizinische Untersuchung nicht nur die „Arbeitsverwendungsfähigkeit" überprüfen sollte, sondern auch „zum Schutz der Bevölkerung aus seuchenhygienischen [!] Gründen vorgenommen wird".[14] Ausländische Arbeitnehmer/innen sollten nur für einen begrenzten Zeitraum in Deutschland leben, arbeiten und Geld verdienen und dann in die Herkunftsländer zurückkehren. Forderungen nach Integration wurden auch deswegen nicht erhoben, weil diese der Verwertungslogik des Gastarbeitendensystems zuwidergelaufen wären. Insoweit gab es auch keine staatlicherseits organisierten Integrationsmaßnahmen, wie sie heute das 2004 verabschiedete Zuwanderungsgesetz vorsieht. Das Rotationsprinzip der 1950er und 1960er Jahre hat aus vielerlei Gründen nie perfekt funktioniert. Schon bald begehrten die Industrieunternehmen bzw. Arbeitgebenden dagegen auf. Sie weigerten sich, immer wieder kostenintensiv neue Arbeitskräfte einzuarbeiten, und forderten die Verlängerung der Arbeits- und Aufenthaltserlaubnisse für die von ihnen angelernten Arbeitskräfte. Das Rotationsprinzip erwies sich schlichtweg als zu kostspielig und wurde schließlich auf Druck der Arbeitgeberverbände 1962 – formell 1964 – abgeschafft.

„Die Vorstellungen vom massenhaften Einsatz in den unattraktiven, unteren Beschäftigungspositionen auf der einen Seite und vom höchstmöglichen Verdienst auf der anderen Seite harmonierten einträchtig miteinander, solange [...] der Mythos vom begrenzbaren provisorischen Arbeitsaufenthalt einerseits und der ‚produktiven Rückkehr' ins Heimatland andererseits aufrechterhalten werden konnte."[15]

Dennoch, bis 1973, dem Jahr, in dem aufgrund der weltweiten Ölkrise auch Deutschland in eine Rezession fiel und daraufhin einen Anwerbestopp beschloss, wanderten 14 Mio. Menschen ein, während etwa 11 Mio. zurückwanderten, wie dies das Rotationsprinzip vorsah.[16] Durch den Nachzug von Familienmitgliedern wuchs die Gruppe der Migranten und Migrantinnen in der Bundesrepublik Deutschland kontinuierlich an – und das trotz Anwerbestopp und zügiger Auflösung der Verbindungsstellen.

Die 1980er Jahre standen dann im Zeichen der Rückkehrförderung. Ökonomische Abfindungen sollten ausländische Arbeitnehmer und -nehmerinnen dazu motivieren, „freiwillig" in ihre Herkunftsländer zurückzukehren. Tatsächlich steckte dahinter ein massiver Kündigungsdruck, der z.T. mit Drohungen und Mobbing bekräftigt wurde. Die Rückkehrförderung ersparte Betrieben und der Bundeskasse etliche Millionen DM, denn es entfielen bei einer Rückkehr Arbeitslosen-, Kurzarbeiter-, Kindergeld und Rentenversicherung. Die kritische Geschichtsforschung konnte aufzeigen, welche Macht- und Herrschaftsstrukturen auf die Migranten und Migrantinnen der ersten Generation einwirkten, und auch, welche Formen der Alltagsbewältigung und des Widerstands entwickelt wurden.[17]

Migration und Widerstand

Interessanterweise sind Untersuchungen, die Migranten und Migrantinnen bezüglich ihrer politischen Positionierung befragen, eher selten. Wenn sie es doch tun, dann allzu häufig in einer sie heroisierenden Weise. Wo die einen Migranten und Migrantinnen als Opfer der Verhältnisse beschreiben, sprechen die anderen von einer Avantgarde. Keine dieser Beschreibungen wird der Heterogenität von Erfahrungswelten und politischen Positionierungen gerecht. Erstere verkennt die produktiven, konstruktiven Strategien, die Migranten und Migrantinnen entwickeln, um in einer prekären Zugehörigkeitssituation zu bestehen, während Letztere sie zu bloßen Ikonen einer Idee reduzieren. Eine Lesart, die Migranten und Migrantinnen nicht funktionalisiert, kann dagegen kaum die Ambivalenzen übersehen, die in den kontingenten Selbstbezeichnungen, Aussagen und Lebensentwürfen derselben aufscheinen. Der Wunsch einer Verortung, der enttäuscht wird, da sie verwehrt bleibt oder nur partiell und unter der Bedingung von Demütigungen ermöglicht wird, führt zur kontinuierlichen Suche, aber auch zu neuen Grenzziehungen.

Integration, Integration und nochmals Integration

Werfen wir dafür einen kurzen Blick auf das vorherrschende Konzept der Integration. Ein Konzept, welches m.e. immer als eingebettet in einen non-affirmativen Migrationsdiskurs gesehen werden muss, d.h. Migration in einem Gestus artikuliert, der Migration nicht als etwas Sinnvolles, Positives sieht – als Bereicherung also – sondern als notwendiges Übel. An einer anderen Stelle habe ich Integrationsmaßnahmen im Sinne des Foucault'schen Gouvernemen-talitätsmodells analysiert und gezeigt, inwieweit Integrationsmaßnahmen als Teil von Regierungsstrategien bestimmt werden können.[18]

Nach Foucault bezeichnet Gouvernementalität die Regierungskunst, deren Machttechniken weit über den Herrschaftsbereich des Staates hinausreichen. Die Macht, die über Institutionen und Verfahren ausgeübt wird, hat die Bevölke-rung zur Zielscheibe. Ihre Arbeitskraft, ihre Lebensformen, ihr Konsum, ihre Vorlieben und ihr Wachstum werden zum Gegenstand von Intervention und regu-lierender Kontrolle.[19] Gouvernementalität zielt auf alle Teile der Gesellschaft – von der Wirtschaft bis zur Wissenschaft, von der Familie bis zur Religion. Die Regierung entfaltet dabei ihre Macht, indem sie die Bevölkerung formt, ohne dass diese bemerkt, wie sie beeinflusst und gelenkt wird. Es sind Prozesse der Normalität und nicht einfache und rohe Gewalt, die als Regierungsinstru-mente eingesetzt werden. Es gilt, die Situation der Bevölkerung zu verbessern und zwar hinsichtlich Lebensdauer, Lebensumstände, Gesundheit und Reichtum bzw. Armut. Diese Regierungskunst stellt jedoch gleichzeitig das Instrument der Regierung dar, mit dessen Hilfe spezifische Ziele erreicht werden. Sie ist Subjekt und Objekt von Regierungsbemühungen. Integrationsregime können insoweit als ein Bündel (sozial)politischer Maßnahmen im Sinne der Gouvernementalität beschrieben werden.

Nicht wenige Migranten und Migrantinnen haben das Gefühl, dass die Debatte um Integration ihr Leben in Deutschland schwieriger gemacht hat. Sie stehen im Mittelpunkt des öffentlichen Interesses und alles, was sie tun, wird registriert: Was ziehen sie an? Sind sie religiös? Wie steht es mit dem Familienfrieden? Wer kommt zu Besuch? Wie stehen sie zu Bildung? Welche Fußballmannschaft wird unterstützt? Für die dermaßen Regierten bedeutet diese Art von Kontrolle und Disziplinierung zweifelsohne ein Mehr an Exklusion und Stigmatisierung.

Deswegen steht kaum zufällig der zunehmenden Ausschließung von Migranten und Migrantinnen eine Zunahme von Integrationsforderungen gegenüber, die über sich verschärfende staatliche Kontrollregimes erzwungen werden. So ist es auf den ersten Blick kaum verständlich, warum das Zuwanderungsgesetz kurz vor dem zweiten Integrationsgipfel im Juli 2007 verschärft wurde. Im Zuge der Integrationsdebatten kommt es darüber hinaus zu einer Bedeutungsfixierung, die letztlich in eine folgenreiche Produktion der „Anderen" mündet und einem nationalen Chauvinismus in die Hände spielt, der nicht zufällig während der Fußballweltmeisterschaft 2006 in Form eines „Hurra-Patriotismus" medial zelebriert wurde.

> **Integrationsgipfel**
> Auf Einladung der Bundeskanzlerin trafen sich im Juli 2006 Beteiligte von Bund, Ländern und Kommunen, Vertreter/innen der Zivilgesellschaft und Migranten/innen zum ersten Integrationsgipfel, der das Ziel verfolgt, sich in gemeinsamer Diskussion auszutauschen und Probleme der Integration von Zugewanderten zu besprechen und zu lösen. Im Juli 2007 fand der zweite und im November 2008 der dritte Integrationsgipfel statt.
> *www.bundesregierung.de*

„Es beginnt mit einem Sonntagsschuss am 9. Juni. Als der junge Münchner Philipp Lahm in der 6. Minute des Eröffnungsspiels der Fußball-Weltmeisterschaft einen Ball mit Schmackes ins rechte Toreck von Costa Rica zirkelt, stirbt der hässliche Deutsche. Millionen Bundesbürger – keineswegs nur Fußballfans – erfasst auf wundersame Weise ein Gefühl persönlicher Teilhabe an etwas Gemeinsamem, für das sich fast schamhaft das Wort Patriotismus durchsetzt."[20]

Patriotismus und der Integrationsdiskurs, der immer wieder von den unüberwindbaren Differenzen spricht, gehen hier Hand in Hand. Wobei sowohl angebliche kulturelle Differenzen als auch Modernitätsdifferenzen gleichzeitig hervorgehoben werden. Migranten und Migrantinnen, insbesondere diejenigen, die nicht aus europäischen oder als „westlich" geltenden Staaten stammen, können ihre Integration letztlich nur unter Beweis stellen, indem sie deutlich machen, dass sie „modern" sind, und vorgeben, das Phantasma der „deutschen Kultur" zu kennen und anzuerkennen. Wer allerdings nicht christlich oder etwa Staatsbürger/in eines postkolonialen Landes ist, bleibt beständig verdächtig, ein Sicherheitsrisiko zu sein. Der Nationale Integrationsplan stellt m.E. eine Art offizielle Positionierung und bedeutsame Inszenierung der Regierung zum

> **Nationaler Integrationsplan**
> Der Nationale Integrationsplan stellt die Integrationsinitiativen des Bundes, der Länder, der Kommunen und der Bürgergesellschaft auf eine gemeinsame Grundlage. Er wurde im Dialog von Vertreterinnen und Vertretern aller staatlichen Ebenen, wichtiger nichtstaatlicher Organisationen und von Migrantenorganisationen erarbeitet und beim 2. Integrationsgipfel im Juli 2007 vorgestellt.
> *www.bundesregierung.de*

Thema „Migration" dar. Vorbereitet und begleitet wurde diese durch zahlreiche öffentliche Verhandlungen und Darlegungen, an der die gesamte Bevölkerung der Bundesrepublik mehr oder weniger Anteil nahm und nimmt. Auffällig ist, wie sich hier ein semantisch-diskursives Feld verfestigt, welches nicht nur aus Begriffen wie „Integration" und „Einbürgerung" gebildet wird, sondern auch „Sicherheit", „demografischer Wandel" und „Fremdheit" beinhaltet. Durch die Koppelung von Sicherheitsfragen und Fragen des demografischen Wandels an die Diskussion um Integration werden die Subjekte der Migration gleichermaßen zu Objekten der Angst und der Hoffnung.

„Im Idealfall verläuft der Integrationsprozess so, dass nach einigen Jahren rechtmäßigen Aufenthalts die Einbürgerung möglich wird. Voraussetzung für eine erfolgreiche Integration ist allerdings eine sinnvolle Steuerung der Migration. Denn: Die Integrationsfähigkeit unserer Gesellschaft steht in enger Beziehung zum Umfang der Zuwanderung." [21]

Migranten und Migrantinnen stehen unter Beweislast. Auf der einen Seite wird gesagt, dass Deutschland Migration benötigt, während auf der anderen Seite Migration nicht bejaht, sondern als bedrohlich beschrieben wird. Im Text des BMI wird eher euphemistisch von der „Steuerung der Migration" gesprochen, jedoch gleichzeitig auch eine beschränkte soziale „Integrationsfähigkeit" heraufbeschworen. Für Migranten und Migrantinnen ergibt sich hieraus eine klassische Double-Bind-Situation, wird doch Einwanderung aus demografischen Gründen hingenommen, während gleichzeitig eine konkrete Steuerung einsetzt.

Kaum zufällig zeigen die Ergebnisse der Population Policy Acceptance Study in Deutschland von 2005, dass „die ausländische Bevölkerung stärker mit Kriminalität und Terror in Verbindung gebracht" wird als die deutsche Bevölkerung. Die Aussage, „die Zunahme der ausländischen Bevölkerung begünstigt die Ausbreitung von Kriminalität und Terrorismus", fand bei 61,8% Zustimmung. Nur 17,8% stimmten an dieser Stelle nicht zu. Ebenso wird von der deutschen Bevölkerung kaum unterstützt, dass Ausländer nach fünf Jahren ein kommunales Wahlrecht haben sollten (nur 37,8% Zustimmung) und dass sie schnell die deutsche Staatsbürgerschaft erhalten können (45,4%). [22]

Für Foucault stellt Sicherheit einen Mittelwert des sozialen Funktionierens dar, das über Strafe, Disziplinierung und das Sicherheitsdispositiv modelliert wird. Sicherheit ist kein sozialer Idealzustand, sondern lässt durchaus Abweichungen zu. Das Sicherheitsdispositiv legt dabei einerseits den Durchschnitt und anderseits die Grenzen des Akzeptablen fest. Das Eintreten des Nicht-Akzeptablen wird insoweit berücksichtigt, als dass es kontinuierlich berechnet wird. [23] Das staatlicherseits bekundete Anliegen, Sicherheit gewährleisten zu wollen, verlangt dabei nach immer ausgefeilteren Überwachungstechniken. Die „Abweichung" wird konsequenterweise auch beim Nachdenken über Integration immer mitberechnet und gleichzeitig werden Überwachungs- und Kontrolltechniken entwickelt, die das Risiko des „selbst gewählten Ausschlusses" minimieren. Im selben Atemzug mutiert das Subjekt der Migration zu einem kalkulierbaren Sicherheitsrisiko.

Im Integrationsdiskurs wird beispielsweise immer wieder die Angst vor dem Fremden geschürt und damit das Sicherheitsgefühl der Bevölkerung irritiert, was zur Folge hat, dass selbst unliebsame staatliche Eingriffe, wie etwa die Überwachung des Internets, hingenommen werden. Der Integrationsdiskurs führt dabei ganz wichtige neue Unterscheidungsmomente ein. Migranten und Migrantinnen werden nun in diejenigen eingeteilt, die sich als „integrationsfähig und -willig" zeigen, und die, die sich einer Integration „verweigern". In Konsequenz wird auch die Selbstwahrnehmung der „zu integrierenden Subjekte" modelliert, die sich nun des Integrationsvokabulars bedienen. So wird die Frage nach der eigenen „Integrationsfähigkeit" zu einem identitätsbestimmenden Moment. Über mediale Praktiken werden die phantasmagorischen Selbstverhältnisse „integrierter Subjekte" geformt und dabei auch der neue Typus des „unintegrierten, rebellischen Migranten" produziert. Um nun die Sicherheit zu garantieren, werden gleichzeitig eine ganze Reihe von Überwachungs- und Disziplinartechniken in Gang gesetzt. So umschreibt auch der Integrationsdiskurs dezidiert die zu integrierenden Subjekte und legt ihnen immer mehr sie disziplinierende Aufgaben nahe, in Form von Sprachkursen, Integrationskursen, aber auch Sport- und Erziehungskursen.

Integration und Sanktion

Eine staatlich gesteuerte Integrationspolitik verfolgt auf der einen Seite „nationale Interessen" und macht auf der anderen Seite deutlich, wie die Nation imaginiert wird und wessen Interessen tatsächlich vertreten werden. Die Innenpolitik wird damit von klaren Grenzziehungen bestimmt, die notfalls unter Einsatz des staatlichen Gewaltmonopols durchgesetzt werden. Es kann deswegen kaum verwundern, dass das Wort „Flüchtlinge" im Nationalen Integrationsplan nur im Zusammenhang mit der Integration „deutscher Flüchtlinge und Vertriebener" nach dem Zweiten Weltkrieg genannt wird, während Wörter wie „Asyl" und „Exil" in der Kurzfassung nicht ein einziges Mal vorkommen.

Der Nationale Integrationsplan spricht hier eine deutliche Sprache: Flüchtlinge sollen nicht integriert werden. Eine Konsequenz hiervon ist u.a. eine fortdauernde

Kriminalisierung von Asylsuchenden und die Entsolidarisierung der Mehrheitsbevölkerung von denselben. Ausreisepflichtige Flüchtlinge werden in „Ausreise-
zentren" gebracht, wo sie so lange festgehalten werden, bis sie entweder freiwillig ausreisen oder ihre Abschiebung durchgesetzt werden kann. Im Übrigen
werden Flüchtlingsorganisationen nicht müde darauf hinzuweisen, dass es sich
bei diesen Zentren um quasi rechtsfreie Räume handelt, in denen Flüchtlinge
der Willkür von Behörden hilflos ausgesetzt sind. Der Nationale Integrationsplan
dagegen liest sich, als ob es keine Diskriminierung gäbe und Integration eine
Sache des Willens der zu integrierenden Individuen sei. Freilich unterstützt die
Regierung die „Integrationswilligen" – die „Disziplinierten" – durch staatlich geförderte Maßnahmen. Doch der dominante Diskurs, der sich auch im Nationalen
Integrationsplan wiederfindet, bleibt an bedeutsamen Stellen merkwürdig unklar.
So heißt es etwa im Teil zu „Integration und Arbeitsmarkt":

„Angesichts der Befunde zur Arbeitsmarktsituation auch qualifizierter Menschen
mit Migrationshintergrund ist jedoch kaum fraglich, dass Bildungsdefizite hierfür
als einzige Erklärung nicht ausreichen. Vor dem Hintergrund der anhaltend hohen
Unterbeschäftigung spielen nicht nur die persönlichen Voraussetzungen,
sondern möglicherweise auch gesellschaftliche Wahrnehmungen eine Rolle im
Auswahlprozess und müssen bei der Gestaltung integrationspolitischer Maßnahmen mit berücksichtigt werden." [24]

Dagegen spricht die gleichzeitig erschienene OECD-Studie mit dem Titel „Jobs
for Immigrants – Labour Market Integration in Australia, Denmark, Germany and
Sweden" eine weitaus deutlichere Sprache. Sie zeigt nicht nur auf, dass
Migranten und Migrantinnen sowie deren Kinder erheblich schlechter auf dem
Arbeitsmarkt abschneiden als die deutsche Mehrheitsbevölkerung. Die Beschäftigung von Migranten und Migrantinnen hat seit Anfang der 1990er Jahre
auch deutlich stärker abgenommen als die der übrigen Bevölkerung in Deutschland. Laut Thomas Liebig, Migrationsexperte im OECD-Direktorat für Arbeit- und
Sozialpolitik und Mitautor der Studie, müssen Migranten und Migrantinnen mit
einer deutlich geringeren Beschäftigungsstabilität leben als Menschen ohne
Migrationshintergrund. Die Qualifikationsstruktur von Migranten und Migrantinnen im Verhältnis zur übrigen Bevölkerung ist nur in wenigen Ländern so
ungünstig wie in Deutschland. Und selbst hoch qualifizierte Zugewanderte tun
sich schwer auf dem hiesigen Arbeitsmarkt. So liegt die Beschäftigungsquote bei
Migrantinnen und Migranten mit Hochschulabschluss, laut OECD-Studie, nur
bei 68% gegenüber einer Beschäftigungsquote von 84% bei in Deutschland
geborenen Akademikern/innen. Selbst für in der Bundesrepublik geborene Mi-
granten-Kinder, die ihre komplette Ausbildung in Deutschland absolviert haben,

sind die Beschäftigungschancen geringer als für Personen ohne Migrationshintergrund mit dem gleichen Bildungsniveau.[25]

Gemessen an diesen Ergebnissen scheint die im Nationalen Integrationsplan gewählte Formulierung, dass hierfür „möglicherweise auch gesellschaftliche Wahrnehmungen" verantwortlich sind, bestenfalls verharmlosend. Ein Sprechen über Integration bei gleichzeitiger Verwischung und Verharmlosung der aktuellen rassistischen Verhältnisse, die dazu beitragen, dass nicht allen in Deutschland lebenden Menschen dieselben Chancen auf „Selbstverwirklichung" zugestanden werden, muss soziale Konsequenzen mit sich bringen. Ein Nationaler Integrationsplan, der diesen Diskurs so weiterführt, büßt an Glaubwürdigkeit ein und konterkariert bis zu einem gewissen Grade die eigene Intention.

Schlussbetrachtung

Integrationsdiskurse sind vielsagend, und zwar insbesondere dann, wenn das analysiert wird, was innerhalb derselben verschwiegen wird. Mit Hilfe der Foucault'schen Gouvernementalität sind die Forderung nach Integration und ihr verzweigter Diskurs als Regierungskunst analysierbar, die sich sowohl der Bestrafung als auch der Disziplinarmacht und des Sicherheitsdispositivs bedient. Dabei bleibt der Integrationsdiskurs eingebettet in das, was Foucault einmal als „den Kampf um den Status der Wahrheit und ihre ökonomisch-politische Rolle"[26] bezeichnet hat. Auch deswegen scheint es dringend geraten, die Diskurse um Integration und Migration einer permanenten Kritik zu unterwerfen, damit die Wahrheit der staatlichen Macht nie beanspruchen kann, die einzige Wahrheit zu sein.

Was dagegen notwendig scheint, ist ein gegenhegemonialer Migrationsdiskurs, der Migration nicht als Sicherheitsrisiko, sondern als „Normalfall" beschreibt und damit Räume für affirmative migrationshistorische Politiken eröffnet – was eine kritische Hinterfragung des Integrationsdiskurses impliziert.

Anmerkungen

1   Vgl. Monika Mattes, „Gastarbeiterinnen" in der Bundesrepublik: Anwerbepolitik, Migration und Geschlecht in den 50er bis 70er Jahren, Frankfurt/Main 2005.

2   Dietrich Hackenberg, Fotografie und Internet als Formen visueller Präsentation zur Migrations-geschichte in: Jan Motte / Rainer Ohliger (Hrsg.), Geschichte und Gedächtnis in der Einwanderungs-gesellschaft. Migration zwischen historischer Rekonstruktion und Erinnerungspolitik, Essen 2004, S. 181–188, hier S. 181f.

3   Vgl. John Beverly, Subalternity and Representation. Arguments in Cultural Theory, Durham / London 2004.

4   Vgl. Jan Assmann, Kollektives Gedächtnis und kulturelle Identität, in: ders. / Tonio Hölscher (Hrsg.), Kultur und Gedächtnis, Frankfurt/Main 1988, S. 9–19.

5   Vgl. Aleida Assmann, Erinnerungsräume: Formen und Wandlungen des kulturellen Gedächt-nisses, München 1999, S. 134 ff.

6   Birgit Lutz-Temsch, Gastarbeiter – Eine Reise ins Ungewisse, in: Süddeutsche Zeitung vom 8.12.2005, http://sueddeutsche.de/muenchen/511/369326/text/ (letzer Zugriff: 12.03.2009).

7   Vgl. Klaus Bade, Homo Migrans – Wanderungen aus und nach Deutschland. Erfahrungen und Fragen, Essen 1994, S. 38; sowie Bernhard Santel, Migration in und nach Europa: Erfahrungen, Strukturen, Politik, Opladen 1995, und Jürgen Mackert, Kampf um Zugehörigkeit. Nationale Staats-bürgerschaft als Modus sozialer Ausschließung, Opladen / Wiesbaden 1999, S. 90ff.

8   Vgl. K. Bade, ebd.

9   M. Mattes (Anm. 1) S. 10.

10   Ebd.

11   Ebd., S. 164.

12   Ebd., S. 169.

13   Monika Mattes, Zum Verhältnis von Migration und Geschlecht. Anwerbung und Beschäftigung von „Gastarbeiterinnen" in der Bundesrepublik 1960–1973, in: Jan Motte / Rainer Ohliger / Anne von Oswald (Hrsg.): 50 Jahre Bundesrepublik – 50 Jahre Einwanderung. Nachkriegsgeschichte als Mi-grationsgeschichte, Frankfurt/Main / New York 1999, S. 285–309.

14   Mathilde Jamin, Fremde Heimat. Zur Geschichte der Arbeitsmigration aus der Türkei, in: Motte u.a. (Anm. 13), S. 145–164.

15   Jan Motte / Rainer Ohliger / Anne von Oswald, 50 Jahre Bundesrepublik – 50 Jahre Einwande-rung, in: dies. (Anm. 13), S. 15–28, hier S. 15.

16   Vgl. K. Bade (Anm. 7), S. 38.

17   Vgl. auch J. Motte u.a. (Anm. 2).

18   Vgl. Maria do Mar Castro Varela, Integrationsregime und Gouvernementalität. Herausforde-rungen an interkulturelle/internationale soziale Arbeit, in: neue praxis, Sonderheft, Soziale Arbeit in der Migrationsgesellschaft. Multikulturalismus – Neo-Assimilation – Transnationalität, 2005, S. 152–164; sowie dies., Aktuelle Integrationsdiskurse und ihre Folgen, in: Archiv für Wissenschaft und Praxis der sozialen Arbeit 3, 2007, S. 18–29.

19   Vgl. Michel Foucault, Die Gouvernementalität, in: Ulrich Bröckling / Susanne Krasmann / Tho-mas Lemke (Hrsg.), Gouvernementalität der Gegenwart, Studien zur Ökonomisierung des Sozialen, Frankfurt/Main 2000.

20   Jürgen Leinemann, Ein glückliches Volk, in: Spiegel Online, 2006, http://www.spiegel.de/jahreschronik/0,1518,452551,00.html (letzter Zugriff: 14.01.2009).

21   Bundesministerium des Inneren (BMI), Migration und Integration. Aufenthaltsrecht, Migrations-und Integrationspolitik in Deutschland, Broschüre, Berlin 2008, http://www.bmi.bund.de/Internet/Content/Common/Anlagen/Broschueren/2008/Migration_und_Integration,templateId=raw,property=publicationFilepdf/Migration_und_Integration.pdf (letzter Zugriff: 14.01.2009).

22   Vgl. Bundesinstitut für Bevölkerungsforschung, Population Policy Acceptance Study, Wiesbaden 2005, S. 51.

23   Vgl. Michel Foucault, Sicherheit, Territorium, Bevölkerung. Geschichte der Gouvernementalität, Frankfurt/Main 2006, S. 19f.

24   Presse- und Informationsamt der Bundesregierung (Hrsg.), Der Nationale Integrationsplan. Neue Wege – Neue Chancen, Berlin 2007, S. 78.

25   Vgl. OECD, Jobs for Immigrants – Labour Market Integration in Australia, Denmark, Germany and Sweden, Berlin 2007.

26   Michel Foucault, Dispositive der Macht, Berlin 1978, S. 53.

Prof. Dr. Ludger Pries, geb. 1953

*Inhaber des Lehrstuhls Soziologie/Organisation,
Migration, Mitbestimmung an der Fakultät für
Sozialwissenschaft der Ruhr-Universität Bochum*

Ludger Pries
Transnationalismus und Migration

Die internationale Migration wird sehr häufig in Einwanderungsländern wie
Deutschland vor allem als Problem angesehen und diskutiert. Dies äußert sich
in Debatten über Parallelgesellschaften, Sprachdefizite, Zwangsheirat oder
Ehrenmord. Dahinter steht nicht selten eine sehr reduzierte Wirklichkeits-
wahrnehmung, die nur einen Ausschnitt aus der tatsächlichen Dynamik internationaler Migration aufnimmt. Meistens werden dabei aktuelle Schwierigkeiten
der ökonomischen, sozialen, kulturellen und politischen Inkorporation von Migrantinnen und Migranten in das Ankunftsland nur einseitig thematisiert. Dies ist
in mehrfacher Hinsicht unzureichend. Erstens wird Inkorporation häufig in einem
sehr engen Verständnis als einseitige Assimilation oder vollständige Integration
auf allen Ebenen verstanden. Zweitens werden nur die Probleme, nicht aber die
Anstrengungen und Erfolge von Migrantinnen und Migranten sowie von Staat
und Zivilgesellschaft bei der Inkorporation differenziert und angemessen berücksichtigt. Drittens wird der Inkorporationsprozess in der Ankunftsgesellschaft
weitgehend losgelöst von den fortbestehenden Beziehungen zur Herkunftsgesellschaft betrachtet. Viertens wird gesellschaftliche Inkorporation nicht als
genereller Prozess untersucht, der für alle sozialen Gruppen (z.B. Manager/innen,
Intellektuelle, Geringqualifizierte, Profisportler/innen, Migranten/innen, Kinder aus
Hartz-IV-Haushalten etc.) mit Problemen und Herausforderungen verbunden ist.
Im Folgenden soll der Blick zunächst vor allem auf die bestehenden grenzüberschreitenden Beziehungen und Bewegungen von Migrantinnen und Migranten
gerichtet werden, weil nur so die Kontextbedingungen ihrer Inkorporation in der
Ankunftsgesellschaft angemessen verstanden werden können. Anschließend

wird den häufig – zumindest implizit – normativen Konzepten der Assimilation und der Integration ein eher ergebnisoffenes und empirisch begründetes Verständnis von Inkorporation gegenübergestellt. Die sich hieraus ergebenden Konsequenzen für die politische Bildungspraxis werden abschließend erörtert.

Migration ist ein dauerhafter Prozess – wenn auch nur in den Vorstellungswelten

Die weltweite Finanzkrise hat sehr eindringlich vor Augen geführt, wie global vernetzt inzwischen das Schicksal aller Menschen ist. Aber auch der Klimawandel, kriegerische Konflikte in verschiedenen Regionen der Welt und die Gefahr grenzüberschreitender Epidemien zeigen, dass es kaum noch Inseln der lokalen Sicherheit und Geborgenheit gibt. Die Menschen überall auf dem Globus müssen sich daran gewöhnen, dass sie auch in ihrem lokalen Handeln global, gleichsam als Weltbürger, zu denken haben. Für internationale Migrantinnen und Migranten gilt Ähnliches. Entweder haben sie selbst oder durch ihre Vorfahren Lebenserfahrungen und Sozialbeziehungen in mehr als nur einer Nationalgesellschaft. Sie handeln bzw. leben vielleicht lokal, aber sie denken häufig plurilokal. Ihr Leben spannt sich zwischen der Herkunfts- und der Ankunftsgesellschaft auf. Im Zeitalter preiswerter internationaler Massenkommunikation und Transportmedien haben immer mehr Migranten/innen auch über mehrere Generationen hinweg einen intensiven Austausch mit dem Herkunftsland ihrer Ahnen.

Migration ist dabei nur eine Form der Internationalisierung von Vergesellschaftung. Durch grenzüberschreitend tätige Unternehmen, durch den Sport und die Kultur integrieren sich im 21. Jahrhundert immer größere Teile der Weltbevölkerung in transnationale Beziehungen und Netzwerke. Der Fußball ist ein gutes Beispiel für einen zunehmend weltweiten „Wanderzirkus": Bei der Europameisterschaft 2008 schoss der in Polen geborene, inzwischen in Deutschland eingebürgerte Lukas Podolski das entscheidende Tor für die deutsche Mannschaft – dadurch schied Polen, das Land seiner Herkunft, aus dem Turnier aus. Nach dem Spiel lief er hinüber zum polnischen Fanblock und begrüßte dort den polnischen Teil seiner Familie. Dann feierte er mit seinen deutschen Mannschaftskollegen den Sieg. Der in Gelsenkirchen geborene, früher für Schalke 04 und dann für Bayern München spielende Hamit Altintop spielte während der EM 2008 in der türkischen Nationalmannschaft. Er wurde durch sein Tor im Spiel gegen die Tschechische Republik zum „türkischen" Nationalhelden. Nach der Niederlage der türkischen gegen die deutsche Mannschaft beglückwünschte er dann seine deutschen Fußballerkollegen. Traditioneller Nationalismus sieht anders aus.

Wie in der Welt des Fußballs spielt sich das normale Leben für immer mehr Menschen über Landesgrenzen hinweg an verschiedenen Orten ab. Dies heißt nicht, dass die Menschen auch ständig physisch den Ort wechseln. Sie können durch moderne Kommunikationsmittel (skypen, chatten, e-mailen, bloggen etc.) eine „gefühlte" Nähe und einen imaginierten Sozialraum mit Menschen an ganz anderen Orten der Welt teilen. Auf diese Weise werden transnationale Erfahrungen kultureller Vielfalt und Toleranz möglich, die selbst wieder in die eigene Ich- und Wir-Identität eingebaut werden. Lokale, regionale und nationale Identitäten werden mit transnationalen Gemeinschaftserfahrungen kombiniert. Wenn es jemals zu einer gelebten globalen Verantwortungskultur kommen sollte, dann wird diese Transnationalisierung der sozialen Alltagswelten dafür die wichtigsten Bausteine liefern. In dieser Perspektive wird sofort deutlich, dass internationale Migration nicht immer nur als Problem, sondern auch als Teil von Lösungen gesellschaftlicher Herausforderungen zu sehen ist.

Vor allem seit dem letzten Viertel des 20. Jahrhunderts haben die ökonomischen, kulturellen, politischen und sozialen Aspekte der Globalisierung die Rahmenbedingungen und die Formen internationaler Migration verändert. So wurde mit Hilfe breit angelegter empirischer Gemeindestudien in Mexiko und später auch in anderen lateinamerikanischen Ländern gezeigt, dass sich bei den Migrationsströmen in die USA eine sich selbst erhaltende und verstärkende Wachstumsdynamik kumulativer Verursachung ergibt.[1] Sobald bestimmte Migrantengruppen z.B. in New York City eine gewisse Größe erreichen, generieren sie eine neue Nachfrage nach migranten-spezifischen Dienstleistungen, wie z.B. nach mexikanischen Maistortillas, spezifischen Gewürzen, Musikunterhaltung zu Festanlässen oder Gesundheitsversorgung für irreguläre und des Englischen nicht mächtige Migranten/innen. In dieser dynamischen Betrachtung verursacht Migration ab einer bestimmten Größenordnung neue Migration, auch wenn sich an den Nachfrageverhältnissen, die die ursprüngliche Arbeitsmigration ausgelöst hat, nichts ändert. Dies lässt sich etwa bei personenbezogenen Dienstleistungen (Touristik, Frisöre, Festveranstaltungen) und dem Lebensmittelhandel auch für Deutschland nachweisen.[2]

Aus der Analyse der konkreten Formen und Verläufe von grenzüberschreitenden Wanderungsprozessen etwa von den karibischen Staaten oder Mexiko in die USA wissen wir auch, dass sich Arbeitsmigranten in der Regel im Rahmen ausdifferenzierter sozialer Netzwerke bewegen und dass diese Arbeitsmigration häufig in der Form komplexer Pendelbewegungen oder Kreisläufe erfolgt.[3] In der transnationalen Migration handelt es sich nicht mehr um einmalige (im Falle von Aus- bzw. Einwanderung) oder zweimalige (im Falle von Rückkehrwanderung)

Wohnortwechsel in einem ansonsten sesshaften Leben. Vielmehr bilden sich durch wiederholte zirkuläre Wanderungsprozesse innerhalb dichter grenzüberschreitender Netzwerke neue Formen transnationaler sozialer Felder oder Sozialräume heraus. Transnationale Sozialräume lassen sich verstehen als dichte, institutionalisierte Verflechtungen von sozialen Praktiken (E-Mails schreiben, Geld senden, telefonieren etc.), Artefakten (z.b. Internetverbindungen, Faxgeräte, Radiostationen) und symbolischen Repräsentationen („hybride" Musikproduktionen, eigene vermischte Sprachstile, Hochzeitsrituale zwischen den Traditionen der Herkunfts- und Ankunftsregionen), die sich dauerhaft und grenzüberschreitend aufspannen.[4]

Die skizzierten, keineswegs völlig neuen, wohl aber neuerdings massiveren Migrationsphänomene kumulativer Verursachung und transnationaler Migration werden durch ältere Migrationsmodelle kaum erfasst. In der klassischen Migrationstheorie wurden vor allem drei Formen von Migration unterschieden: Auswanderung/Einwanderung, Rückkehr-Migration und Diaspora-Migration. In der neueren Forschung werden verstärkt solche Migrationsprozesse untersucht, bei denen das Wechseln des Wohnsitzes dauerhaft im Sinne von häufig bzw. auf Dauer gestellt ist. Hieraus ergibt sich als vierter Idealtypus internationaler Migration die sogenannte Transmigration. Diese vier Migrationstypen können systematisch nach der jeweiligen Ausformung des Verhältnisses zum Herkunfts- und zum Ankunftsland, nach den dominanten Migrationsgründen und dem für die Migrationsentscheidungen relevanten Zeithorizont unterschieden werden (s. Tabelle 1).[5]

Tabelle 1: Vier Idealtypen internationaler Migration

	Verhältnis zur Herkunftsregion	Verhältnis zur Ankunftsregion	Hauptmigrationsgrund /-umstand	Zeithorizont für Migration
Emigration / Immigration	Rückbezug / Abschied nehmen	Integration / neue Heimat	wirtschaftlich / sozial-kulturell	unbefristet / langfristig
Rückkehr-Migration	Dauerbezug / Identität wahren	Differenz / Gastland	wirtschaftlich / politisch	befristet / kurzfristig
Diaspora-Migration	Dauerbezug als „Gelobtes Land"	Differenz / Erleidensraum	relig. / politisch, organisational	befristet, kurz-/ mittelfristig
Transmigration	Ambivalent / Gemengelage	Ambivalent / Gemengelage	wirtschaftlich / organisational	unbestimmt / sequentiell

Der erste Migrationstypus ist die Immigration. Hierbei richten sich die Migrantinnen und Migranten auf Dauer im Ankunftsland ein, unterhalten zwar noch Kontakte zu ihrem Herkunftsland, integrieren und assimilieren sich aber schrittweise als Eingewanderte – vielleicht auch erst über mehrere Generationen – in die dortige Gesellschaft. Die Bevölkerung Deutschlands besteht zu einem ganz erheblichen Teil aus solchen Immigranten. Mitte der 1960er Jahre repräsentierten die nach dem Zweiten Weltkrieg in die Bundesrepublik Deutschland und die DDR Zugewanderten etwa ein Fünftel der Gesamtbevölkerung der beiden damaligen deutschen Staaten, immerhin 14,5 Millionen Menschen. Die klassische Migrationsforschung ist auf diesen Einwanderungstypus und die entsprechenden Eingliederungsprozesse im Ankunftsland konzentriert.[6] Tatsächlich wird mit diesem Migrationstypus ein sehr großer Teil auch der heutigen Migration gut erfasst.

Die zweite Form der Wanderung besteht in der Rückkehr-Migration, d.h. dem zeitlich befristeten Landeswechsel – etwa zum Zwecke des Gelderwerbs – und der Rückkehr in die Heimat nach einer mehr oder weniger ausgedehnten Periode. Der Begriff des Gastarbeiters und die darin implizierte Idee eines nur vorübergehenden Aufenthaltes entsprechen diesem Typus. Sehr viele der vor allem in den 1960er und 1970er Jahren aus Südeuropa massiv in die Bundesrepublik angeworbenen Arbeitsmigranten/innen wurden auch tatsächlich zu Rückkehr-Migranten, ein sehr großer Teil aber blieb dauerhaft als Immigranten in Deutschland. Im Jahre 2003 waren 8,9 Prozent der in Deutschland offiziell gezählten Einwohner als „Ausländer" registriert.[7] In diesem hohen Anteil von „Ausländerinnen und Ausländern" spiegelt sich auch die traditionelle (und äußerst fragwürdige) deutsche Politik bis zum Jahre 2000 wider, sich nicht als Einwanderungsland zu verstehen und deshalb keine angemessenen Mechanismen für Einbürgerungen zu entwickeln. Aber auch heute noch verstehen sich sehr viele Zugewanderte als nur zeitlich befristete Rückkehr-Migranten.

Der dritte Typus internationaler Migration kann als Diaspora-Migration charakterisiert werden. In diesem Falle ist die Wanderung in erster Linie religiös oder durch starke loyalitätsbedingte und organisationale Abhängigkeitsbeziehungen (wie z.B. bei Gesandten von Kirchen, diplomatischen Korps, bei „Expatriates" in transnationalen Unternehmen, internationalen Stiftungen etc.) bestimmt. Ein Diaspora-Migrant richtet sich physisch-räumlich und vielleicht auch wirtschaftlich, aber nur bis zu einem gewissen Grade sozial und politisch, in der Ankunftsgesellschaft ein. Er behält gleichzeitig und auf Dauer starke sozial-kulturelle Bindungen zu seinem Herkunftsland bzw. zu seiner internationalen „Mutterorganisation". Seiner Natur nach ist dieser Migrations-Typus nicht ausschließlich, meistens auch nicht vorrangig als Arbeitswanderung anzusehen, weil die ihm typischen Ortsveränderungen häufig durch Flucht, Vertreibung, Gesinnungsentscheidung oder Entsendung verursacht sind.[8] Auch dieser Typus ist gegenwärtig von großer, vielleicht sogar noch wachsender Bedeutung.

Der vierte Idealtypus internationaler Migration ist die Transmigration. Sie zeichnet sich dadurch aus, dass der Wechsel zwischen verschiedenen Lebensorten in unterschiedlichen Ländern kein singulärer Vorgang ist, sondern zu einem Normalzustand wird, indem sich der alltagsweltliche Lebensraum der Transmigranten plurilokal über Ländergrenzen hinweg zwischen verschiedenen Orten aufspannt. Dieser vor allem aus den Untersuchungen in Nordamerika entwickelte Transmigrationsansatz geht von neuen Formen der Grenzziehung aus, die quer zur Herkunfts- und zur Ankunftsregion liegen.[9] Demzufolge entstehen durch transnationale Migration neue, dauerhafte Formen und Inhalte von Selbstvergewisserungen und von sozialen Positionierungen der Menschen. Diese (objektiven) Positionen und (subjektiven) Identitäten sind multipel insofern, als ihnen nicht ein mehr oder weniger geschlossenes Referenzsystem (der Herkunfts- oder der Ankunftsgesellschaft bzw. der Diaspora-Gemeinschaft/-Organisation) zugrunde liegt, sondern sie Elemente der Herkunfts- und der Ankunftsregion aufnehmen und zu etwas Eigenem und Neuem transformieren. Es bilden sich Sozialräume heraus, die keineswegs nur vorübergehend bestehen.[10] Transmigration ist kein völlig neues Phänomen, und ihr ist sicherlich nur eine Minderheit der internationalen Migrantinnen und Migranten zuzuordnen. Wie die Hefe im Brotteig ihre Wirkung entfaltet, so kann auch durch eine zahlenmäßig kleine Gruppe die Gesamtlandschaft des Inkorporationsgefüges unter Umständen sehr stark beeinflusst werden.

Inkorporation ist vielschichtig und keine Einbahnstraße

Transnationale Migranten bewegen sich physisch oder zumindest mental in plurilokalen sozialen Räumen. Grenzüberschreitende soziale Netzwerke können für sie dabei wichtige Ressourcen darstellen. Die transnationale Migrationswirklichkeit zwingt zu einer Revision der traditionellen Konzepte von Assimilation und Integration. Denn die vier Idealtypen der Migration sind mit sehr unterschiedlichen Formen der uni- oder plurilokalen Inkorporation verbunden. Sozialwissenschaftliche Theorien über die Eingliederungsdynamik von Migranten müssen dieser zunehmenden Diversifizierung Rechnung tragen. Alternativ zu den politisch stark besetzten und nur auf die Situation in den Ankunftsregionen fokussierten Begriffe Assimilation, Integration und Eingliederung wird hier als übergreifende Benennung für die unterschiedlichen Aspekte und Dimensionen

des Verhältnisses von Migranten/innen zur Herkunfts- und zur Ankunftsgesellschaft der Terminus Inkorporation verwendet.

Als klassischer Ausgangspunkt kann das Assimilationskonzept der so genannten
Chicagoer Schule dienen. Gemäß dem von Robert Park entwickelten Race-
relations-cycle verlaufen Assimilationsprozesse grundsätzlich nach einem festen
Schema und in bestimmten Zyklen ab: Einer ersten Kontaktaufnahme zwischen
unterschiedlichen ethnischen (Einwanderer-)Gruppen folgen Konflikte und Kon-
kurrenz um Positionen und Ressourcen, bevor dann durch eine Akzeptanz der
Unterschiede und der sozialen Differenzierung schließlich eine Assimilation im
Sinne der Vermischung ethnischer Gruppen mit der Mehrheitsgesellschaft und
die Auflösung der ethnischen Differenzierungskategorie selbst erfolgt.[11] Nach
Ronald Taft verläuft der Eingliederungsprozess von Migrantinnen und Migranten
in sieben Phasen: (1) kulturelles Lernen, (2) Entwicklung einer positiven Einstellung zur Aufnahmegesellschaft, (3) Entwicklung einer negativen Einstellung
zur Herkunftsgesellschaft, (4) Akkomodation, (5) soziale Akzeptanz durch die
Aufnahmegesellschaft, (6) Identifikation mit der Aufnahmegesellschaft und (7)
Einverständnis mit den Werten und Normen der Aufnahmegesellschaft.[12] Taft
unterscheidet ferner drei Formen der Assimilation: die monistische, die interakti-
onistische und die pluralistische. Während monistische Assimilation die vollständige und passive Anpassung der Zugewanderten an die Ankunftsgesellschaft
bedeutet, handelt es sich bei pluralistischer und interaktionistischer Assimilation
um wechselseitige Beeinflussungs- und Veränderungsprozesse zwischen
Einwanderern und Mehrheitsgesellschaft der Ankunftsregion (Integration).

Die auch heute noch vorherrschenden Assimilations- und Integrations-Modelle
sind auf die Inkorporationsdynamik in der Ankunftsregion der Migranten/innen bezogen und beschränkt. Ein erster Kritikpunkt daran ist, dass die unter Umständen
auch lange noch fortdauernden Beziehungen zur Herkunftsregion dabei gar nicht
oder nur als Entweder-oder-Verhältnis der Beziehungen zur Ankunftsregion auf-
tauchen. Zweitens wird der Grad bzw. der Erfolg von Assimilation oder Integration
über das Durchschreiten aufeinander folgender Phasen bestimmt. Indem ein für
alle Migranten (aus den unterschiedlichsten Herkunftskontexten und mit verschiedenen Migrationsmotiven) gültiges Stufen- oder Phasenmodell vorgegeben oder
unterstellt wird, betonen diese Ansätze sehr stark die Gemeinsamkeit der
Migranten. Letztere unterscheiden sich demzufolge voneinander hauptsächlich
dadurch, wie weit sie auf der „Integrationseinbahnstraße" vorangeschritten sind.

Trotz ihrer wissenschaftlichen Bewährung und nachgewiesenen (Teil-)Erklä-
rungskraft haben diese Konzepte eine deutliche Schwäche: Sie untersuchen nur

Formen der nationalstaatlichen Vergesellschaftung, weil sie die Perspektive von geschlossenen nationalstaatlichen „Container-Gesellschaften"[13] übernehmen. Migration wird in diesen Modellen als ein biografischer Bruch betrachtet. Nach der Phase der ersten Sozialisation in einem Land folgt eine mehr oder weniger gelungene zweite Sozialisation in einem anderen Land. Zwischenlagen werden nur als temporäre Phasen im Prozess der zu beschreibenden Assimilation oder Integration aufgefasst. Angesichts der skizzierten transnationalen Migrationsprozesse ist es zu Beginn des 21. Jahrhunderts sinnvoll, ein erweitertes Verständnis und Konzept von Inkorporation zu entwickeln. Entgegen allzu starrer Sequenzvorstellungen sollte die gesellschaftliche Inkorporation von Migrantinnen und Migranten als ergebnisoffener sozialer Prozess der ökonomischen, kulturellen, politischen und sozialen Verflechtung auf der lokalen, regionalen, nationalen und transnationalen Ebene, also sowohl in der (bzw. den) Herkunftsregion(en) als auch in der (bzw. den) Ankunftsregion(en), gefasst werden. Die Komplexität solcher Inkorporationsprozesse soll beispielhaft Tabelle 2 verdeutlichen.

Tabelle 2: Inkorporation als multiple und multi-lokale Verflechtung

Bezug / Dimension	Herkunftsland			Ankunftsraum			Weitere Bezugsräume				
	lokal	regional	national	lokal	regional	national	lokal	regional	national	Supra-national	global
ökonomisch	■			■							
sozial	■	□		■	■		■				
kulturell		■				□			□	□	□
politisch		■				□			■	□	

Inkorporationsintensität zu einem bestimmten Zeitpunkt t_1 (als Prozess ist Inkorporation als Sequenzverlauf über viele Zeitpunkte zu analysieren): ■ = stark; □ = schwach

Das in der Tabelle 2 dargestellte Inkorporationsmuster könnte z.B. die geografisch-räumlichen Bezüge und die vier Dimensionen der sozialräumlichen Inkorporation eines polnischen Migranten aus Schlesien repräsentieren, der seit den 1980er Jahren in Deutschland lebt. Seine ökonomische Inkorporation ist auf der lokalen Ebene einerseits in Deutschland (z.b. Mühlheim/Ruhr, wo er als selbstständiger Gartengestalter tätig ist) und andererseits in seinem Heimatdorf (wohin er einen erheblichen Teil seiner Einkünfte an die Herkunftsfamilie schickt) stark ausgeprägt. Seine soziale Einbindung konzentriert sich auf die Rhein-Ruhr-Region (in der er intensiven Kontakt zu vielen Schlesiern unterhält), auf das Dorf und die Region seiner Herkunft (wo viele seiner Freunde und Familienmitglieder leben) sowie auf Lelystad in den Niederlanden, wo seine Schwester lebt, die er regelmäßig besucht. Seine kulturelle Selbstverortung ist eindeutig auf Schlesien (und nicht Polen) fokussiert, aber im Vergleich zu vielen dort gebliebenen Bekannten fühlt er sich auch in Deutschland oder England (wo er für einige Jahre lebte) kulturell zugehörig. Seine politische Einbindung ist auf Schlesien konzentriert, er ist Mitglied einer Vereinigung der Schlesier in Deutschland und neuerdings unterstützt er die Schlesier in Holland bei dem Aufbau einer schlesischen Zeitschrift. Neben der kulturellen Selbstverortung in Schlesien und teilweise auch in Deutschland und England sieht sich dieser Migrant auch als Europäer und Verfechter der globalen Menschenrechte.

Das in dieser Form fiktive Beispiel, welches aber durchaus der Komplexität empirischer Forschungsbefunde entspricht,[14] macht deutlich, dass Inkorporation multidimensional, multi-lokal und im Zeitverlauf nicht eindeutig ausgerichtet ist bzw. sein kann. Deshalb sollte die Migrationsforschung es als eine empirisch offene Frage begreifen, welche typischen Inkorporationsmuster sich in einer solchen Perspektive nachweisen lassen und welche Kontextbedingungen (z.B. Geschlecht, Alter bei erster Migration bzw. zweiter, dritter etc., Ausbildung) bestimmte Inkorporationsverläufe beeinflussen. Aus der vergleichenden europäischen Identitätsforschung ist bekannt, dass Menschen sich multipel z.B. als Sachsen, als Deutsche und als Europäer wahrnehmen können.[15] Diese Erkenntnisse sind auch für das Verständnis und die Erforschung multipler Inkorporation relevant.

Transnationale Migration: Konsequenzen für die politische Bildungspraxis

Welche Konsequenzen folgen aus den bisherigen Überlegungen für die politische Bildungspraxis? Es ergeben sich im Wesentlichen drei wichtige Anforderungen. Erstens sollte sich politische Bildungsarbeit nicht auf einen engen Kanon von Entweder-oder-Inhalten fixieren. Grundsätzlich ist die Vermittlung von Prinzipien und Kenntnissen der verfassungsmäßigen Grundordnung Deutschlands sowie von Wissen über die Geschichte und das Institutionensystem unseres Landes unverzichtbar. Dies sollte aber prinzipiell in eine international und interkulturell vergleichende Perspektive eingebettet sein.

Nachdem Deutschland im Jahre 2000 endlich zur Kenntnis genommen hatte, dass es ein Einwanderungsland ist, überwogen im Integrationsdiskurs bisher sehr deutlich assimilationistische Tendenzen. Grundsätzlich wird hierdurch die Kooperationsbereitschaft von Migrantinnen und Migranten eher eingeschränkt als erweitert. Eine offene, vergleichende Perspektive, bei der Deutschland immer wieder mit anderen Ländern und Regionen verglichen und in das komplexe Mehrebenensystem Europas und der Welt integriert wird, ist der beste Garant dafür, dass Migranten/innen auch die politische Bildungspraxis annehmen.

Politische Bildungsarbeit sollte neben der Beschäftigung mit Deutschland als Ankunftsland unbedingt auch die wesentlichen Probleme und Herausforderungen der Herkunftsländer thematisieren und bewusst grenzüberschreitende Aktivitäten von Zugewanderten als gegeben anerkennen und sogar fördern. Die in Deutschland lebenden Migranten/innen und ihre Nachfahren können eine durchaus wichtige Funktion bei der ökonomischen, sozialen, politischen und kulturellen Entwicklung der Herkunftsländer spielen. Die Befassung mit den Problemen und den Entwicklungspotenzialen der Herkunftsländer im Rahmen von politischer Bildungsarbeit stärkt eher die Inkorporation von Migranten/innen als dass sie ihr abträglich wäre. Bürgerschaftliches Engagement als Ziel politischer Bildungsarbeit muss sich nicht auf den Stadtteil, die kommunale oder regionale Ebene beschränken. Es kann auch grenzüberschreitend vielfältige positive Wirkungen für die Ankunfts- und die Herkunftsregion entfalten.

Politische Bildungsarbeit ist schließlich selbst interkulturell zu organisieren. Sie sollte nicht von dem Verständnis bestimmt sein, die deutsche Mehrheitsgesellschaft habe den ankommenden Migranten/innen bestimmte Grundwahrheiten zu vermitteln. Vielmehr ist politische Bildungsarbeit im 21. Jahrhundert als offener Lernprozess und tatsächlicher interkultureller Austausch zu konzipieren. Migranten sind dabei nicht nur als Adressaten, sondern auch als aktive Mitgestalterinnen und Mitgestalter dieser Bildungspraxis zu verstehen.

Wie man in den Wald hineinruft, so schallt es heraus. Von dem Grundverständnis und der praktischen Gestaltung der politischen Bildungsarbeit hängt deren Akzeptanz und Attraktivität für die Zielgruppen ab, die damit unbedingt erreicht werden sollen. Deutschland ist hierbei in vielerlei Hinsicht ein Entwicklungsland. Wir haben über fünfzig Jahre gebraucht, um uns als Einwanderungsland zu verstehen. Wir sollten nicht ebenso viel Zeit verstreichen lassen, um die komplexe internationale und transnationale Migrationswirklichkeit zur Kenntnis zu nehmen und hieraus Schlussfolgerungen für die politische Bildungspraxis zu ziehen.

Ich danke Patricia Pielage für hilfreiche Recherche und Barbara Laubenthal für Kritik und Anregungen.

Anmerkungen

1   Vgl. Douglas S. Massey / Joaquín Arango / Graeme Hugo / Ali Kouaouci / Adela Pellegrino / Edward P. Taylor, Worlds in Motion. Understanding International Migration at the End of the Millennium, Oxford 1998.
2   Vgl. Zentrum für Türkeistudien, Türkische Unternehmer in Nordrhein-Westfalen. Eine empirische Studie über ihre Aktivitäten, Standorte, Wünsche und Einschätzungen, im Auftrag der Gesellschaft für Wirtschaftsförderung Nordrhein-Westfalen mbH (GfW), Essen 2004.
3   Vgl. Sherri Grasmuck / Patricia B. Pessar, Between Two Islands: Dominican International Migration, Berkeley 1991.
4   Vgl. Michael Kearney / Carole Nagengast, Anthropological Perspectives on Transnational Communities in Rural California. (California Institute for Rural Studies, Working Group on Farm Labor and Rural Poverty, Working Paper No. 3), Davis/CA 1989; Linda Basch / Nina Glick Schiller / Cristina Szanton Blanc, Nations Unbound. Transnational Projects, Postcolonial Predicaments and Deterritorialized Nation-States, Amsterdam, 1997[4], Erstauflage 1994; Alejandro Portes (Hrsg.), The New Second Generation, New York 1996; Ludger Pries, Neue Migration im transnationalen Raum, in: ders. (Hrsg.): Transnationale Migration. Soziale Welt, Sonderband 12, Baden-Baden 1997, S. 15–44.
5   Vgl. L. Pries (Anm.4); Thomas Faist, The Volume and Dynamics of International Migration and Transnational Social Spaces, Oxford 2000.
6   Vgl. Alejandro Portes / Rubén G. Rumbaut, Immigrant America: A Portrait, Berkeley 1990; Anthony G. Champion / Tony Fielding (Hrsg.), Migration Processes and Patterns, London 1992, 2 Bände; Annette Treibel, Migration in modernen Gesellschaften. Soziale Folgen von Einwanderung, Gastarbeit und Flucht, Weinheim / München 2008; Edda Currle / Tanja Wunderlich, Deutschland – ein Einwanderungsland? Rückblick, Bilanz und neue Fragen, Stuttgart 2001.
7   Vgl. Bundesamt für Migration und Flüchtlinge, Migrationsbericht des Bundesamtes für Migration und Flüchtlinge im Auftrag der Bundesregierung (Migrationsbericht 2005), Nürnberg 2005, S. 117.
8   Vgl. Robin Cohen, Global Diasporas. An Introduction, Seattle 1997; Felicitas Hillmann / Hedwig Rudolph, S(Z)eitenwechsel – Internationale Mobilität Hochqualifizierter am Beispiel Polen, in: Ludger Pries, Transnationale Migration. Soziale Welt, Sonderband 12, Baden-Baden 1997, S. 245–263.
9   Vgl. L. Basch u.a. (Anm. 4); Michael Peter Smith / Guarnizo, Luis Eduardo (Hrsg.), Transnationalism from below. Comparative Urban and Community Research, Vol. 6, New Brunswick / London 1999[2]; Aihwa Ong / Donald Nonini (Hrsg.), Ungrounded Empires. The Cultural Politics of Modern Chinese Transnationalism. London / New York 1997; Th. Faist (Anm. 5); Ludger Pries, The disruption of social and geographic space. Mexican-US migration and the emergence of transnational social spaces, in: International Sociology, Jg. 16 (2001) 1. S. 55–74.

10 Vgl. Ludger Pries, Die Transnationalisierung der sozialen Welt. Sozialräume jenseits von National-gesellschaften, Frankfurt/M. 2008.

11 Vgl. Robert E. Park, Our Racial Frontier on the Pacific, in: Survey, Vol. 56 (1926), S. 192–196.

12 Ronald Taft, A Psychological Model for the Study of Social Assmilation, in: Human Relations, 10 (1957), S. 141–156.

13 L. Pries (Anm. 9), S. 55–74.

14 Vgl. Fernando Herrera Lima, Transnational Families: Institutions of Transnational Social Space, in: Ludger Pries (Hrsg.), New Transnational Social Spaces. International Migration and Transnational Companies in the Early Twenty-First Century, London 2001, S. 77–93; Eva Palenga, „…nicht Dr.Jekyll and Mr. Hyde, aber wir haben schon zwei Seiten" – Transnationale Identitäten oberschlesischer Doppelstaatler, in: Nowicka, Magdalena (Hrsg.), Von Polen nach Deutschland und zurück. Die Arbeitsmigration und ihre Herausforderungen für Europa, Bielefeld 2007, S. 227–246.

15 Vgl. Jürgen Gerhards / Jörg Rössels, Zur Transnationalisierung der Gesellschaft der Bundes-republik. Entwicklungen, Ursachen und mögliche Folgen für die europäische Integration, in: Zeitschrift für Soziologie, 28 (1999) 5, S. 325–344.

*Dr. Lale Akgün, geb. 1953, Diplom-Psychologin,
seit 2002 Mitglied des deutschen Bundestages
für die SPD, 1997 bis Oktober 2002 Leiterin des
Landeszentrums für Zuwanderung NRW in Solingen*

*Volker Bouffier, geb. 1951, Rechtsanwalt
und Notar, seit 1999 Hessischer Minister
des Innern und für Sport*

*Annette Riedel, geb. 1958, Chefin vom Dienst
in der Chefredaktion von Deutschlandradio Kultur*

Lale Akgün / Volker Bouffier
Migration und Integration. Ein Gespräch
Moderation: Annette Riedel

7,5 Millionen Ausländer, insgesamt rund 15 Millionen Menschen mit Migrationshintergrund leben in Deutschland. Wann ist für Sie jemand integriert? Dann wenn sich Herr oder Frau Müller von Herrn oder Frau Öztürk nur mehr durch einige physiognomische Merkmale unterscheiden?

Akgün: Der Mensch ist dann integriert, wenn er in dem Milieu, zu dem er sich zugehörig fühlt, leben kann, ohne aufzufallen, wenn er sich an die Gesetze hält, die für alle vorgeschrieben sind, wenn er sich selbst und seinen Kindern die Chancen geben kann, die diese Gesellschaft bereithält. Es gibt nicht einen bestimmten Punkt, den man überspringen muss, um integriert zu sein, sondern ein Akademiker hat andere Ansprüche als ein einfacher Arbeiter. Wir leben in einer pluralen Gesellschaft, so dass jede Integration anders aussieht.

Zustimmung, Herr Bouffier?

Bouffier: Im Großen und Ganzen schon.

Aber?

Bouffier: Wenn jemand sich hier mit der gesellschaftlichen Ordnung identifiziert, wenn er seinen Platz sozusagen bewusst angenommen hat – mit all seinen

Eigenheiten, aber eben auf der Grundlage, dass er sich bewusst für dieses Land und für diese Gesellschaft entschieden hat.

Integration hat viel mit Teilhabe zu tun, sowohl mit ökonomischer als auch mit sozialer. Ist die Chance auf Teilhabe vielleicht ausschlaggebender als Identifikation mit dem Land, in dem man lebt?

Akgün: Identifikation wünsche ich mir sehr für alle. Ich nehme da immer gern die USA als Vorbild. Die Menschen sehen dort manchmal in unseren Augen „sehr unintegriert" aus und sagen Ihnen aber strahlend, „this is my country and it's a good country". Also, sie haben dieses Land als ihr Land auserwählt. Aber gleichzeitig erleben Sie auch, dass diese Leute, die „sehr unintegriert" aussehen, auch von anderen akzeptiert werden. Die sagen, „ja, good guy, ist in Ordnung, dass du hier bist". Genau dahin müssen wir auch kommen, dass man nicht permanent darüber nachdenkt: Wann bist du gekommen? Du bist doch anders. Wie bist du anders? Wie müssen wir deine Andersartigkeit definieren? Sondern dass es in Ordnung ist, dass der Andere da ist. Und die, die gekommen sind, müssen sagen, „das ist mein Land". Letztendlich müssen wir eigentlich sagen: „Das ist unser gemeinsames Land".

Es gibt etliche Studien zu den Gefühlen, die Menschen haben, die zu uns kommen und schon eine Weile hier leben. Die vom Bundesinnenministerium 2007 herausgegebene Studie „Muslime in Deutschland" besagt, dass sich fast die Hälfte der Musliminnen und Muslime, die hier leben, nahezu ausschließlich oder überwiegend mit ihrem Herkunftsland identifizieren. Sind sie integriert?

Bouffier: Sie sind sicherlich noch nicht integriert. Das ist aber auch nicht sehr überraschend. Es gibt den berühmten Satz, den ich nach wie vor für richtig halte: „Wenn die Heimat zur Fremde und die Fremde noch nicht zur Heimat geworden ist, dann ist man Wanderer zwischen den Welten."

Studie: Muslime in Deutschland

Eine durch das Bundesministerium des Innern geförderte Forschungsarbeit der Universität Hamburg, deren Ergebnisse im Juli 2007 veröffentlicht wurden. Ziel der Studie war es, Erkenntnisse über Integrationserfahrungen und -einstellungen sowie Religiosität und Formen religiöser Orientierungsmuster der in Deutschland lebenden Muslime zu gewinnen. Kernstück der Studie war eine standardisierte telefonische Befragung einer repräsentativen Stichprobe der erwachsenen muslimischen Bevölkerung. Zusätzlich wurden Schüler/innen und Studenten/innen befragt, bei denen auch Nichtmuslime einbezogen wurden, um Vergleiche durchführen zu können.
Katrin Brettfeld, Peter Wetzels, Muslime in Deutschland. Ergebnisse von Befragungen im Rahmen einer multizentrischen Studie in städtischen Lebensräumen, Hamburg 2007

Das muss man akzeptieren. Integration ist ein Prozess. Ich möchte nicht, dass Menschen das Gefühl haben, man verlangt von ihnen, ihre Wurzeln zu kappen. Ich kann das sehr unterstreichen, was die Vereinigten Staaten angeht. Dort gibt es keinen Zweifel, dass sie sich zu dem Land bekennen und zu den Bedingungen, die in diesem Land herrschen. Davon unterscheiden sich meines Erachtens diejenigen, die versuchen, zwar hier zu leben, aber dieses Land nicht annehmen. Sie haben das Stichwort „Muslime" genannt. Dort sind die Wege sicher mit am weitesten. Wenn jemand aus einem muslimisch geprägten Staat kommt, dann muss er sich mit unserer Gesellschaft natürlich erst einmal beschäftigen, denn der Islam ist nun nicht nur eine Religion, er ist auch eine Gesellschaftsordnung, was in unserem Land so nicht vorgesehen und auch nicht erstrebenswert ist. Dass da Brüche sind, dass das schwierig ist, liegt meines Erachtens auf der Hand. Deshalb braucht man Zeit, aber man braucht auch ein klares Ziel.

Zeit ist aber vielleicht nur ein Faktor und noch nicht mal der wesentliche. Denn wir wissen z.B. aus der Sinus-Studie über die sozialen Milieus von Migranten-Communities, dass die Dauer des Aufenthalts hier für dieses Gefühl von Dazugehören und von Teilhabe kaum eine Rolle spielt, sondern dass es eher um das Alter beim Einstieg in die aufnehmende Gesellschaft geht.

Sinus-Studie
Getragen von einem Auftraggebergremium aus Politik, Medien und Verbänden hat das Forschungsinstitut Sinus Sociovision im Zeitraum 2006 bis 2008 eine qualitative ethnografische Leitstudie sowie eine Quantifizierung auf repräsentativer Basis zu den Lebenswelten von Menschen mit Migrationshintergrund in Deutschland durchgeführt. Ergebnis ist die Identifikation und Beschreibung von acht unterschiedlichen Migranten-Milieus. Hierbei wurden die Lebenswelten und Lebensstile von Menschen mit unterschiedlichem Migrationshintergrund, so wie sie sich durch das Leben in Deutschland entwickelt haben, mit dem gesellschaftswissenschaftlichen Ansatz der Sinus-Milieus untersucht. Ziel war ein Kennenlernen und Verstehen der Alltagswelt von Migranten, ihrer Wertorientierungen, Lebensziele, Wünsche und Zukunftserwartungen. Ausführliche Erläuterungen zu den Sinus-Studien finden sich in dem Beitrag von Tanja Merkle in diesem Buch (S. 62–79). *www.sinus-sociovision.de*

Akgün: Ja. Aber vor allem gilt die Religion jetzt in Deutschland permanent als die wichtigste Eigenschaft, und ein Mensch wird nur noch über die Religion definiert. Das halte ich für ziemlich problematisch. Die meisten Menschen sind auch Muslime oder auch Christen.

Um auf die Sinus-Studie zu kommen: Wir wissen ja um viele, viele Gruppierungen, die es gibt. Es gibt eigentlich nur einige wenige Gruppierungen, die sich wirklich mit bestimmten religiösen Mustern identifizieren und ihr Leben nur noch danach ausrichten wollen oder das in den Vordergrund stellen. Deswegen sollten wir bitte nicht immer in diese religiöse Falle reintappen und alle Menschen über

Religion definieren wollen. Es gibt 3,5 Millionen Muslime in Deutschland. Ich bin überzeugt, da gibt es sehr unterschiedliche Lebensmuster und Wertesysteme unter diesen Menschen.

Ist die Religion nicht trotzdem indirekt ein ganz erheblicher Faktor, wenn wir das ernst nehmen, was die Sinus-Studie benannt hat, dass sich nämlich die verschiedenen Milieus viel mehr als durch ihre ethnischen Gemeinsamkeiten und mehr noch als durch sozial-ökonomische Gemeinsamkeiten über gemeinsame Wertevorstellungen definieren und Wertevorstellungen ganz stark auch etwas mit religiösen Werten zu tun haben?

Bouffier: Gerade, wenn jemand aus einem islamischen Glaubensbekenntnis, das er lebt, hierherkommt, sind die Wege zum Leben hier doch sehr weit. Ich teile die Auffassung, es gibt eine ganz unterschiedliche bunte Vielfalt islamisch gläubiger Menschen in unserem Land. Das ist wohl wahr. Aber was mir wichtiger ist, sind gesellschaftliche traditionelle Einstellungen und Milieus, die natürlich auch religiös geprägt sind oder auch dort ihren Ursprung haben.

Und wie Sie gesagt haben: Der entscheidende Punkt ist nicht die Dauer des Aufenthaltes, sondern die Frage, wie intensiv und in welchem Alter kommt man an jemanden heran? Ich glaube, das liegt auf der Hand. Ich will Ihnen zwei Beispiele sagen:

Das für mich ganz Wichtige ist, dass Kinder hier zunächst einmal die Landessprache kennen – über Kindergarten, Schule etc. – und dass sie eine Ausbildung genießen, die sie überhaupt erst in den Stand versetzt, später mal ihr Leben hier selbst zu führen. Das ist Grundbedingung. Wo das ganz gut klappt, wo sich Menschen begegnen, die hier zwar geboren, aber trotzdem noch nicht in dem Sinne integriert sind, wie Sie das gesagt haben, das können Sie am allerschönsten im Sportverein sehen. Die Vereine sind die wichtigste Institution überhaupt. Der Staat und noch so viele Sozialarbeiter werden das alles nicht leisten können. Gehen Sie zu den Vereinen und gehen Sie vor allem zu den Sportvereinen. Dort ist auch nicht alles Gold, was glänzt, aber der 12-jährige, der 14-jährige Junge, der dort angenommen wird, der dort seine Erfolgserlebnisse hat, der dazugehört, der hat Zugänge und Erfahrungen, die keine einzige Studie sonst aufnimmt. Da sind sehr viele soziologische Erkenntnisse, das ist alles gut und schön, aber das Grundproblem ist ja immer das gleiche. Wenn jemand immer das Gefühl hat, er ist Außenseiter oder zweiter Sieger, dann wird er versuchen, sich an anderen Dingen zu orientieren. Und mein Oberziel ist, sie möglichst einzubeziehen. Da ist der Sport eine der besten Möglichkeiten überhaupt.

Was uns dort noch nicht hinreichend gelungen ist, ist junge Mädchen zu erreichen. Das hat sehr viel mit traditionellen Familienmustern zu tun. Deshalb muss man bei Integration von Kindern und Jugendlichen auch zwischen Jungen und Mädchen unterscheiden, speziell, was muslimische Kreise angeht.

Akgün: Die Muslime stehen eigentlich immer im Fokus des Interesses. Muslime werden besonders beobachtet und es wird permanent – auch im Nebensatz – ihre religiöse Zugehörigkeit erwähnt, weil man in diese Schublade Islam auch ganz viel reinsteckt.

Spätestens seit 2001.

Akgün: Spätestens seitdem. Das sind Fragen, die auch an mich gerichtet werden: „Sind Sie Moslem, Frau Akgün? Sind Sie gläubiger Moslem?" Die Steigerung ist: „Sind Sie praktizierender Moslem?" – also, lächerliche Fragen. Ich bin ein säkularer Mensch und sage immer, meine Religion ist meine Privatsache. Ich glaube, da müssen wir die Rezeption der Gesellschaft etwas erweitern. Wir brauchen deswegen Muslime, die sich zum Islam bekennen, aber säkular und weltoffen sind. Wir brauchen auch Vorbilder für diese jungen Frauen, dass man Islam auch ganz anders leben und erleben kann. Ich glaube, man braucht die Vorbilder in die Communities hinein, um jungen muslimischen Frauen zu zeigen: „Moslem zu sein bedeutet nicht, dass man seine Selbstständigkeit aufgibt." Aber in der Mehrheitsgesellschaft ist es auch wichtig zu zeigen, eine muslimische Frau kann auch ganz anders leben, als man es sich in der Schublade vorstellt.

Kann man vielleicht auch der aufnehmenden Gesellschaft ein Stück von dieser diffusen Sorge und Angst nehmen, wenn man den Islamunterricht auf eine andere Art und Weise gesellschaftlich begleiten würde, eben nicht in einem Nischendasein beließe, das sich der Kontrolle entzieht?

Akgün: Ganz richtig und ganz wichtig. Ich habe das immer wieder verlangt: Ich sage, der Staat muss zum Beispiel diese Koranschulen kontrollieren. Was wird da unterrichtet? Was werden da für Werte weitergegeben? Aber das passiert nicht. Die Koranschulen, islamische Gruppierungen merkwürdiger Couleur können Koranunterricht für Kinder abhalten, ohne dass das kontrolliert wird. Wir brauchen aber einen staatlich kontrollierten Religionsunterricht. An den Schulen brauchen wir von gut ausgebildeten Lehrern einen staatlichen islamischen Unterricht, der für einen weltoffenen und liberalen Islam steht. Wir leisten sonst Integrationsarbeit noch und nöcher, und dann gibt es Leute, die im Hintergrund unsere Arbeit zunichtemachen. Wenn man es wirklich ernst damit meint, den Islam in Deutschland etablieren zu wollen als eine liberale Religion, muss man vor allem die radikalen Kräfte kontrollieren, wenn es sein muss, verbieten, also ganz anders mit diesem radikalen Islam umgehen.

Sollte man den Islam als gleichberechtigte Religionsgemeinschaft anerkennen?

Bouffier: Das ist für mich überhaupt keine Frage. Wir hatten auch im Rahmen der Islamkonferenz das Thema sehr breit erörtert. Diese islamischen Verbände, die es dort gibt, fordern diesen Religionsunterricht ein. Klar ist aber, dass die Verbände nicht Träger dieses Religionsunterrichts wären, oder sie müssten eine Körperschaft des öffentlichen Rechts werden. Und da sind wir genau an der Stelle, wo es schwierig wird, denn das wollen sie nicht. Wenn sie eine Körperschaft des öffentlichen Rechts wären, dann gäbe es wie überall staatliche Kontrolle für ihr Tun. Denn sie würden steuerbegünstigt und Ähnliches mehr. Deshalb sind diese ganzen Verbände an dieser Stelle sofort in Deckung gegangen.

Das andere Stichwort: Koranschulen oder Koranunterweisungen. Das läuft in aller Regel in Vereinen. Eine staatliche Überwachung ist in unserem Land nicht vorgesehen, aus guten Gründen. Ich wüsste auch als Polizeiminister nicht, mit welcher Begründung ich in den Kulturverein gehen und sagen sollte, „So, und in Zukunft machen wir das nur noch unter Überwachung." Das kann es eigentlich nicht sein. Dieser Verein ist rechtlich genauso zu behandeln wie jeder andere Verein. Dann brauche ich also einen Anlass, dass dort Volksverhetzendes oder was auch immer unterwiesen wird. Und da sind unsere Erfahrungen mehr als bitter. Sie werden sich vielleicht erinnern. Unser Bundeskanzler Schröder hat mal erklärt: „Hassprediger raus!" Die Wirklichkeit ist, wir haben in der Bundesrepublik Deutschland so gut wie gar keinen rausgebracht. Die haben ein Aufenthaltsrecht. Das ist in Deutschland eine unglaublich starke Rechtsposition.

Aber das ist jetzt ein ganz schwieriger Punkt: Die Bevölkerung, die das erwartet, ist tief enttäuscht, dass das nicht gelingt. Nun leben wir in einem Rechtsstaat, das hat auch seine guten Gründe. Deshalb bin ich gegen diese schnellen Sprüche. Das bringt zwar Überschriften, löst aber in der Sache nichts. Das ist schwierig. Trotzdem bleibt übrig: Einen staatlich kontrollierten Unterricht halte ich für richtig. Dass er gleichberechtigt sein muss mit allen anderen Glaubensgemeinschaften, steht für mich außer Frage.

Eines der Reizwörter in der aktuellen Diskussion heißt „Parallelgesellschaft". Bevor wir darüber reden, ob Integration und Parallelgesellschaft sich nicht nur den Worten nach, sondern auch tatsächlich gegenseitig ausschließen oder ob es so etwas wie ein freundlich-akzeptierendes Nebeneinander durchaus geben kann – wann ist für Sie der Tatbestand einer Parallelgesellschaft erfüllt?

Akgün: Wenn eine Minderheit sich durch Aufbau eigener Infrastruktur immer mehr von der Mehrheitsgesellschaft entfernt, sich abkapselt, eigene Institutionen, eigene Schulen unterhält, sogar eigenes Geld im Umlauf hat und sozusagen ein völlig abgegrenztes Leben führt. Wobei wichtig ist, dass dieser Rückzug freiwillig erfolgt und dass auch eine wirtschaftliche Abgrenzung besteht – soweit die wissenschaftliche Definition.

Bei uns wird ja Parallelgesellschaft immer dann benutzt, wenn zwei Straßenzüge vor allem von Ausländern bewohnt sind. Das ist aber kein freiwilliger Rückzug. Die Leute wollen nicht unter sich leben. Nein, sie leben dort, weil die wirtschaftlichen Zwänge sie dorthin bringen. Wenn Sie mit den Menschen reden, die in solchen Stadtteilen leben, was sie sich erhoffen, ist immer, da wegzukommen. „Ich will hier raus", ist das Erste, was sie sagen. Wir alle kennen in unseren Städten, in denen wir leben, bestimmte Stadtteile, die durch Armut, Ausgrenzung und ganz hohen Ausländeranteil geprägt sind. Die nennt der Volksmund gern Parallelgesellschaft.

Ich glaube, wir müssen da vorsichtig sein und diese Geschichte nicht so überbewerten und nicht immer wieder mit diesem Wort auch versuchen, Fakten zu schaffen.

Bouffier: Wir haben natürlich Parallelgesellschaften. Ich kenne kein einziges Land, in dem die Entwicklung von Parallelgesellschaften erfolgreich und am Ende friedlich verlaufen wäre. Es ist auch zu kurz gesprungen zu sagen, dass es ein rein ökonomisches Problem sei, weil die halt arm sind. Wir haben durchaus Bereiche, wo aus meiner Sicht „Parallelgesellschaft" schon zutreffend ist: Wenn jemand sich ausschließlich in seinem Kulturkreis bewegt – Sprache, Einkaufen, Ärzte, Fernsehen, Zeitungen –, wo Mädchen ab 12 Jahren nicht mehr auf die Straße dürfen, wo ein aus meiner Sicht völlig fehlgeleiteter Ehrbegriff eine große Dominanz hat, wo alle Versuche, sie mal mit einzubeziehen, in der Regel misslingen. Im Extremfall haben wir hier Frauen, die hier jahrelang leben und kein einziges Wort Deutsch können. Das gilt insbesondere für die, die aus der Türkei geholt werden. Das ist ja einer der großen Streitpunkte gewesen, dass Männer, die hier leben, sich junge Frauen aus der Türkei holen. Wir machen speziell auch für diese Frauen kostenlose Angebote. Aber wir kommen an die Leute nicht mal ran.

Schauen Sie sich nur mal die Schulelternbeiräte an. Ein schönes Beispiel: Meine Frau war selbst im Schulelternbeirat, Vorsitzende von der ganzen Schule. Wir haben die Arbeit in allen möglichen Sprachen gemacht. In der Regel ist niemand gekommen. Dann haben wir über die Kinder versucht ranzukommen. Wir haben sie zu Hause aufgesucht. Wir wurden extrem freundlich aufgenommen, sehr höflich, sehr freundlich. Es wurde bergeweise aufgetischt. Aber der Erfolg war im Ergebnis wieder gleich null.

Das hat viel mit der Rolle von Mann und Frau zu tun. Das hat wahrscheinlich auch viel mit einer Wechselwirkung zwischen sozialem Aufsteigertum und manchem anderen zu tun. Dieses Auflösen von Parallelstrukturen, so will ich das mal bezeichnen, kann man nicht beschließen, sondern es muss Stück für Stück gehen. Da brauchen Sie Zugänge, ganz simple Zugänge. Die kann man nicht herbeidiskutieren. Das funktioniert nur, wenn Sie Brückenbauer auf beiden Seiten haben. Wenn es Ihnen zum Beispiel gelingt, einen jungen türkischstämmigen Mann zu haben, der Jugendtrainer ist, und in der Mannschaft sind Spieler mit unterschiedlichster Herkunft, dann ist der mein Schlüssel und mein Brückenbauer, um dann auch mal in die Familie zu kommen, um die Familie mal einzuladen – für die Meisterschaftsfeier oder was auch immer. Deshalb setze ich so stark gerade auf Vereine, auf Sportvereine, weil es dort in Maßen gelingt. Das kann man sich auch noch besser vorstellen, aber ich kenne überhaupt keine einzige Einrichtung, wo es sonst gelänge.

Akgün: Sie haben einiges durcheinandergewürfelt, was meiner Meinung nach differenziert angeguckt werden müsste.

Dass die Eltern nicht an den Elternabenden teilnehmen, davon kann ich ein Lied singen. Ich habe als Psychologin lange in Köln in sozialen Brennpunkten gearbeitet und habe immer wieder auch im Rahmen der Prävention in Kindergärten versucht, Elternabende zu machen. Und dann kamen diese türkischen Eltern nicht. Es kamen aber auch die deutschen sozial benachteiligten Eltern nicht. Es saßen immer die da, die sich sowieso engagiert haben. Das waren die Mittelschichteltern, die ihre Kinder in den Kindergarten schicken, die bewusst Elternarbeit machen wollen. Das ist ganz typisch, weil dort eben auch diese Schwellenängste da sind. Institutionen machen Angst. Die Leute sind froh, wenn sie ihre Kinder – ob im Kindergarten oder in der Schule – an der Tür der Institution abliefern und ganz schnell weg sein können. Und dann wollen sie nichts mehr davon hören, denn alles, was sie hören, klingt in ihren Ohren nach Problemen.

Das heißt, dass für Sie „Parallelgesellschaft" sehr viel stärker ein soziologischer Begriff ist denn einer, der sich auf das Nebeneinander von Menschen unterschiedlicher ethnischer Hintergründe bezieht?

Akgün: Ja. Was wir in Deutschland immer wieder haben, ist vielleicht eine gefühlte Parallelgesellschaft, aber das ist nicht eine soziologische. Denn wenn Sie sich die sogenannten sozialen Brennpunkte anschauen, sehen Sie auch, dass dort nicht nur eine ethnische Gruppe, sondern viele miteinander zusammenleben, mit Ärzten, Friseuren, was auch immer, die versuchen, über ihre jeweilige Ingroup die besseren Geschäfte zu machen.

Wann wird das Parallele für Sie ein Problem? Solange man sich gegenseitig respektiert, akzeptiert, friedlich miteinander umgeht, ist es in Ordnung?

Akgün: Es wird ein Problem, wenn unterschiedliche Wertesysteme ins Spiel kommen, die die Grundlagen der Gesellschaft angreifen. Das heißt, in dem Moment, in dem zum Beispiel in einer Community eine eigene Gerichtsbarkeit entstehen würde, wo etwa Scheidungen unter sich ausgemacht werden oder Hochzeiten. Es wird dann ein Problem, wenn die Gemeinsamkeit einer pluralen postmodernen Gesellschaft, nämlich der Rechtsstaat, nicht mehr akzeptiert wird. Dann wird es ein Problem.

Bouffier: Verzeihung, das haben wir doch hier regelmäßig!

Akgün: Das müssen wir dann aber auch als Rechtsstaat bekämpfen.

Bouffier: Es passiert regelmäßig, dass Grundentscheidungen unseres Staates dort nicht anerkannt werden. Da können wir auch nicht drum rum reden. Das hat eine Menge zu tun mit der Rolle der Frau. Ich bin auch Anwalt und Notar und war lange Scheidungsanwalt. Wenn es zum Beispiel um das Sorgerecht der Kinder geht, gibt es in aller Regel keine Akzeptanz unserer Rechtsnormen. Das ist meine langjährige Erfahrung, etwa mit Frauen, denen wir dann gelegentlich auch mit vielen Maßnahmen helfen müssen, damit der renitente Ehemann sie nicht verprügelt, das Kind holt und Ähnliches mehr. Familienrecht ist ein klassisches Beispiel. Die Regelung intern in der Gruppe ist nichts Neues. Das gibt's ja schon immer. Dort haben wir durchaus parallele Strukturen.

Grundsätzlich stimme ich Ihnen zu. Es kann nicht zugelassen werden, dass die Grundelemente unseres Staates angegriffen werden. Das heißt im Klartext:

Wo einer mit dem Glauben kommt und ein Gewaltmonopol des Staates nicht akzeptiert, da ist Schluss.

Akgün: Richtig.

Bouffier: Nun kennen Sie auch alle Studien und die Antworten auf diese berühmte Frage: Wenn du beleidigt wirst oder einer aus deiner Familie, hältst du es für richtig, dass du dann mit Gewalt dagegen vorgehen kannst? Was mich besorgt, Jahr für Jahr steigt die Zahl der Antworten mit Ja – von Leuten, die hier geboren sind!

Akgün: Wenn jemand gegen den Rechtsstaat verstößt – in welcher Form auch immer, wenn etwa Väter oder Mütter die Sorgerechtsregelung nicht akzeptieren – dann muss der Rechtsstaat eingreifen. Für mich gibt's da kein Lamentieren über eine Parallelgesellschaft, sondern dort, wo der Rechtsbruch vollzogen ist, muss der Rechtsstaat eingreifen. Ich verstehe auch das Lamentieren über Ehrenmorde nicht. Ein Mord ist ein Mord und der muss natürlich verfolgt werden. Dass in der Vergangenheit einige Richter argumentiert haben, man müsse die Kultur verstehen – das verstehe ich nicht! Das ist doch genau das, was bestimmten Leuten unter den Migranten die Macht gibt zu sagen: „Wenn ich mit meiner Kultur winke, kriege ich alles durch." Und manche Leute setzen das geradezu ein. Die instrumentalisieren ihre Kultur.

Da sage ich, weißt du was, Kamerad, deine Kultur, deine Religion ist alles gut und schön, aber wir müssen uns alle an bestimmte Regeln halten. Du kannst auch nicht bei Rot über die Ampel fahren und sagen, „das ist meine Religion"!

Dann brauchen wir, um dem beizukommen, eine klar definierte, klar vermittelte, klar durchgesetzte deutsche Leitkultur?

Akgün: Wir brauchen keine deutsche Leitkultur. Wir sind ein Rechtsstaat. Wir haben ein Grundgesetz.

Also eine „Grundgesetzkultur"?

Akgün: Wir haben eine Grundgesetzkultur. Wir müssen das nur richtig vermitteln, Türen öffnen, ja, aber das gleichzeitig ganz klarmachen.

Bouffier: Ich bin ein entschiedener Anhänger der Leitkultur. Ich habe diese Diskussion nie verstanden. Dieser pawlowsche Reflex, wenn einer „Leitkultur" sagt, dann heißt es: „Leitkultur darf es nicht geben!" Und dann versucht man, das irgendwie anders zu formulieren – etwa mit dem Bezug auf unser Grundgesetz. Das ist ja nun mal selbstverständlich, dass sich die Leute an die Verfassung halten.

Nein, eine Kultur ist mehr als Verfassungspatriotismus. Kultur ist nicht Einebnen aller Unterschiede, ist nicht Zwangsgermanisierung, aber eine Leitplanke entlang dieser Gesellschaft, wie sie sich entwickeln soll, halte ich geradezu für selbstverständlich.

Ich frage mich, wie verrückt muss ein Land sein, das jahrelang zugelassen hat, dass Kinder in die Schule kommen, die den Lehrer nicht verstehen? Wie verrückt muss ein Land sein, anschließend teure Studien zu bezahlen, um festzustellen, was jeder normale Mensch ohne die Studien weiß?

Wenn ich den Lehrer nicht verstehe, dann werde ich kein gutes Ergebnis in der Schule haben. Wie verrückt muss ein Land sein zuzulassen, dass jedes Jahr selbst hier Geborene aus diesem Migrantenkreis die deutsche Sprache nicht können und in der Schule nicht mitkommen, dass bis 2001 ihre Zahl jedes Jahr gewachsen ist und dass 25 Prozent von ihnen dann keinen Schulabschluss haben und anschließend keine Arbeits- bzw. Ausbildungsstelle? Die hessische Regierung, die ich hier vertrete – und da bin ich wirklich stolz darauf – ist die erste, die in Deutschland gesagt hat: Es kommt keiner mehr in die Schule, der kein Deutsch kann. Aber nicht nur das, sondern wir machen auch Angebote und Kurse, die mittlerweile zu 99 Prozent angenommen werden.

Ich erinnere mich noch genau, wie wir beschimpft worden sind – nach dem Motto „Diese Stahlhelmer!". Heute ist das selbstverständlich. Man braucht doch da keine großen ideologischen und intellektuellen Wegweisungen: Wenn einer in diesem Land eine Chance haben soll – und er soll sie haben –, dann muss er doch wenigstens eine Ausbildung kriegen. Und eine Ausbildung ohne Sprache ist nicht möglich. Deshalb bin ich eisenhart der Auffassung, diese Parallelitätsdiskussion, dass man etwa Unterricht auf Türkisch anbietet, ist ein Irrweg.
Denn dieser muttersprachliche Unterricht hat ja in der Regel zu Folgendem geführt: Die konnten weder die eine Sprache richtig noch die andere. Deshalb ist – Stichwort Leitkultur – für mich völlig klar: Wir müssen jedem sagen: „Du kannst gerne hier leben, dann musst du aber auch akzeptieren, Deutsch ist die Grundvoraussetzung." Ich habe nichts dagegen, wenn einer fünfsprachig ist, aber ich habe sehr wohl etwas dagegen, wenn er gar keine richtig kann. Ich will niemandem die kulturellen Wurzeln abschneiden – ganz

im Gegenteil. Aber es muss klar sein, was nicht geht. Dazu gehört, dass es nicht angehen kann, dass wir junge Mädchen überhaupt nicht erreichen. Dazu gehört, dass es aus meiner Sicht falsch ist, junge Frauen als Bräute hierherzuholen, die kein Wort Deutsch sprechen, die vom ersten Tag an ihren Männern oder deren Familien ausgeliefert sind, die kaum die Chance haben, sich hier selbstbestimmt zu entwickeln. Das kann man nicht mit Strafgesetzen machen. Das will ich auch nicht, aber dass wir eine gesellschaftliche Erwartung formulieren, das halte ich für richtig.

Akgün: Wovon Sie jetzt reden ist keine Leit-, sondern eine Leistungskultur. Wir leben in einer Leistungskultur. In einer Leistungskultur ist klar, dass niemand ohne die Lingua franca weiterkommt. Zugewanderte sind auch ehrgeizig. Die sehen doch auch, wo und wie sie leben und wo und unter welchen anderen Lebensbedingungen man leben könnte, wenn man es schafft. Das wird Ihnen jeden Tag über Fernsehen, über Medien ins Haus getragen.

Wir unterstellen Migranten eigentlich, dass sie nicht leistungsorientiert sind. Fakt ist, dass die meisten Zugewanderten ihr Land verlassen, weil sie bessere Lebensbedingungen wollen. Das heißt, Zugewanderte sind durchaus leistungsorientiert. Das Ziel ist klar definiert, nur den Weg dorthin, den kriegen eben Menschen, die zum Teil doppelt benachteiligt sind – durch Herkunft, durch soziale Benachteiligung usw. –, nicht gebacken.

An einem Punkt sind wir uns bestimmt einig: Ich wünsche mir für jedes Kind in Deutschland – für jedes! –, dass es Deutsch als Lingua franca, Englisch als die Weltsprache und außerdem seine Familiensprache spricht, wenn diese eine andere als das Deutsche ist. Wir sind ein Exportland. Wir brauchen Menschen, die polyglott sind, die mehrere Sprachen sprechen.

Bouffier: Familiensprache hin oder her. Es muss verlangt werden – wie Sie so schön sagen – die Lingua franca. Mir nutzt die Familiensprache nichts, wenn ich anschließend jemanden habe, der keine Chancen hat.

Akgün: Aber man lernt die Lingua franca nicht richtig in der Schule, wenn nicht doppelsprachig verbalisiert und alphabetisiert wird! Ich will jetzt nicht in die pädagogischen Details einsteigen, aber ich kann Ihnen eins versichern: Wenn man mit Kindern von der Grundschule an mit ihren rudimentären Kenntnissen ihrer Familiensprache arbeitet und ihnen Deutsch beibringt, dann werden sie im 4. Schuljahr sehr viel besser beide Sprachen können.

Ich will Ihren „Verrücktheitsfragen", Herr Bouffier, noch eine hinzufügen: Ist es nicht auch verrückt, dass sich ein Land über Jahre und Jahrzehnte leistet, in den Schaltstellen von Erziehung, von Politik, von Medien auf fast jegliche interkulturelle Kompetenz zu verzichten, die Tatsache ignorierend, dass wir in einer multikulturellen Gesellschaft leben – und jetzt lassen wir mal einen Moment die politische Konnotation, die das Wort hat, beiseite?

Bouffier: Wir ignorieren das nicht, im Gegenteil. Ich bemühe mich zum Beispiel in Hessen seit etlichen Jahren und durchaus mit Erfolg, in der Polizei jede Menge Leute mit Migrationshintergrund einzustellen. Wir haben schon ein paar hundert davon, weil alle Seiten davon profitieren. Wir machen das auch in der Verwaltung. Natürlich kann ich das Beamtenrecht dafür nicht völlig abschaffen, aber es liegt doch auf der Hand, sich darum zu kümmern, dass wir diese „Brückenbauer" in allen möglichen Institutionen haben werden. Das halte ich für richtig und auch für notwendig. Deshalb unterstütze ich das auch.

Bis hin zu Quoten im öffentlichen Dienst, wie wir es in den USA z.B. kennen?

Bouffier: Ich bin überhaupt kein Freund von Quoten, weil Quoten zu einer Bürokratisierung führen und in der Regel zur Leistungsnivellierung. Damit sind sie natürlich grob ungerecht.

Wenn wir sagen würden, wir stellen 15 oder 20 Prozent mit Migrationshintergrund ein. Nach welchen Kriterien denn? In Amerika ist das auch weitestgehend eine Schimäre. Ich finde, wir sollten Leuten Chancen geben – durch besondere Ausbildungshilfen etc. – dass sie im Wettbewerb bestehen können. Das finde ich richtig. Wenn Sie aber jemanden über Quoten reindrücken, wird so jemand immer Paria sein.

Akgün: Ich möchte noch mal zurück zu den Fragen, nach dem „verrückten" Land. Die entscheidende ist: Wie verrückt muss ein Land sein, das jahrzehntelang verleugnet, Einwanderungsland zu sein?

Bouffier: Wir sind kein Einwanderungsland …

Akgün: Zu den Quoten – ich bin gegen Quoten, weil ich glaube, dass wir den Leuten auch die Chance geben müssen, aus diesem Status „Migrationshintergrund" herauszukommen. Irgendwann müssen sich die Leute auch als Deutsche begreifen.

Bouffier: Den Satz muss ich trotzdem einfach loswerden: Deutschland ist natürlich kein Einwanderungsland, nie gewesen! Dieser Streit war so unproduktiv. Wir haben Zuwanderung – und zwar jede Menge, in der Regel eine Armutswanderung. Aber wir sind kein Einwanderungsland, wie all die anderen klassischen Einwanderungsländer, die genau festgeschrieben haben, wen sie holen – ob USA, ob Kanada, ob Australien: Menschen mit einem guten Beruf oder einem Mangelberuf oder mit viel Bargeld. Ansonsten kam da keiner rein. Und die, die nach Deutschland gekommen sind, waren in der Regel Leute, die – was ich nicht kritisiere, aber was man ja auch mal sagen muss – für sich und ihre Kinder eine bessere Zukunft haben wollten. Das ist ja nicht verwerflich, aber es ist zum Großteil eine Armutswanderung. Das ist was anderes als Einwanderung.

Akgün: Ich glaube, dass diese Unterscheidung zwischen Einwanderungsland und Zuwanderungsland etwas künstlich ist. Ich kann Ihnen eines versichern, Herr Bouffier: Wir werden in den nächsten zehn Jahren zu dem klassischen Einwanderungsland werden, wie Sie jetzt die USA oder Australien beschreiben. In den nächsten zehn Jahren wird die Wirtschaft darauf pochen, dass wir ein Punktesystem einführen und dass wir eben auch Hochqualifizierte nach Deutschland holen. Wenn die Wirtschaft leidet, weil Arbeitskräfte fehlen, werden alle darauf hören müssen.

Seit September 2008 haben wir Einbürgerungstests bundesweit – zusätzliche Hürde für Integration oder zusätzliches Element, um Integration zu befördern?

Bouffier: Wer in einem Land lebt, sollte sich auch zu dem Land bekennen. Er kann hier zwar auch leben, wenn er nicht deutscher Staatsbürger ist. Ich wünschte mir aber, dass die Identität zwischen Gesellschaft und Staatsbürgerschaft möglichst breit ist, weil das auf Dauer viele Probleme vermeidet. Je mehr Staatsbürgerschaften Sie in einer Gesellschaft haben, umso mehr Probleme haben Sie. Es gibt noch einen zweiten Punkt. Ich möchte, dass eine Gemeinschaft nach Möglichkeit auch eine Rechtsgemeinschaft ist. Das hängt sehr stark am Staatsbürgerschaftsrecht – vom Beamtenrecht bis zum Wehrdienst usw. Und die Staatsbürgerschaft ist aus meiner Sicht das Ergebnis eines Integrationsprozesses. Es ist nicht die Grundvoraussetzung. Und diese Tests, die jetzt Gesetz geworden sind, haben für mich nur einen einzigen Sinn, dass die Leute sich mit dem Land beschäftigen. Mir ist nicht mal so wichtig, ob jemand 17 oder 23 Fragen richtig beantwortet. Für mich ist aber wichtig, dass man ein bisschen was von diesem Land weiß, dessen Staatsbürger man sein will.

Dann müssten wir im Umkehrschluss eigentlich ein paar ausbürgern.

Bouffier: Das ist ein völlig unzulässiger Einwand, denn sie sind schon Staatsbürger. Wenn manch Deutscher auch vieles nicht weiß, macht das die Sache doch nicht besser. Staatsbürgerschaft ist kein Anspruch, sondern es ist eine Verleihung. Und was gelegentlich auch mal unterschlagen wird: In dem Moment, wo einer deutscher Staatsbürger ist, haben wir die Verpflichtung – und er hat das Recht darauf – ihn überall auf der Welt zu unterstützen und zur Not rauszuhauen, ob in Somalia, ob in Kolumbien, in Pakistan oder wo auch immer.

Sie, Frau Akgün, sprechen von „Diplomdeutschen", die durch die Tests entstünden.

Akgün: Der größte Unterschied zwischen Herrn Bouffier und mir ist, dass für ihn die Einbürgerung die Krönung der Integration ist. Für mich ist sie ein wichtiger Meilenstein im Prozess der Integration, aber eben nicht die Krönung. Ich halte die Staatsbürgerschaft nicht deshalb für wichtig, weil der Rechtsanwalt sich die Haare rauft über die Frage, nach welchem Recht jetzt geschieden werden soll, sondern vor allem deswegen, weil ich glaube, dass das Wahlvolk, nicht so sehr von dem Wohnvolk differieren sollte. Mündige Bürger, die gemeinsam über das Schicksal dieses Landes entscheiden, indem sie an Wahlen teilnehmen, finde ich ganz wichtig. Ich finde auch wichtig, dass wir uns alle mit diesem Land beschäftigen. Ich denke, wir sollten darüber nachdenken, dass wir an Hauptschulen den Kindern zum Beispiel mehr Politik, Gesellschaftswissenschaften beibringen. Auch da sind ja Defizite bei sozial Benachteiligten.

Von den 300 Fragen, die jetzt da sind, halte ich viele für relativ unglücklich und teils zu schwer. Es sind aber auch Gesinnungsfragen dabei, die indirekt immer wieder andeuten, wer Moslem ist, schlägt seiner Tochter auf die nackten Beine und hat drei Frauen. Das wird immer wieder so implizit durch die Fragen untergejubelt – unter dem Motto: „Du Moslem, kapier endlich, hier darfst du nur eine Frau haben und deine Tochter darf einen Minirock anziehen" usw. Ich denke, man sollte vielleicht die Fragen noch mal überarbeiten. Ich bin bei Ihnen, wenn Sie sagen, man muss sich schon mit dem Land beschäftigen. Ich finde es richtig, dass man Einbürgerungskurse macht, etwa an den Volkshochschulen.

Schauen Sie, wenn Menschen schon 20, 25 Jahre hier leben, wenn Kinder hier geboren sind usw., dann dürfen wir nicht mit dem Gut Staatsbürgerschaft geizen.

Bouffier: Kommt doch mal runter von diesen Instanzfragen! Es ist doch das Normalste von der Welt, wenn ich Staatsbürger werden will und dieser Staat zu jeder Zeit für mich und meine Familie einstehen soll, dass ich mich mal mit der Frage beschäftige, was denn das für ein Staat ist. Wenn ich sage, es ist die Vollendung der Integration, bedeutet das ja nicht, es ist das Ende der Geschichte.

Das Staatsbürgerschaftsrecht ist bekanntlich von Rot-Grün 2000 reformiert worden. Hier geborene Kinder von Ausländern haben unter gewissen Voraussetzungen automatisch auch die deutsche Staatsbürgerschaft, müssen sich dann allerdings mit 18 Jahren entscheiden. Wenn sie es bis 23 nicht getan haben, wird ihnen automatisch die deutsche Staatsbürgerschaft aberkannt. Ist das wirklich sachdienlich, weil Integration fördernd?

Akgün: Der Jurist müsste jetzt eigentlich erklären, dass das Optionsmodell uns vor fast unüberwindbare Schwierigkeiten stellen wird und dass das kaum umzusetzen sein wird. Bundesinnenminister Schäuble ist bereits mehrfach darüber informiert worden. Seine Mitarbeiter haben sich die Finger wund geschrieben, um zu sagen, dass wir es doch einfach bei der doppelten Staatsbürgerschaft für die, die hier geboren sind, belassen sollten, und gut ist's. Ich kann mich nur den Fachurteilen da anschließen. Aber fragen wir den Juristen, was er von diesem Modell hält.

Herr Bouffier, sind nicht Doppelstaatler lauter kleine Brückenbauer in Ihrem Sinne?

Bouffier: Es gibt ja nichts im Leben, was nur Vorteile hat. Dieses Optionsmodell ist ein juristischer Krüppel. Er ist geboren worden von Herrn Schröder und Herrn Schily und Rot-Grün und wir müssen es heute ausbaden. Das Ding war, nach meiner festen Überzeugung, immer falsch. Aber man hat es damals gefeiert, als sei ein Jahrhundertwerk gelungen. Und dann hat man gehofft, in den nächsten acht bis zehn Jahren fällt uns irgendwas ein, wie wir das Problem lösen. Alle, die es verbockt haben, sind heute nicht mehr da, aber die Menschen, die es betrifft, sind da.

Die doppelte Staatsbürgerschaft hat aus meiner Sicht eine Menge Probleme. Sie können ja nicht nur den hier Geborenen die doppelte Staatsbürgerschaft geben. Wir haben ja im Lande jede Menge andere, die auch ganz gerne die doppelte Staatsbürgerschaft hätten.

Und sie auch kriegen, wenn sie EU-Bürger sind ...

Bouffier: Wir haben diese Doppelte-Staatsbürgerschafts-Diskussion ausschließlich mit der Türkei, ausschließlich! Und die Juristerei hilft den Betroffenen ja jetzt.

Die Sache ist so was von verfahren! Nehmen Sie mal ein praktisches Beispiel: Es ist jemand Deutscher, ist hier in den öffentlichen Dienst eingetreten, hat einen Doppelpass, optiert nicht, dann verliert er nach dem Gesetz die deutsche Staatsbürgerschaft. Dann verliert er auch seinen Job. Falls er schon ein Kind hat, bleibt das auf jeden Fall deutscher Staatsbürger. Die bleiben auch alle im Land, haben nur ungeklärte Verhältnisse.

Ich kann das deshalb so deutlich und so drastisch sagen: Ich halte nichts von der doppelten Staatsbürgerschaft. Ich bin ein großer Anhänger der sogenannten „ruhenden und aktiven" Staatsbürgerschaft. Und ich hoffe, dass wir vielleicht im Zuge dieser Diskussion bei diesem Thema mal wieder weiter vorankommen.

Klassiker: Spanien mit Gesamt-Lateinamerika oder Griechenland mit USA. Dort haben Sie folgende Regelungen: Immer da, wo sich einer aufhält, gilt komplett das dortige Staatsbürgerschaftsrecht. Und wenn ein Türkischstämmiger sich in der Bundesrepublik aufhält, gilt ausdrücklich deutsches Staatsbürgerschaftsrecht. Und wenn er dann in der Türkei ist, gilt das türkische Staatsbürgerschaftsrecht. Darauf könnte ich mich einlassen.

Akgün: Aber, Herr Bouffier, es ist doch de facto so. Wenn jemand doppelter Staatsbürger ist, z.B. die deutsche und die italienische Staatsbürgerschaft hat, dann gilt in Deutschland natürlich die deutsche Staatsbürgerschaft.

Bouffier: Wir haben ausschließlich mit der Türkei das Problem. Ich kenne überhaupt kein einziges EU-Land, das damit Schwierigkeiten hat. Sie haben vorhin selbst gesagt, es sei erstrebenswert, eine Gesellschaft auch zur Rechtsgemeinschaft zu machen. Das ist vernünftig. Und ausgerechnet bei dem Thema meinen Sie, dass man es da irgendwie so parallel laufen lassen könne.

Akgün: Ich bin sehr dafür, die Gesellschaft zu einer Rechtsgemeinschaft zu machen, aber ich bin auch dafür, Dinge als Prozess zu verstehen. Ich bin überzeugt davon, dass jetzt diejenigen die doppelte Staatsbürgerschaft haben wollen, die in Deutschland leben. Deren Kinder werden kein Interesse mehr daran haben.

Glauben Sie mir, das werden wir erleben. Dieser türkische Pass hat doch nur psychologische Bedeutung für die meisten, die hier leben und groß werden.

Was sind aus Ihrer Sicht die Hausaufgaben, die jetzt zu machen sind? Wo ist am dringendsten Handlungsbedarf beim Thema Integration? Beim Warum, Wieso, Weshalb haben wir kaum mehr Defizite, sondern es geht jetzt ums Handeln. Wie?

Akgün: Wir brauchen eine Bildungsoffensive für Zugewanderte – wie in den 70er Jahren für die sozial benachteiligten Deutschen. Wir brauchen eine Meinungsoffensive – wie es z.b. in NRW eine Kampagne gegen Diskriminierung von Schwulen und Lesben gab – mit der die Gesellschaft noch viel mehr auf ihre Gemeinsamkeiten eingeschworen werden muss. Ich halte es für ganz wichtig, dass wir aufhören, Menschen, die zugewandert sind, immer noch als Angehörige einer Gruppe aus dem Ausland zu sehen. Wir müssen sie als Inländer betrachten.

Bouffier: Bildungsoffensive unterstreiche ich. Zweitens muss es eine klare Grenzziehung geben zu denen, die hier eine bestimmte Richtung einschlagen wollen – Stichwort Radikalisierung, Extremismus. Da muss es eine klare Grenzziehung geben, insbesondere für die Migranten selbst. Niemand leidet mehr unter diesen Verdächtigungen als sie. Aber die etablierten Verbände sind bis heute nicht in der Lage, klare Grenzziehungen zu machen. Sie verharren in der Rolle der ewig Klagenden und Anklagenden. Aber Integration ist ein Geben und Nehmen, es bedarf fairer Angebote, aber auch der Bereitschaft, sie anzunehmen.

Und dann halte ich es vielleicht für das Allerwichtigste: Fördert mir die Vereine, fördert mir insbesondere die Jugendarbeit. Das ist das Beste, was man überhaupt tun kann.

Und da stoßen wir an budgetrelevante Grenzen?

Bouffier: Wir diskutieren ja nicht über Wunschbücher. Irgendwann stellt sich bei staatlichem Handeln die Frage, welche finanziellen Spielräume wir haben. Und wenn Sie es überschriftentauglich brauchen: Es ist nicht die Frage des Geldes. Es ist auch nicht so sehr die Frage des Gesetzes. Es ist die Frage der Köpfe, und zwar auf allen Seiten. Und das können Sie nicht beschließen. Menschen finden entweder zusammen, wenn sie die Grundlagen haben zusammenzukommen, oder aber eben nicht.

Das Interview wurde am 25.8.2008 in Wiesbaden geführt.

Bedia Akbaş, geb. 1978

*Diplom-Pädagogin, zur Zeit Managerin des
Projektes „Bildungserfolg durch Gestaltung von
Vielfalt" in Achim (Niedersachsen)*

Dr. Ayça Polat, geb. 1972

*Soziologin, seit 2008 Integrationsbeauftragte
der Stadt Oldenburg (Oldenburg)*

Bedia Akbaş / Ayça Polat
Kommunale Integrationspolitik.
Wie ist der politische Alltag gestaltbar?

Integration und das Zusammenleben von Menschen unterschiedlicher ethnischer und sozialer Herkunft vollzieht sich im Wesentlichen vor Ort und in den Kommunen. Damit dies erfolgreich gelingen kann, müssen auf lokaler Ebene die Voraussetzungen und Rahmenbedingungen geschaffen werden.

Die Möglichkeiten von Kommunen, ein dauerhaftes und erfolgreiches Integrationskonzept oder -management zu etablieren, werden oft über- oder unterschätzt. „Überschätzt werden sie, wenn übersehen wird, dass die Bedingungen sozialer Integration [...] in vielen Hinsichten in überlokale Horizonte eingebettet sind, die sich lokaler Politik entziehen. Unterschätzt werden sie – und der Verweis auf solche übergreifenden Zusammenhänge kann dann schnell zur Ohnmachtsausrede werden –, wenn das beträchtliche und von zahlreichen Kommunen auch genutzte kommunale Potenzial zur Moderation von Integrationsprozessen übersehen wird."[1]

Die Bertelsmannstiftung hat durch den Wettbewerb „Erfolgreiche Integrationspolitik ist kein Zufall"[2] gezeigt, dass viele Kommunen in Deutschland ihre Integrationspotenziale erkannt haben und teilweise auch Erfolge und Fortschritte durch langfristig angelegtes lokales Integrationsmanagement verzeichnen können. Dieser Beitrag beschäftigt sich mit der Frage, welche Anforderungen eine erfolgreiche kommunale Integrationspolitik erfüllen muss. Einige der Anregungen sind einem kommunalen Integrationskonzept entlehnt, das am Beispiel der Stadt Oldenburg entwickelt wurde, und können dort detaillierter nachgelesen werden.[3]

Empfehlungen für ein kommunales Integrationskonzept: Das Integrationsziel

Die grundlegende Frage, die sich jede Kommune vor der Etablierung eines Integrationskonzepts stellen sollte, ist: Was ist das Integrationsziel? Was soll mit dem Integrationskonzept erreicht werden?

Der umgekehrte Weg, zunächst die Gestaltungsmöglichkeiten der Kommune zu beschreiben und dann zu schauen, was unter diesen Rahmenbedingungen überhaupt an Integrationsmaßnahmen möglich ist, erscheint unter Umständen als der pragmatischere Weg, birgt aber auch zwei Gefahren:

Die frühzeitige Fixierung auf die kommunalen Finanzspielräume bzw. die Fördermittel der Europäischen Union, des Bundes und der Länder etc. hat in der Vergangenheit zu einem Flickenteppich von Integrationsangeboten geführt, die kaum aufeinander abgestimmt sind. Weiterhin hat dieses frühzeitige Anlegen von Scheuklappen den Blick auf das reduziert, was kurzfristig kostengünstig oder -neutral durchsetzbar ist, wodurch der Blick für das langfristig Nötige oft verloren ging.

Die in Deutschland „festgestellte Stabilität der Bildungsungleichheit betrifft nicht nur die Migrantenkinder, sondern alle bildungsfernen Schichten – sie scheinen ihrem Schicksal kaum entkommen zu können".[4] Diese Benachteiligung kann – und das deuten die Ergebnisse der Pisa-Studie an – systemimmanent sein. Eine Beschränkung auf Werte und Normen, Regeln, Praktiken und Gesetze, die im System vorstellbar bzw. leistbar sind, führen so nicht zwangsläufig zu einer weiterführenden Perspektive bzw. Aufhebung der Benachteiligung. Es kann unumgänglich sein, dass eine Kommune, um ihr Integrationsziel zu erreichen, auf die Veränderung gesellschaftlich gesetzter Rahmenbedingungen hinwirken muss. Die kompensatorische Migrantenarbeit, wonach Förderinstrumente auf den Ausgleich der Defizite von Migranten/innen gerichtet sind, ist diesbezüglich an ihre Grenzen gestoßen. Ob die aktivierende Integrationsarbeit ohne entsprechende strukturelle Veränderungen in den zentralen Institutionen Aussicht auf Erfolg hat, kann durchaus bezweifelt werden.[5]

Evaluation und Monitoring – Integrationsindikatoren

Die Suche nach dem kommunalen Integrationsziel kann unterstützt werden durch die Ermittlung des Status quo der Integration in der Kommune. Die Erhebung von integrationsrelevanten Kennzahlen erscheint hierbei als eine der wenigen Möglichkeiten für Kommunen, eine objektive Zustandsbeschreibung zu erhalten.

Ein nachhaltiges kommunales Integrationsmanagement benötigt klare, transparente und aussagekräftige Integrationsindikatoren auch für die statistische Bewertung des Erreichens der Integrationsziele, also für die Evaluation und das Monitoring des Integrationskonzepts.

Der Nationale Integrationsplan stellt fest, dass das „Monitoring zur Messung der Erreichung integrationspolitischer Ziele, zur Qualitätsverbesserung bestehender und neuer Integrationsmaßnahmen sowie für einen effizienten Einsatz von Ressourcen genutzt werden kann. [...] Im Rahmen des Programms ‚Soziale Stadt' sollen Monitoring und Evaluation als feste Bestandteile des förderfähigen Stadtteilentwicklungskonzepts auch im Hinblick auf Integrationsmaßnahmen verankert werden"[6]. Die Bundesregierung, genauer das Büro der Integrationsbeauftragten Prof. Dr. Maria Böhmer, entwickelt dazu Integrationsindikatoren. Diese befinden sich noch im Abstimmungsprozess mit den Ländern, stehen also in absehbarer Zeit noch nicht zur Verfügung. Bis dahin empfiehlt es sich, auf bereits bestehende kommunale Integrationsindikatorensets zurückzugreifen, u.a. die Integrationsindikatorensets der Bertelsmannstiftung und der kommunalen Gemeinschaftsstelle für Verwaltungsmanagement (KGSt).[7]

Festlegung von Schwerpunktbereichen und Säulen des Konzeptes

Nach Festlegung des Integrationszieles und der Bestimmung des Ist-Zustandes durch Erhebung von Integrationsindikatoren erscheint es ratsam, Säulen und Schwerpunktbereiche des Integrationskonzeptes zu definieren. Die Schwerpunktbereiche sind diejenigen Bereiche, in die sich die Menschen mit Migrationshintergrund primär integrieren und die vordringlich für ihren Integrationserfolg erscheinen.

Dabei erfolgen „Prozesse der sozialen Integration genauso wenig in die ‚Kommune hinein' wie in ‚die Gesellschaft', sondern stets in ihre differenzierten, lokal je spezifisch kombinierten Zusammenhänge, also in den Arbeitsmarkt, die Erziehung und Ausbildung, die Familie, die Gesundheit, das Recht und die Politik und die darum gebauten sozialen und kulturellen Lebens- und Wohnverhältnisse"[8]. Die Schwerpunktbereiche sollten sich daher an diesen lokal differenzierten Zusammenhängen orientieren.

Die Säulen entsprechen den grundlegenden Handlungsvorgaben, den Werten und Normen des Integrationskonzepts, sind also das Handwerkszeug, mit dem Integration, insbesondere in den Schwerpunktbereichen, gemanagt wird.

Folgende Säulen erscheinen vordringlich für ein erfolgreiches und nachhaltiges Integrationsmanagement:

* Sprachförderung (für Kinder und Erwachsene mit Migrationshintergrund)
* Niedrigschwellige Angebote zur Integrationsförderung
* Vernetzung bestehender und zukünftiger Träger der Integrationsarbeit
* Partizipation von Menschen mit Migrationshintergrund
* Interkulturelle Öffnung durch Einstellung von Fachkräften mit Migrationshintergrund und Personalfortbildungen zur Förderung interkultureller Kompetenz
* Förderung des aktiven Bekenntnisses zu den Werten des demokratischen Staatswesens, der Prinzipien der Rechtsstaatlichkeit, der Gleichberechtigung, der Toleranz und der Religionsfreiheit
* Qualitätssicherung und Evaluation

Die vorgestellten Säulen sind eine Symbiose aus kompensatorischen (u.a. Sprachförderung) und aktivierenden (z.B. niedrigschwellige Angebote, Partizipation) Ansätzen und zielen auch auf die Veränderung der zentralen Institutionen ab (z.B. interkulturelle Öffnung vornehmlich in den Schwerpunktbereichen).

In Kindergärten und Schulen sollten neben der Sprachförderung von Kindern auch für Erwachsene Sprachförderungs- und Integrationsangebote gemacht werden. Wie in Frankfurt am Main, in Essen und mittlerweile auch in vielen anderen Kommunen zu beobachten ist, bauen niedrigschwellige Sprachangebote für Eltern an Schulen und Kindergärten deren Angst vor Institutionen ab und wirken sich positiv auf Qualität und Quantität der Kommunikation zwischen den pädagogischen Fachkräften und den Eltern aus. Insbesondere von Müttern werden diese lokalen Angebote sehr gut angenommen. Durch die Stärkung der Sprachkompetenzen der Eltern kann zudem das familiäre Gleichgewicht und die Erziehungsautorität der Eltern stabilisiert werden.

Durch die Einbindung von Migrantinnen und Migranten in alle Prozesse des Integrationsmanagements, von der Planung bis zur Umsetzung, lassen sich die Erfolgsaussichten von Integrationskonzepten erheblich steigern. Dafür ist der Rückgriff auf ehrenamtliche Migranten/innen unerlässlich, er muss aber einhergehen mit einer interkulturellen Öffnung durch die Einstellung von Fachkräften mit Migrationshintergrund und Personalfortbildungen zur Förderung interkultureller Kompetenz. Fachkräfte mit Migrationshintergrund stellen insbesondere in Kindergärten und Schulen für Kinder und Jugendliche eine wichtige Orientierung dar. So wie Jungen in ihrer Erziehung auch männliche Erzieher und Lehrer als Rollenmodelle benötigen, sind auch die Fachkräfte mit Migrationshintergrund wichtige Rollenmodelle für die Kinder. Sie lernen so, dass ihr Migrationshintergrund in der Gesellschaft akzeptiert wird und pädagogische Maßnahmen wie z.B. auch Strafen oder Sanktionen nicht auf diesen bzw. „deutsche Erzieher oder Lehrer, die mich diskriminieren wollen", zurückzuführen sind, sondern auf ihr eigenes Handeln. Generell signalisieren diese bezahlten Fachkräfte den Migranten/innen, dass sie etwas in dieser Gesellschaft erreichen können. Die interkulturelle Öffnung erscheint so als ein wichtiges Vorbeugungsinstrument gegen Bildungsresignation unter Migrantenkindern.

Etablierung einer klaren Organisationsstruktur – Leitstellen

Die Schaffung klarer Strukturen und Hierarchien im kommunalen Integrationsmanagement ist nicht nur für die Vernetzung bestehender und zukünftiger Träger der Integrationsarbeit hilfreich. Die positiven Erfahrungen anderer Kommunen zeigen, dass die Einrichtung einer übergeordneten Koordinierungsstelle für Integration sowie, in Abhängigkeit vom Bedarf und der Größe der Kommune, lokaler Anlaufstellen (LAI) empfehlenswert ist. Um die Wichtigkeit der Integration in der Kommune zu unterstreichen, wäre es zudem sinnvoll, die übergeordnete Koordinierungsstelle direkt dem Büro des Oberbürgermeisters zuzuordnen. Damit wird nach außen signalisiert, dass das Thema Integration erstens „Chefsache" und zweitens eine Querschnittsaufgabe für die Kommune ist. Unter der Steuerung der Koordinierungsstelle für Integration werden alle lokalen und etablierten Träger der Integrationsarbeit in das Konzept eingebunden. Gegebenenfalls (z.B. in Großstädten) müssen die LAI für die lokale Vernetzung aller Institutionen auf Stadtteil- bzw. Siedlungsbereichsebene sorgen. Die Koordinierungsstelle für Integration vernetzt zudem die kommunalen Strukturen mit Maßnahmen des bundesweiten Integrationskurskonzepts und mit bereits bestehenden oder zukünftigen regionalen und überregionalen Konzepten und Strukturen.

Kindergärten sind Keimzellen der Integration

Kindertagesstätten spielen bei der Integration eine enorm wichtige Rolle, sie sind häufig die ersten Institutionen der Gesellschaft, mit denen Kinder konfrontiert werden. Zudem erfahren insbesondere Kinder mit Migrationshintergrund in Kindertagesstätten oft die erste systematische Auseinandersetzung mit der deutschen Sprache.

Zur effektiven Sprachförderung aller Kinder sollten im Kindergarten jedes Jahr für jedes Kind Sprachstandserhebungen durchgeführt werden, um frühzeitig bei Bedarf die Sprachförderung zu intensivieren.

Die Diskussion um die finanzielle Gleichwertigkeit von häuslicher Kinderbetreuung und Kindergartenbetreuung („Herdprämie") geht eventuell zu Lasten von Kindern mit Migrationshintergrund, die häufig auf die Sprachförderung im Kindergarten angewiesen sind. Es muss darauf geachtet werden, dass keine finanziellen Impulse gesetzt werden, die Eltern mit Migrationshintergrund in die Zwickmühle zwischen Lebenssicherung und Bildungswohl des Kindes bringen.

Die interkulturelle Öffnung von Kindergärten wird häufig noch nicht entschlossen angegangen. Kinder registrieren gerade im Kindergarten- und Grundschulalter sehr genau, ob Erwachsene, die ihre Elternsprache sprechen können, „nur" als Hilfskräfte oder auch als Fachkräfte arbeiten. Die Bildungsresignation älterer Jahrgänge resultiert nicht nur aus mangelnder Unterstützung des Elternhauses und dem benachteiligenden Schulsystem, sondern auch aus dem Fehlen von Vorbildern in den Bildungsinstitutionen.

Kindergärten sind leider noch zu oft die einzigen Institutionen, die Eltern, insbesondere Mütter, mit Migrationshintergrund regelmäßig aufsuchen. Gerade durch die Etablierung von Fachkräften mit Migrationshintergrund an Kindertagesstätten erschließt sich somit ein enormes Potenzial für die nachholende Integration, aber auch für die Integration von Neuzuwanderern. Niedrigschwellige Sprach- und Integrationskurse an Kindertagesstätten (KiTa) eröffnen, bei entsprechender Mittelbereitstellung für die KiTas, Kursteilnehmern/innen die Möglichkeit, ihre Kinder während der Kurse von Fachpersonal in der KiTa betreuen lassen zu können. Diese Option würde es insbesondere vielen Müttern erleichtern bzw. ermöglichen, die Kursangebote regelmäßig und mit Konzentration auf die Sache wahrzunehmen. Zudem kann die Notwendigkeit des Kindergartenbesuchs zum Nutzen des Kindes plastisch und theoretisch erfahrbar gemacht werden.

Förderung der (politischen) Partizipation von Menschen mit Migrationshintergrund

Kommunalwahlrecht
Im Jahr 1990 hat der zweite Senat des Bundesverfassungsgerichtes die Gesetze von Schleswig-Holstein bzw. Hamburg für verfassungswidrig und nichtig erklärt, die den dort lebenden Ausländern bei Gemeinde- und Kreiswahlen aktives Wahlrecht eingeräumt hatten. In seiner Begründung befand das Gericht, das Wahlrecht stehe nur dem deutschen Volk zu und nur von ihm gehe die Staatsgewalt aus; zum deutschen Volk gehören nur diejenigen, die die deutsche Staatsangehörigkeit besitzen. Da die ausländische Bevölkerung diese Voraussetzung nicht erfülle, stehe ihr das Wahlrecht nicht zu.
Die Unionsbürgerschaft, die im Maastrichter Vertrag 1992 eingeführt wurde, garantiert jedem EU-Bürger das aktive und passive Wahlrecht auf der kommunalen Ebene in dem Mitgliedsland, in dem er seinen ständigen Aufenthalt hat. Die Einführung des kommunalen Wahlrechts für EU-Bürger wurde hierauf basierend durch eine EU-Richtlinie im Dezember 1994 für alle Mitgliedsstaaten festgelegt; dementsprechend wurde das Grundgesetz geändert und in Deutschland durften EU-Bürger erstmals im Oktober 1995 wählen. Die Ausländer/innen anderer Staaten sind nach wie vor vom kommunalen Wahlrecht ausgeschlossen. Aus ihrer Sicht wird damit die Gleichheitsgarantie des Grundgesetzes verletzt.
www.wahlrecht-fuer-migranten.de

Wie zuvor erwähnt, sollte die Herstellung von Rahmenbedingungen, die die (politische) Partizipation von Menschen mit Migrationshintergrund fördern, ein Bestandteil von Integrationskonzepten sein. Im Folgenden soll anhand von konkreten Beispielen genauer auf diesen Aspekt eingegangen werden.

Möglichkeiten der politischen Partizipation sind besonders für jene Migrantengruppen erstrebenswert, die durch das bestehende Wahlrecht in Deutschland von den Kommunalwahlen ausgeschlossen werden. Für gewöhnlich handelt es sich hierbei zugleich auch um die größten Migrantengruppen in den Kommunen (bspw. aus der Türkei, dem Irak, der Russischen Föderation oder dem Iran). Bislang wurden alle Anträge zur Änderung des Kommunalwahlrechts abgelehnt. Dies würde eine Verfassungsänderung erforderlich machen, dafür fehlt jedoch die erforderliche Zweidrittelmehrheit im Bundestag und Bundesrat. Trotz der Empfehlung des Europaparlaments, das Kommunalwahlrecht auf Drittstaatsangehörige auszuweiten, ist in absehbarer Zeit in Deutschland nicht damit zu rechnen.

Zugleich kann in vielen Kommunen ein deutlicher Rückgang der Einbürgerungsquote festgestellt werden.[9] Dies ist im Wesentlichen auf die höheren Einbürgerungsanforderungen (Sprachprüfung und Einbürgerungstest) zurückzuführen.

Solange die volle politische Partizipation durch Einbürgerung oder Reform des Wahlrechts für Drittstaatangehörige nicht möglich ist, müssen auf kommunaler Ebene andere Wege der Partizipation gefunden werden.

Den Migrantinnen und Migranten sollten alternative Möglichkeiten angeboten werden, ihre Meinung und ihre Interessen zu äußern und auf lokaler Ebene mitzugestalten. Partizipationsmöglichkeiten stärken das Verantwortungsgefühl und die Identifikation mit dem Gemeinwesen. Sie sind förderlich für zivilgesellschaftliches Engagement und für das Bekenntnis zu den Werten des demokratischen Staatswesens.

Welchen positiven Einfluss volle Partizipationsrechte auf die Identifikation mit der „zweiten Heimat" haben können, zeigen Studien aus Kanada. Auf verschiedenen institutionellen Ebenen und gesellschaftlichen Positionen sind Angehörige ethnischer Minderheiten vertreten. D.h., es wird nicht nur über Mitwirkungsrechte von Minderheiten gesprochen, sie werden auch praktiziert und gefördert. Daher wundert es nicht, dass 92 Prozent der befragten Einwanderer/innen in einem repräsentativen Survey einen starken Einbürgerungswunsch äußerten und 72 Prozent angaben, ein ausgeprägtes Zugehörigkeitsgefühl zur kanadischen Gesellschaft zu haben.[10]

Im Folgenden werden am Beispiel der Stadt Osnabrück zwei Gremien vorgestellt, die die Funktion haben, Migranten/innen politische Beteiligung zu ermöglichen und die politische Lobby für Integrationsarbeit generell zu stärken.

Die Stadt Osnabrück gehört zu den wenigen Städten in Deutschland, die sowohl einen Beirat für Migration als auch einen Integrationsausschuss haben. Die meisten Städte haben, wenn überhaupt, nur ein Gremium dieser Art.

Der Osnabrücker Beirat für Migration versteht sich als eine Interessenvertretung für Personen mit Migrationserfahrungen und/oder Migrationshintergrund. Hierzu zählen Nichtdeutsche im Sinne des Artikel 116 Grundgesetz, Eingebürgerte, Aussiedler und Flüchtlinge. Der Beirat hat den Anspruch, an den kommunalpolitischen Entscheidungsprozessen der Stadt mitzuwirken. Er kann Anträge, Stellungnahmen und Empfehlungen an die Fachausschüsse oder den Rat weiterleiten. Bei allen Fragen, die seinen Aufgabenbereich berühren, muss der Beirat durch den Stadtrat bzw. die Verwaltung informiert werden, so dass er eine schriftliche oder mündliche Stellungnahme abgeben kann. Zur Erfüllung seiner Aufgaben werden dem Beirat für Migration Haushaltsmittel zur Verfügung gestellt. Er hat die Möglichkeit, eine eigenständige Öffentlichkeitsarbeit zu betreiben und wird dabei vom Presse- und Informationsamt der Stadt beraten.[11]

Da in der Stadt Osnabrück, wie auch in vielen anderen Städten in Deutschland, die Erfahrung gemacht wurde, dass der Ausländerbeirat, wenn er auf dem Wege der Wahl zustande kam, zu stark von einzelnen Migrantengruppen und Personen dominiert wurde und somit eine breite Interessenvertretung nicht gewährleistet war, wurde das Verfahren, das über die Zusammensetzung des Beirats entscheidet, verändert.

Den örtlichen Vereinen, Verbänden, Institutionen und anderen zivilgesellschaftlichen Organisationen wird die Möglichkeit gegeben, Mitgliedervorschläge einzureichen. Aus dem Kreis der eingereichten Vorschläge wählt der Rat 16 Mitglieder und deren Stellvertreter/innen. Das gleiche Prozedere gilt bei Ausscheiden eines Mitglieds während der Amtsperiode. Die Gesamtheit der Mitglieder setzt sich zusammen aus elf Vertretern/innen, entsprechend der aktuellen Wohnbevölkerung mit Migrationshintergrund, zwei Vertretern/innen der Wohlfahrtsverbände, drei Vertretern/innen auf Vorschlag von Gewerkschaften, Arbeitgeberverbänden, Kirchen, der Universität und Initiativen im Bereich der Flüchtlings- und Migrationsarbeit und jeweils einem Vertreter der im Rat vertretenen Parteien. Dabei wird angestrebt, dass die Hälfte des Beirates mit Frauen besetzt ist.

Die Zusammensetzung des Beirates wird durch Ratsbeschluss festgelegt. Im nächsten Schritt bestellt der Oberbürgermeister die Beiratsmitglieder zur ehrenamtlichen Tätigkeit. Nach Vollzug dieser zwei Schritte erlangt der Beirat die Stellung eines offiziellen politischen Gremiums mit Aufgaben und Pflichten. Die Mitglieder bekommen das Recht, in Fachausschüssen der Stadt mit beratender Stimme mitzuarbeiten, wenn dies in der jeweils gültigen Geschäftsordnung des Rates vorgesehen ist. Organisatorisch ist der Beirat für Migration dem Referat für Bildung, Sozialplanung und Integration der Stadt Osnabrück zugeordnet. Damit ist aber keine inhaltliche Festlegung des Beirates verbunden. Er ist ein politisch unabhängiges Gremium.

Das zweite integrationspolitische Gremium der Stadt Osnabrück ist der Integrationsausschuss. Dieser liegt thematisch quer zu allen anderen Ausschüssen und ist somit nicht nur einem bestimmten Fachressort zuzuordnen. Der Ausschuss besteht aus neun Ratsmitgliedern, vier beratenden Mitgliedern aus zivilgesellschaftlichen Organisationen (die auf Vorschlag der Parteien berufen werden) und der/dem Vorsitzenden des Beirates für Migration. Ratsausschüsse, wie z.B. der Integrationsausschuss, gehören auf kommunaler Ebene zu den wichtigsten politischen Organen. In ihnen werden wichtige Vorentscheidungen für Ratsbeschlüsse getroffen. Mit einem Integrationsausschuss wird gewährleistet, dass das Querschnittsthema Integration lokalpolitisch eine wichtige Rolle spielt und bei der Verteilung von kommunalen Mitteln berücksichtigt wird.

Trotz vieler Überschneidungspunkte gibt es zwischen dem Beirat für Migration und dem Integrationsausschuss zwei wesentliche Unterschiede: Während im Integrationsausschuss die Ratsmitglieder eine dominierende Rolle spielen, ist das politische Kräfteverhältnis zwischen Ratsmitgliedern und Vertretern von zivilgesellschaftlichen (Migranten-)Organisationen im Beirat für Migration ausgeglichen. Zudem kann der Beirat durch seine politische Ungebundenheit im Gegensatz zum Integrationsausschuss zu bestimmten Themen kritisch öffentlich Stellung nehmen und muss auf Landesvorgaben keine Rücksicht nehmen. Beteiligte Akteure sehen in beiden Gremien eine sinnvolle gegenseitige Ergänzung. Der Beirat für Migration kann unabhängig vom Rat Themen auf die Tagesordnung setzen und Positionspapiere verabschieden, die dann vom Integrationsausschuss aufgenommen werden können. Der Beirat kann somit eigenständig Themen auf die politische Agenda bringen und gewährleistet durch die enge Verzahnung mit Ratsmitgliedern, dass sich politische Entscheidungsträger vorab mit bestimmten Fragestellungen auseinandersetzen müssen. Auch gibt es für Vertreter/innen von Migrantenorganisationen im Beirat die Möglichkeit, Einfluss auf die politische Meinungsbildung zu nehmen und ihre Anliegen und Interessen direkt mit Ratsmitgliedern zu diskutieren.

In Osnabrück haben sich beide Gremien etabliert, so dass nicht die Absicht besteht, auf eines der Gremien zu verzichten. Zivilgesellschaftliche und Migranten-Organisationen haben aber tatsächlich nur soviel Einfluss, wie ihnen von politischer Seite auch zugestanden wird. Wichtige kommunalpolitische Entscheidungen bleiben also abhängig vom politischen Willen der Ratsmitglieder und des Oberbürgermeisters.

Ungleiche politische Kräfteverhältnisse können auch dadurch begünstigt werden, dass Vertreter/innen von zivilgesellschaftlichen Organisationen kaum fundierte Kenntnisse über politische Entscheidungsprozesse haben, sich aufgrund von sprachlichen Hemmungen nicht äußern oder Schwierigkeiten haben, sich argumentativ durchzusetzen. Eine relevante Rolle spielen aber auch die Vernetzungsstrukturen. Migranten/innen haben beispielsweise eher kleine soziale Netzwerke, und in diesen Netzwerken sind selten politisch einflussreiche Personen. Diese genannten Gründe und das Gefühl, politisch nicht wirklich wirkmächtig zu sein, können dazu führen, dass Migrantinnen und Migranten eher zögerlich auf Partizipationsangebote reagieren oder sie nicht wahrnehmen. Dies konnte auch in der Gründungsphase des „Oldenburger Forums für Integration und Migration" festgestellt werden. Das Forum ist derzeit ein Netzwerk aus zivilgesellschaftlichen Organisationen, den freien Wohlfahrtsverbänden, Akteuren/innen aus der Integrationsarbeit, Migrantenorganisationen, Politikern/innen und interessierten Einzelpersonen. Aus diesem Netzwerk soll ein Integrationsrat entstehen, der, ähnlich wie der Osnabrücker Beirat für Migration und Integration, ein lokalpolitisches Gewicht in der Integrationspolitik hat.

Einige Migrantenorganisationen zeigten zu Anfang großes Interesse an dem Forum, hatten zugleich aber Zweifel, ob sich ihre Hoffnungen erfüllen ließen. Auffällig war, dass sich einige Vertreter/innen der Migrantenorganisationen nur selten an der inhaltlichen Diskussion im Forum beteiligten. Zu vermuten ist, dass dies in sprachlichen Hemmungen bzw. Unsicherheit begründet war.

Aus dieser Erfahrung kann die Schlussfolgerung gezogen werden, dass die Vertreter/innen von Migrantenorganisationen möglichst früh in die inhaltliche Debatte eingebunden werden müssen und zur Partizipation ermutigt werden sollten. Solche Bestrebungen können durch Schulungen in politischer Bildung unterstützt werden. Diese politischen Bildungsangebote sollten Migranten/innen, die es wünschen, in die Lage versetzen, Wege und Möglichkeiten von Lokalpolitik kennenzulernen und sich zentrale Schlüsselkompetenzen für politisches Engagement anzueignen (z.B. Rhetorik). Vorstellbar wäre, solche Bildungsangebote in Kooperation mit lokalen Bildungsträgern, den Gewerkschaften und den Parteien durchzuführen.[12]

Ein erster wichtiger (Zwischen-)Schritt in Richtung politischer Partizipation kann aber auch darin bestehen, dass sich Migranten/innen in ihrem Stadtteil an Projekten und Aktivitäten beteiligen oder aber in die Elternarbeit an den Schulen involviert sind.[13]

Finanzierung des kommunalen Integrationskonzeptes

Die Kommunen sind, was die Kosten der Integration betrifft, in den letzten Jahren stark entlastet worden: Die Finanzierung von Integrationskursen und Migrationserstberatung liegt in der Zuständigkeit des Bundes. Die Hartz-Reformen haben durch den Ersatz der Arbeitslosenhilfe durch das vom Bund getragene Arbeitslosengeld die Kommunen weiter entlastet. Die Zuwanderung hat in den letzten Jahren erheblich abgenommen bzw. ist auf sehr niedrigem Stand geblieben, so dass eine Mehrbelastung kommunaler Ressourcen durch Zuwanderung aktuell nicht gegeben ist. Allerdings sind die meisten Kommunen auch weiterhin verschuldet.

Es gibt aber auch die Möglichkeit, Projekte und Maßnahmen aus Bundes-, Landes-, EU-Mitteln und aus Stiftungsmitteln zu finanzieren. Neben den bereits bestehenden, aus Bundesmitteln finanzierten Strukturen (Migrationserstberatung, Ausländerbehörden, Jugendmigrationsdienste und Integrationskurse) fließen für die neu zu schaffenden Strukturen Fördermittel aus Programmen des Bundesamtes für Migration und Flüchtlinge (BAMF) und des Bundesministeriums für Bildung und Forschung (BMBF), der Länder, des Europäischen Sozialfonds (ESF) und des Europäischen Flüchtlingsfonds (EFF). Die niedrigschwelligen und dezentralen Sprach- bzw. Integrationskurse an KiTas und Schulen werden zunehmend sogar Bestandteil der Förderbedingungen (vgl. z.B. ESF). Für die Förderung stadtteil- oder gemeinwesenbezogener Projekte, Seminare und auch berufsqualifizierender Maßnahmen bieten sich Fördermittel des ESF, EFF, BAMF, BMBF und des Bundesministeriums für Familie, Senioren, Frauen und Jugend, Landesmittel, aber auch Mittel von Stiftungen an.

Darüber hinaus gibt es mittlerweile auch eine Vielzahl von Initiativen und Projekten, die mit Unterstützung von Ehrenamtlichen durchgeführt werden können. Vielerorts haben sich Patenschaftsprojekte wie Bildungs- bzw. Jobpaten und das Integrationslotsenprojekt bewährt. Integrationslotsen/innen betreuen nach einer kurzen Qualifizierungsphase Migrantinnen und Migranten ehrenamtlich bei alltäglichen Problemen.

Patenschaftsprojekte können eine sehr wichtige Ergänzung zu anderen Projekten darstellen und gewährleisten eine individuelle und flexible Unterstützung bzw. Betreuung.

Fazit

Das vorgestellte Integrationskonzept enthält Empfehlungen für eine kommunale Integrationspolitik. Gerade auf kommunaler Ebene müssen Wege und Möglichkeiten gefunden werden, die Teilhabechancen von Migranten/innen zu verbessern und sie zu einer selbstverantwortlichen Partizipation zu ermutigen. Integrationspolitik sollte daher als strategische Querschnittsaufgabe zur Chefsache erklärt werden und über ein eigenes Budget verfügen. Die Kommunen sind die Orte, in denen über Integrationsverläufe entschieden wird und in denen der Erfolg von einzelnen Maßnahmen und Projekten am schnellsten sichtbar und spürbar ist.

Anmerkungen

1   Michael Bommes, Kommunen als Moderatoren sozialer Integration, in: ders. / Holger Kolb (Hrsg.), Integrationslotsen für Stadt und Landkreis Osnabrück, IMIS-Beiträge, 28 (2006), S. 11–24, hier S. 11.

2   Vgl. Bertelsmann Stiftung / Bundesministerium des Innern, Erfolgreiche Integration ist kein Zufall – Strategien kommunaler Integrationspolitik, Verlag Bertelsmann Stiftung, Gütersloh 2005.

3   Vgl. Bedia Akbaş, Ein kommunales Integrationskonzept unter der besonderen Berücksichtigung von Kindertagesstätten am Beispiel der Stadt Oldenburg, Diplomarbeit, Carl-von-Ossietzky Universität Oldenburg 2007.

4   Michael Bommes, Integration – gesellschaftliches Risiko und politisches Symbol, in: Aus Politik und Zeitgeschichte, 57 (2007) 22–23, S. 3–5, hier S. 5.

5   Vgl. Tatjana Baraulina, Integration und interkulturelle Konzepte in Kommunen, in: Aus Politik und Zeitgeschichte, 57 (2007) 22–23, S. 26–32.

6   Bundesregierung, Der Nationale Integrationsplan: Neue Wege – Neue Chancen, Berlin 2007, S. 121–122.

7   Internetquelle: http://www.bertelsmann-stiftung.de/bst/de/media/xcms_bst_dms_18441_2.pdf (letzter Zugriff: 01.08.2008), vgl. auch Internetquelle: http://www.kgst.de/index.html – Integrationsmonitoring KGSt-Materialien 2/2006 (letzter Zugriff: 01.08.2008) und Michael Siegert, Integrationsmonitoring – State of the Art in internationaler Perspektive. Studie im Auftrag des Bundesamtes für Migration und Flüchtlinge, Europäisches Forum für Migrationsstudien, Bamberg 2006.

8   Michael Bommes (Anm. 4), S. 23.

9   In Oldenburg wurden 2008 im Vergleich zum Vorjahr ca. 36 Prozent weniger Einbürgerungsanträge gestellt.

10 Vgl. Ayça Polat, Multikulturalismus und Bildungsgleichheit in Kanada – Vorbild für die migrationspolitische Bildung in Deutschland? in: Dirk Lange (Hrsg.), Migrationspolitische Bildung, Wiesbaden 2007.

11 Vgl. Geschäftsordnung für den Beirat für Migration der Stadt Osnabrück vom 21.08.2001 in der Fassung vom 20.03.2007.

12 Gute inhaltliche Anregungen zu solch einem Bildungsangebot finden sich in den Beiträgen von Norbert Cyrus, S. 247–256, und Robert Feil, S. 270–280 in diesem Buch.

13 Ein erfolgreiches Beispiel für gut funktionierende Elternarbeit und gesellschaftliche Partizipation ist die Arbeit der spanischen Elternvereine.

Mely Kiyak, geb. 1976

Publizistin, u.a. tätig für Frankfurter Rundschau,
Die Zeit, Die Welt und Spiegel Spezial

Mely Kiyak
10 für Deutschland. Zur politischen Sozialisation von türkeistämmigen Mandatsträgern

Im Januar 2007 beschäftigten mich folgende Fragen: Wie viele türkeistämmige Politikerinnen und Politiker kenne ich? Wofür stehen sie? Konzentrieren sich ihre Interessen auf türkei-, integrations- oder islamspezifische Inhalte? Je mehr ich darüber nachdachte, desto mehr Fragen stellten sich mir. Stimmt mein Eindruck, dass es in dieser Gruppe spezielle Parteipräferenzen gibt? Was sagen diese Politiker/innen in der Öffentlichkeit, und werden sie in türkisch-sprachigen Zeitungen anders wahrgenommen als in den deutschsprachigen Medien?

Ich entschied mich, auf die Suche zu gehen, um Politiker/innen zu treffen, Gespräche mit ihnen zu führen und diese in einem Buch wiederzugeben. Ich wollte möglichst unterschiedliche Personen finden. Aus allen demokratischen Parteien sollten Vertreter/innen zu Wort kommen, aus der ersten wie auch der zweiten Einwanderergeneration, Akademiker/innen und Arbeiter/innen. Auch die Zusammensetzung aus kurdischen und türkischen Gruppen sollte ausgewogen sein, und es sollten Angehörige des sunnitischen und alevitischen Glaubens vertreten sein, und natürlich sollte das Gleichgewicht zwischen Kommunal-, Landes- und Bundestagspolitikern/innen stimmen; nicht zu vergessen ein Politiker oder eine Politikerin aus dem Europaparlament.

Die Ernüchterung folgte sogleich. Von 2,9 Millionen türkeistämmigen Bürgerinnen und Bürgern ist ungefähr ein Drittel eingebürgert und besitzt damit die deutsche

Staatsbürgerschaft. Dieser deutsche Pass berechtigt nicht nur zu wählen, sondern auch gewählt zu werden. Dann galt es zu unterscheiden zwischen denen, die „lediglich" Parteimitglied sind, und denen, die über ein Mandat verfügen. Denn letztendlich ist es nur das Mandat, das einen legitimiert, über Gesetze abzustimmen, also gesetzgebend tätig zu sein.

Die Mehrheitsverhältnisse

Zum Zeitpunkt meines Buchprojektes gab es in Deutschland sage und schreibe 80 türkeistämmige Mandatsträger/innen. Diese Zahl ist möglicherweise nicht ganz vollständig, zumal Mandate nicht auf Lebenszeit verliehen werden, sondern sich von Wahl zu Wahl verschieben. Doch die Gruppe der türkeistämmigen Politiker/innen ist so klein, dass es sich in diesen Kreisen sehr schnell herumspricht, wer in welcher Partei dazugekommen ist oder wer sich auf eine Liste hat setzen lassen und nicht gewählt worden ist.

Ich verhehle es nicht, diese Zahl hat mich entsetzt. 80 Politiker/innen bedeutet, dass es nur 0,003 Prozent der türkischen Migranten/innen zu politischer Verantwortung gebracht haben. Was ist mit den anderen? Haben sie es nicht geschafft, wollten sie nicht, oder werden sie daran gehindert? Wie auch immer die Antwort ausfallen sollte, so zeigt sich eines sehr deutlich: Wenn man davon ausgeht, dass unsere Parlamente ein Abbild der Gesellschaft sein sollten, weil das für eine Demokratie unerlässlich ist, dann muss man gleichzeitig feststellen, dass sich aufgrund der Zusammensetzung deutscher Volksvertretungen nicht auf die tatsächlichen Gesellschaftszustände schließen lässt.

Wenn man allerdings der Meinung ist, dass die ethnische Zugehörigkeit eines Politikers für gesetzgebende Vorgänge nicht relevant ist, darf man gelassen bleiben. Das ist politische Ansichtssache. Man muss aber beachten, dass gerade integrationspolitische Entscheidungen somit nicht unbedingt dem Willen der türkischen Migrantengruppe entsprechen. Erschwerend kommt hinzu, dass es sich bei dieser Gruppe um Steuerzahler/innen mit eingeschränkter politischer Partizipationsmöglichkeit handelt.

Um es einfacher zu formulieren: Die Mehrheitsgesellschaft bestimmt über Gesetze, die die Minderheitsgesellschaft betreffen. Diese Minderheit hat aufgrund ihres Minderheitenstatus nicht nur politisch weniger Gestaltungsmöglichkeiten, sondern verfügt nicht einmal über soviel politische Stimmgewalt, wie es ihrem tatsächlichen Anteil an der Bevölkerung entspräche.

Für diese Situation gibt es viele Ursachen, beispielsweise den Umstand, dass es wenige türkeistämmige Politiker/innen gibt, aber auch die Tatsache, dass es wenige türkeistämmige Wähler/innen gibt. Das eine hat möglicherweise mit dem anderen zu tun, doch dies ist reine Spekulation. Denn zu all diesen Annahmen gibt es keine Forschung, auch nicht zu parteipolitischen Präferenzen oder zur tatsächlichen Anzahl von Politikern/innen mit nichtdeutscher Herkunft im Allgemeinen. Es gibt lediglich kleinere qualitative Untersuchungen.[1]

Parteizugehörigkeit

Zurück zur Auswahl meiner Gesprächspartner/innen. Ich habe am Ende meine selbst gestellten Kriterien erfüllen können. In meinem Buch „10 für Deutschland"[2] sind alle Parteien vertreten: CSU, CDU, FDP, SPD, Die Grünen und Die Linke. Ich hatte Glück, dass der einzige türkeistämmige FDP-Politiker, Murat Kalmis aus Delmenhorst, zu einem Interview bereit war. Gleiches gilt für die einzige türkeistämmige CSU-Abgeordnete, Nesrin Yilmaz aus Ingolstadt. Letztendlich repräsentiert das Parteienverhältnis in meinem Buch auch das von mir vermutete Parteizugehörigkeitsverhältnis türkeistämmiger Politiker/innen in Deutschland. Die meisten sind in der SPD zu finden, was vermutlich darin begründet ist, dass viele Migranten/innen als Gastarbeiter/innen kamen und in Gewerkschaften organisiert waren. Die Grünen profitieren von ihren Parteikollegen/innen mit Zuwanderungsbiografie sicher auch aufgrund ihres Verständnisses von einer multikulturellen Gesellschaftsoption.

Interessanter ist allerdings, was einen Muslim bzw. eine Muslima dazu bewegt, sich einer Partei anzuschließen, die ein „C" im Namen führt. Wie sich in den Gesprächen zeigte, wird im Fall von Mustafa Kara, CDU Neckarsulm, und Nesrin Yilmaz, CSU Ingolstadt, das „C", das für „christlich" steht, übersetzt als Gemeinschaft, in der Werte wie Nächstenliebe und Familie im Vordergrund stehen. In beiden Fällen handelt es sich um selbstständige Unternehmer, die Arbeitsplätze geschaffen haben. Für die Parteipräferenz wird wohl weniger der christliche Glaube mit seinem Wertesystem an sich ausschlaggebend gewesen sein als vielmehr der Glaube an ein wirtschaftlich starkes Deutschland, das Frieden und Wohlstand garantieren soll. Dass das „C" für das Christentum steht, wurde dabei einfach ignoriert. Ignoriert auch deshalb, weil es keine Parteialternative für einen Menschen muslimischen Glaubens gibt, der an der Liberalisierung von Wirtschaftspolitik und an der Stärkung von Arbeitgeberrechten interessiert und konservativ eingestellt ist, zudem regelmäßig die Moscheegemeinde besucht und an das Glück innerhalb der Familie glaubt. Wohin mit so jemandem, der gerne politische Verantwortung übernehmen möchte?

Nicht jeder türkeistämmige Politiker hat seine Karriere in seiner derzeit aktuellen Partei angefangen. Schon unter meinen zehn Gesprächspartnern/innen sind vier vertreten, die zuvor Mitglied einer anderen Partei waren. Ein möglicher Grund für diese Form der Zugehörigkeitssuche könnte darin liegen, dass die meisten Parteien ihre Profile lange vor den Anwerbeabkommen für ausländische Arbeitskräfte entwickelt haben. Die Gesellschaft hat sich im Laufe der Jahrzehnte verändert, nicht aber die Profile der Parteien. Diese nicht vorhandene Öffnung und Anpassung an den gesellschaftlichen Wandel betrifft nicht nur die Migranten/innen. Doch in ihrem Fall könnte es allein aus demografischen Gründen lohnenswert sein, sich ihnen gegenüber zu öffnen. Denn wenn sich die statistischen Prognosen bewahrheiten und schon in dreißig Jahren jeder zweite Bürger in Deutschland einen Migrationshintergrund hat, nicht aber die Parteimitglieder oder gar die Mandatsträger, wird es immer schwerer fallen, von einer Demokratie im Sinne von Volksvertretung zu sprechen. Auch sei darauf hingewiesen, dass der Aspekt der politischen Integration damit völlig übergangen wird. Ein Thema übrigens, das in den deutschen Medien so gut wie gar nicht auftaucht. Die in Deutschland verhandelten Debatten über Integration bestehen fast ausschließlich aus Kulturdebatten. Der Grund hierfür ist die Unterrepräsentierung der Migranten/innen auch in den deutschsprachigen Medien, wo lediglich 1,2 Prozent der Journalisten/innen eine Zuwanderungsbiografie haben. Bedenkend, dass in einer funktionierenden Demokratie die Medien die vierte Gewalt darstellen, muss man für Deutschland sagen, dass sich die integrationspolitischen Maßnahmen sowie deren Wahrnehmung, Verhandlung, Analyse und Einschätzung innerhalb einer bestimmten Gesellschaftsgruppe hin und her bewegen: Mehrheitlich deutschstämmige Politiker/innen erfinden für Migranten/innen Integrationsmaßnahmen, die mehrheitlich von deutschstämmigen Journalisten/innen in der Öffentlichkeit diskutiert werden. Diejenigen, die es betrifft, verfügen nicht über genügend Stimmen, um diese Vorgänge zu beeinflussen, weder als Wähler/innen noch als Gewählte oder Journalisten/innen. Unter den türkeistämmigen Politikern/innen, die ich für mein Buch ausgewählt habe, gibt es keinen, der in der Lage gewesen wäre, eine einzige integrationspolitische Maßnahme, die schon beschlossen ist, zu verteidigen, weil er sie für vernünftig, nützlich oder sinnvoll hielte. Dabei spielte stets ein Argument eine wesentliche Rolle: die Mehrheitsverhältnisse, und zwar nicht nur auf Parlamentsebene, sondern auch auf Parteiebene. Mustafa Kara, CSU-Abgeordneter, brachte es erfrischend einfach auf den Punkt: „Ich muss Prioritäten setzen und außerdem muss ich mir nicht zu viele Feinde auf einmal machen." Lale Akgün, SPD-Bundestagsabgeordnete, und Cem Özdemir, zum Zeitpunkt unseres Gesprächs Europaabgeordneter der Grünen, sprechen freilich von Mehrheitsverhältnissen im Sinne von Bundesratsmehrheiten, als es beispielsweise um das verhinderte

Gesetz zur doppelten Staatsbürgerschaft ging. In allen Fällen ist es so, dass politische Veränderungen, die die Migranten/innen betreffen und von ihnen gewünscht werden, auf politischer Ebene daran scheitern, dass die ethnische Zusammensetzung der Parteien nicht ausgewogen und Abbild der Gesellschaft ist. Nur ein Beispiel: Die Mehrheit der türkeistämmigen Migranten/innen möchte die doppelte Staatsbürgerschaft, die Mehrheit der Bevölkerung, der Parteien und Politiker/innen verhindert dies erfolgreich, obwohl es die deutschstämmige Mehrheitsgesellschaft in keiner Weise betrifft und ihnen im Falle der Durchsetzung keine Nachteile bringen würde.

Warum machen Sie Politik?

In Deutschland gibt es die Vorstellung, dass türkeistämmige Politiker/innen türkeispezifische Interessen haben. Dass sie den politischen Handlungsspielraum dafür ausnutzen, um beispielsweise für einen EU-Beitritt der Türkei in die Europäische Union zu werben. Das andere Vorurteil besteht darin, dass türkeistämmige Politiker/innen ausschließlich ihrer Herkunft wegen Spezialisten für den Islam und für Integrationsfragen sind. Das Problem hierbei ist, dass die Wahrnehmung der Kompetenzen dieser Politikergruppe darauf reduziert wird.

Ekin Deligöz, Mitglied des Bundestages für die Grünen, ist Familienpolitikerin, die sich in ihrer Arbeitsgruppe, der Kinderkommission des Bundestages, für die Stärkung von Kinderrechten einsetzt. Dies ist der Öffentlichkeit nahezu unbekannt. Bundesweit in die Schlagzeilen geriet sie mit einer Äußerung, die in der „Bild am Sonntag" veröffentlicht wurde. Darin forderte Ekin Deligöz die muslimischen Frauen in Deutschland dazu auf, das Kopftuch abzulegen, um „im Hier und Jetzt" anzukommen. Die darauf folgenden Morddrohungen, die sie aus Deutschland und der Türkei bekam, beschäftigten wochenlang deutsch- und türkischsprachige Zeitungen. In der Türkei wurde eine publizistische Hetzkampagne gestartet, die die Stimmung zusätzlich aufheizte. Dabei wollte Ekin Deligöz in ihrer politischen Arbeit nicht auf ihre Herkunft reduziert werden und hatte sich deshalb gegen das Ressort Integration zugunsten der Familienpolitik entschieden.

Auch Dilek Kolat, SPD-Mitglied im Berliner Abgeordnetenhaus, lehnt es ab, als Integrationspolitikerin zu arbeiten. Sie hat Mathematik studiert und sich erfolgreich als Wirtschaftspolitikerin durchgesetzt. Beide Frauen erzählen, dass sie sich dezidiert dagegen gewehrt haben, in einem Bereich eingesetzt zu werden, den sie nicht zu ihrem Lebensinhalt machen wollten, als „Integrationsexperten". Zumal beide Politikerinnen Integrationspolitik als Querschnittaufgabe

begreifen, die ein Mix aus Bildungs-, Sozial-, Wohnungsbau- und Wirtschaftspolitik sei.

Daneben gibt es den Typus der Politikerin, die schon im Elternhaus politisch
sozialisiert wurde, wie die SPD- Bundestagsabgeordnete Lale Akgün oder Evrim
Baba, Mitglied des Berliner Abgeordnetenhauses für Die Linke. Beide Frauen
sind in Haushalten aufgewachsen, in denen schon die Eltern Mitglieder einer Partei in der Türkei waren. Lale Akgün ist in ihrem Elternhaus für linkssozialistische
Positionen sensibel gemacht worden. Evrim Baba floh mit ihrer Familie in den
1980er Jahren nach Deutschland. Ihr Vater hat in der Türkei als kurdischer Op-
positionspolitiker und Gründer des ersten kurdischen Exilparlaments von sich
reden gemacht. Der Beruf des Politikers bzw. der Politikerin ist in beiden Fällen
eng verknüpft mit dem Gedanken, dass man nicht nur auf Veränderung in der
Gesellschaft hoffen darf, sondern aktiv daran mitarbeiten muss, um die Ziele zu
erreichen.

Wie es bei vielen Politikern/innen deutscher Herkunft der Fall ist, gibt es auch
unter den türkeistämmigen Mandatsträgern solche, die darum gebeten wurden,
zu kandidieren, oder zu einer Parteisitzung eingeladen wurden. Murat Kalmis,
FDP Delmenhorst, begann seine Karriere als Politiker im Jugendparlament. Eingeladen wurde er vom Bürgermeister der Stadt, der den damals jungen Kalmis
bei einem Besuch in der Schule kennen lernte. Heute ist Murat Kalmis Bundes-
parteitagsdelegierter seiner Partei.

Mustafa Kara, selbstständiger Apotheker in Neckarsulm, wurde von einem CDU-
Politiker in seinem eigenen Laden dazu eingeladen, nicht nur in die Partei einzutreten, sondern gleich zu kandidieren, noch dazu auf einem sicheren Listenplatz,
der den Einzug ins Stadtparlament garantierte.

Der Listenplatz

In den vergangenen Jahren hat sich vereinzelt die Einsicht durchgesetzt, dass
man schon allein aus Gründen der Vorbildfunktion für junge Migranten/innen
mehr Politiker/innen mit Migrationshintergrund brauche. Gleichzeitig wird aber
immer wieder der Einwand gebracht, dass der Wille dazu da sei, doch mangele
es an Kandidaten/innen, die Verantwortung übernehmen wollten. Das partei-
übergreifende „Netzwerk türkeistämmiger Mandatsträger/innen", das von der
Körber Stiftung in Hamburg initiiert wurde, musste sich bei einem Besuch im
Düsseldorfer Landtag diese Klage von Landtagsabgeordneten anhören. Auf der
Stelle gab es lauten Protest auf Seiten des Netzwerkes. 80 Stimmen wurden

gleichzeitig laut und dabei fielen stets Namen von Politikern/innen, die seit Jahren Parteimitglieder sind und um aussichtsreiche Listenplätze kämpfen. Ein Name wurde dabei besonders häufig genannt: Bülent Arslan. Arslan, ein smarter Mittvierziger und Mitglied der CDU, war an diesem Tag nicht anwesend, weil er kein Mandat hat. Bülent Arslan ist der Vorsitzende des Deutsch-Türkischen Forums (DTF) der CDU. Dort arbeitet er seit über zehn Jahren und ist die Stimme der „türkischen Belange", wie es auf der entsprechenden Internetseite heißt. Das DTF entwickelt Ideen und Vorschläge, die die Partei annehmen oder ignorieren kann. Voraussetzung für eine Mitgliedschaft im DTF ist das CDU-Parteibuch. Das Aufnahme-Formular kann man sich auf der Seite gleich mit herunterladen. Im Laufe dieser zehn Jahre war Bülent Arslan Gastgeber für hochrangige Spitzenpolitiker/innen seiner Partei. Es kamen so honorable Persönlichkeiten wie Angela Merkel, Jürgen Rüttgers und Horst Köhler, also die Crème de la Crème der CDU. Bei jeder Landtagswahl versucht Bülent Arslan, einen aussichtsreichen Listenplatz zu bekommen. Auch eine Kandidatur für den Bundestag scheiterte. Jedes Mal wird er vertröstet, weil er noch zu unerfahren sei. Für eine Mitarbeit als Beisitzer im CDU-Landesvorstand Nordrhein-Westfalen allerdings reicht seine Erfahrung, denn dort ist er zuständig für Muslime und die Integration von Ausländern. Als Nicolas Sarkozy, französischer Präsident, vor einiger Zeit seine Amtskollegin Angela Merkel nach Paris einlud, war sie ganz beeindruckt von seinem Kabinett, in dem er Ministerposten an Frauen mit Zuwanderungsbiografie vergeben hatte. Frau Merkel befand an diesem Tag, dass es doch eine gute Idee sei, diesem Beispiel zu folgen. Die Parteimitglieder mit Migrationshintergrund in den eigenen Reihen blieben jedoch bis heute fast ausnahmslos unbeachtet.

Die geschilderte Situation aus der Parteiwirklichkeit ist nicht nur symptomatisch für die CDU, sondern findet sich in dieser oder jener Abwandlung auch und gerade im linken Parteienspektrum, mit Ausnahme der Linken.

> **Netzwerk türkeistämmiger Mandatsträger/innen**
> Das Netzwerk ist ein offener und parteiübergreifender Zusammenschluss von Mitgliedern deutscher Kommunal- und Landesparlamente, des Bundestages und des Europäischen Parlaments, die oder deren Familien aus der Türkei stammen. Es versteht sich als ein Forum für den Erfahrungsaustausch über die Parteigrenzen hinweg und bezieht vor allem Position zu integrationspolitischen Fragen. Die Mitglieder entwickeln Vorschläge zur Verbesserung der Integration aller in der Bundesrepublik lebenden Migrantinnen und Migranten. Seine Arbeit sieht das Netzwerk auch als Möglichkeit, das Engagement von Mandatsträgern mit Migrationshintergrund stärker transparent zu machen und dadurch auch andere Zuwanderer zur politischen Partizipation in Deutschland zu motivieren. Das Netzwerk wurde 2004 von der Körber-Stiftung initiiert.
> *http://www.koerber-stiftung.de/ gesellschaft/netzwerk-tuerkeistaemmiger-mandatstraegerinnen. html*

Ekin Deligöz, Verwaltungswissenschaftlerin, beschreibt ihren beschwerlichen Weg, der schon mit 16 Jahren als Parteimitglied begann, in die oberen Ränge der Wahllisten: „Dort, wo ich den geringsten Widerstand erwartet habe, stand ich vor der größten Hürde. 2002 waren Bundestagswahlen und niemand glaubte daran, dass die Grünen in Bayern die 5-%-Hürde schaffen würden. Man war damals der Meinung, bevor ein grüner Kandidat über die bayerische Landesliste in den Bundestag einzieht, wird die Erde wieder eine Scheibe."

Ekin Deligöz wollte für ihren Kreisverband Neu-Ulm dennoch direkt kandidieren. Ihre Parteikollegen/innen waren dagegen, mit dem Argument: „Weil eine Türkin die Wählerinnen und Wähler abschrecken würde, und ich in der Politik unerfahren sei. Ich habe mich furchtbar aufgeregt, denn Unerfahrenheit als Grund anzuführen, fand ich eine Unverschämtheit. Ich habe die ‚Grüne Jugend' gegründet, die ‚Grüne Umwelt', war Ortsvorsitzende und Fachschaftsrätin und habe mehr Frösche über die Straße getragen, als die in ihrem ganzen Leben gesehen haben."

Ali Ertan Toprak, Mitglied bei den Grünen in Recklinghausen und Generalsekretär der alevitischen Gemeinde Deutschland e.V., erzählt eine ähnliche Geschichte zum Thema Listenplatz:

„Das Argument war, dass man die kandidierenden Migranten/innen nicht gut genug kennen würde. Deshalb hatte man ihnen keine sicheren Listenplätze gegeben. Dabei sind solche gewählt worden, die viel später Mitglied bei den Grünen geworden sind. Wenn man mir gesagt hätte, dass ich inkompetent bin, hätte ich das eher akzeptieren können, aber solche fadenscheinigen Argumente tun weh. Wir hatten auf der Landesdelegiertenkonferenz einen Spaßvogel, der auf die Bühne gekommen ist und anstatt eine Rede zu halten ein Lied gesungen hat. Der ganze Saal hat vor Freude getobt und ihn unter die ersten 20 gewählt. Es war ein demütigendes Gefühl, dass man nicht einmal aus symbolischen Gründen einen Migranten oder eine Migrantin unter die ersten 40 auf die Liste gesetzt hat."

Der „Obama-Faktor"

Im November 2008 ereigneten sich zeitgleich in Amerika und Deutschland zwei aufregende Ereignisse. In Amerika wurde Barack Obama zum Präsidenten gewählt, und in Deutschland wurde erstmals ein Kind türkischer Gastarbeiter Vorsitzender einer deutschen Partei. Die türkischen Zeitungen titelten und jubelten „Yes, we Cem".

Die Präsidentschaftskandidatur von Barack Obama löste (nicht nur) in Amerika eine Diskussion darüber aus, ob die Grenzen von Diskriminierung und Rassismus aufgehoben worden seien. Die weiße amerikanische Mittel- und Oberschicht sah zu, wie einer die Stimme der Minderheiten wurde, und belohnte diesen Aufstieg eines Mannes, der es ohne nennenswerte Unterstützung aus elitären Kreisen bis ganz nach oben schaffte. Amerika begriff, dass ein Mann wie Obama eine Brücke zu Gesellschaftsgruppen sein kann, die ein anderer Politiker ohne diese Biografie nicht darstellen könnte. Nicht nur im Inland, sondern auch im Ausland wird Barack Obama als Chance zur Überwindung von gläsernen, vertikalen Grenzen zwischen den unterschiedlichen Bevölkerungsgruppen wahrgenommen.

Cem Özdemir, Arbeiterkind und Akademiker auf dem zweiten Bildungsweg, wurde, ebenfalls im November 2008, zum Parteichef der Grünen gewählt. Einen Monat zuvor hatte ihm sein Landesverband in Baden-Württemberg das Bundestagsmandat verweigert. Eigentlich hätte es nur eine Formalie sein müssen, doch wohl wissend, dass er ohne Bundestagsmandat geschwächt in die Kandidatur als Parteichef gehen würde, ließen ihn seine Parteifreunde im Stich. Das alles zur gleichen Zeit, als in Deutschland die Frage gestellt wurde, ob es einen wie Obama auch in Deutschland geben könnte. Die Delegiertenentscheidung in Baden-Württemberg gab darauf indirekt eine Antwort. Letztendlich hat sich Cem Özdemir durchgesetzt, weil er die Unterstützung von grünen Spitzenpolitikern/innen bekam. Diese hatten erkannt, was die Basis nicht sehen konnte. Cem Özdemir ist ein Symbol für Aufstieg, genauso wie es Barack Obama ist.

In Amerika und Europa wurde in den Tagen, als Cem Özdemir Parteichef wurde, nur eine einzige Nachricht aus Deutschland vermeldet, nämlich dass ein türkisches Arbeiterkind Chef einer deutschen Partei geworden war. Die deutschen Zeitungen kommentierten dieses Ereignis zwar pflichtgemäß, aber beileibe nicht mit der gleichen Euphorie wie die New York Times oder das National Public Radio aus Washington.

Die ersten internationalen Interviewanfragen aus Paris, New York und London habe ich persönlich der Wahl Cem Özdemirs zu verdanken. Aus Deutschland (mit einer einzigen Ausnahme) kam keine einzige Nachfrage nach einem Kommentar. Deutschland bejubelte Obama, Cem Özdemir wurde lediglich im Ausland bejubelt.

In meinem Buch habe ich zehn Politiker/innen mit türkischer Zuwanderungsbiografie vorgestellt, kennengelernt habe ich insgesamt ungefähr 60. Ihre Vorstellungen, Visionen und Biografien sind höchst unterschiedlich. Nur auf eine Frage, nämlich „Warum machen Sie Politik?", haben fast alle wortgleich geantwortet: „Weil ich Verantwortung für Deutschland übernehmen möchte." Deshalb habe ich mein Buch auch nicht „10 Migranten/innen", oder „10 türkeistämmige Abgeordnete" genannt, „10 Deutschtürken" oder gar „10 muslimische Politiker/innen". Es sind einfach zehn Bürgerinnen und Bürger dieser Gesellschaft, die eine Zuwanderungsbiografie haben und in diesem Land etwas bewegen wollen. Sie tun das nicht nur für sich oder ihre eigene ethnische Gruppe, sondern für alle in Deutschland lebenden Bürgerinnen und Bürger. Auch wenn sie sich in ihren Ansätzen unterscheiden, was natürlich ist, denn sie sind in unterschiedlichen Parteien verankert und unterschiedlich sozialisiert. Die Elternhäuser, aus denen sie stammen, sind entweder besonders politisch oder besonders religiös oder atheistisch, entweder wohlhabend oder weniger gut betucht, manche sind konservativ, andere besonders links, manche sind typisch migrantisch, andere das Gegenteil. Manch eine Politikerin ist in Deutschland aufgewachsen und spricht Deutsch als Muttersprache, andere haben Deutsch als Fremdsprache gelernt und manche sprechen ein charmantes Kauderwelsch.

Deshalb konnte ich mir auch die zuvor gestellten Fragen, die ich im Plural stellte – „Wer sind diese Leute" und „Wofür stehen sie" – nicht im Plural beantworten. Unterscheiden sie sich darin von deutschstämmigen Politikern/innen? Ich glaube nicht. Die deutschtürkischen Politiker/innen unterscheiden sich aber in einem Punkt von ihren deutschen Kollegen/innen. Ihre doppelte Identität erlaubt es ihnen, die Probleme, vor die sie gestellt werden, aus einer zusätzlichen Perspektive zu betrachten, ohne außerhalb der Ereignisse zu stehen. Sie haben das begriffen und nutzen diese Kompetenz, wo immer dies möglich ist. Manche verstehen das als ihre Botschaft. So wie Cem Özdemir, der es so ausdrückt: „Ich wünsche mir, dass die Eingewanderten ganz im amerikanischen Sinne sagen, dieses ist mein Land, meine Gesellschaft, ich habe eine Bindestrich-Identität, ich bin Deutsch-Türke, also Inländer."

Anmerkungen

1   Beispielhaft für eine solche qualitative Untersuchung sei genannt: Stefanie Reiter / Richard Wolf, Maßnahmen zur politischen Bildung für Migranten und Migrantinnen. Expertise für die Bundeszentrale für politische Bildung. Europäisches Forum für Migrationsstudien, Bamberg 2006. http://www.bpb.de/files/2AELAY.pdf (letzter Zugriff: 10.10.2008).
2   Vgl. Mely Kiak, 10 für Deutschland. Gespräche mit türkeistämmigen Abgeordneten, Edition Körber-Stiftung, Hamburg 2007.

Dr. Dita Vogel, geb. 1963

wissenschaftliche Mitarbeiterin
der Migration Research Group
am Hamburgischen WeltWirtschaftsInstitut

Dita Vogel
Förderung politischer Integration von Migrantinnen und Migranten in Europa

Der politischen Integration von Migranten und Migrantinnen wird in Deutschland und Europa ein hoher Stellenwert beigemessen, z.B. im nationalen Integrationsplan und in verschiedenen Beschlüssen des Europarats und der Europäischen Kommission. Es wird als erstrebenswert angenommen, dass sich möglichst viele Menschen in irgendeiner Form aktiv am Gemeinwesen beteiligen können, auch wenn sie nicht in ihrem Wohnstaat geboren sind oder seine Staatsangehörigkeit haben.

Während in der öffentlichen Diskussion zunehmend anerkannt wird, dass Zuwanderung für die wirtschaftliche Entwicklung in Zukunft noch wichtiger wird als in der Vergangenheit, wird ihr Potenzial für die gesellschaftliche Entwicklung oft eher negativ gesehen. Zuwanderung erscheint in erster Linie als Bedrohung und Konfliktpotenzial. Größere Diversität in einer Gesellschaft kann in der Tat zu mehr Konflikten führen, wenn nicht produktiv damit umgegangen wird.[1] Daher ist es enorm wichtig, Überlegungen dazu anzustellen, wie Zuwanderung gestaltet werden kann, damit die positiven Potenziale wirksam werden, so dass Neuankömmlinge und Alteingesessene für die heterogene Gesellschaft, in der sie leben, Zugehörigkeit empfinden können und Verantwortung tragen wollen. Um solche Überlegungen geht es in diesem Beitrag anhand folgender Fragen:

Wer ist mit Zugewanderten gemeint? Was ist politische Integration? Wo liegen die Schwierigkeiten der politischen Integration von Zugewanderten? Warum sollte die politische Integration von Zugewanderten gefördert werden? Welche Maßnahmen sind dafür geeignet?

Die hier vorgestellten Überlegungen beruhen auf dem Studium deutscher und europäischer Literatur und auf Ergebnissen des Forschungsprojekts POLITIS. Im Rahmen dieses Projektes wurden in 24 Mitgliedsstaaten der EU insgesamt 176 ausführliche Interviews mit engagierten Einwanderern aus 53 Ländern geführt und ausgewertet.[2]

Daher konzentriert sich der Beitrag auf Zugewanderte aus dem Ausland (oder synonym Migrantinnen und Migranten), also Menschen mit eigener internationaler Migrationserfahrung (1. Generation), wobei sich viele Aspekte auch auf die Nachkommen von Zugewanderten (2. und 3. Generation) übertragen lassen. In Deutschland geborene und aufgewachsene Menschen werden hier – unabhängig von der Staatsangehörigkeit – als Einheimische bezeichnet.

Was ist politische Integration?

Politische Integrationsziele lassen sich in drei Dimensionen unterteilen: die rechtliche, die partizipative und die identifikatorische Dimension. Die erste Dimension bezieht sich auf die Rechte, die Migrantinnen und Migranten von der Aufnahmegesellschaft gewährt werden. Man kann sagen: Je weniger sich ihre Rechtssituation von der einheimischer Deutscher unterscheidet, desto besser sind sie integriert. Die partizipative Dimension betrifft die Frage, wie stark Rechte in Anspruch genommen und Pflichten erfüllt werden (können), wie Zugewanderte an der Gesellschaft teilnehmen und teilhaben. Es gilt als Erfolg von Integration, wenn sie in ähnlichem Maße aktiv sind wie Einheimische. Die identifikatorische Dimension betrifft die Frage, wie stark Zugewanderte die Werte und Normen der Aufnahmegesellschaft akzeptieren und sich als zugehörig empfinden.[3]

Ausgangspunkt dieses Beitrags ist ein weites Verständnis von politischer Partizipation. Dies sind Aktivitäten von Menschen, „die sie alleine oder mit anderen freiwillig mit dem Ziel unternehmen, Einfluss auf politische Entscheidungen zu nehmen".[4] Politische Partizipation umfasst nach diesem weiten Verständnis somit u.a. eine Beteiligung an Institutionen der politischen Willensbildung im engeren Sinne (z.B. Wahlbeteiligung, Mitgliedschaft in politisch relevanten Organisationen wie Parteien, Mitgliedschaft in Ausschüssen), aber auch eine Beteiligung in formellen und informellen Interessensvertretungen (wie Bürgerinitiativen, Migrantenselbstorganisationen, Elternbeiräten, Betriebsräten etc.).

Wo liegen Schwierigkeiten für die politische Integration von Zugewanderten?

Migrantinnen und Migranten sind typischerweise im Durchschnitt politisch weniger aktiv als Menschen der Mehrheitsgesellschaft. Dieser Befund gilt für Deutschland wie auch für andere EU-Länder[5], wobei bedacht werden muss, dass das Engagement von Zuwanderern vermutlich unterschätzt wird, da sie anfangs oft auch in informellen Zusammenschlüssen mitwirken. Dazu zählt auch das Engagement in Migrantenselbstorganisationen und ehrenamtliches Engagement in Form von Nachbarschaftshilfe. Tatsächlich geringere Beteiligung kann darauf zurückzuführen sein, dass sie nicht dürfen, nicht können, nicht wollen, nicht gefragt werden oder zurückgewiesen werden.

Nicht dürfen: Eingebürgerten stehen rechtlich alle Bereiche der politischen Partizipation offen, und auch ausländische Zugewanderte treffen in den meisten Lebensbereichen nicht auf rechtliche Hürden – mit der wesentlichen Ausnahme der aktiven und passiven Teilnahme an allgemeinen Wahlen. Ein rechtliches Hindernis für die faktische Ausübung von Partizipationsmöglichkeiten bilden zudem die räumlichen Beschränkungen (Residenzpflicht) für Asylbewerber/innen und Geduldete.

Nicht können: Sprachkenntnisse, akademische Qualifikationen sowie gesichertes Einkommen begünstigen politische Partizipation. In dem Maße, wie diese bei Zugewanderten nicht vorhanden sind, ist geringeres Engagement zu erwarten.

Nicht wollen: Wenn Zugewanderte gern zurückkehren wollen oder ihnen das Wohnland nur unsichere Aufenthaltsperspektiven bietet, ist mit geringerem Engagement zu rechnen.

Nicht gefragt werden: Die meisten Menschen, die nicht nur wählen, sondern darüber hinaus politisch aktiv sind, sind irgendwann einmal gefragt worden, ob sie bei einer Aktion mitmachen wollen oder für eine Aufgabe zur Verfügung stehen. Migration unterbricht solche Rekrutierungsketten. Neuankömmlinge werden seltener gefragt, weil sie in weniger relevante Netzwerke integriert sind.

Zurückgewiesen werden: Für Einheimische wie auch für Zugewanderte gilt, dass sich die meisten Menschen nicht besonders stark engagieren. Es gibt aber in beiden Bevölkerungsgruppen auch Hochaktive, bei denen Engagement zum Teil ihrer Identität und Lebensart geworden ist. Wenn sie in ein anderes Land gehen, suchen sie sich bewusst neue Betätigungsfelder. Werden sie bei der Kontaktanbahnung nicht willkommen geheißen oder sogar diskriminiert, bleiben sie in der Regel zwar nicht untätig, finden aber ihre Aktivitätsfelder eher in informellen Zusammenhängen und Migrantenselbstorganisationen als in etablierten Organisationen der Mehrheitsgesellschaft.

Warum sollte die politische Integration von Zugewanderten gefördert werden?

Es gibt also eine Reihe von plausiblen Erklärungen, warum Migrantinnen und Migranten politisch weniger aktiv sind. Warum sollte es wünschenswert sein, ihre politische Integration zu fördern? In der Diskussion über die politische Integration von Einwanderern können normative, funktionale und symbolische Begründungen unterschieden werden.

Normative Gründe: Der politische Philosoph Rainer Bauböck hat das Kriterium der Betroffenheit von kollektiven Entscheidungen herausgestellt. Er argumentiert, dass ein Staat im Interesse seiner demokratischen Legitimierung Zugewanderten Rechte einzuräumen hat, weil auch sie die rechtlichen Regeln einhalten müssen – von den Verkehrsregeln bis zur Pflicht, Steuern zu zahlen.[6] Wenn in Einwanderungsländern einer wachsenden Wohnbevölkerung eine stagnierende oder schrumpfende Zahl von Wahlberechtigten gegenübersteht, entsteht ein strukturelles demokratisches Defizit. Das Kriterium der Betroffenheit lässt auch die Grenzen der rechtlichen Gleichstellung erkennen: Wer sich nur kurzfristig z.B. als Tourist/in in einem Gebiet aufhält, muss zwar auch Regeln einhalten, ist aber weit weniger betroffen als ein Wohnbürger.

Die Grenze zwischen geringfügiger und gravierender Betroffenheit ist sicherlich fließend. Sie wird oft an der tatsächlichen Aufenthaltsdauer gemessen. Der Europarat hat sich z.B. 2001 dafür ausgesprochen, das Kommunalwahlrecht in einer Gemeinde nach dreijähriger Aufenthaltsdauer auch Ausländerinnen und Ausländern zu gewähren.

Funktionale Gründe: Neben der normativen Dimension lässt sich die Notwendigkeit politischer Integration von Zugewanderten auch mit dem Hinweis auf gesellschaftlich funktionale Mechanismen begründen. Damit ein Gemeinwesen funktionieren kann, braucht es Informationen von denjenigen, die von seinen Einrichtungen und Entscheidungen betroffen sind. Dies gilt prinzipiell für eine Diktatur ebenso wie für eine Demokratie. In einer Demokratie müssen die gewählten Abgeordneten wissen, auf welche Verhältnisse ihre Gesetze wirken und wie sie angenommen werden. Bei Fragen der Migration und Integration kann ihnen Kommunikation mit Zugewanderten zu gut begründeten Entscheidungen verhelfen. Daher ist es auch aus funktionalen Gründen wünschenswert, dass Zuwanderer in adäquater Weise an der politischen Kommunikation beteiligt werden.

Symbolische Gründe: Ein weiterer Grund, politische Integration zu fördern, liegt darin, dass eine Bevölkerung besser mit Konflikten umgehen kann, wenn sie grundlegende Werte und Normen teilt und sich dem Gemeinwesen zugehörig fühlt. Der Nutzen politischer Integration lässt sich daher auf der symbolischen Ebene auch damit begründen, dass sich Migrantinnen und Migranten besser mit dem Gemeinwesen identifizieren können, wenn sie selbst daran mitwirken können. Auch wenn die große Mehrheit der Zugewanderten – ebenso wie der Einheimischen – nicht selbst aktiv in Parteien, Parlamenten und Beratungsgremien mitarbeitet, so nimmt sie doch wahr, wer dort vertreten ist und öffentlich auftritt. Wenn Migrantinnen und Migranten sichtbar in Positionen der Mehrheitsgesellschaft auftreten, dann verstehen andere dies als Signal, dass Zugewanderte allgemein oder ihre Zuwanderergruppe im Besonderen akzeptiert werden. So fördert politische Integration die soziale Kohäsion.

Wie kann politische Integration gefördert werden?

Wenn man nun annimmt, dass politische Integration von Zugewanderten prinzipiell sinnvoll ist, stellt sich die Frage, wie sie am besten gefördert werden kann. Hier werden fünf Möglichkeiten zur Förderung der politischen Integration kurz diskutiert.

Einbürgerung

Eine Erweiterung der rechtlichen Partizipationsmöglichkeiten kann grundsätzlich auf zwei verschiedenen Wegen erreicht werden: durch Erleichterung der Einbürgerung oder durch Ausdehnung des Wahlrechts auf Nichtstaatsbürger/innen. Beide Strategien schließen sich nicht aus. In Deutschland wird bei Erfüllung bestimmter Bedingungen eine Einbürgerung auf Antrag vorgenommen. Die Einbürgerungsbedingungen wurden in den letzten Jahren mehrfach geändert, und zwar häufig erleichtert, z.B. durch Verkürzung von Fristen, aber manchmal auch erschwert, wie durch die Einführung eines Einbürgerungstests. Wichtig sind nicht nur die Bedingungen an sich, sondern ihre faire und transparente Umsetzung.

Gerade für die politische Integration wäre es nützlich, wenn Zugewanderte ihre neue Staatsangehörigkeit zusätzlich zur alten bekommen könnten. Auf den ersten Blick erscheint das manchem paradox – müssten sich nicht gerade politisch aktive Menschen eindeutig für das Aufnahmeland entscheiden können? Die Praxis zeigt aber, dass gerade dies nicht von ihnen erwartet wird, sondern dass sie immer als Vertreter/innen einer Migrantengruppe betrachtet werden. In Parteien können politisch aktive Einwanderer gar nicht anders, als sich sowohl für die Allgemeinheit als auch für die Gruppen, denen sie zugerechnet werden, zu engagieren. Im POLITIS-Projekt berichtete zum Beispiel ein britischer Arzt chinesischer Abstammung, der eigentlich vor allem wegen des Gesundheitssystems politisch involviert und aktiv ist, dass seine Partei von ihm erwarte, dass er in der chinesischen Minderheit um Wählerstimmen werbe, und dass ihn umgekehrt Vertreter/innen der Minderheit kontaktierten, um auf ihre Probleme hinzuweisen. Die doppelte Staatsangehörigkeit könnte die identifikatorische Dimension der politischen Integration fördern, indem der Lebenswirklichkeit, die durch eine besondere Verbundenheit mit zwei Ländern gekennzeichnet ist, Rechnung getragen wird. Von Kritikern/innen befürchtete Probleme durch doppelte Staatsange-hörigkeiten treten in der Praxis so gut wie nie auf, was dazu geführt haben dürfte, dass mehrfache Staatsangehörigkeiten weltweit immer häufiger hinge-nommen werden.[7]

Kommunalwahlrecht für ausländische Staatsangehörige

Ende der 1980er Jahre sollte ein kommunales Wahlrecht für ausländische Staatsangehörige in den Bundesländern Hamburg und Schleswig Holstein eingeführt werden. Dies wurde aber durch eine Entscheidung des Bundesverfas-sungsgerichtes mit dem Argument verhindert, dass allein das deutsche Volk zur Wahl berechtigt sei. Um der europäischen Integration Rechnung zu tragen, wurde hingegen das Grundgesetz nach dem Vertrag von Maastricht von 1992 geändert, damit EU-Bürgerinnen und -Bürger auch an Kommunal- und Europa-wahlen teilnehmen können. Solche Verfassungsänderungen könnten auch zur Förderung der politischen Integration von Nicht-EU-Bürgern beschlossen werden. Politiker/innen verschiedener Parteien und Ebenen haben die Frage heute wieder angeschnitten, z.B. der ehemalige SPD-Bundesvorsitzende Kurt Beck oder die Frankfurter Oberbürgermeisterin Petra Roth (CDU).

Welt- und europaweit geht der Trend zum kommunalen Wahlrecht für auslän-dische Migrantinnen und Migranten,[8] wobei es recht unterschiedlich ausgestaltet sein kann. Einige europäische Staaten (z.B. Schweden 1976) haben bereits seit langem das lokale oder auch regionale Wahlrecht für alle Ausländerinnen und Ausländer unabhängig von ihrem Herkunftsland, während in anderen Ländern (z.B. Großbritannien, Portugal und Spanien) nur bestimmte Gruppen wählen und gewählt werden können.

Ein besonders weit gehendes Kommunalwahlrecht für Zugewanderte ist in Irland verwirklicht. Hier dürfen sich alle Einwohnerinnen und Einwohner nach sechsmonatiger Aufenthaltsdauer als Wähler/innen und Kandidaten/innen registrieren lassen. Bis 2004 galt zudem ein Gesetz, nach dem nicht nur alle in Irland geborenen Kinder automatisch die irische Staatsangehörigkeit erhielten, sondern auch deren Eltern.

Was in einer solchen Konstellation möglich ist, verdeutlicht die außergewöhnliche Geschichte von Rotimi Adebari, der im Juni 2007 nach nur siebenjähriger Aufenthaltsdauer in Portlaoise zum ersten afrikanischstämmigen Bürgermeister Irlands gewählt wurde. Die beiden großen Parteien hatten den engagierten 43-Jährigen einstimmig nominiert.

Ursprünglich kam der Nigerianer als Asylbewerber nach Irland. Noch während er einem Arbeitsverbot unterlag, engagierte er sich als Freiwilliger zum Beispiel für Arbeitslose. Sein Asylantrag wurde abgelehnt, aber inzwischen war sein drittes Kind als irischer Bürger geboren, sodass auch er als Vater die irische Staatsangehörigkeit erhielt. Er engagierte sich weiter, studierte, gründete ein eigenes Beratungsunternehmen und kandidierte 2004 erfolgreich für das Stadtparlament. Wer im Internet nach seinem Namen sucht, wird mehr Informationen über ihn finden und sehen, dass ihn die Möglichkeit zu politischem Engagement zu einer starken Identifikation mit seiner neuen Heimat geführt hat. Adebari will andere Zugewanderte zu mehr Engagement ermutigen und ihnen als Vorbild dienen, weil er erlebt hat, dass sich dadurch auch automatisch die Vorstellungen von Einheimischen ändern.

Allerdings ist auch vor übertriebenen Erwartungen zu warnen. Weder schnelle Einbürgerungs- noch Wahlmöglichkeiten für ausländische Staatsangehörige werden zu einer hohen Partizipation führen. Nach den bisherigen Erfahrungen liegt die Wahlbeteiligung von Zugewanderten in der Regel deutlich unter derjenigen der alteingesessenen Bevölkerung. In den Niederlanden zum Beispiel war die Wahlbeteiligung von Migrantinnen und Migranten nach Einführung des kommunalen Ausländerwahlrechts zunächst relativ hoch, sank aber in den Folgejahren wieder. Beteiligungsrechte ermöglichen aber den Einstieg von ausländischen Hochaktiven, die sich sonst nicht so für ihre Wohngemeinden engagieren könnten und die zudem zu Mittlern/innen für ihre weniger engagierten Landsleute werden können.

Beratungsgremien und Beiräte

Vieles spricht dafür, dass politische Entscheidungsträger/innen davon profitieren, wenn sie institutionelle Kommunikationsprozesse mit Zugewanderten initiieren, weil sie sonst zu wenige und zu einseitige Informationen darüber erhalten, auf welche Verhältnisse ihre Politiken einwirken und wie diese gesehen werden. Institutionalisierte Beratungsgremien und Beiräte gibt es in Deutschland in vielfältiger Form, vor allem auf lokaler Ebene, aber auch auf Landes- und Bundesebene. So kann man z.B. den 2007 veröffentlichten „Nationalen Integrationsplan" als das Ergebnis eines solchen Kommunikationsprozesses sehen. Vor allem regelmäßig tagende Gremien bieten die Chance, dass sich Repräsentanten/innen gesellschaftlicher Gruppen und Entscheidungsträger/innen in Verwaltung und Politik kennenlernen und Kompetenzen im Umgang miteinander entwickeln. Durch eine solche Zusammenarbeit stehen in Krisensituationen Personen als Ansprechpartner/innen zur Verfügung, die eine Brückenfunktion zu bestimmten Gruppen übernehmen können. Gerade bei Neuzuwanderern kann über institutionalisierte Konsultationsprozesse politische Partizipation gefördert werden.

Zur Erfüllung der Feedback- und Kommunikationsfunktion bedarf es keiner demokratischen Wahl der Gremienmitglieder. Wahlverfahren – wie auch 2008 wieder für Hamburg angekündigt – werden typischerweise normativ und symbolisch begründet. Leider funktioniert diese Strategie häufig nicht, sondern verfehlt sowohl funktionale als auch normative und symbolische Ziele. Die Wahlbeteiligung ist in der Regel extrem niedrig, wie bei allen Gremien, die nur beraten und nichts zu entscheiden haben, sodass die Zusammensetzung der Gremien die am besten organisierten Interessen widerspiegelt. Beispielsweise kandidierten in Bremen im Jahr 2004 fast 40 Zugewanderte aus aller Welt und stellten sich einer Wahlversammlung vor, wobei in beeindruckender Weise die Vielfalt, das Engagement und die Kompetenzen hochaktiver Migrantinnen und Migranten in der Stadt deutlich wurden. Im Wahlergebnis spiegelte sich diese Vielfalt nicht wieder: Sechs der sieben gewählten Migrantenvertreter/innen hatten einen türkischen Migrationshintergrund und kamen aus dem Umfeld gut organisierter türkischer Migrantenvereine. Selbst wenn jede der gewählten Einzelpersonen hervorragend für ein solches Gremium geeignet ist, kann diese Zusammensetzung für einen guten Kommunikationsfluss zwischen den in Bremen lebenden Zuwanderergruppen und den politischen Entscheidungsträgern nicht optimal sein.

Solche Erfahrungen hat es in vielen europäischen Ländern gegeben. Das Handbuch zur Integration der Europäischen Kommission spricht daher die Empfehlung aus, dass die Mitglieder von Konsultationsgremien in nachvollziehbarer und transparenter Form ausgewählt werden sollen und dass die Zusammensetzung der Vielfalt der Einwohner mit Migrationshintergrund Rechnung tragen soll.[9] Dabei ist es nicht ideal, wenn das Gremium nur aus Migrantinnen und Migranten besteht, denn bei einem reinen Migrantengremium ist nicht sichergestellt, dass die Vorstellungen der Migrantenvertreter/innen auch gehört werden. Wenn sie aber nicht gehört werden, kann dies zu Frustration und Rückzug führen – und dies ist dann das Gegenteil der Förderung politischer Partizipation.

Daher haben sich an vielen Orten die Konsultationsformen angepasst und weiterentwickelt. In Stuttgart wurde z.B. 2004 der Ausländerausschuss im Rahmen der Umsetzung eines Gesamtkonzeptes für Integration durch einen Internationalen Ausschuss ersetzt, dem im – relativ engen – Rahmen des rechtlich Möglichen Entscheidungsmöglichkeiten eingeräumt werden. Dieser Ausschuss ist keine gewählte Vertretung der Ausländerinnen und Ausländer ohne Wahlrecht, sondern ein beratender Fachausschuss für Integrationsfragen. Unter Vorsitz des Bürgermeisters treffen sich zehn Mal jährlich 13 Gemeinderatsmitglieder und 12 sachkundige Einwohnerinnen und Einwohner, die Kompetenzen in integrationsrelevanten Bereichen wie Soziales, Sprachförderung, Arbeitsmarkt mitbringen und in der Regel – wenn auch nicht zwingend – selbst einen Migrationshintergrund haben. Dieser Ausschuss wird durch eine bei der Verwaltungsspitze angesiedelte Stabsabteilung für Integrationspolitik organisatorisch unterstützt, die auch ein Findungsverfahren für sachkundige Einwohner/innen organisiert. Ein transparent organisiertes Benennungsverfahren, bei dem Kompetenz zählt und nicht nur nach Bekanntheit und persönlichen Kontakten ausgewählt wird, steht auch für eine größere Stärkung der symbolischen Dimension der politischen Integration als ein normativ begründetes Wahlverfahren, bei dem sich das demokratische Element auf das Wählen eines einflusslosen Gremiums beschränkt. Auch in Bremen wird es bei der nächsten Wahl ein Vorschlags- und Benennungsverfahren geben, damit die Vielfalt der in Bremen lebenden Zugewanderten besser berücksichtigt wird.

Rekrutierung von Zugewanderten für Parteien und andere Organisationen

Organisationen, die von Menschen ohne Migrationshintergrund dominiert werden, entdecken zunehmend ein Eigeninteresse daran, Zugewanderte und ihre Nachkommen als Mitglieder und Mitgestalter/innen zu gewinnen, sei es, weil sie Schwierigkeiten bei der Nachwuchsrekrutierung haben, sei es, weil sie Zukunftsaufgaben mit Zugewanderten besser zu bewältigen hoffen. Bei

Parteien kommt hinzu, dass sie sich durch die Rekrutierung von Menschen mit Migrationshintergrund mehr Wählerinnen und Wähler unter den Eingebürgerten erhoffen.

Die Eingliederung von Zugewanderten in Organisationen kann man sich als einen mehrstufigen sozialen Prozess vorstellen. Das Image der Organisation ist meist das Erste, mit dem Zugewanderte in Berührung kommen. Es drückt sich in der Eigenwerbung aus, z.B. über Broschüren und Webseiten, aber auch über die Berichterstattung in den Medien. Wichtig ist, dass hier eine klare Vorstellung von den Zielen gegeben wird, an denen sich Neu-Mitglieder orientieren können und an denen sich die Arbeit der Organisation messen lässt. Führungsmitglieder einer Organisation müssen deren Offenheit für Zugewanderte überzeugend vertreten können. Wenn der Eindruck entsteht, dass diese nur als Lückenbüßer gesucht werden, wird das kontraproduktiv wirken.

Der erste persönliche Kontakt mit einer Organisation kann darüber entscheiden, ob sich jemand näher dafür interessiert. Potenziell interessierte Zugewanderte suchen unter anderem Kontakte bei öffentlichen Veranstaltungen. In der POLITIS-Studie erzählte z.b. eine Migrantin, dass sie bei der Rückgabe von ausgeliehenen Krücken erwähnte, dass sie die Arbeit der Organisation gut finde und bei Gelegenheit gern einmal helfen würde. Offensichtlich hat in dieser Situation jemand nachgefragt und weitere Kontakte vermittelt, denn ihre Bemerkung hat dazu geführt, dass sie später selbst Krücken ausgegeben und andere ehrenamtliche Dienste in der Organisation geleistet hat. Im europäischen Vergleich gibt es Anhaltspunkte, dass in den Ländern, in denen viele Einheimische für freiwilliges Engagement gewonnen werden können, auch Zuwanderer aktiver sind. Organisationen können Gelegenheiten für Erstkontakte mit Zugewanderten gezielt schaffen und Mitarbeiter/innen für solche Gelegenheiten schulen.

Wenn Zuwanderer sich eine Organisation näher ansehen, kommt es darauf an, interessante und zu bewältigende Einstiegsaufgaben zu finden, bei der auch eventuelle vorherige Erfahrungen im Ausland Wertschätzung erfahren. Wie auch andere Neu-Mitglieder müssen Zugewanderte eine Organisation und ihre Abläufe erst einmal kennen lernen. Sie können leicht fälschlich den Eindruck bekommen, dass sie aus sprachlichen Gründen nicht mithalten können, obwohl auch Muttersprachler/innen in einem neuen Umfeld vieles nicht verstehen.

Missverständnisse durch sprachliche und kulturelle Unterschiede gehören zum Vertrautwerden mit einer Organisation dazu. Einheimische können einerseits ihre Fähigkeiten im Zuhören und Nachfragen verbessern, Migrantinnen und Migranten andererseits ihre Sprachkenntnisse erweitern. Während jemand in eine Organisation hineinwächst, gilt es immer eine Balance zu finden, in der die Zuwanderungssituation als Besonderheit anerkannt wird, ohne dass jemand auf seine Zuwandererrolle begrenzt und festgelegt wird. Eine im POLITIS-Projekt interviewte, politisch aktive Migrantin ist zufrieden mit ihren Arbeitsschwerpunkten in einer griechischen Partei und erklärt sie so: "Ich engagiere mich für wirtschaftliche Themen wegen meines Berufs und für Zuwanderer wegen meiner Herkunft." Wenn geeignete hochaktive Zuwanderer Lern- und Aufstiegsmöglichkeiten erhalten, hat ihre Mitwirkung auch eine Ausstrahlung auf andere. Zugewanderte Politiker/innen müssten z.B. aussichtsreiche Listenplätze erhalten und in die Lokalparlamente gewählt werden, damit sichtbar wird, dass Menschen mit Migrationshintergrund in ihrer Partei als gleichwertig akzeptiert sind und sich aktiv einbringen können.

Respektvoller öffentlicher Diskurs

In einer Vielzahl von Interviews der POLITIS-Studie wurde deutlich, dass es nicht nur darauf ankommt, welche Politik gemacht wird, sondern wie sie kommuniziert wird. Unter sozial und politisch engagierten Zuwanderern finden sich Menschen mit ganz unterschiedlichen Ansichten zur Arbeitsmarkt-, Sozial-, Familien- aber auch zur Migrations- und Integrationspolitik. Manche Zugewanderte treten für strenge Aufnahmeregeln in der Migrationspolitik und für eine stark fordernde und auch sanktionierende Integrationspolitik ein. Allerdings wird aus der POLITIS-Studie mit 176 aktiven Zuwanderern als Konsens quer zu allen Herkunfts- und Aufnahmeländern deutlich, dass sich Zugewanderte einen respektvollen Diskurs in diesen Fragen wünschen. Verfahren sollen sachlich und unter Einbeziehung der Kompetenz bisheriger Zuwanderer diskutiert werden, sodass am Ende transparente und faire Regelungen stehen, die mehr oder weniger offen sein können.

Fazit

Abschließend wird hier die These vertreten, dass es eine gewisse Korrespondenz zwischen übergeordneten Zielen, Integrationsdimensionen, Begründungen und Möglichkeiten zur Förderung der politischen Integration gibt. Die folgende Tabelle ordnet Wege zur Förderung der politischen Integration korrespondierenden Zielen zu.

Tabelle: Politische Integration

Übergeordnete Ziele	Integrations-dimensionen	Begründungs-typ	Förderungsmöglichkeit
legitimierte Demokratie	rechtlich: Gleichstellung	normativ	erleichterte Einbürgerung, kommunales Wahlrecht für Ausländer/innen
funktionierende Regierung	partizipativ: gleiche Teilhabe	funktional	Konsultationsprozesse, Rekrutierung
Zusammenhalt der Bevölkerung	identifikatorisch: Zugehörigkeit und Wertakzeptanz	symbolisch	Rekrutierung für sichtbare Positionen, respektvoller Diskurs

Vor dem Hintergrund deutscher und europäischer Erfahrungen plädiere ich dafür, stärker über den Zusammenhang zwischen Maßnahmen und Zielen nachzudenken. Rechtliche Gleichstellungsmaßnahmen dienen der normativ begründeten Legitimierung der Demokratie, sind aber möglicherweise nicht ausreichend, um auch Partizipation zu steigern und Identifikation zu fördern. Konsultationsprozesse sind geeignet, um Partizipation zu fördern und nicht um Demokratiedefizite auszugleichen. Werden sie so ausgestaltet, dass sie beides leisten sollen, drohen sie beide Ziele zu verfehlen. Offene Rekrutierungsstrategien können die Partizipation von Zugewanderten fördern, werden aber nur dann auch identifikatorisch wirken, wenn die erhöhte Partizipation auch nach außen hin sichtbar wird. Ein respektvoller Diskurs erhöht die Glaubwürdigkeit der Politik und kann den Zusammenhalt zwischen zugewanderten und einheimischen Bevölkerungsgruppen fördern, auch wenn konfliktträchtige Entscheidungen getroffen werden.

Anmerkungen

1 Vgl. Robert D. Putnam, E Pluribus Unum: Diversity and Community in the Twenty-first Century. The 2006 Johan Skytte Prize Lecture, in: Scandinavian Political Studies, 30 (2007) 2, S. 137–174.

2 Dieser Beitrag beruht insbesondere auf einer gemeinsamen Arbeit mit Norbert Cyrus. Norbert Cyrus / Dita Vogel, Förderung politischer Integration von Migrantinnen und Migranten. Begründungszusammenhänge und Handlungsmöglichkeiten, University of Oldenburg, POLITIS-Working paper No. 13/2008, http://www.politis-europe.uni-oldenburg.de/16084.html (letzter Zugriff: 12.3.2009). Zu POLITIS siehe auch: Dita Vogel (Hrsg.), Highly Active Immigrants. A Ressource for European Civil Societies, Frankfurt/Main 2008.

3 In Anlehnung an Marco Martiniello, Political Participation, Mobilisation and Representation of Immigrants and their Offspring in Europe, in: Rainer Bauböck (ed.), Migration and Citizenship. Legal Status, Rights and Political Participation, State of art report for IMISCOE cluster, B3 (2005), S. 55. http://www.imiscoe.org/publications/workingpapers/documents/migration_and_citizenship.pdf (letzter Zugriff: 12.3.2009)

4 Max Kaase, Politische Beteiligung / Politische Partizipation, in: Uwe Andersen, Wichard Woyke (Hrsg.), Handwörterbuch des politischen Systems der Bundesrepublik Deutschland, Opladen 2003, S. 495–500, hier S. 495.

5 Vgl. Maria Aleksynska, Quantitative Assessment of Immigrants' Civic Activities – Exploring the European Social Survey, in: D. Vogel (Anmerkung 2), S. 59–74.

6 Vgl. Rainer Bauböck, Wessen Stimme zählt? Thesen über demokratische Beteiligung in der Einwanderungsgesellschaft, IWE-Working Paper Nr. 35, Forschungsstelle für Institutionellen Wandel und Europäische Integration (IWE), Wien 2003.

7 Vgl. Tanja Bronsted Sejersen, "I vow to Thee My Countries" – The expansion of Dual Citizenship in the 21st Century, in: International Migration Review 42, (2008) 3, S. 523–549.

8 Vgl. Harald Waldrauch, Wahlrechte ausländischer Staatsangehöriger in europäischen und klassischen Einwanderungsstaaten: Ein Überblick. Defizitäre Demokratie – Migrantinnen in der Politik, in: Wiener Hefte zu Migration und Integration in Theorie und Praxis, (2003) 1, S. 55–75.

9 Vgl. Jan Niessen / Yongmi Schibel, Handbook on integration for policy-makers and practitioners, Directorate-General Justice, Freedom and Security, Brussels 2004, S. 40.

Konzepte politischer Bildung

Prof. Dr. Dirk Lange, geb. 1964

*Professor für Didaktik der Politischen
Bildung an der Carl von Ossietzky
Universität Oldenburg*

Dirk Lange
Migrationspolitische Bildung.
Das Bürgerbewusstsein in der Einwanderungsgesellschaft

Die deutsche Gesellschaft wird durch Migrationen geprägt. Im gesellschaftlichen, politischen und bildungspolitischen Diskurs der vergangenen Jahrzehnte
wurden die Herausforderungen der Migrationsgesellschaft nicht immer recht-
zeitig und adäquat reflektiert. Auch die politische Bildung muss sich fragen,
ob sie hinreichend zur Kenntnis genommen hat, welche Konsequenzen der
migrationsbedingte Wandel für die Entwicklung des Bürgerbewusstseins hat.
Genügen die aktuellen Konzeptionen interkultureller politischer Bildung den
Anforderungen einer mündigen Teilhabe aller Bürgerinnen und Bürger in der
Migrationsgesellschaft?

Das 21. Jahrhundert wird ein Jahrhundert der Migrationen werden. Diese
werden nicht nur durch Notlagen und Druck im Herkunftsland ausgelöst.
Vielmehr muss Migration als ein Strukturmerkmal moderner Gesellschaften
betrachtet werden.[1] In Deutschland verfügen circa 15 Millionen Menschen,
fast ein Fünftel der Gesamtbevölkerung, über einen Migrationshintergrund.
Davon sind circa 10 Millionen Menschen persönlich zugewandert. Mit 12,7
Prozent der Gesamtbevölkerung ist dieser Anteil der Migranten/innen erster
Generation mit dem eines klassischen Einwanderungslandes wie den USA
(12,9%) durchaus vergleichbar.[2] Diese Daten basieren auf einer Definition, die
offiziellen Statistiken zu Grunde liegt. Als „Menschen mit Migrationshintergrund"
werden dabei nicht nur alle Zugewanderten nach 1949 erfasst, sondern
auch die in Deutschland geborenen Ausländer/innen sowie diejenigen

Deutschen, die über einen zugewanderten oder nicht-deutschen Elternteil verfügen.[3]

Bildungspolitisch ist diese Definition zu unscharf, da sie Bildungseliten (bspw. zugewanderte Akademikerinnen) mit bildungsaffinen und bildungsfernen Gruppen (bspw. Zuwanderer/innen ohne Schulabschluss) in einer Kategorie zusammenführt. Gleichzeitig werden Arbeitsmigranten/innen der dritten Generation, deren Großeltern die deutsche Staatsangehörigkeit angenommen haben, nicht erfasst. In einer sozialwissenschaftlichen Betrachtung müsste der Kreis der Menschen mit Migrationshintergrund deshalb erheblich erweitert werden. Zunächst müssten die Umsiedler, Flüchtlinge und Vertriebenen (in erster und zweiter Generation), die bis 1949 auf das Territorium der heutigen Bundesrepublik Deutschland zugewandert sind, einbezogen werden. Außerdem verfügen diejenigen Deutschen über differenzierte Migrationserfahrungen, die eine Binnenwanderung von Ost nach West, vom Land in die Stadt oder einfach an ihren neuen Arbeitsplatz vollzogen haben. Schließlich machen auch Menschen ohne Migrationshintergrund Erfahrungen mit Migration, indem sie Einwanderung und Integration in ihrem Alltag erleben.

Bei den Menschen mit Migrationshintergrund handelt es sich also um eine äußerst heterogene Gruppe, die weder als Ersatz für die Formel „Unsere ausländischen Mitbürgerinnen und Mitbürger" dienen noch durch bildungspolitische oder pädagogische Sondermaßnahmen erfasst werden kann. Die migrationsbedingten Erfahrungen, die auch Menschen ohne Migrationshintergrund haben, sind gesellschaftlich nicht peripher, sondern zentral. In Anbetracht dieses Umstandes werden Fragen der Migration und Integration in der politischen Bildung noch immer zu randständig behandelt. Das Thema Migration sollte für die politische Bildung mehr als ein Inhaltsfeld sein. Die Strukturen, Prozesse und Politiken der Migrationsgesellschaft bedürfen der prinzipiellen und permanenten Reflexion.

Die Konzeptionen der interkulturellen politischen Bildung thematisieren Maßnahmen zur Überwindung von interkultureller Konfliktualität.[4] Im Kern geht es um die Akzeptanz von Diversität als Bildungsziel. Damit wird eine mentale Voraussetzung für das Funktionieren einer pluralen Gesellschaft angesprochen. Auffällig ist jedoch, dass die Konzepte der interkulturellen politischen Bildung bislang maßgeblich aus einer pädagogischen Perspektive entwickelt wurden. Sie richten sich an den in der Einwanderungsgesellschaft erwünschten Werthaltungen, Einstellungen und Verhaltensweisen aus. Fachdidaktisch ist die interkulturelle politische Bildung aber noch zu erweitern.[5] Sie wäre um die Thematisierung der

fachlichen Vorstellungen und Orientierungen von Menschen in der Migrationsgesellschaft zu ergänzen. Welche mentalen Modellierungen beispielsweise von
„Integration", „Migration", „Staatsbürgerschaft" oder „In- und Ausländer" ermöglichen und begrenzen das Urteilen und das Handeln in der Migrationsgesellschaft? Welches Bürgerbewusstsein navigiert den Einzelnen durch den Alltag,
der mit migrationsbedingten Phänomenen reichhaltig gefüllt ist? Durch welche
didaktische Irritation können die Vorstellungswelten mobilisiert und alternative
Denkweisen erprobt werden? Wie kann politische Bildung dazu beitragen, dass
das fachliche Verständnis von den Voraussetzungen und Folgen, den Inhalten
und Strukturen, den Chancen und Herausforderungen einer Migrationsgesellschaft wächst und zum Handeln in einer komplexen Wirklichkeit befähigt?

Um diese Fragen zu beantworten, reicht eine normative Ausrichtung auf die
Akzeptanz von Vielfalt nicht aus. Die politische Bildung muss allgemeiner die
politikrelevanten Vorstellungen in der und über die Migrationsgesellschaft in den
Blick nehmen. Diese subjektiven Sinnwelten sind didaktisch im Hinblick auf die
soziale Wirklichkeit zu schärfen. Deshalb – so die These – sollte sich die migrationspolitische Bildung mit dem Wandel und mit der Beeinflussbarkeit des
Bürgerbewusstseins in der Migrationsgesellschaft befassen.

Der vorliegende Beitrag rekonstruiert zunächst die Konzeptionen der interkulturellen politischen Bildung vor dem Hintergrund ihrer historischen Genese. Daraus
wird die migrationspolitische Bildung abgeleitet, die statt der Einstellungen gegenüber der Migrationsgesellschaft die Vorstellungen über die Migrationsgesellschaft in das Zentrum rückt. Abschließend werden Konzepte des Bürgerbewusstseins identifiziert, die einer besonderen Didaktisierung innerhalb der
politischen Bildung bedürfen.

Konzeptionen interkultureller politischer Bildung

Seit circa fünfzig Jahren werden pädagogische Strategien eingesetzt, die den
Zusammenhang von Migration und politischer Bildung thematisieren. Die Entwicklung der interkulturellen politischen Bildung korreliert zum Teil mit Phasen der
deutschen Migrationsgeschichte. Die im Folgenden dargestellten Konzeptionen
existieren aber nicht nur chronologisch nacheinander, sondern auch zeitlich
nebeneinander.

Zu den ersten Ansätzen, die auf das Vorhandensein von Migranten/innen reagier-
ten, zählt die so genannte Ausländerpädagogik. Ihre Konzepte entstanden als
eine Reaktion auf den Familienmitzug ausländischer Arbeitnehmer/innen in den

1950er und 1960er Jahren. Die Ausländerpädagogik hatte als vordringliches Ziel, durch pädagogische Interventionen die herkunftsbedingten Unterschiede zwischen den Schülerinnen und Schülern zu kompensieren. In diesem Bemühen richtete sie ihr Augenmerk vornehmlich auf die Kinder der „Gastarbeiter/innen". Deren herkunftsbedingte „Rückständigkeit" war es, die durch gezielte Förderung beseitigt werden sollte. Als unterentwickelt wurden dabei aber nicht nur das Leistungsniveau, sondern auch viele der Kulturtraditionen der Einwanderer eingeschätzt.[6]

Dieser Ansatz konnte auf Dauer nicht erfolgreich sein, da er die Verantwortung für die unbefriedigende Integration einseitig in der Migrantenkultur sah. Durch politisch-pädagogische Maßnahmen sollten die eingewanderten Neubürger/innen der Mehrheitskultur angepasst werden. Es ging um eine nachträgliche Sozialisation in die Zivilisation der Bundesrepublik Deutschland. Die Ausländerpädagogik verstand Integration als Assimilation. Gleichzeitig sollte aber die Option einer Rückkehr in die Herkunftsgesellschaften offen gehalten werden. Ausgrenzungen, Diskriminierungen und Rassismen der Aufnahmegesellschaft blieben pädagogisch unbeachtet.[7]

In kritischer Auseinandersetzung mit der Ausländerpädagogik wurden die migrationsbezogenen Ansätze der politischen Bildung in den 1980er Jahren reformuliert. Eine Arbeitsgrundlage dafür lieferte die Rezeption von Konzepten der Multikulturalität.[8] Die multikulturelle Erziehung ersetzte die Defizit- durch eine Differenzannahme. Die Minderheitskulturen der Migranten/innen wurden nunmehr akzeptiert und die pädagogischen Bemühungen auf die Frage gerichtet, wie ein Verständnis für die Vielfalt von Kulturen und Nationen gefördert werden könnte.[9] Dabei wurde die Lerngruppe selbst als Teil der multikulturellen Gesellschaft wahrgenommen. Die multikulturelle Erziehung machte die Feste, die Bräuche, die Traditionen und die Religionen sowie die Kleidung, die Ernährung, die Musik und die Spiele der vorhandenen Kulturen zum Lerngegenstand. Sie war nicht mehr „Sonderpädagogik für Migranten", sondern leistete einen Beitrag zur Anerkennung des Anderen und zur Toleranzerziehung auch der Mehrheitskultur.

Ein Manko des multikulturellen Ansatzes war, dass die Vielfalt der Kulturen additiv und zu selten interaktiv thematisiert wurde. Indem sich die Bildungspraxis auf Gegenstände der Sachkultur konzentrierte, konnte sie die Wandlungsprozesse innerhalb der Einwanderungsgesellschaft nicht erfassen. Problematisch war, dass Personen nicht-deutscher Herkunft an Kulturtraditionen ihrer Vorfahren „gefesselt" wurden. So konnte es passieren, dass Migrantenkinder mit

Bräuchen identifiziert wurden, die sie selbst nur noch aus Erzählungen oder von Urlaubsreisen kannten. Die lebensweltlichen Erfahrungen der Migranten/innen in zweiter und dritter Generation waren aber längst nicht mehr an die Überlieferungen ihrer Vorfahren gebunden. Sie entwickelten neue, teils binationale Identitäten in der Einwanderungskultur. Rückblickend kann festgestellt werden, dass einige der multikulturellen Angebote folkloristische Tendenzen enthielten. Die politische Bildung stand dadurch in der Gefahr, Stereotype und Vorurteile zu reproduzieren, die von der veränderten Lebenswirklichkeit immer stärker abwichen. Denn die Einwanderungsgesellschaft verkörpert nicht nur eine Vielfalt von bestehenden Kulturen, sondern ist auch ein Produzent neuer Kulturen. Den multikulturellen Ansätzen in der politischen Bildung lag ein zu homogener Kulturbegriff zu Grunde, durch den die Dynamik von Integrationsprozessen nicht eingefangen werden konnte.

Die Konzepte der interkulturellen Bildung haben diese Schwierigkeiten verarbeitet und bedienen sich eines erneuerten Kulturbegriffs. Der Fokus verschiebt sich von der Sachkultur auf die Deutungskultur. Kultur stellt demnach ein Bedeutungssystem dar, das von Menschen einer größeren Gruppe kommuniziert wird. Die interkulturelle Bildung geht davon aus, dass interkulturelle Verständigung zwangsläufig durch die Kulturgebundenheit der Interaktionspartner erschwert wird. Deshalb ist es ihr vorrangiges Ziel, Lernenden die notwendigen Kompetenzen zu vermitteln, um mit Angehörigen anderer kultureller Systeme sinnvoll und erfolgreich interagieren zu können. Nur wer um die Perspektivität der eigenen Deutung weiß, ist in der Lage, fremden Deutungen unvoreingenommen gegenüberzutreten. Das Wissen um die Kulturgebundenheit von Deutungen soll es Lernenden ermöglichen, andere kulturelle Muster zu erkennen, ohne sie bewerten zu müssen.[10]

Die Begegnung mit anderen Kulturen soll zugleich den Blick auf die eigenen Kulturstandards erweitern. Durch die bewusste „Entfremdung" beim Perspektivenwechsel kann erlernt werden, dass scheinbare Selbstverständlichkeiten in der Begegnung mit Angehörigen einer anderen Kultur erklärungsbedürftig werden können. Es wird Einsicht in die Wirkungen der eigenen kulturellen Kommunikation gewonnen. So wirkt das Wissen um die Sinnzusammenhänge, in denen andere die Welt ordnen, auf die eigene Kompetenz, mit Angehörigen anderer Kulturen zu interagieren, zurück. Die Fähigkeit, auch in den Bedeutungssystemen der „Anderen" zu denken, kann vor Missverständnissen schützen. Interkulturelle Bildung vermittelt somit, wie mit Angehörigen anderer Kulturen gleichberechtigte Beziehungen aufgebaut und kulturbedingte Konflikte bewältigt werden können.[11]

Die interkulturelle Bildung unterstellt, dass die Beteiligten an der Überwindung des interkulturellen Fehlverstehens grundsätzlich interessiert seien. Nur verhindere dies ihre jeweilige „kulturelle Brille". Aber was ist, wenn die Abwertung und Ausgrenzung des Anderen mit einer persönlichen Vorteilserwartung verbunden ist? Interkulturelle Konflikte bewegen sich nicht nur auf der zwischenmenschlichen Ebene des (Miss-)Verstehens. Sie stehen im Kontext gesellschaftlicher Strukturen und Herrschaftsverhältnisse, die auf der aktiven Definition eines „Anderen" und dessen Abwertung fußen. Die antirassistische Bildung geht deshalb über die reine Einstellungs- und Verhaltensebene hinaus. Sie begreift den Rassismus als eine strukturelle Dimension, die interkulturelle Prozesse bedingt und begleitet.[12]

Antirassistische Bildung interessiert sich für die „rassialisierenden" Sichtweisen und Prozesse, durch die Individuen mit scheinbar unveränderbaren (natürlichen oder kulturellen) Merkmalen so identifiziert werden, dass sie ungleichen und ungleichwertigen Kollektiven angehören. Sie hinterfragt die Machtungleichgewichte und Diskriminierungen, die mit dem Rasse-Konzept verknüpft sind. „Rasse" wird in der antirassistischen Bildung als ein gesellschaftliches Konstrukt begriffen, das biologische Eigenschaften – seien sie realer oder imaginierter Art – zur sozialen Platzeinweisung nutzt. Rassismus unterscheidet soziale Gruppen durch Biologisierung (als Rassen, Ethnien, Nationen, Stämme oder Kulturen), dient aber letztlich nicht der Differenzierung, sondern der Be- und Abwertung von Menschen. Rassismus bezeichnet ein Herrschaftssystem, das politische und soziale Ungleichheit durch den Verweis auf eine scheinbare oder tatsächliche biologische Ungleichheit legitimiert.

Die antirassistische Bildung will Lernende dazu befähigen, das Phänomen Rassismus inhaltlich zu durchdringen und seine verschiedenen Formen zu erkennen, zu analysieren und zu bekämpfen. Die pädagogische Praxis problematisiert dabei auch die institutionalisierten Ausgrenzungen beispielsweise in Form einer restriktiven Asyl- und Ausländergesetzgebung, einer Benachteiligung von Migranten/innen im Bildungssystem, einer sozio-ökonomischen Schlechterstellung oder einer lange verweigerten Einwanderungspolitik. Insgesamt will die antirassistische Bildung zu einer kritischen Auseinandersetzung mit den gesellschaftspolitischen Deutungsmustern von Interkulturalität befähigen.[13]

Migrationspolitische Bildung

Die verschiedenen Konzeptionen, die in der interkulturellen politischen Bildung erprobt wurden, haben eine starke normative Konnotation. Sie orientieren sich maßgeblich an dem Gleichheitsgrundsatz und dem Antidiskriminierungsprinzip der Menschenrechte. Für eine didaktische Strukturierung ist neben dem Soll- aber auch der Ist-Zustand des fachlichen Denkens in interkulturellen Kontexten relevant. Letztlich stellt dieser den Ausgangspunkt eines Lernprozesses dar. Die migrationspolitische Bildung strebt eine stärkere empirische Fundierung an und interessiert sich für das Bürgerbewusstsein in der Migrationsgesellschaft.[14] Didaktisch relevant sind beispielsweise die Migrationsvorstellungen von Ein- heimischen, die Partizipationskompetenzen von Migranten/innen, die Demokra- tievorstellungen von Einwanderern oder die Integrationskonzepte von Schüle- rinnen und Schülern. Wie stellen sie sich das Zusammenleben von Einheimischen und Migranten/innen vor? Was verstehen sie unter „gelungener Integration"? Welche Anforderungen stellen sie an die Aufnahmegesellschaft und welche an die Zuwanderer/innen? Lassen sich die subjektiven Vorstellungen mit sozial- wissenschaftlichen Konzepten der Integration, Akkulturation, Assimilation oder Transkulturalität in Beziehung setzen? Welche Bildungsstrategien resultieren daraus? So lauten Fragen, die in einer aktuellen Studie bearbeitet werden.[15]

Erste Ergebnisse weisen darauf hin, dass Schülerinnen und Schüler Integration als eine Anpassung von Fremden an Bestehendes beschreiben können. Sie identifizieren Phasen und Etappen der Eingliederung von Zugewanderten und begreifen „gelungene Integration" als einen vollzogenen Identitätswechsel. Die Schülerkonzepte ähneln dann Assimilationstheorien, in denen die eigentliche Integrationsleistung durch die Migranten/innen erbracht wird: Diese geben ihre Herkunftskultur schrittweise auf und nehmen die Identität der Aufnahmekultur an. Außerdem werden von Schülerinnen und Schülern Konzepte des Multikultura- lismus nachvollzogen. Integration wird dabei als vielfältiges Nebeneinander interpretiert.[16]

Die identifizierten Integrationsvorstellungen genügen den gesellschaftlichen Anforderungen nicht, da sie die aktuellen Strukturen und Verläufe von Migrati- onen nicht hinreichend erfassen. Denn der Prozess der Akkulturation fügt dem Bestehenden nicht nur Neues hinzu, vielmehr wandelt sich in der Begegnung mit Fremden auch die Aufnahmegesellschaft. Die Schülerinnen und Schüler können nur ungenügend erfassen, dass sich in einem Integrationsprozess nicht nur die Einwanderer verändern, sondern auch die Aufnahmegesellschaft. Moderne Wanderungen zeichnen sich aber durch ihre Transkulturalität aus. Viele Migran- ten/innen fühlen sich unterschiedlichen Räumen und Kulturen gleichzeitig zuge- hörig. Die soziale Integration ist dann nicht mehr an einen neuen Ort gebunden, sondern findet plurilokal statt.[17] Schülerinnen und Schüler können diese Form der Integration nicht hinreichend erkennen und beschreiben. Ihre mentalen

Modelle deuten eine Art der sozialen Inklusion vorschnell als Formen der Abgrenzung und missdeuten dadurch aktuelle Phänomene der Einwanderungsgesellschaft.

Im Bürgerbewusstsein bilden sich die mentalen Vorstellungen, die das Denken
und Handeln in der Migrationsgesellschaft leiten.[18] Empirische Studien über das
Bürgerbewusstsein geben Hinweise darauf, wie sich Menschen in den Strukturen und Prozessen der Migrationsgesellschaft orientieren. Sie zeigen an, dass
es auch (Fehl-)Vorstellungen (etwa: Integration = Assimilation) sein können, die
zum Misslingen von Integration und zur Problematisierung von Interkulturalität
beitragen. Migrationsprozesse stellen Einheimische wie Einwanderer/innen vor
ständig neue Bedingungen. Deshalb stellt die migrationspolitische Bildung die
Frage nach dem Wandel des Bürgerbewusstseins im Kontext von Migration und
Interkulturalität. Sie will die mentalen Modellierungen der Einzelnen in Lernprozessen so erweitern, dass sie eine kritische Urteilsbildung und ein reflektiertes
Handeln in interkulturellen Kontexten ermöglichen. Hierfür werden die subjektiven
Konzepte über Fragen von Migration und Interkulturalität zunächst erhoben und
anschließend irritiert, mit Widersprüchen konfrontiert und an innere Grenzen
geführt. Durch die erweiterten und veränderten Sichtweisen leistet die migrationspolitische Bildung einen Beitrag dazu, dass aktuelle migrationsbedingte
Phänomene besser „gelesen" und beeinflusst werden können.

Wie lassen sich diese migrationsbezogenen Vorstellungen des Bürgerbewusstseins theoretisch konstruieren? Von zentraler Bedeutung für die migrationspolitische Bildung sind die Vorstellungen darüber, wie sich Individuen in einer
Gesellschaft integrieren. Lernende haben eine Vorstellung über das Verhältnis
von Individuum und Gesellschaft. Sie erleben migrationsbedingte Heterogenität,
die sie subjektiv ordnen und gruppieren. Im Bürgerbewusstsein entwickeln sie
Aussagen und Begründungen über die Bedeutung von sozialen Differenzen – sei
es hinsichtlich des Geschlechts, der Ethnizität, der Herkunft, der sozialen Ungleichheit, des Lebensstils oder anderer Kategorisierungen. Um sich erklärbar zu
machen, wie trotz sozialer Vielfalt und Interkulturalität gesellschaftliches Zusammenleben funktioniert, werden auch Konzepte der Pluralität angewendet. Der
Prozess der Vergesellschaftung in Migrationsprozessen wird durch Konzepte
über das Individuum und die Mechanismen seiner sozialen Inklusion und Exklusion erklärbar. Zur Beantwortung der Frage, was die Gesellschaft trotz ihrer Vielfalt zusammenhält, sind im Bürgerbewusstsein auch Vorstellungen über Formen
der Interaktion und Kommunikation in Integrationsgesellschaften vorhanden.
„Wie integrieren sich Individuen in die Migrationsgesellschaft?", so lässt sich ein
zentrales Sinnbild zusammenfassen, das es didaktisch zu rekonstruieren gilt.

Das Bürgerbewusstsein verfügt außerdem über Vorstellungen darüber, welche allgemeingültigen Prinzipien das soziale Zusammenleben in der Migrationsgesellschaft leiten. Welche Werte und Normen werden in interkulturellen Konflikten erkannt? Welche Vorstellungen von sozialer Gerechtigkeit, von politischer Gleichheit, von der Anerkennung von Differenz und von der Freiheit des Individuums werden im interkulturellen Kontext eingesetzt? An welchen Werten wird das Zusammenleben in der Migrationsgesellschaft ausgerichtet? Wie werden diese Werte eingefordert und wie werden sie begründet? Für die migrationspolitische Bildung ist von besonderem Interesse, unter welchen Bedingungen die Gültigkeit der Menschenrechte universal und unter welchen sie partikular begründet wird. Möglicherweise bestehen mentale Parallelstrukturen, die je nach Personengruppe aktiviert werden. Aber wie könnten diese in Bildungsprozessen aufgelöst werden?

Ökonomie als Organisation und Verteilung knapper Güter wird in der Migrationsgesellschaft sowohl im Bezug auf eine globale Wirtschaftsordnung als auch auf die lokale Arbeitsmarktordnung bedeutsam. Im Bürgerbewusstsein verfügt der Einzelne über Vorstellungen darüber, wie Bedürfnisse durch Güter befriedigt werden. Für die migrationspolitische Bildung ist interessant, ob die politisch-ökonomischen Vorstellungen von Lernenden kulturell differenziert sind. So stellt sich die Frage, ob und unter welchen Bedingungen Migranten/innen als Arbeitsmarktkonkurrenz oder aber als Innovationskraft wahrgenommen werden. Wird ihnen der gleiche Zugang zu den materiellen Ressourcen einer Gesellschaft zugebilligt oder wird ihre soziale Deklassierung gerechtfertigt? Welche ökonomischen Wirkungen werden Migrationen unterstellt und welche Bedeutung wird Migrationsfaktoren für die Produktion von Gütern und die Möglichkeiten ihrer Verteilung gegeben?

Das Bürgerbewusstsein verfügt über Vorstellungen darüber, wie sich sozialer Wandel vollzieht. Wie werden die Ursachen und die Dynamik der Veränderungen in der Einwanderungs- und Migrationsgesellschaft erklärt? Welche Bedeutung wird dabei Migration und Interkulturalität beigemessen? Welche Konzepte beispielsweise der Globalisierung, der Demokratisierung oder des Fortschritts sind darin erkennbar? Schließlich verfügt das Bürgerbewusstsein über Vorstellungen darüber, wie Interessen in der Gesellschaft durchgesetzt werden. Wie werden die Ausübung von Macht und das Vertreten von Interessen in der Migrationsgesellschaft beschrieben und gerechtfertigt? Welche Vorstellungen von interkulturellen politischen Konflikten und der Partizipation von Migranten/innen sind erkennbar? Welche Migrationspolitiken werden legitimiert?

Thesen zur Praxis der migrationspolitischen Bildung

Die migrationspolitische Bildung sollte die Modellierungen, die Lernende über migrationsbedingte Phänomene aufgebaut haben, lerntheoretisch berücksichtigen. Die subjektiven fachlichen Konzepte sind in Bildungsprozessen zu aktivieren und zu erneuern. Die vorhandenen Konzepte können aber nicht einfach durch die „richtigen" ersetzt werden. Die migrationspolitische Bildung muss Reibungsflächen anbieten, die kontrovers zum Bürgerbewusstsein der Lernenden sind. Abschließend werden thesenartig einige Konzepte vorgeschlagen, deren kontroverse Behandlung die migrationspolitische Bildung in den Mittelpunkt stellen sollte.

Migrant: Die politische Bildung sollte exaktere und differenziertere Bezeichnungen für die Gruppe der Migranten/innen verwenden. Noch immer werden Migrantinnen und Migranten den „Deutschen" als „Ausländer/innen" gegenübergestellt. Auch die scheinbar politisch korrekte Bezeichnung „Jugendliche mit Migrationshintergrund" wird allzu oft als Synonym für „Ausländerjugendliche" verwendet. Es ist aber nicht so, dass die Migrationserfahrung eine spezifisch nicht-deutsche Erfahrung ist. Im Gegenteil: Die meisten Jugendlichen mit Migrationshintergrund sind in Deutschland geboren und ein großer Teil der Zugewanderten sind oder werden deutsche Staatsbürger/innen.

Deutsch-Sein: Die politische Bildung ist nach wie vor mit der Dominanz eines durch Abstammung definierten Nationen-Verständnisses konfrontiert. Deutsch-Sein wird als ein Zustand begriffen, der nur über die Abstammung erreicht werden kann. Ein republikanischer Nationenbegriff, der die auf einem Territorium lebenden Menschen als politische Gesellschaft erfasst, muss verstärkt gebildet werden. Das auf Abstammung basierende Verständnis von Deutsch-Sein sollte durch die politische Bildung problematisiert und in seiner historischen Entwicklung und aktuellen Veränderbarkeit thematisiert werden.

Integration: Die politische Bildung sollte unterschiedliche Formen der Akkulturation nachvollziehbar machen. Integration wird noch allzu leicht als Anpassung an Bestehendes und zu selten als Entstehung von etwas Neuem begriffen. Politische Bildung sollte erlernbar machen, dass zwischen den Polen der Assimilation und der Segregation ganz unterschiedliche Formen des sozialen Einschlusses denkbar sind.

Nationalität: Migration ist kein Wechsel der Nationalität. Integration wird aber noch zu stark durch die kategoriale Brille einer Nationalgesellschaft gedacht.

Moderne Formen sozialer Inklusion werden dadurch nicht erkannt. Die sozialen Zugehörigkeiten werden zunehmend auch im transnationalen Raum hergestellt. In diesem Kontext muss auch das Entstehen von kulturellen Parallelwelten differenziert betrachtet werden. Sie können die Möglichkeit einer gesellschaftlichen Verankerung bieten und die Voraussetzung für bürgerschaftliches Engagement darstellen. Deshalb sollten sie nicht vorschnell als integrationswidrig betrachtet werden.

Partizipation: Migranten/innen sind politisch Handelnde. Oftmals werden sie aber als Opfer gesellschaftlicher Bedingungen und als Betroffene politischer Maßnahmen dargestellt. Dabei erscheinen sie in passiven Rollenmustern und ohne Einfluss auf ihre Lage. Die politische Bildung sollte auch die aktiven Einfluss- und Gestaltungsmöglichkeiten von Migranten/innen in der Aufnahmegesellschaft aufzeigen. Hierfür reichen die klassischen Beteiligungsstränge nicht aus. Es ist zugleich nach den spezifischen Formen politischer Kompetenz zu fragen, die Migranten/innen in die Gesellschaft einbringen und die sich in Einwanderer-Communities (beispielsweise in Form von kommunalen Integrationsräten) bilden.

Migrationspolitik: Fragen der Einwanderung und Migration sind nicht nur im Sinne des Diversity Mainstreaming für jedes Problemfeld mitzudenken. Sie sind zu einem zentralen Politikfeld sowohl nationaler als auch internationaler Politik geworden. Die politische Bildung sollte die politischen Akteure, Institutionen und Maßnahmen thematisieren, die auf migrationsbedingte Probleme und Konflikte einwirken. An Beispielen von Einwanderung und Migration lässt sich Politik als ein fortwährender Prozess thematisieren, der für die Gesellschaft sowohl Risiken als auch Chancen bergen kann.

Pluralität: Die politische Migrationsgesellschaft sollte weder als schwarzweiße Dichotomie Migranten – Nichtmigranten noch als bunte Vielfalt von Kulturen gedacht werden. Sie ist als eine plurale Gesellschaft zu behandeln, in der sich Menschen partiell in funktionale Teilsysteme integrieren. Der Pluralismus geht damit über das Konzept der Diversität hinaus. Er überwindet das binäre Denken und berücksichtigt, dass auch Migranten/innen unterschiedliche und gegensätzliche Interessen haben.

Kultur: Kultur wird noch zu statisch als eine homogene Eigenschaft von nationalen, religiösen, ethnischen oder anderen Gruppen betrachtet. In der Tat ist Kultur ein kollektives Phänomen. Sie erscheint dabei als eine „zweite Natur", unterliegt jedoch ständiger Veränderung und Bestätigung. Kultur sollte als ein kollektiv geteiltes Bedeutungssystem verstanden werden. Individuen sind in verschiedene Deutungssysteme eingebunden und müssen ihre Identität darin immer wieder neu herstellen. In diesem Sinne sollte die politische Bildung das statische Kulturverständnis in Frage stellen.

Der Fremde: Das Einander-fremd-Sein ist ein inhärentes Prinzip der modernen städtischen Gesellschaft. Trotzdem: Der Fremde ist nicht per se fremd – fremd wird er gemacht. „Der Fremde" wird von der Hegemonialkultur genutzt und manchmal erst kreiert, um sich des Eigenen durch Kontrastierung zu versichern. Denn die Bildung einer Identität des Eigenen bedarf der Abgrenzung von etwas Anderem. Die Mehrheitsgesellschaft benötigt ein Bild vom Fremden, um die eigene Zusammengehörigkeit zu „sichern". Damit verfügt die Mehrheitsgesellschaft über ein Denkkonzept, das Integration blockieren kann. Die migrationspolitische Bildung sollte sich immer auch an die Mehrheitsgesellschaft und die Hegemonialkultur wenden. Die Dekonstruktion des Fremden durch Selbstreflexion eröffnet neue Perspektiven auf die Migrationsgesellschaft.

Anmerkungen

1 Vgl. Ludger Pries, Die Transnationalisierung der sozialen Welt. Sozialräume jenseits von National-gesellschaften. Frankfurt/Main 2008; Annette Treibel, Migration in modernen Gesellschaften. Soziale Folgen von Einwanderung, Gastarbeit und Flucht. Weinheim / München 2003.

2 Vgl. Statistisches Bundesamt (Hrsg.), Statistisches Jahrbuch 2007. Für die Bundesrepublik Deutschland, Wiesbaden 2007, S. 37 und 64f.

3 Vgl. ebd., S. 31.

4 Vgl. Rudolf Leiprecht / Anne Kerber (Hrsg.), Schule in der Einwanderungsgesellschaft, Schwal-bach/Ts. 2005; Heide Behrens / Jan Motte (Hrsg.), Politische Bildung in der Einwanderungsgesell-schaft, Schwalbach/Ts. 2006.

5 Vgl. Hans H. Reich / Alfred Holzbrecher / Hans-Joachim Roth (Hrsg.), Fachdidaktik interkulturell. Ein Handbuch, Opladen 2000.

6 Vgl. Jörg Ruhloff (Hrsg.), Aufwachsen im fremden Land. Probleme und Perspektiven der „Ausländerpädagogik", Frankfurt/Main / Bern 1982.

7 Vgl. Hanna Kiper, Interkulturelles und antirassistisches Lernen in der Grundschule, in: Siegfried George / Ingrid Prote (Hrsg.), Handbuch zur politischen Bildung in der Grundschule. Schwalbach/Ts. 1996, S. 196–210.

8 Vgl. Michael Bommes / Alfred Scherr, Multikulturalismus. Ein Ansatz für die Praxis der Jugend-arbeit, in: Deutsche Jugend, (1992) 5.

9 Vgl. Ingrid Haller, Chancen politischen Lernens in national heterogenen Gruppen, in: Ausländer-kinder. Forum für Schule und Sozialpädagogik, (1986) 24.

10 Vgl. Georg Auernheimer, Interkulturelle Bildung als eine Dimension Politischer Bildung, in: Bettina Gruber / Kathrin Hämmerle (Hrsg.), Demokratie lernen heute. Politische Bildung am Wendepunkt, Wien u. a. (Böhlau) 2008, S. 145–160.

11 Vgl. Harald Grosch / Wolf Rainer Leenen, Bausteine zur Grundlegung interkulturellen Lernens, in: Interkulturelles Lernen. Arbeitshilfen für die politische Bildung, Bonn 1998, S. 29–46.

12 Vgl. Ulrike Hormel / Albert Scherr, Bildung für die Einwanderungsgesellschaft. Perspektiven der Auseinandersetzung mit struktureller, institutioneller und interaktioneller Diskriminierung, Wiesbaden 2004.

13 Vgl. Gabi Elverich / Albert Scherr, Antirassistische Bildung, in: Dirk Lange / Volker Reinhardt (Hrsg.), Basiswissen Politische Bildung, Band 3, Inhaltsfelder der Politischen Bildung, Baltmanns-weiler 2007, S. 182–189.

14 Vgl. Dirk Lange, Migration und Bürgerbewusstsein. Perspektiven Politischer Bildung in Europa, Wiesbaden 2008.

15 Vgl. Andreas Lutter, Zwischen Assimilation und Multikultur. Integrationskonzepte von Schüle-rinnen und Schülern, in diesem Buch, S. 52–61.

16 Vgl. ebd.

17 Vgl. Ludger Pries, Transnationalismus und Migration, in diesem Buch, S. 95–106.

18 Vgl. Dirk Lange, Bürgerbewusstsein. Sinnbilder und Sinnbildungen in der Politischen Bildung, in: Gesellschaft – Wirtschaft – Politik (GWP), 57 (2008) 3, S. 431–439.

Prof. Dr. Annita Kalpaka

Professorin an der Fachhochschule Wiesbaden,
Fachbereich Sozialwesen

Annita Kalpaka
Funktionales Wissen und Nicht-Wissen in der Migrationsgesellschaft. Ansatzpunkte für reflexive politische Bildungsarbeit

Für die Beschäftigung mit dem Thema Migration geben Pädagoginnen und Pädagogen unterschiedliche Anlässe an: Als Lehrende treffen sie auf Schüler/innen mit Migrationshintergrund oder auch auf das Thema Migration als Lehr- bzw. Lernstoff. Nicht zuletzt gelten Fortbildungsmaßnahmen zu Fragen „interkultureller Kompetenz"[1] zunehmend als notwendige Zusatzqualifikation. Migration und Interkulturalität scheinen eng miteinander verbunden zu sein, sowohl im politischen als auch im pädagogischen Diskurs und im Alltagsverständnis. Trotz der seit mittlerweile zwanzig Jahren anhaltenden Kritik an der Fokussierung auf kulturelle Differenz als Kategorie, die weder das Phänomen Migration noch die Lebenslagen von Migranten/innen adäquat erfassen kann, bleiben kulturelle Differenz und kulturelle Praxen das dominierende Erklärungsprinzip für die Deutung von Lebenslagen von Migranten/innen.

Eigentlich wissen wir, dass es „die Anderen" an sich nicht gibt; und wir wissen auch, dass man Einfluss darauf hat, unter welchen Aspekten man die Anderen betrachten möchte; auch dass Fremdheit nichts Feststehendes ist, nichts Objektives, sondern dass Institutionen und die darin Tätigen die unterschiedlichen Erscheinungsformen von Fremdheit selbst mit herstellen, dass ein bestimmter Umgang mit „Anderen" sie erst zu diesen Anderen macht, mit denen man dann versucht, pädagogisch umzugehen. Gelingt das pädagogische Handeln nicht, so ist das postulierte Anderssein eine nahegelegte Erklärung dafür. Insofern wären „Andern" (in Anlehnung an den Begriff „Othering" aus dem angelsächsischen Kontext) oder „Geanderte" die treffenderen Begriffe, um die Tätigkeit bei den Prozessen, in denen Andere zu Anderen werden, mit zu erfassen, statt von den Anderen als objektive Gegebenheit auszugehen. In diesem Beitrag möchte ich zunächst auf problematische Aspekte gängiger pädagogischer Herangehensweisen im interkulturellen Kontext hinweisen und in einem weiteren Schritt den Blick um institutionelle Dimensionen erweitern, um dann Ansatzpunkte für reflexive politische Bildungsarbeit in der Migrationsgesellschaft zu nennen.

„Andern" in der pädagogischen Praxis

Im Kontext von Migration dominiert das „Andern" in Form von Kulturalisieren und Ethnisieren: Probleme bzw. Misserfolge von Migrantinnen und Migranten werden beinahe reflexartig auf die kulturelle bzw. ethnische Herkunft, oft gekoppelt an Dimensionen wie Religions- und Geschlechtszugehörigkeit, zurückgeführt. Diese Erklärungsmuster werden durch die konkrete pädagogische Praxis in der Schule und in der außerschulischen politischen Bildungsarbeit weiter tradiert. Es ist vielfach kritisiert worden, wie kulturalisierende und ethnisierende Bilder in Bildungsangeboten und Trainingsprogrammen für Pädagoginnen und Pädagogen und ebenso in deren Anwendung in der Unterrichtspraxis produziert werden und wie diese wiederum die Interaktion zwischen Pädagogen und ihren Adressaten/innen maßgeblich beeinflussen. Dennoch ist die Ansprache von Schülerinnen und Schülern als Andere im Sinne kultureller und ethnischer Differenz immer noch die Regel. Anwesende Migranten/innen als „lebendige Beispiele" zu funktionalisieren, sie als Repräsentanten „ihrer Kulturen" oder als Betroffene anzusprechen, gehört zu den gängigen Grenzüberschreitungen von Unterricht, von Fortbildung, von Elternarbeit und nicht zuletzt von interkulturellen Wochen. Der vermeintlich gewährte Raum ist von Fremdzuschreibungen dominiert. Dabei bleibt der Ort, von dem aus die Zuschreibungen vorgenommen werden, ungenannt, als ginge es um eine objektive Sicht auf Differenz.

Wenn es darum geht, die Multikulturalität als positives Merkmal der Schule herauszustreichen, werden z.B. Aynur und Hasan plötzlich zu Türken, auch wenn sie und sogar schon ihre Eltern hier geboren sind. Durch die selbstverständliche Thematisierung des für die Betrachtenden sichtbaren oder vermuteten Andersseins werden kaum Räume für Selbstdefinitionen bzw. für das gelassen, was den Beteiligten wichtig ist, hier und heute in diesem konkreten Kontext zu thematisieren und auf ihre Art preiszugeben. Solche Zuschreibungen bleiben Zumutungen, auch wenn das Grenzüberschreitende derartiger Thematisierungen von Zugehörigkeit – zumal in machtasymmetrischen Interaktionen – den Handelnden nicht bewusst ist. An dieser Stelle wäre mehr „Gleichbehandlung" gut: Denn auch andere Leute fragt man nicht als Erstes nach ihrer Herkunfts- oder Familiengeschichte oder danach, was Mama trägt, was Mama kocht, in welcher Sprache sie zu Hause spricht.

Es ist auch nicht überraschend, wenn Selbstethnisierung und -kulturalisierung der auf diese Weise Angesprochenen sichtbar wird. Ob solche Positionierungen auf Ohnmacht von Geanderten verweisen, auf Schwierigkeiten und Ambivalenzen, eigene Identitätsdefinitionen herauszufinden bzw. einzubringen, oder ob sie als „strategische Unterwerfung" unter ethnisierende Deutungen verstanden werden können, das muss Pädagogen/innen verborgen bleiben, solange sie den Prozess des „Anderns" nicht in den Blick nehmen.[2] Migrantinnen und Migranten werden in solchen Interaktionen, sei es im Rahmen von Unterrichtssequenzen oder auf interkulturellen Wochen, nicht als Subjekte angesprochen. Betrachtet man Bildungsangebote im interkulturellen Kontext, aber auch den schulischen Unterricht oder die Projektarbeit, kann man feststellen, dass auch weitere klassische Fallen, wie Bereicherungs- und Nützlichkeitsargumente sowie Helfen als Programm bzw. Moralisierung, keineswegs überwunden sind: Nützlichkeitsargumente werden oft gebraucht, um zu untermauern, dass „wir" Einwanderung brauchen: Früher, um „unser" Land aufzubauen, dann, weil Eingewanderte die Arbeit machen, die „wir" nicht machen wollen, jetzt, weil „wir" ein demografisches Problem haben, und nicht zuletzt, weil sie „uns" bereichern mit ihrer Kultur. Wer „wir" sind, bleibt hierbei ebenso ungeklärt, wie warum „sie" kommen und wieso „wir" hier in einem der reichsten Länder leben. Die Anderen werden zu Opfern von Bedingungen, wenn es heißt, wir müssen ihnen helfen. Dabei käme es darauf an, für diskriminierende Verhältnisse zu sensibilisieren, ohne Migranten/innen als bloße Opfer zu stigmatisieren oder die klassischen Pauschalisierungen und Zuschreibungen zu bedienen. Denn die Wahl zwischen Opfer von Kulturen oder Opfer von Bedingungen ist keine wirkliche Wahl für die jeweils entsubjektivierten Geanderten.

Und wenn Beteiligung bedeutet, dass Eltern die Zuständigkeit für die kulinarische Vielfalt als Teil von Elternarbeit übernehmen, während die kulturelle und ethnische Vielfalt zwar beim Küchen- und Reinigungspersonal dominiert, aber z.B. unter Abiturienten/innen oder auch in der Zusammensetzung des qualifizierten Personals in Kollegien zu wünschen übrig lässt, dann müsste das Verständnis von Beteiligung genauer betrachtet werden.

Gemeinsam ist solchen Zugängen, dass sie den „Herr im Hause"-Standpunkt nicht verlassen. Die Festlegung der Anderen konstituiert ein „Wir" mit. Obwohl entscheidend für die Einteilung in „wir" und „die Anderen" bleibt dieses „Wir" als die Position von Normalität unsichtbar bzw. unbenannt.

Mit solcherart Kategorisierungen aufzuhören ist nicht so einfach. Denn die Trennung in innen und außen, in „wir" und „sie" ist institutionalisiert in Gesetzen, in der Organisation der Gesellschaft und in ihren Einrichtungen und zieht sich wie ein roter Faden durch alle Ebenen unseres Handelns und Bewusstseins. Sie findet ihren Niederschlag auch in der Zuordnung von Menschen zu Zielgruppen und Maßnahmen und ist in politischen Debatten ständig präsent. Kein Wunder also, dass jeder von uns sich immer wieder bei dieser Art dichotomischen Denkens ertappen kann – es ist eben „normal". Auch im Kontext von politischer Bildung bzw. Antidiskriminierungsarbeit, im Spannungsfeld von Anerkennung von Differenz und Aufhebung von Ungleichbehandlung, ist die Hervorhebung und somit Festschreibung von Differenz ein Dilemma: Um die ausgrenzenden Folgen von Gesetzen und Praxen sichtbar zu machen und die daraus zu ziehenden Konsequenzen zu begründen, muss ich benennen und sichtbar machen, um wen es geht.

Nichtsdestoweniger kann man reflexiv damit umgehen und den Prozess des Hervorbringens der Anderen, an dem man beteiligt ist, in das Denken und Handeln mit einbeziehen, um Essentialisierungen und eindeutige Festlegungen und Verallgemeinerungen zu vermeiden. Neben den hier kurz angedeuteten dominanz- und rassismusunsensiblen Zugängen gibt es auch dominanz- und rassismuskritische Konzepte (u.a. Konzepte vorurteilsbewusster Pädagogik, antirassistischer bzw. differenzsensibler Bildungsarbeit). Dass sich Erstere in der Praxis und in der Aus- und Weiterbildung für diese Praxis durchsetzen, verweist auf ihre Funktionalität und auf die Wirkmächtigkeit herrschender Logiken, in deren Kontext bestimmte Herangehensweisen funktional sind. Insofern sollen diese Schlaglichter als Hinweise auf Rahmenbedingungen des Handelns bzw. auf institutionelles Wissen gelesen werden und nicht als Belege für Inkompetenz von Pädagogen/innen, sonst würde dadurch der klassische personalisierende Defizit- bzw. Kompetenzdiskurs doch einfach bloß reproduziert. Denn aus der Analyse von pädagogischen Herangehensweisen – hier im Kontext von Migration und Interkulturalität – erfahren wir etwas über herrschende Diskurse und Routinen in der jeweiligen Einrichtung, über offene und verdeckte Aufträge und über Handlungssituationen und Widersprüche, die von den Erziehenden bewältigt werden sollen, und wir erfahren auch etwas über die Bewältigungsstrategien, die Professionelle in Strukturen entwickeln. Deshalb erscheint es mir unerlässlich, den Blick genauer auf strukturelle und institutionelle Dimensionen zu richten, die das pädagogische Handeln maßgeblich mit bestimmen. Dies soll im Folgenden anhand von Beispielen geschehen.

Institutionelle Diskriminierung und Problemverschiebungen

Das Ergebnis einer aktuellen Studie in Hessen, durchgeführt von den Mainzer Soziologen Alexander Schulze, Rainer Unger und Stefan Hradil, brachte zu Tage, dass Lehrer/innen Kinder aus der so genannten Unterschicht beim Übergang in eine weiterführende Schule sehr viel seltener zum Besuch eines Gymnasiums empfehlen als Kinder aus der Mittel- und Oberschicht – selbst bei gleichem Notendurchschnitt. Die Studie beruht auf einer Vollerhebung von 2303 Schülern aus 105 Klassen an 36 staatlichen Grundschulen in Wiesbaden. Das schicht-abhängige Prinzip gilt laut Studie für deutschstämmige Kinder genauso wie für Kinder mit Migrationshintergrund. Zu beachten ist, dass in Wiesbaden Kinder mit Migrationshintergrund zu 45 Prozent in Armut leben, Kinder ohne Migrations-hintergrund zu 17 Prozent. Entscheidend ist zudem die Ausbildung der Eltern: Arme Kinder, deren Mutter oder Vater Abitur haben, erreichen mit 62-prozentiger Wahrscheinlichkeit das Gymnasium. Bei armen Eltern mit Hauptschulabschluss liegt die Wahrscheinlichkeit bei nur 18 Prozent. Die Noten spielen bei der Empfehlung für das Gymnasium die wichtigste Rolle: Einser-Grundschüler bekommen unabhängig von der Schichtzugehörigkeit immer eine Gymnasial-Empfehlung. Bei der Durchschnittsnote 2,0 erhalten 75 Prozent der Kinder, deren Eltern aus der niedrigsten Einkommens- und Bildungsgruppe kommen, eine Empfehlung fürs Gymnasium. Bei den Oberschichtkindern sind es mit 96,5 Prozent fast alle Kinder. Noch drastischer ist die unterschiedliche Behand-lung bei einer Durchschnittsnote von 2,5. Nur 19,5 Prozent der Kinder aus der Unterschicht werden fürs Gymnasium empfohlen, Kinder aus der Oberschicht zu 70 Prozent. Kein spezifisches Migrationsthema, aber auch ein Migrations-thema: Hier wirken verschiedene Dimensionen der Produktion sozialer Ungleich-heit zusammen, auch wenn die Forschenden nur Schichtzugehörigkeit (weder Herkunft noch Geschlecht) im Fokus hatten.

Aufgrund solcher Ergebnisse wäre es naheliegend, die Routinen und Kriterien, die dieser Entscheidungspraxis zu Grunde liegen, zu untersuchen. Das „erste Fazit" des Sozialdezernats, Auftraggeber der Studie, belehrt uns jedoch eines Besseren: Kitas, Grundschulen und Sekundarstufe I-Schulen mit vielen armen Kindern müssten dringend besser ausgestattet werden, heißt es da. Personal, Räume, Material müssten her, um die gefährdeten Zielgruppen gezielt zu betreuen und zu fördern. Zudem sollten Projekte der Elternbildung weiter ge-stärkt werden. Auch raten die Experten/innen im Sozialdezernat, „das bereits existierende Kompetenz-Entwicklungs-Programm, das Hauptschüler und ihre Eltern direkt anspricht und weiter qualifiziert, auf arme Eltern und ihre Kinder auszuweiten"[3].

Die Produktion sozialer Ungleichheit ist strukturell verankert, aber die vorgeschlagenen Maßnahmen liegen eindeutig auf einer anderen Ebene. Nichts gegen Elternbildung, aber diese als Mittel zur Bekämpfung der durch Schule (re)produzierten sozialen Ungleichheit anzusehen, gleicht einem Hohn. Liest man die Studie so, dass sie die institutionelle Praxis, die Entscheidungsroutinen als diskriminierend herausarbeitet, und stellt man das „erste Fazit" der politisch verantwortlichen Auftraggeber diesen Ergebnissen gegenüber, gewinnt man den Eindruck, dass die vorgeschlagenen Maßnahmen die diskriminierende Praxis, die die Studie feststellt, nachträglich legitimieren sollen. Denn nicht die Struktur und die Entscheidungspraxis sind der Ansatzpunkt der Maßnahmen, sondern die als „gefährdete Zielgruppe" definierten benachteiligten Kinder und ihre Eltern. Es drängen sich Fragen auf, die fast zynisch klingen: Sollen die „gefährdeten Zielgruppen" gestärkt werden, damit sie die Selektionsentscheidungen besser verkraften können oder damit sie ihre Chancen erhöhen, ihnen zu entkommen? Diese Logik, nach der Bildungsbenachteiligung quasi den Benachteiligten selbst angelastet wird, ist leider nicht die Ausnahme, sondern geradezu beispielhaft für den individuellen und institutionellen Umgang mit solchen Ergebnissen, wie die Reaktion auf die PISA-Ergebnisse in den letzten Jahren gezeigt hat. Sicherlich könnte man Lehrenden und Entscheidungsträgern, die die Empfehlungen für die weiterführenden Schulen geben oder verweigern, Versagen oder Inkompetenz attestieren und sie in Fortbildung schicken. Ich will sie auch nicht von ihrer Verantwortung als Handelnde freisprechen. Ihr Handeln verweist allerdings auf institutionelle und strukturelle Dimensionen, nicht zuletzt auf das hochselektive Bildungssystem. Diese Lehrerinnen und Lehrer im klassischen Sinne „interkulturell" fortzubilden wäre deshalb ebenso ein Hohn. Aber solche Maßnahmen, die den Fokus von den ausgrenzenden Routinen auf die Defizite der Lehrenden bzw. der Schülerinnen und Schüler oder auf die Kulturen der Benachteiligten verschieben, sind funktional für die Stabilisierung der festgestellten Ungleichheit: Sie fügen sich in das Bestehende ein und stören nicht weiter.

Was wäre hier die Aufgabe politischer Bildungsarbeit? Welches Wissen sollte Pädagogen/innen vermittelt werden? Um adäquate Maßnahmen zu entwickeln, wäre ein Ansatzpunkt, die Organisation und ihre Entscheidungspraxis selbst in den Blick zu nehmen, wie es etwa Mechtild Gomolla und Frank-Olaf Radtke[4] in ihrer Untersuchung über institutionelle Diskriminierung mittels Herstellung von ethnischer Differenz in der Schule tun. Hilfreich für das Verstehen und Analysieren solcher Selektionsprozesse und der eigenen Eingebundenheit in diese ist die Kategorie der „institutionellen Diskriminierung". [Denn] „die genaue Analyse der Mechanismen der Diskriminierung in einzelnen Institutionen kann auf Möglichkeiten der Intervention aufmerksam machen. Dazu gehört auch, die Wahrnehmung der beteiligten Entscheider/innen auf die Ergebnisse und Folgen ihrer Praxis zu lenken. Es kommt darauf an, dass man lernt, die eigene Praxis unter dem Gesichtspunkt zu beobachten, wo versteckte latente Mechanismen der Diskriminierung bisher nicht wahrgenommen werden konnten. Die Beobachtung von Diskriminierung gibt ein Instrumentarium in die Hand, mit dem man theoretisch weiß, wonach man sucht und was man beobachten soll."[5] Gomolla und Radtke arbeiten in ihrer Studie die Bedeutung von Wissen und Nicht-Wissen über die eigenen Operationen in der Organisation Schule heraus: Entscheidungen über Schulkarrieren seien als Entscheidungsketten organisiert und könnten von den einzelnen Entscheidern nicht verfolgt und verantwortet, also auch nicht auf ihre Folgen beobachtet werden. „Man kann von einer unorganisierten Unzuständigkeit, aber auch Unwissenheit der Organisationsmitglieder über ihre eigene Praxis ausgehen."[6]

(Nicht-)Wissen über das eigene Tun und seine Folgen

Nicht nur politisch Verantwortliche wie im o.g. Beispiel, sondern auch Pädagogen/innen nehmen in ihren Deutungen Ausblendungen und Problemverschiebungen vor: Wenn Lehrer/innen selbst ihre Tätigkeit beschreiben, wird die Schule als Organisation präsentiert, die die Schülerinnen und Schüler bestmöglich zu fördern versucht, stellen Gomolla und Radtke fest. Die Grundschule würde ihre Aufgabe darin sehen, den richtigen Platz für jedes Kind im mehrgliedrigen Schulsystem zu finden. Diese pädagogische Deutung stellt die Selektionsentscheidungen der Schule mit dem Begriff des „Förderns" „als eine positive Dienstleistung an den Kindern und ihren Eltern"[7] dar. Ähnliches lässt sich im Kontext pädagogischen Handelns in der sozialen Arbeit feststellen.[8] Viele Pädagogen/innen fühlen sich persönlich angegriffen, wenn sie in der Fortbildung auf ihre diskriminierende Praxis hingewiesen werden und verteidigen „ihre" Schule bzw. ihre Tätigkeit, insbesondere dann, wenn sie interkulturelle Maßnahmen vorzuweisen haben.

Oft sind es die gleichen Pädagogen/innen, die in ihrer politischen Praxis, z.B. in der Gewerkschaft Erziehung und Wissenschaft (GEW), den Selektionscharakter von Schule anprangern und Ausgrenzung von Migrantinnen und Migranten skandalisieren. Aber wenn sie ihre eigene pädagogische Tätigkeit beschreiben, greifen sie nicht mehr auf diese Kategorien zurück, sondern auf Defizite der Kinder, kulturelle Differenzen, das Elternhaus usw., die die pädagogische Arbeit erschweren würden. In der Kritik am Bildungssystem sehen sich Pädagoginnen und Pädagogen oft gar nicht als Teil des Systems, sondern lediglich als Opposition dazu. In der Beschreibung konkreter Praxis und bei der Suche nach

Lösungen argumentieren und handeln sie systemimmanent, indem sie sich der vorherrschenden Deutungen und Problemerklärungen bedienen, die institutionelle Diskriminierungen hervorrufen und auch absichern. Welche Erklärungen lassen sich dafür finden?

Pädagogen handeln im Kontext von Institutionen, die in ihrem Selbstverständnis weiterhin ethnozentrisch, monokulturell und monolingual sind, die der Tatsache und der Zusammensetzung der Einwanderungsgesellschaft nicht entsprechen. Ingrid Gogolin spricht hier von einem „monolingualen Habitus" der Institution Schule.[9] Maßnahmen, die aus der Notwendigkeit entstanden sind, mit Migrationsfolgen umzugehen, sind meistens additiv angehängt, haben den Status von besonderen Maßnahmen, wecken die Hoffnung, dass sie vorübergehend sind, und haben in den seltensten Fällen die Funktion, das „Normale", das Bestehende grundsätzlich zu erschüttern oder zu verändern. In solchen Institutionen entwickeln Pädagogen/innen ihre Handlungsstrategien.[10] Weil Heterogenität nicht als Normalität aufgefasst wird, werden Migranten/innen als eine Belastung erlebt: Lösungen werden in der Homogenisierung gesucht. Wenn Pädagogen/innen nicht reflexiv mit diesen herrschenden Deutungsschemata umgehen, betätigen sie sich – unreflektiert oder ungewollt – als „Normalisierungsagenten", produzieren „Leitkultur", wie z.b. durch Verbote anderer Sprachen als die deutsche als Kommunikationssprachen in Schulen oder Jugendeinrichtungen.

Hinzu kommt, dass pädagogische Praxis und Bildungsarbeit für diese Praxis oft so organisiert sind, dass sie es uns erleichtern, wenn nicht sogar nahelegen, uns als Individuen zu denken, die bemüht sind, ihre Arbeit gut zu machen und eine gute Kommunikation mit unseren jeweiligen Adressaten/innen herzustellen. Einzelkämpfertum in der Bewältigung des pädagogischen Alltags und Undurchsichtigkeit von Entscheidungsstrukturen führen oft dazu, dass das eigene Tun und seine Folgen gar nicht sichtbar werden können. So berichtet z.B. eine Kollegin im Rahmen einer Fortbildung, wie begeistert sie von ihren Teilnehmerinnen im Integrationskurs sei und entgegen bestehender Vorurteile feststelle, auch „muslimische Frauen" würden sich ganz aktiv beteiligen. Dafür fände sie „andere Nationalitäten", die sich nicht einlassen wollten, problematisch. Über die fragwürdigen und entsubjektivierenden Einordnungskategorien der Pädagogin hinaus, die ich hier nicht weiter diskutieren möchte, geht es mir in diesem Beispiel um den Aspekt der Ausblendung von Rahmenbedingungen. Gefragt nach dem Kontext, dem Auftrag der Integrationskurse und dem Unterrichtsmaterial gibt sie zwar zu, dass all das etwas problematisch sei, sie könne aber schließlich nichts daran verändern. Ihr Ziel sei es, den Teilnehmenden etwas beizubringen, damit diese sich schnell integrieren könnten, schließlich könne man sich nicht um alles kümmern.

In der Tat liegt der Zusammenhang zwischen guter Pädagogik und Rahmenbedingungen, zu denen u.a. auch der Auftrag und der Auftraggeber solcher
Maßnahmen gehören, nicht auf der Hand. Solche Zusammenhänge müssten –
u.a. im Rahmen von Bildungsarbeit und -forschung – rekonstruiert und verstanden werden. Denn werden solche Aspekte als schlichte Kausalzusammenhänge
gedacht oder aber vorschnell als unbedeutend für die pädagogische Praxis
eingeordnet, können sie der Reflexion nicht mehr zugänglich gemacht werden.
Im Kontext politischer Bildungsarbeit wäre m.E. zu diskutieren, welche Bedeutung und Konsequenzen es hat oder haben kann, dass Integrationsangebote seit
2003 in die Verantwortung des Bundesministeriums des Inneren (BMI) über-
gegangen sind. Es erscheint zumindest reflexionsbedürftig und diskussions-
würdig, inwiefern diese Verlagerung der explizit an Migrantinnen und Migranten
gerichteten Förderangebote des Bundes in die Zuständigkeit des BMI nicht jene
Positionen und Diskurse stärkt, die Migranten vor allem als ordnungspolitische
Frage ansehen und behandelt wissen möchten. Solche Signale können als
eine politische Aussage in diese Richtung verstanden werden, vor allem wenn
man bedenkt, dass Deutsch- bzw. Integrationskurse für bestimmte Gruppen
verpflichtend sind und Fernbleiben Sanktionen nach sich ziehen kann.

Neben der „unorganisierten Unzuständigkeit, aber auch Unwissenheit der Organisationsmitglieder über ihre eigene Praxis", von der Gomolla und Radtke ausgehen, gibt es in Organisationen auch „ein Wissen darüber, was man besser nicht
wissen will"[11]. Denn das Wissen über Hintergründe des eigenen Tuns kann sich
als riskant erweisen, wenn es – wie in diesem Fall – mit eigenen politischen An-
sprüchen kollidiert. Dass z.B. Integrationskurse mit aufenthaltsrechtlichen Sanktionen und mit damit einhergehenden Kontrollen verknüpft sind, hat in den letzten
Jahren manchen freien Bildungsträger und seine Mitarbeiter/innen vor das Dilemma gestellt, selbst die Kontrollfunktion zu übernehmen oder sie anderen zu
überlassen und somit auch auf die oft für das Fortbestehen der Träger existenziell
notwendigen Mittel zu verzichten. Aus dem Dilemma kommt man durch Ausblendungen nicht heraus. Es bleibt ein Handeln im Widerspruch, auch wenn man
die Ausblendungen in bestimmtem Maß braucht, um handlungsfähig zu sein.

Ihre Verstrickung in diskriminierende Praxis weisen Pädagoginnen und Pädagogen, zumal jene, die sich für interkulturelle Fortbildungen interessieren und
besonders engagieren, meistens mit Entschiedenheit, ja Empörung zurück. Als
Bewältigungsstrategie im Sinne o.g. Ausführungen ist diese Reaktion nachvollziehbar, aber sie ist auch eine Machtstrategie, wie im Rahmen der Critical-
Whiteness-Studies (CWS) herausgearbeitet werden konnte. Denn so besteht
gerade ein „Zeichen der Weißen Privilegiertheit [...] ironischerweise in der Fähig-

keit, sich selbst bloß als ein Individuum zu betrachten und darüber hinwegzu-
sehen, wie die bloße Mitgliedschaft in einer Weißen Gruppe das Privileg der
Individualität hervorbringt"[12].

Reflexiv angelegte politische Bildungsarbeit kann dazu beitragen, solche Mechanismen zu erkennen und die jeweils eigene Positionierung im gesellschaftlichen
und institutionellen Kontext zu reflektieren und auch zu erproben, wie man z.B.
den Konsens in der Problemwahrnehmung und -definition und in der Zielformulierung stören kann. Die Critical-Whiteness-Studies bieten einige Anhaltspunkte,
um die Selbstverständlichkeiten der Dominanzposition wahrnehmen, analysieren
und reflektieren zu können.

Gesellschaftskritik und pädagogische Praxis: getrennte Baustellen?

Welches Wissen wäre für pädagogisch Tätige hilfreich, um unter Bedingungen
von Differenz und Dominanz herrschaftskritisch zu handeln? Welche Akzente
könnte Bildungsarbeit im Kontext von Migration und Diskriminierung setzen?

Will politische Bildungsarbeit herrschaftskritisch sein, muss sie Räume schaffen,
in denen verstärkt Zusammenhänge zwischen pädagogischem Handeln und den
strukturellen Rahmenbedingungen des Handelns hergestellt und die dadurch zu
Tage beförderten Widersprüche und Dilemmata sichtbar, thematisierbar und
reflektierbar gemacht werden können. Damit sich Ethnisierung und Kulturalisierung nicht unreflektiert durchsetzen, müssen sich Pädagogen im Rahmen
solcher reflexiv angelegter Bildungsarbeit mit dem Verhältnis von Kultur und
Struktur auseinandersetzen, mit der Frage, unter welchen Bedingungen und
Machtkonstellationen kulturelle und ethnische Dimensionen eine Bedeutung
gewinnen – für „Andernde" und „Geanderte" und für die Einrichtungen selbst. In
diesem Verständnis müsste Bildungsarbeit im Sinne „interkultureller Kompetenz"
also vor allem eine suchende Haltung bezüglich der Relevanz von Kultur in
konkreten Situationen unterstützen, um eine Sensibilisierung für Kulturalisierung
bzw. Ethnisierung und deren Folgen zu ermöglichen. Dazu gehört u.a., die
eigenen Kategorien im Hinblick auf ihre Funktionalität und ihre herrschafts-
stabilisierende Funktion zu reflektieren.

Sich einzulassen auf solche Reflexionsprozesse verspricht keine schnellen
Lösungen: Denn aus einer Gesellschafts- oder Bildungssystemkritik folgt nicht
unmittelbar, wie zu handeln wäre, und zwar so, dass man keine herrschafts-
stabilisierenden Effekte erzeugt. Der Einblick in Strukturen und ihre Funktions-
weisen kann sogar zu Handlungsunfähigkeit und Resignation führen, ratlos

machen, weshalb es sinnvoll erscheint, sich auf das Machbare zu konzentrieren, z.B. guten Unterricht zu machen und Methoden dafür zu erlernen. Insofern ist es nachvollziehbar, warum Methodentrainings (nicht nur im interkulturellen Kontext) gefragt sind.

Oft empfinden Adressatinnen und Adressaten von politischer Bildungsarbeit Gesellschaftskritik als zu abstrakt. Theorie und Gesellschaftskritik gehören nicht unbedingt zu den gefragten Inhalten, während Methoden, oft verstanden als bloße Techniken, konkrete Hilfen für das Handeln zu versprechen scheinen. In der sogenannten interkulturellen Bildungsarbeit werden zunehmend pragmatische Konzepte eingefordert: Es soll in möglichst wenig Zeit möglichst viel verwertbares Wissen für den Umgang mit den Anderen angeeignet werden.

Abstrakt kann Gesellschaftskritik dann bleiben, wenn man sie nicht kontextualisiert und konkretisiert. Insofern ist die Herstellung von Bezügen zur eigenen Praxis im Rahmen reflexiver Bildungsarbeit eine gute Möglichkeit, Gesellschaftskritik und pädagogisches Handeln zusammenzubringen. Denn anhand von Analyse und Reflexion konkreter Praxis von pädagogisch Handelnden bleibt Bildungsarbeit subjektbezogen und konkret: Sie bezieht sich auf die konkreten Handelnden und nimmt sie in ihren Handlungsbedingungen und ihren Handlungsmöglichkeiten ernst. Und sie bezieht sich auch auf die Adressaten dieser Praxis, indem sie nach den Folgen für sie fragt. Die Kategorien, die von Pädagoginnen und Pädagogen übernommen werden, sind zu hinterfragen und zu überprüfen: Was fokussieren sie? Was blenden sie aus? Welche Folgen hat dies? Wer hat welches Interesse daran? Wer profitiert davon? Um solche Fragen zu entwickeln und zu beantworten, braucht Bildungsarbeit geeignete Kategorien, die Individuen und Gesellschaft auf eine Weise zusammen denken können, die weder deterministisch noch reduktionistisch sind.

Wie die hier angesprochenen Beispiele zeigen, sind Diskriminierungen und ihre Folgen nicht abstrakt, sondern ziemlich konkret belegbar und spürbar und durch das eigene Denken und Handeln (re)produzierbar. Abstrahiert davon wird dann, wenn Bildungsangebote Informationen über die Kulturen der Anderen und Methoden für den Umgang mit „Geanderten" zu vermitteln versprechen. In diesem Sinne finde ich didaktische und methodische Vorschläge, die meistens für das Konkrete gehalten werden, ziemlich abstrakt, insofern sie von konkreten Situationen und Subjekten, von der sozialen Positionierung der Anwender der vorgeschlagenen Methoden und vom konkreten Kontext abstrahieren. Es würde sich lohnen, den herrschenden Konsens über die Einordnungen von Bildungsangeboten als konkret bzw. abstrakt (handlungsorientiert vs. theoretisch) und somit auch die Angebotsstruktur zu hinterfragen, will man sich in der politischen Bildung nicht den Vorwurf gefallen lassen, nur solches Wissen zu vermitteln, welches Schule bzw. andere Institutionen in ihrer Grundstruktur nicht stört.

Für politische Bildungsarbeit in der Migrationsgesellschaft in herrschaftskritischer Perspektive wäre es notwendig, die getrennten Baustellen Gesellschaftskritik und pädagogische Praxis zusammenzuführen. Reflexiv und herrschaftskritisch angelegte Bildungsarbeit muss dabei nicht alles neu erfinden: Wir können zurückgreifen auf Erkenntnisse aus der Critical-Whiteness-Forschung, um die Selbstverständlichkeiten der eigenen Dominanzposition analysieren und reflektieren zu können, auf Anregungen aus der Geschlechterforschung, wie etwa auf die Forderung nach einer „Balance zwischen Dramatisierung und Entdramatisierung von Differenz"[13] aus dem Konzept der „Reflexiven Koedukation"[14] oder auf Erkenntnisse der Intersektionalitätsforschung, damit wir lernen, Kategorien sozialer Ungleichheit zu verschränken, statt sie nur getrennt zu betrachten. Schließlich sind auch aus den methodischen Vorschlägen mancher interkultureller bzw. antirassistischer oder Anti-Bias-Programme Anregungen zu entnehmen, die man gesellschaftskritisch transformieren kann.

Auch politische Bildungsarbeit unterliegt Rahmenbedingungen und Zwängen. Der Bereich, der sich mit Fragen von Migration und Interkulturalität beschäftigt, ist in den letzten Jahren – nicht zuletzt durch Förderprogramme und EU-Gelder – größer und unübersichtlicher geworden. Darüber hinaus ist er von strukturellen und inhaltlichen Schieflagen gekennzeichnet.[15] Aber auch Bildungsarbeit ist eine Instanz, die durch ihre Angebote Diskurse mitbestimmt und die Nachfrage mit herstellt, die sie dann wiederum durch ihre Angebote abzudecken sucht. Kann sie auch andere Akzente setzen bzw. tut sie das sogar schon? Kann sie auch die Nachfrage nach anderen Konzepten steigern helfen? Was könnte sie dabei riskieren? Das sind offene Fragen.

Bildungsarbeit kann in der hier skizzierten Vorstellung einen Rahmen schaffen, der es den Beteiligten ermöglicht, sich als in Herrschaftsverhältnissen selbsttätig handelnde und gleichzeitig nicht völlig von Herrschaft durchdrungene bzw. durch sie determinierte Subjekte zu erkennen. Frigga Haug hat dies folgendermaßen formuliert: „zugleich von den Subjekten auszugehen, sie zum Sprechen und Forschen zu bringen" und dabei „einen Fragerahmen so zu gestalten, dass es den Einzelnen möglich wird, sich selbst zu widersprechen."[16]

Politische Bildungsarbeit selbst braucht Reflexivität, um zu klären, wofür sie sich verantwortlich fühlen will und welches implizite Verständnis von Lernen sie mit ihren Angeboten zu Grunde legt. Damit reflexiv und herrschaftskritisch angelegte Ansätze von Bildungsarbeit mehr an Boden gewinnen können, muss Lernen bei Anbietern und Abnehmern von politischer Bildung als Verunsicherung statt als Sicherheit verleihend verstanden werden können. In diesem Sinne muss also auch Bildungsarbeit üben, sich selbst zu widersprechen.

Anmerkungen

1   Zu der Auseinandersetzung mit Begriff und Konzepten vgl. Gabi Elverich / Annita Kalpaka / Karin Reindlmeier (Hrsg.), Spurensicherung – Reflexion von Bildungsarbeit in der Einwanderungsgesellschaft, Frankfurt a.M. / London 2006.

2   Vgl. Annita Kalpaka, Pädagogische Professionalität in der Kulturalisierungsfalle – Über den Umgang mit ‚Kultur' in Verhältnissen von Differenz und Dominanz, in: Rudolf Leiprecht / Anne Kerber (Hrsg.), Schule in der Einwanderungsgesellschaft. Ein Handbuch, Schwalbach/Ts. 2005, S. 387–405.

3   Zitiert aus FR-online.de, 20.08.2008; Wiesbadener Kurier, 14.8.08, da diese Studie im Wiesbadener Rathaus bislang unter Verschluss gehalten wird.

4   Mechtild Gomolla / Frank-Olaf Radtke, Institutionelle Diskriminierung. Die Herstellung ethnischer Differenz in der Schule, Opladen 2002.

5   Ebd. S. 281.

6   Ebd. S. 279.

7   Ebd. S. 19.

8   Vgl. Annita Kalpaka, „Hier wird Deutsch gesprochen" – Unterschiede, die einen Unterschied machen. in: G. Elverich u.a. (Anm. 1), S. 263–297.

9   Ingrid Gogolin, Der monolinguale Habitus der multilingualen Schule, Münster 1994.

10   Als zwei gängige Handlungsstrategien habe ich an anderer Stelle das „Übersehen von Differenz als Diskriminierung durch Gleichbehandlung" und die „Hervorhebung von Differenz als Kulturalisierung/Ethnisierung" herausgearbeitet. Vgl. A. Kalpaka (Anm. 2).

11   M. Gomolla u.a. (Anm. 4), S. 279.

12   Ingmar Pech, Whiteness – akademischer Hype und praxisbezogene Ratlosigkeiten? Überlegungen für eine Anschlussfähigkeit antirassistischer Praxen, in: G. Elverich u.a. (Anm. 1), S. 73f.

13   Entdramatisierung trägt dazu bei, die Heterogenität innerhalb der jeweiligen Gruppen (z.B. von Mädchen/Jungen bzw. Mehrheits-/Minderheitenangehörigen) wahrzunehmen und Konzepte zu entwickeln, die dieser Heterogenität Rechnung tragen. An einer Dramatisierung wird dort festgehalten, wo es um das geschlechtshierarchische bzw. um das rassistische soziale Gefüge und um Machtstrukturen geht (vgl. dazu Martina Weber, Heterogenität im Schulalltag, Opladen 2003, S. 276 f.). Franz Hamburger hat analog dazu die Umschreibung „reflexive Interkulturalität" in die Diskussion eingebracht.

14   Hannelore Faulstich-Wieland / Marianne Horstkemper, Trennt uns bitte, bitte nicht! Koedukation aus Mädchen- und Jungensicht, Opladen 1995. Mit dem Begriff „Reflexive Koedukation" regen die Autorinnen an, das pädagogische Handeln daraufhin zu durchleuchten, ob es die bestehenden Geschlechterverhältnisse eher stabilisiert oder ob es eine kritische Auseinandersetzung und damit ihre Veränderung fördert.

15   Siehe ausführlicher hierzu G. Elverich u.a. (Anm. 1).

16   Frigga Haug, Zum Verhältnis von Erfahrung und Theorie in subjektwissenschaftlicher Forschung, in: Forum Kritische Psychologie, (2004) 47, S. 56–72, S. 70.

Christoph Müller-Hofstede, geb. 1955

*Politikwissenschaftler, Referent in der
Bundeszentrale für politische Bildung,
Leiter des Projektes „Jugend, Religion, Demokratie:
Politische Bildung mit muslimischen Jugendlichen"*

Christoph Müller-Hofstede
Jugend, Religion, Demokratie.
Politische Bildung mit muslimischen Jugendlichen

Angesichts der „Beständigkeit des religiösen Impulses"[1] in westlichen Gesellschaften widmet auch die Bundeszentrale für politische Bildung (bpb) dem Thema Religion ihre Aufmerksamkeit. Politische Bildung soll in einer pluralistischen Gesellschaft für das Verständnis zwischen den unterschiedlichen religiösen Kulturen werben und gleichzeitig die Werte der pluralistischen Demokratie sichtbar machen. Wie sich die politische Integration der Bürgerinnen und Bürger in einer „postsäkularen Gesellschaft" (Jürgen Habermas) so vollziehen kann, dass es zu einem produktiven und friedlichen Miteinander religiöser und säkularer Bürger/innen kommt, wird ein Grundsatzthema politischer Bildung – unabhängig von der Auseinandersetzung mit einer konkreten Religionsströmung – bleiben. Dafür sprechen viele Anzeichen neuer Orientierungsbedürfnisse in einer Welt mit neuen Ängsten und wachsenden Sinnfragen. Normativ erscheint es sinnvoll, Säkularisierung (mit Habermas) als zweifachen und komplementären Lernprozess zu verstehen, der einerseits dem religiösen Bewusstsein abverlangt, sich der Moderne so anzupassen, dass der Anspruch auf „Interpretationsmonopol und umfassende Lebensgestaltung" aufgegeben wird. „Der liberale Staat verlangt von allen Religionsgemeinschaften ohne Ausnahme, dass sie die Tatsache des religiösen Pluralismus, die Zuständigkeit der institutionalisierten Wissenschaften für säkulares Wissen und die universalistischen Grundlagen des modernen Rechts anerkennen. Er garantiert die Grundrechte, auch innerhalb der Familie. Er ahndet Gewalt, auch in der Form des Gewissenszwanges gegenüber eigenen Mitgliedern."[2] Andererseits aber wird auch von den säkularen Bürgern/

innen „eine selbstreflexive Öffnung unserer nationalen Lebensformen", ja sogar „die Einübung in einen selbstreflexiven Umgang mit den Grenzen der Aufklärung [...]" gefordert.[3] Erforderlich sind also langfristige Mentalitätsänderungen auf beiden Seiten, wobei Habermas (zu Recht) die Muslime unter größerem Anpassungs- und Zeitdruck sieht. Die Verinnerlichung rechtsstaatlicher Normen kann nicht politisch verordnet oder erzwungen werden, sondern bestenfalls Ergebnis eines langfristigen Lernprozesses sein. Hier ist der strategische Ansatzpunkt für Interventionen politischer Bildung zu sehen, denn Lernprozesse können nur gefördert, aber nicht moralisch oder rechtlich gefordert werden. Projekte und Maßnahmen politischer Bildung können zu diesem zweifellos komplexen (d.h. nichtlinear zu denkendem) Lernprozess beitragen. Für die Auseinandersetzung mit dem Islam heißt dies, dass sich politische Bildung nicht in den immer wieder aufflammenden „Kulturkampf" hineinziehen lassen darf, in dem sich „Aufklärungsfundamentalisten" und „Multikulturalisten" scheinbar unversöhnlich gegenüberstehen. „Obgleich die Zusammengehörigkeit beider Aspekte klar ist, streiten sie darüber, ob die Bewahrung der kulturellen Identität oder die staatsbürgerliche Integration Vorrang haben soll."[4]

Diese intellektuell mit großem Aufwand inszenierten „Kulturkämpfe" sind nicht so irrelevant für die politische Bildungspraxis, wie es scheinen mag. Die Erfahrungen der bpb zeigen, dass sich Frontbildungen und Schützengrabenmentalitäten entlang dieser Linien auch bei Sozialarbeitern/innen, Lehrern/innen sowie Jugend- und Integrationsexperten/innen in den Stadtteilen bemerkbar machen. Die Entwicklung lösungsorientierter, pragmatischer Handlungsansätze wird so durch die verfestigten „bipolaren Anordnungen" der Konfliktbeteiligten in den bestehenden urbanen Konfliktzonen verhindert. Eine Auseinandersetzung mit den emotional eingefärbten „problematischen Überzeugungen im Hintergrund" (Habermas), mit der politischen und psychologischen Volatilität des Themas „Islam" muss daher ein dauerhafter Bestandteil politischer Bildungsprogramme insbesondere für Lehrer/innen und Jugendhilfemitarbeiter/innen sein.

Zu plädieren ist für eine Haltung „professioneller Neutralität"[5], die es schafft, sich auf das Thema einzulassen – ohne kulturkämpferische Attitüden, aber auch ohne Vermeidungsstrategien gegenüber Kontroversen und sensitiven Fragen. Die politische Bildung kann sich nicht darauf beschränken, die akademischen und bildungspolitischen Diskurse zum Thema Islam und Islamismus mit ihren klassischen publizistischen Angeboten zu begleiten und zu kommentieren. So verdienstvoll und reichhaltig diese Angebote auch sind, sie erreichen im Wesentlichen nur die klassischen bildungsnahen Zielgruppen im Bildungs- und

Schulmilieu. Hinzukommen müssen spezifische, auf neue Zielgruppen, insbesondere muslimische Jugendliche, zugeschnittene Formate und Angebote politischer Bildung.

Muslimische Jugendliche als „Handlungsfeld" der politischen Bildung

Es ist unbestreitbar, dass die Themen Islam und Islamismus seit den Anschlägen vom 11.9.2001 mit spezifischen politischen, religiösen, sozialen und internationalen Problemlagen verknüpft sind, die sich auch unmittelbar in den Schulen und Klassenräumen niederschlagen. In Frankreich, England und den Niederlanden kam es bekanntlich in den letzten Jahren zu teilweise erheblichen innenpolitischen und im Vergleich mit Deutschland dramatischen Spannungen und Unruhen. Die öffentliche Debatte in den letzten Jahren drehte sich nicht umsonst um die Zusammenhänge zwischen Bildungsmisere, mangelnden Chancen von Migrantenjugendlichen und einer von Lehrern/innen, Sozialarbeitern/innen und Integrationsexperten/innen oft als dramatisch beschriebenen wachsenden Abkehr und Entfremdung von demokratischen Werten und Normen des Zusammenlebens gerade in Stadtvierteln, in denen muslimisch geprägte Jugendliche verdichtet zusammenleben. Die Jugend-, Sozial- und Migrationsforschung hat in jüngster Zeit erste Thesen über Lebenslagen und Jugendkulturen junger Muslime in Deutschland vorgelegt.[6] Insgesamt ist dieses Feld aber vor allem hinsichtlich der Interventionsmöglichkeiten für die politische Bildung nur schwach erforscht.

Wie sinnvoll ist es nun für die politische Bildung, ein Handlungsfeld „muslimische Jugendliche" ins Leben zu rufen? Der Einwand, eine anhand religiöser Kategorien vorgenommene Zuschreibung reduziere und homogenisiere eine komplexe gesellschaftliche Gruppe, ja führe erst zu ihrer „Alterisierung" oder „Islamisierung", ist ernst zu nehmen. Ohne Zweifel haben wir es mit einer großen Vielfalt sozial, ethnisch, lokal, bildungsmäßig und subkulturell ausdifferenzierter Jugendmilieus zu tun, für die das pauschale Label „muslimisch" im Grunde wenig aussagekräftig ist. Über deren konkrete soziale, kulturelle und politische Ausprägungen im engeren Sinne wissen wir jedoch wenig bis gar nichts. Dennoch bietet eine Reihe aktuell publizierter Studien[7] Erkenntnisse, die Ansatzpunkte für politische Bildung sein können. So beschreibt die Sinusstudie zur Lebensweltanalyse der Menschen mit Migrationshintergrund vom Herbst 2008 unter den acht unterschiedlichen Milieus, die identifiziert werden, ein hedonistisch-subkulturelles Milieu, das einen sehr jungen Altersschwerpunkt hat und in dem sich Abschottungstendenzen gegen die Mehrheitsgesellschaft bemerkbar machen.

Folgen wir der Analyse von Franz Walter, so ist dieses Milieu (mit einem Anteil von 15 Prozent an der Bevölkerung mit Migrationshintergrund) „[...] eher von jungen männlichen Türken geprägt, die größtenteils während der neunziger Jahre nach Deutschland gekommen sind, von denen aber auch überproportional viele hier bereits geboren worden waren. Über die Hälfte besitzt nicht die deutsche Staatsbürgerschaft, aber ihre Kenntnisse der deutschen Sprache sind bemerkenswert gut. Wahrscheinlich ist dies der brisanteste Lebenszusammenhang, der die signifikant positive Integrationsperspektive der neuen Migrationsstudie bricht und relativiert. Es ist das Milieu junger, sich ihrem Selbstverständnis nach unsicherer Menschen, von denen viele sich vehement dagegen sträuben, in der deutschen Mehrheitsgesellschaft adaptiv aufzugehen. Sie wollen sich nicht unter Druck assimilieren, verhalten sich renitent, demonstrativ provokativ.

Nach wie vor trifft wohl zu: Diese Eigenkultur ist unzweifelhaft modern, aber sie hat mindestens Spuren oder Teilelemente auch der Traditionalität, des Rückgriffs auf Ethnie und religiösen Eigensinn aufgenommen, um sich von der verhassten Mehrheitsgesellschaft abzugrenzen und dadurch vielleicht eine eigene, gewiss schwierige Identität zu konstruieren. Und dabei mag es sein, dass die Religion doch wieder mit ins Spiel kommt"[8].

Andere Studien, etwa der Friedrich-Ebert-Stiftung, stellen fest, dass „muslimische Jugendliche häufiger unter sozial unterprivilegierten Bedingungen leben und in kultureller Hinsicht weniger gut integriert sind als andere Migranten/innen. Jugendliche türkischer Herkunft zeigen sich zudem deutlich religiöser als einheimische Jugendliche, wobei offenbar in den vergangenen Jahren nicht nur die Divergenzen zwischen Deutschen und Türken, sondern auch die zwischen sehr religiösen und gar nicht religiösen Türken/innen größer geworden sind. Starke religiöse Bindungen gehen zudem bei jungen Muslimen mit einer geringeren sprachlich-sozialen Integration, einer stärkeren Akzeptanz traditioneller Geschlechterrollen- und Männlichkeitskonzepte sowie deutlich konservativeren Wertorientierungen einher. Jugendliche türkischer Herkunft leben daher weitaus stärker in einer ‚konservativen Wertewelt', wobei eine höhere Bildung die stärksten Potenziale einer Öffnung in Richtung Moderne bzw. modernistischer Wertauffassungen freizusetzen scheint"[9].

Deutlich wird also, dass es große durch Migration geprägte Milieus gibt, die sich kulturell nicht mit der Mehrheitsgesellschaft identifizieren, sowohl bildungsferne als auch bildungsnahe Schichten umfassen und zumindest zum Teil „religiös" geprägt sind.

Neben diesen durchaus vorsichtig zu beurteilenden Versuchen, muslimische Milieus quantitativ und qualitativ zu differenzieren, sind aber auch die sich häufenden Berichte aus schulischen und außerschulischen Bildungseinrichtungen ernst zu nehmen, die zeigen, dass die Wahrnehmung und Selbstwahrnehmung von Jugendlichen mit Migrationshintergrund entlang religiöser Kategorien in den letzten Jahren kontinuierlich zugenommen hat. Die weltweit medial reproduzierten Identitäts- und Kulturdiskurse und eine immer wieder aufkommende Feindbildrhetorik zum Thema Islam haben seit den Anschlägen vom 11.9.2001 offensichtlich dazu geführt, dass sich Jugendliche mit muslimischem Hintergrund in den letzten Jahren verstärkt freiwillig gleichsam „re-islamisiert" haben. Die Subkultur des Pop-Islam spricht für diese These.[10] Auch diese Trends sind noch einmal zu differenzieren, denn selbstverständlich kann „Religiosität" auch positive und stabilisierende Effekte auf jugendliche Identitätsbildung haben. Auf der anderen Seite sind die Grauzonen nicht zu übersehen, in denen sich Jugendliche in religiös gefärbte Überlegenheitsfantasien oder Ersatz-Identitäten flüchten: Mangelnde Bildungserfolge und berufliche Perspektivlosigkeit, tatsächliche oder „gefühlte" Diskriminierung bieten einen fruchtbaren Nährboden für ideologische Angebote. Die Identitätsangebote islamistischer Heilsversprecher können aber auch für junge gebildete Muslime, die sich vom orthodoxen („langweiligen") Moscheeislam ihrer Eltern abgrenzen wollen, attraktiv sein.[11]

Aussagen über politische und religiöse Einstellungen muslimischer Bürgerinnen und Bürger in Deutschland lassen sich der (wenn auch kontrovers kommentierten) Studie „Muslime in Deutschland" entnehmen, die erstmals eine repräsentative Gruppe von muslimischen Erwachsenen und Jugendlichen nach politischen Einstellungen und Werten befragte.[12] Sie kommt zu dem Ergebnis, dass sich unter jugendlichen Muslimen eine „Risikogruppe" von knapp 30 Prozent befindet, die Anzeichen von religiöser Intoleranz, Demokratiedistanz oder Legitimation politisch-religiöser Gewalt zeigen. In der Studie wird deutlich hervorgehoben, dass es keine eindimensionalen Standardursachen für die Verbreitung von Autoritarismus und religiöser Intoleranz gibt. Diskriminierungs- und Ausgrenzungserfahrungen kombiniert mit geringer Bildung seien dafür ebenso wichtig wie die bewusste Abwendung von der Aufnahmegesellschaft trotz fehlender Exklusionserfahrungen.

Zieht man die Kernaussagen dieser Studie mit den Untersuchungen von Sinus Sociovision und den hier zitierten Berichten über Jugendkulturen zwischen Islam und Islamismus zusammen, so ergibt sich eine grobe Aufteilung in zwei Milieus muslimisch geprägter Jugendlicher: a) wenig gebildete, sozial an den Rand gedrängte oder gefährdete Jugendliche, b) eher bildungsnahe Jugendliche, die den „Islam" als Referenzsystem für ihre eigene Identitätsfindung nutzen, die Religion als eine Option der Sinnsuche und der Vermittlung von Wahrheiten (in einer werte- und orientierungslosen „westlichen" Welt) ansehen und für nationale und internationale Ungerechtigkeiten sensibel sind. Auch diese Ergebnisse sind jedoch zunächst nur als arbeitshypothetische Annäherungen anzusehen.

Im Ergebnis haben wir es mit einer Vielzahl von höchst unterschiedlichen, modernen, d.h. individualistischen Hybridformen von muslimischen Jugendmilieus und einer Diasporareligiosität zu tun. Sprechen wir also von „muslimischen Jugendlichen", so müssen diese Differenzierungen zwingend mit bedacht werden. Betrachten wir das Handlungsfeld „muslimische Jugendliche" vor diesem Hintergrund näher, so ergeben sich folgende Rahmenbedingungen:

1. Es ist mit einem wachsenden Anteil muslimisch geprägter Kinder und Jugendlicher in Kindergärten, Schulen und Bildungseinrichtungen in den nächsten 20 Jahren zu rechnen.

2. Häufig bewegen sie sich in eigenen religiösen, politischen und kulturellen Diskurswelten, die über Internetangebote, SAT-TV, Individuen (Prediger) und Organisationen (Moscheevereine etc.) organisiert werden.

3. Es besteht eine große Vielfalt an individuellen und kollektiven Diskursen und Identifikationen sowie eine Vielfalt an lokal verankerten Bildungsinitiativen, Moscheevereinen und individuellen Predigern.

4. Lehrer/innen und Sozialarbeiter/innen fühlen sich oft überfordert im Umgang mit muslimischen Jugendlichen und klammern empfindliche Themen (Religion, Politik) aus.

5. Die Wahrnehmung ist stark von medialen Diskursen (Feindbild Islam, Muslime) abhängig.

6. Internationale Ereignisse im Kontext Islam/Nahostkonflikt haben einen starken Einfluss auf die politische Bewusstseinsbildung und auf Einstellungsmuster, insbesondere im Themenfeld Israel, Juden.

7. Es findet eine starke Polarisierung des öffentlichen, innenpolitischen Diskurses zum Thema Islam und Islamismus statt. Die sicherheitspolitischen Verknüpfungen (sog. home grown terrorism) stellen eine zusätzliche Problematik für alle Interventionen in dem Handlungsfeld dar.

8. Produkte und Maßnahmen der politischen Bildung erreichen diese Zielgruppe offensichtlich nicht.[13] In besonderem Maße trifft dies auf die Gruppe der sozial marginalisierten und bildungsfernen Jugendlichen mit muslimischem Hintergrund zu.

Diese hier nur grob und annäherungsweise skizzierte Zielgruppe stellt für die politische Bildung einerseits ein völlig unerschlossenes Handlungsfeld dar,[14] andererseits ergibt sich aus den oben angeführten Studien und Daten ein unübersehbarer Handlungs- und Interventionsbedarf. Aus diesem Grund hat sich die bpb 2007 entschlossen, ein Modellprojekt mit explorativem und experimentellem Charakter zu starten, das an die Zielgruppe angepasste Maßnahmen und Produkte politischer Bildung entwickeln soll. In Berlin-Neukölln, Essen-Katernberg und Essen-Altendorf wurden in den Stadtteilen verwurzelte Träger der Jugendhilfe beauftragt, niedrigschwellige Angebote und Formate für muslimische Jugendliche in Schulen und Jugendeinrichtungen zu erarbeiten.[15] Außerdem wurde der Verein UFUQ e.V. in Berlin mit der Beobachtung und Auswertung muslimischer jugendkultureller Medien und Angebote im Internet beauftragt.[16] Der hohe Anteil sowohl türkisch- als auch arabischstämmiger Jugendlicher in Essen und Berlin-Neukölln sowie die verdichtete Präsenz muslimischer Vereine und Moscheen (allein in Nord-Neukölln existieren 25 Moscheevereine und muslimische Kultur- und Bildungszentren) machen einen Vergleich zwischen den beiden Standorten des Modellprojekts möglich. In beiden Städten sind in den letzten Jahren Netzwerke zwischen den Akteuren/innen in der kommunalen Integrationspolitik, bei der Polizei, in den Schulen und der Jugendsozialarbeit sowie in den Moscheevereinen entstanden, die Anknüpfungspunkte für das Interventionsprojekt bieten. Das Projekt wurde von Anfang an von den Kommunen politisch und mit der Bereitstellung von Infrastruktur unterstützt.

Ziele des Modellprojekts

Das Modellprojekt verfolgt fünf Ziele, die sich ergänzen und miteinander in Beziehung stehen:

1. Die Arbeitshypothese lautet, dass das Themenfeld „Islam und politische Bildung mit Jugendlichen aus islamischen Milieus" bisher für die politische Bildung völlig unerschlossen ist. Daraus folgt: Das Modellprojekt will die Frage beantworten, mit welchen Themen, Maßnahmen und Methoden politische Bildungsarbeit mit der Zielgruppe „muslimische Jugendliche" erfolgreich betrieben werden kann. Damit soll Lehrern/innen, Mitarbeitern/innen in der außerschulischen Jugendarbeit und der politischen Bildung sowie Angehörigen der

öffentlichen Verwaltung eine verwertbare und erprobte Wissensbasis für den Umgang mit dieser Zielgruppe zur Verfügung gestellt werden. Mit diesem Zuwachs an Wissen sollte es möglich sein, Hindernisse beim Zugang zu und im Umgang mit muslimischen Jugendlichen abzubauen. Auch soll die Frage beantwortet werden, inwieweit spezifische Instrumente für diese Gruppe entwickelt werden müssen oder ob klassische Instrumente und Formate der politischen Bildung genutzt werden können.

Beutelsbacher Konsens

Der in der Profession der politischen Bildung allgemein anerkannte Beutelsbacher Konsens kam auf einer Tagung der Landeszentrale für politische Bildung Baden-Württemberg im Jahr 1976 zustande und umfasst die Minimalanforderungen, die an politische Bildung zu stellen sind. Diese sind:

1. Überwältigungsverbot: Es ist nicht erlaubt, den Schüler – mit welchen Mitteln auch immer – im Sinne erwünschter Meinungen zu überrumpeln und damit an der „Gewinnung eines selbständigen Urteils" zu hindern [...]
2. Was in Wissenschaft und Politik kontrovers ist, muss auch im Unterricht kontrovers erscheinen [...]
3. Der Schüler muss in die Lage versetzt werden, eine politische Situation und seine eigene Interessenlage zu analysieren sowie nach Mitteln und Wegen zu suchen, die vorgefundene politische Lage im Sinne seiner Interessen zu beeinflussen [...]
Den kompletten Wortlauf findet man zum Beispiel unter: www.lpb-bw.de/beutelsbacher_konsens.php

2. Das Modellprojekt will politische Bildung bei der Gruppe der wenig gebildeten und sozial an den Rand gedrängten Jugendlichen in Haupt- und Gesamtschulen sowie Jugendzentren nach den Kriterien des Beutelsbacher Konsenses fördern. Die dort festgelegten Prinzipien wie Kontroversitätsgebot, Überwältigungsverbot sowie Orientierung an den Interessen der „Teilnehmer" sind die Kriterien, mit denen der Lernprozess bei der Zielgruppe zu steuern und zu bewerten ist.

3. Es geht darum, ein Bewusstsein für Demokratie und politische Partizipation entstehen zu lassen sowie einen differenzierten Umgang mit Fragen von Identität, Religion und Gesellschaft zu ermöglichen. Damit leistet das Projekt – wie alle Maßnahmen politischer Bildung – einen Beitrag zur Prävention gegen Radikalisierung und Extremismus.

4. Die Moderatoren/innen und Beobachter/innen der in der zweiten Phase aufzubauenden „Dialoggruppen" (siehe unten) sind mehrheitlich zusammengestellt aus einer Gruppe von jungen, gut ausgebildeten Muslimen, die als „Peer Educators" mit bildungsfernen muslimischen Jugendlichen arbeiten. Diese haben das Potenzial, die politische Bildung im Kontext der Einwanderungsgesellschaft in Zukunft konzeptionell entscheidend zu prägen. Sie sollen kontinuierlich qualifiziert werden. Am Ende der Projektlaufzeit soll ein Kompetenznetzwerk von 10 bis 20 muslimischen „Peer Educators" aufgebaut sein, die als Ehrenamtliche und Honorarkräfte weiter in politischen Bildungsprojekten (auch außerhalb von Essen und Berlin) tätig werden können.

5. Die Auswertung und Erprobung der Maßnahmen soll sich in Handreichungen, Praxisberichten und Leitfäden für Fortbildungsmaßnahmen von Lehrern/innen und Mitarbeitern/innen in der außerschulischen Jugendarbeit sowie von Angehörigen der öffentlichen Verwaltung niederschlagen, die vergleichbare Maßnahmen in weiteren Städten und Einrichtungen anregen sollen. Ferner soll eine Strategie zur Verbreitung und Verankerung der Ergebnisse im Fach politische Bildung erarbeitet werden.

Die Philosophie des Modellprojektes

Das Modellprojekt will einen Lernprozess anregen, der alle Beteiligten, also auch die Projektträger, mit einbezieht, ihnen kognitive und emotionale Gewinne verschafft und damit für langfristiges Engagement qualifiziert und motiviert. Politische Bildung wird definiert als ein Lernprozess, der zum differenzierten Denken, zum rationalen Umgang mit komplexen Systemen und Vorgängen auf lokaler, nationaler und internationaler Ebene beiträgt und damit auch präventiv gegen Extremismus und Radikalismus wirkt. Hierzu ist in der Arbeit mit jungen Muslimen/innen eine niedrigschwellige Arbeitsebene notwendig, die vertrauensvollen Austausch und damit auch kritische Diskussionen ermöglicht. Wir gehen davon aus, dass nur eine Haltung „professioneller Neutralität" und Distanz zum immer wieder aufflammenden „Kulturkampf" die Arbeit im Modellprojekt leiten kann. Als Leitidee gilt, dass die Zielgruppe nur mit, nicht gegen ihre Religion integriert werden kann. Wir gehen außerdem davon aus, dass bildungsferne Zielgruppen durchaus nicht politikfern sind, sondern ein – wenn auch oft diffuses – Interesse an nationaler und internationaler Politik haben. Wir schätzen unsere Zielgruppe nicht als Sicherheitsrisiko ein.

Die teilnehmende Beobachtung, Interaktion und Auswertung, Reflexion und Beschreibung der Erfahrungen ist die methodische Richtschnur des Modellprojekts. Das Projekt ist auf die Auswertung, Dokumentation und Generierung von Wissen fokussiert. Aus dem gesammelten Wissen können dann abgesicherte Empfehlungen und Handreichungen zum Umgang mit muslimischen Jugendlichen entstehen.

Erkenntnisse aus der ersten Phase des Modellprojekts

Die erste Phase des Modellprojekts ist im Dezember 2008 beendet worden, eine zweite Phase wird sich vom Frühjahr 2009 bis Ende 2010 erstrecken. In der bisherigen Arbeit sind die Träger einem explorativen Konzept gefolgt und haben zahlreiche Kontakte zu muslimischen Jugendinitiativen und Verantwortlichen in

Moscheevereinen aufgebaut. Es wurden erste Vorstöße in ein konzeptionell unerschlossenes Gebiet der politischen Bildung gemacht: Zahlreiche kleinere und größere Veranstaltungen (Open Space, Bildungsfahrten, Diskussionsgruppen) haben stattgefunden, die neue Aufschlüsse über die Zielgruppe ermöglichten. Die bisherige Auswertung des Projekts ergab folgende zentrale Ergebnisse:

1. Es wurde ein enormer Bedarf an zeitintensiven Austausch- und Abstimmungsprozessen zwischen Trägern und muslimischen Vereinen sowie zwischen den Trägern selbst deutlich, um systematisch und kontinuierlich das methodische und inhaltliche Vorgehen zu reflektieren. Gutes und strukturiertes „Wissensmanagement" ist essentiell für ein Modellprojekt, das bundesweit übertragbare Formate entwickeln will.

2. Die Ziele und Handlungsfelder des Projekts müssen klar und überschaubar mit klaren Zeitfahrplänen für die Umsetzungsschritte sein.

3. Muslimische Jugendvereine können wichtige Kooperationspartner sein, wenn sie in ein kommunales Netzwerk eingebunden sind.

4. Die eine muslimische Jugendkultur gibt es nicht, sondern es existiert eine Vielzahl von durch ethnische, religiöse und soziale Bezüge und Bindungen voneinander abgegrenzten subkulturellen Milieus in überschaubaren Sozialräumen. So sind in Berlin etwa arabisch-sunnitisch geprägte Jugendmilieus von arabisch/libanesisch-schiitisch geprägten Milieus zu unterscheiden, wobei Letztere zwar bildungsnah agieren, aber an einen politisch umstrittenen und vom Verfassungsschutz beobachteten Moscheeverein angebunden sind. Hinzu kommen integrativ und konstruktiv ausgerichtete Vereine wie die türkisch geprägte Lichtjugend e.V., die aktiv mit dem Bezirksamt Neukölln und den Schulen zusammenarbeitet. In Essen sind zahlreiche positive Erfahrungen mit niedrigschwellig arbeitenden lebensweltorientierten „Dialoggruppen" gemacht worden, die an Hauptschulen und Jugendzentren ergänzend zum Unterricht eingerichtet wurden und wöchentlich – moderiert von jüngeren, bildungsnahen Muslimen – tagen. Dabei ergab sich, dass es möglich ist, z.B. über die regelmäßige Besprechung von Nachrichtensendungen im Fernsehen auch komplizierte politische Themen anzusprechen. Das Modellprojekt wird sich daher auf die weitere Entwicklung des Formats „Dialoggruppen" konzentrieren.

5. Ein regelmäßiges Coaching und eine Fortbildung der in der Regel aus der Jugendhilfe stammenden sozialpädagogisch qualifizierten Träger ist essentiell,

um Kompetenzen im Projektmanagement und in der politischen Bildung aufzubauen.

6. Inhaltlich hat sich gezeigt, dass zwischen der direkten Ansprache der klassischen kritischen Islamthemen (Ehrenmord, Scharia, Islamismus, Antisemitismus, Homophobie) und den langfristigen Lernprozessen unterschieden werden muss, die das Modellprojekt initiieren will. Zwischen kurzfristigen und politisch notwendigen Kampagnen auf lokaler oder nationaler Ebene und der langfristig angelegten Arbeit des Modellprojekts in kleineren pädagogischen Settings muss klar unterschieden werden. Die Auflösung von Misstrauen und Abgrenzungsmentalitäten bei muslimischen Jugendlichen kann nicht gelingen, wenn als implizite oder explizite Hintergrundannahme des Projekts von einer „Risikogruppe" ausgegangen wird.

Ausblick

Das Projekt wird sich ab Frühjahr 2009 auf ein niedrigschwelliges, flexibles Format sowohl in Essen als auch in Berlin konzentrieren. Die in Essen seit Anfang 2008 entwickelten „Dialoggruppen" an Haupt- und Gesamtschulen sowie an Jugendzentren stellen ein niedrigschwelliges Angebot dar, das an die Lebenswelt der Jugendlichen anknüpft und diesen ein Lernsetting bietet, das – anders als im Politikunterricht an der Schule – einen geschützten Raum des Vertrauens bietet. Die Teilnehmer/innen können so neue Sichtweisen und Verhaltensweisen sehen, erleben und sich zu eigen machen. In diesen Dialoggruppen können sie ihre vielfältigen Sichtweisen, Gedanken, Gefühle und Reaktionen auf die Themen des Projektes (Jugendkultur, Religion und Demokratie) formulieren, ohne wegen „richtiger" bzw. „falscher" Meinungen über andere ethnische und religiöse Gruppen, „den Islam" etc. unter Druck zu geraten. Andere Teilnehmer/innen bringen dann genauso ihre jeweils andere Sichtweise ein, so dass in der Gruppe die Vielfalt der Meinungen sichtbar und erlebbar wird.[17]

Dieses Format hat den großen Vorteil, dass es flexibel eingesetzt und weiterentwickelt werden kann. Dabei ist zu beachten, dass die Dialoggruppen durchaus nicht homogen mit muslimischen Jugendlichen gebildet werden sollen, sondern auch anderen Jugendlichen mit und ohne Migrationshintergrund offenstehen. Die demografische Zusammensetzung an den Haupt- und Gesamtschulen in Essen und Berlin-Neukölln wirkt sich jedoch so aus, dass wir von einer Mehrheit muslimischer Jugendlicher ausgehen können. Bildungsnahe und erfolgreiche Rollenvorbilder aus der eigenen Community sollen die Aufgabe übernehmen, die in Essen und Berlin einzurichtenden Dialoggruppen zu moderieren und deren Gespräche und Interaktionen gemeinsam mit der Projektleitung der bpb zu beobachten und auszuwerten. Dabei wird es sich in Essen um unorganisierte junge Akademiker/innen vorwiegend mit muslimischem Hintergrund handeln; in Berlin unter anderem um junge Angehörige der muslimischen Gruppe „Lichtjugend", die schon länger mit den Schulen und der Polizei in Neukölln zusammenarbeitet. Durch die Installierung prinzipiell vergleichbarer Formate in Essen und Berlin erhoffen wir uns Synergien im Projektmanagement sowie weitere Aufschlüsse über die Möglichkeiten und Formate politischer Bildung mit muslimischen Jugendmilieus.

Anmerkungen

1 Hingewiesen sei auf den wichtigsten internationalen Forscher zum Wiedererstarken der Religionen in der Moderne: Jose Casanova, Europas Angst vor der Religion, Frankfurt / Main 2009, und sein Hauptwerk: Public Religions in the Modern World, Chicago 1994.
2 Jürgen Habermas, Europa und seine Immigranten, in: Ders., Ach Europa, Frankfurt / Main 2008, S. 94.
3 Jürgen Habermas / Joseph Ratzinger, Dialektik der Säkularisierung, Schriftenreihe der Bundeszentrale für politische Bildung, Bd. 536, Bonn 2005, S. 34 ff.
4 Jürgen Habermas, Die Dialektik der Säkularisierung, in: Blätter für deutsche und internationale Politik, (2008) 4, S. 42. Für eine fundierte Kritik der Debatte siehe auch Anja Seeliger / Thierry Chervel (Hrsg.), Islam in Europa, Frankfurt / Main 2007.
5 Dies heißt natürlich nicht, dass Wertefragen relativiert werden sollen. Alle Projekte der bpb gehen von den grundgesetzlich garantierten Rechten aus und haben die Aufgabe, Verständnis für politische Sachverhalte zu fördern, das demokratische Bewusstsein zu festigen und die Bereitschaft zur politischen Mitarbeit zu stärken. Die Durchsetzung von Verfassungsnormen ist im Übrigen eine nach wie vor unbestrittene Prämisse unseres gesellschaftlichen Zusammenlebens und bedarf nicht der „semantischen Aufrüstung" (Habermas).
6 Vgl. Hans Jürgen von Wensierski / Claudia Lübcke (Hrsg.), Junge Muslime in Deutschland, Opladen 2007.
7 Vgl. Sinus Sociovision: Studie über die Migrantenmilieus in Deutschland, http://www.sinus-sociovision.de/Download/ZentraleErgebnisse09122008.pdf (letzter Zugriff: 18.3.2009), 2008. Siehe auch den Beitrag von Tanja Merkle in diesem Buch, S. 62–79; Religionsmonitor 2008, Muslimische Religiosität in Deutschland, Bertelsmann-Stiftung 2008 http://www.bertelsmann-stiftung.de/bst/de/media/xcms_bst_dms_25864_25865_2.pdf (letzter Zugriff: 18.3.2009); Katrin Brettfeld / Peter Wetzels, Muslime in Deutschland. Integration, Integrationsbarrieren, Religion und Einstellungen zu Demokratie, Rechtsstaat und politisch-religiös motivierter Gewalt, Hamburg 2007.
8 Franz Walter, Neue deutsche Elite, Spiegel Online, 9. Dezember 2008, http://www.spiegel.de/politik/deutschland/0,1518,594896,00.html (letzter Zugriff: 18.3.2009).
9 Frank Gesemann, Die Integration junger Muslime in Deutschland, Studie für die Friedrich-Ebert-Stiftung, Berlin 2006, S. 8.
10 Vgl. Julia Gerlach, Zwischen Pop und Dschihad, Schriftenreihe der bpb, Band 593, Bonn 2007. Neu hierzu auch: Jochen Müller et al., Jugendkulturen zwischen Islam und Islamismus, Themenheft der Bundeskoordination Schule ohne Rassismus – Schule mit Courage, Berlin 2008.

11 Siehe ausführlich Olivier Roy, Der Islam in Europa – eine Ausnahme?, in: Aus Politik und Zeitgeschichte, 56 (2006) 28–29, S. 5–11. Zugriff auch unter: http://www.bpb.bund.de/files/OD5C2J.pdf (letzter Zugriff: 17.3.2009).

12 Vgl. K. Brettfeld / P. Wetzels (Anm. 7).

13 Dies wird auch von dem letzten Trendbericht zur empirischen Wirklichkeit der politischen Bildungsarbeit in Deutschland bestätigt. Siehe Karsten Fritz / Katharina Maier / Lothar Böhnisch, Politische Erwachsenenbildung, Weinheim–München 2006, S. 121–127.

14 Siehe die fundierte Kritik von Wolfgang Sander an den Defiziten der interkulturellen Pädagogik, in: ders., Perspektiven interkulturellen Lernens – kritische Fragen aus der Sicht der Politikdidaktik, in: kursiv, Journal für politische Bildung, (2008) 1, S. 84–91.

15 Siehe Sozial Extra, Zeitschrift für soziale Arbeit, Juli-August 2008, S. 12–24, für erste Berichte über das Modellprojekt aus Essen und Berlin.

16 Siehe auch den Newsletter, der aus dem Modellprojekt entstanden ist unter: http://www.ufuq.de (letzter Zugriff: 17.3.2009).

17 Aus einer Vorlage von Helmuth Schweitzer, Regionale Arbeitsstelle für ausländische Kinder und Jugendliche der Stadt Essen (unveröffentlichtes Ms.), Essen 2008.

Prof. Dr. Paul Mecheril, geb. 1962

*Professor für Interkulturelles Lernen und Sozialen
Wandel an der Fakultät für Bildungswissenschaften
der Universität Innsbruck*

Paul Mecheril
Diversity Mainstreaming

"The innovation of a diversity approach lies in its attempt to explicitly engage with the multiplicity of diverse subject positions and axes of power."[1]

Von „Gleichheit" zu „Differenz und Gleichheit"

Die Idee, dass Bildung – gedacht als Prozess, der zu Teilhabemöglichkeiten an gesellschaftlichen Strukturen und Prozessen und in diesem Sinne zur Handlungsfähigkeit Einzelner beiträgt – nicht nur partikular, sondern allgemein ermöglicht werden soll, liegt demokratischen Bildungsinstitutionen programmatisch zugrunde und legitimiert sie. Diese Idee steht aber in einem Spannungsverhältnis zur empirischen Praxis der Bildungssysteme. Diese befinden sich nicht außerhalb gesellschaftlicher (Macht-)Verhältnisse, sondern sind Teil gesellschaftlicher Unterscheidungsformen, Routinen und Prozeduren der Zuweisung von Positionen. So werden unter der Maxime der Gleichberechtigung und Chancengleichheit zwar Voraussetzungen im Bildungssystem geschaffen, die gleiche Ausgangsbedingungen darstellen sollen, diese führen aber häufig zu einer Reproduktion von Ungleichheit, weil Personen, die aufgrund ihrer sozialen Herkunft und Zugehörigkeit besser zu den Bildungsangeboten „passen", privilegiert werden.

Weil Gleichbehandlung bei gegebenen Unterschieden und ungleichen „Startbedingungen" Benachteiligungen fortschreibt und bestätigt, besteht eine der zentralen Anforderungen beispielsweise an das schulische Bildungssystem darin, den von Schülerinnen und Schülern eingebrachten Besonderheiten zu entsprechen. „Anerkennung von Differenz" ist das Schlagwort, mit dem Bildungsgerechtigkeit aufgrund der Berücksichtigung unterschiedlicher Voraussetzungen der Schülerinnen und Schüler insbesondere in jenen pädagogischen Feldern gefordert wird, für die „Differenz" zentrale Bezugsgröße ist: in der feministischen, integrativen und interkulturellen Pädagogik.

Die Einsicht, dass das Ignorieren von Differenz in Bildungskontexten zur Produktion von Ungleichheit führt und Ungleichheiten bestätigt, befördert die Forderung nach Sensibilität für Differenzen und Heterogenität. Die Konjunktur von pädagogischen Anerkennungsforderungen ist unmittelbar mit Phänomenen der Differenz verknüpft. So wie die Politik der Anerkennung darauf reagiert, dass durch die Beschränkung auf einen differenzunempfindlichen Egalitarismus gesellschaftlich vorherrschende kulturelle Traditionen bestärkt werden, geht es einer Pädagogik der Anerkennung um eine differenzsensible Ansprache ihrer Klientel. Anerkennungspädagogiken plädieren für eine Regelung von Bildungszusammenhängen, die Handlungsfähigkeit und Identität Einzelner ermöglicht. Handlungsfähigkeit ist aus der Perspektive des Anerkennungsansatzes daran gebunden, dass die spezifischen, nur im Rahmen der je eigenen Geschichte und Biografie verstehbaren Fähigkeiten, Empfindsamkeiten und Dispositionen angesprochen, zur Geltung gebracht und entwickelt werden. Das heißt, Anerkennungsansätze stellen unterschiedliche Identitäten (z.B. von Mädchen und Jungen, von kulturelllingualen Gruppen) in Rechnung und beziehen sich in einem achtenden und auch bejahenden Sinne auf existierende Differenzverhältnisse. In diesem allgemeinen Argumentationszusammenhang ist auch der Begriff „Diversity" angesiedelt. Diverse Differenzen, viele Zugehörigkeiten: „Diversity".

Fragen der Zugehörigkeit und Identität spielen dann eine große Rolle, wenn es darum geht, sich zu erkennen, sich zu verstehen, sich zu respektieren sowie erkannt, verstanden und respektiert zu werden. Anerkennung und Würde, Handlungsfähigkeit und gesellschaftliche Partizipation werden vor allem in der „postsozialistischen" Gegenwart vermehrt mit Bezug auf Gruppenidentität und Differenz thematisiert. In diesen Zusammenhang gehört auch „Diversity".

Nach dem Zusammenbruch des Staatssozialismus und der Demontage des Vorherrschafts- und Alleinerklärungsanspruchs von Klassentheorien wird die Frage, wie Ungerechtigkeit beseitigt und man den Menschen gerechter werden kann, nicht mehr allein oder vorrangig mit Bezug auf Klasseninteressen und -lagen beantwortet. Kritik an gesellschaftlichen Verhältnissen artikuliert sich in Kategorien der Identität und Differenz, die nicht schlicht auf ökonomische

Klassenverhältnisse zurückführbar, wiewohl damit verknüpft sind. Bezugnahmen auf vielfältige Formen von sozialer Identität und Zugehörigkeit sind hierbei in einem doppelten Sinne bedeutsam: Identitäts- und Zugehörigkeitskategorien (wie beispielsweise nationale, ethnisch-kulturelle oder Geschlechterzugehörigkeit) werden in wissenschaftlichen und medialen Diskursen der letzten Jahre intensiv diskutiert, um Fragen gesellschaftlicher und individueller Realität zu thematisieren. Aber auch im Selbstverständnis und den Handlungsweisen Einzelner und einzelner Gruppen spielen Identitäts- und Zugehörigkeitskategorien – unter anderem vermittelt von Wissenschaft und Medien – eine große Rolle: Wir thematisieren uns als Frauen und Männer, beispielsweise als Frauen, die sich allmählich nicht mehr vormachen können, dass die (Alters-)Mitte des Lebens noch vor ihnen liegt, und beispielsweise als Männer, die in der Öffentlichkeit durch die Inszenierung guter Manieren den Eindruck abwehren, „ein Ausländer" zu sein. An diesen beiden Beispielen wird deutlich, dass die Identitäts- und Zugehörigkeitskategorien (hier: Geschlecht und Alter; Geschlecht und „natio-ethno-kultureller" Status) nicht nebeneinander oder hintereinander ihre Bedeutung entwickeln, sondern in komplexen Wechselverhältnissen zueinander stehen. Als wissenschaftliches Programm ist die Perspektive „Diversity" empirisch und theoretisch an der Vielzahl von Identitäts- und Zugehörigkeitskategorien interessiert sowie an ihrem Zusammenspiel.

In Deutschland findet sich der Begriff „Diversity" ungefähr seit Anfang der 1990er Jahre im Kontext von Bildung. So operiert beispielsweise das so genannte „Diversity Training" als selbstreflexiv angelegter Lernzusammenhang, der den Anspruch erhebt, grundlegende Fähigkeiten zu fördern, die als notwendig betrachtet werden, um adäquat mit gesellschaftlicher Vielfalt umgehen zu können, mit diesem Begriff. Seit Anfang der 2000er Jahre ist er auch verstärkt im Kontext betriebswirtschaftlicher Fragen in Ökonomie und Verwaltung zu finden. „Managing Diversity" ist ein Prinzip der Unternehmensführung, das Differenzen zwischen Menschen (Mitarbeiter/innen genauso wie Kunden/innen) als Stärke und Schlüssel zum Erfolg der jeweiligen Organisation betrachtet. „Managing Diversity" bezieht sich als Top-down-Ansatz auf alle Ebenen der Organisation, d.h. sowohl auf ein anerkennendes Arbeitsklima wie auch z.B. auf Personalpolitik, Organisationsstrukturen und Verfahrensweisen.[2]

In all diesen Kontexten meint „Diversity" programmatisch (nicht notwendig seiner Praxis oder seinen Effekten nach)[3] Folgendes: Die Vielfalt von Identitäten, Unterschieden und Zugehörigkeiten ist konstitutiv für gesellschaftliche Wirklichkeit. Gesellschaftliche Wirklichkeit lässt sich in dieser Perspektive nicht angemessen beschreiben, wenn sie allein oder in erster Linie beispielsweise als Geschlechterordnung, als ethnische oder kulturelle Ordnung, als Ordnung der Generationen aufgefasst wird. Aus dieser eher empirisch und analytisch gewonnenen Einsicht folgt dann programmatisch, dass die verschiedenen Identitäten, Unterschiede und Zugehörigkeiten zu respektieren und anzuerkennen sind. „Diversity" ist mithin eine analytisch-empirische Aussage über die Wirkmächtigkeit von Identitäten, Unterschieden und Zugehörigkeiten, und zugleich ist „Diversity" ein normativ-präskriptiver Ansatz, der nach Möglichkeiten der Anerkennung von diesen sucht (in ökonomischen Kontexten als Mittel zum Zweck der Nutzenmaximierung, in Bildungszusammenhängen eher als Selbstzweck).

Wenn wir nun ungeachtet der Besonderheit jeder Identitäts- und Zugehörigkeitskategorie (gender, race, class ...) danach fragen, was diese Kategorien allgemein kennzeichnet, dann können wir festhalten, dass sie Bestandteile der Produktion gesellschaftlichen Sinns und gesellschaftlicher Ordnung sind. Sie führen Unterscheidungen ein, die das gesellschaftliche Geschehen symbolisch und materiell, diskursiv und außer-diskursiv für Mitglieder von Gesellschaften begreifbar machen. Erfahren, begriffen und verstanden wird hierbei nicht nur die gesellschaftliche Realität, sondern auch die eigene Position in ihr. Differenzordnungen strukturieren und konstituieren Erfahrungen, sie normieren und subjektivieren. Bei einigen dieser Ordnungen, die auf Grund ihrer grundlegenden sozialen, politischen und individuellen Bedeutung als fundamental bezeichnet werden können (wie z.B. gender, race, class), handelt es sich um solche, die biografisch früh strukturierend auf Erfahrungen, Verständnisweisen und Praxisformen wirken. Die sozialisierende Wirkung solcher grundlegenden Zugehörigkeitsordnungen besteht darin, dass sie Selbstverständnisse vermitteln, in denen sich soziale Positionen und Lagerungen spiegeln. Diese Wirkung auf Identität und soziale Position kann als ein erstes machtvolles Potenzial von Differenzordnungen verstanden werden. Differenzordnungen sind darüber hinaus machtvoll, da für sie charakteristisch ist, dass bestimmte Zugehörigkeiten und Identitätspositionen politisch und kulturell gegenüber anderen symbolisch und materiell privilegiert sind. Die Kritik dieser Verhältnisse wird insbesondere in solchen „Diversity-Ansätzen" geäußert, die „Diversity" als eine Möglichkeit der Antidiskriminierungspolitik und -arbeit verstehen (s.u.). Schließlich sind fundamentale Differenzordnungen machtvoll, weil sie zu jenen Ordnungen gehören, die häufig mit einer exklusiven Logik operieren und den Einzelnen auferlegen, sich in dieser ausschließenden Ordnung darzustellen und zu verstehen: entweder Mann oder Frau; entweder mit oder ohne Migrationshintergrund, entweder Schwarz oder Weiß, entweder homo- oder heterosexuell, entweder deutsch oder türkisch. Insbesondere dekonstruktivistisch orientierte Ansätze machen auf die Macht aufmerksam, die mit der binären Struktur von Differenzordnungen verbunden ist. Gängige

Differenzkonzepte fragen eher danach, was angesichts der Ungleichheit zwischen z.B. Frauen und Männern oder zwischen ethnischen Minderheiten und der Mehrheit getan werden könnte, um diese Ungleichheiten zu minimieren, und geben darauf beispielsweise die Antwort, dass es wichtig sei, anerkennend für die Rechte von deprivilegierten Gruppen oder Positionen einzutreten. Dekonstruktive Ansätze zeigen hingegen auf, welche Effekte aus dem Engagement für die Anerkennung von minorisierten Gruppen resultieren und welche Ordnungen und Normen im Zuge dieses differenzachtenden Einsatzes (ungewollt) gestützt bzw. produziert werden. Denn durch den unhinterfragten Bezug auf „die Frauen", „die Schwulen" oder „die Migranten" werde die Vorstellung einer binären und klar bestimmbaren Differenz bestätigt. Dekonstruktive Ansätze finden sich im „Diversity-Diskurs", der zu einem guten Teil nicht so sehr an der Klärung theoretischer Grundlagen, sondern vor allem an praktischen Fragen interessiert ist, eher selten.

Wer „Diversity" theoretisierend zum Thema macht, muss weiterhin selbstverständlich auch über den Zusammenhang der unterschiedlichen Differenzordnungen nachdenken. Es ist hierbei häufig herausgestellt worden, dass sich die Vielfalt der Identitäten und Differenzen, die Vielfalt der Differenzordnungen weder empirisch noch theoretisch angemessen in Modellen der Addition (gender plus race plus class plus handicap ...) beschreiben lässt. Es ist insgesamt wohl angemessener, das Zusammenspiel der Differenzordnungen im Bild eines mehrdimensionalen Raumes wiederzugeben, der durch unterschiedliche Dimensionen oder Achsen gesellschaftlicher Ungleichheit, Differenz und Ungerechtigkeit hervorgebracht wird. Gender, class, race, sexuelle Orientierung stellen nicht die einzigen, aber bedeutsame Dimensionen der Ungleichheit und Differenz dar, die Interessen, Temperamente, Identitäten einer jeden Person berühren, wobei diese Positionierungen diachron und synchron als variable und kontextspezifische Positionierungen in einem mehrdimensionalen Raum gedacht werden müssen. Neben der sukzessiven und der dimensionalen oder „axialen" stellt die kontextuale Relationierung eine dritte Form der Verknüpfung von Differenzordnungen dar.[4]

„Diversity Mainstreaming" oder „den Menschen gerechter werden"

Wer Texte zu „Diversity" liest, kann im Wesentlichen zwischen zwei Varianten der Verwendung der „Diversity-Vokabel" unterscheiden. Auf der einen Seite finden wir Texte, die in erster Linie zum Ausdruck bringen wollen, dass soziale und identitätsbezogene Vielfalt „etwas Positives" darstellt. „Diversity" ist hier ein Begriff, mit dem Differenzen zwischen Menschen als ein Wert an sich (oder zur Erreichung bestimmter, z.B. unternehmerischer Ziele) verstanden wird. Auf der anderen Seite finden sich Texte, die mit dem Begriff „Diversity" eher eine Antidiskriminierungsstrategie verbinden. Soziale und gesellschaftliche Differenzen werden hier mit Bezug auf Verhältnisse sozialer Ungleichheit, Dominanz und Herrschaft betrachtet. Eine unreflektierte Bejahung von Differenzen ist diesen Ansätzen eher suspekt und wird als Ausdruck der Bestätigung gegebener Unterschiede in der Verfügung über symbolische und materielle Ressourcen verstanden. Diese beiden Pole des „Diversity-Diskurses" machen eine Spannung aus, die zur Unklarheit des Begriffs, zu seiner Widersprüchlichkeit und Instrumentalisierbarkeit beiträgt. Diese Spannung betrifft auch die Vorschläge, die unter dem Label „Diversity Mainstreaming" kursieren. Auch hier sind eher differenzbejahende von ungleichheits-kritischen zu unterscheiden. Auf einer übergeordneten Ebene könnte deshalb gefordert werden, dass jeder „Diversity-Ansatz" sich differenziert zu den Themen „Differenzen" und „Dominanzen" verhalten sollte, sowohl was grundsätzliche Fragen hierzu betrifft, als auch hinsichtlich praktischer Fragen; wo dies unterbleibt, scheint die Vermutung nicht abwegig, dass hier lediglich das „modische" Etikett „Diversity" für konventionelle Ansätze Verwendung findet – alter Wein in neuen Schläuchen.

Dass der Bezug auf „Vielfalt" und die Pluralität der Menschen und die gewissermaßen interne Multiplizität jedes und jeder Einzelnen nicht schlicht etwas ist, was anzuerkennen ist, darauf macht die beschriebene Machtförmigkeit von Differenzordnungen aufmerksam. Zugleich kann man sich nicht auf die Kritik an den Menschen Positionen und Vermögen zuweisenden Ordnungen beschränken, auch weil Menschen sich im Lichte dieser Ordnungen z.B. als Männer und Frauen, als Schwule und Lesben verstehen und entsprechende sprachliche und kulturelle Praxen bedeutsam sind. Wo diese Praxen und Selbstverständnisse nicht anerkannt werden, wird potenziell unangemessen Macht ausgeübt.

„Diversity Mainstreaming" folgt nun der Idee, dass die Auseinandersetzung mit Vielfalt und Unterschieden nicht in einzelnen Themen, Bereichen oder Projekten zu organisieren ist, sondern vielmehr eine Querschnittsaufgabe von Organisationen und Institutionen aller gesellschaftlichen Felder darstellt. „Diversity Mainstreaming" ist der Versuch, Organisationen und Einrichtungen etwa in Bildung, Politik und Gesundheit so zu beeinflussen, dass dort auf allen Ebenen eine die Vielfalt von Differenzen anerkennende und die Anerkennung von Vielfalt im Hinblick auf ihre Machtwirkungen reflektierende Praxis formell institutionalisiert und informell zum Bestandteil der Organisationskultur wird.

Hierbei markiert der Diversity-Ansatz „einen Perspektivenwechsel von einer zielgruppen- und häufig defizitorientierten Minderheitenpolitik (wie der deutschen

Integrationspolitik) zu einer zielgruppenübergreifenden aktiven Anti-Diskriminie-
rungs- und Gleichbehandlungspolitik, die die individuellen wie gesellschaftlichen
Ressourcen und Potenziale von Vielfalt einschließt"[5].

**Allgemeines
Gleichbehandlungsgesetz**

Das Allgemeine Gleichbehandlungsgesetz (häufig auch als Anti-
diskriminierungsgesetz bezeichnet)
ist am 18.8.2006 in Kraft getreten.
Laut § 1 verfolgt das Gesetz das
Ziel, Benachteiligungen aus Gründen der Rasse oder wegen der ethnischen Herkunft, des Geschlechts,
der Religion oder Weltanschauung,
einer Behinderung, des Alters oder
der sexuellen Identität zu verhindern
oder zu beseitigen.

Die rechtliche und politische Grundlage hierfür
wurde in der Bundesrepublik Deutschland insbesondere durch das Allgemeine Gleichbehandlungsgesetz geschaffen, welches auf den Artikel 13 im
„Amsterdamer Vertrag" zurückgeht. Der 1997 durch
die Regierungskonferenz der EU-Staaten beschlos-
sene „Vertrag von Amsterdam" hat neue Möglichkeiten des Vorgehens gegen Diskriminierung
eröffnet. Mit Artikel 13 des Amsterdamer Vertrages
werden erstmals „rassische" und religiöse Diskriminierung im Gründungsvertrag der EU erwähnt. Er
zielt auf Vorkehrungen, um Diskriminierungen aus
Gründen des Geschlechts, der „Rasse", der
ethnischen Herkunft, der Religion oder der Weltanschauung, einer Behinderung,
des Alters oder der sexuellen Ausrichtung zu bekämpfen.

Folgende konkrete Perspektiven stellen sich vor diesem Hintergrund im Rahmen
eines „Diversity-Mainstreamings" in Bildungskontexten als interessant dar:

* Erfahrung von Unterschieden und Vielfalt ermöglichen und organisieren
* Eine „Schule des Differenzsehens" entwickeln: Wer setzt welche
  Differenzen wie und wodurch und mit welchem relevanten Effekt?
* Divergierende Subjektpositionen anerkennen und unterschiedliche
  Missachtungserfahrungen respektieren
* Thematisierung der Machtwirkungen von Identität und Differenz
* Schaffung von Räumen der kommunikativen Auseinandersetzung für
  die notwendige Anerkennung und die erforderliche Verschiebung von
  Differenzordnungen.

Allerdings ist „Diversity" im Rahmen von „Diversity Mainstreaming" nicht allein
(Bildungs-)Gegenstand, sondern weiterführend geht es im Rahmen dieses Main-
streamings um die gleichermaßen top down wie bottom up organisierte Gestaltung von (Bildungs-)Kontexten, so dass diese der lebensweltlichen Vielfalt auch
selbst entsprechen: Welche Sprachen werden in der Organisation gesprochen?
Sind die Mitarbeiter/innen, die auch minoritäre Sprachen und Lebensformen
repräsentieren, ausschließlich in untergeordneten Positionen beschäftigt? Entspricht die Mitarbeiterstruktur der Struktur der Lebens- und Alltagswelten, die

für die Organisation relevant sind? Repräsentiert die Organisation auch Inhalte, die Inhalte nicht allein der Majorität, sondern auch der Minderheiten sind?

„Diversity Mainstreaming" kann insgesamt als das Prinzip der (intendierten) Orientierung, Organisierung und Lenkung von Menschen verstanden werden. Das Prinzip „Diversity" fokussiert Differenzen zwischen Menschen und betrachtet die Berücksichtigung von Unterschieden als Schlüssel zu Erfolg und/oder Gerechtigkeit. Die hierbei zentrale Frage ist, inwiefern „Diversity" eine eher emanzipative oder eher bemächtigende Praxis ist. Die sich vor dem Hintergrund der bisherigen Überlegungen abzeichnende Antwort lautet: beides. „Diversity" ist sowohl eine Praxis der Annexion von und durch Differenz als auch eine Praxis, die den Ausschluss marginalisierter Positionen und Identitäten mindern kann. Wichtig ist nun, die hegemonialen Wirkungen von „Diversity"-Praxen zu problematisieren und dadurch das „emanzipative" Potenzial (im Sinne von: Es geht darum, für Verhältnisse einzutreten, in denen Menschen würdevoller leben und arbeiten können) durch kritische Reflexion zu stärken. Eben weil Differenzordnungen machtvoll sind, reicht es nicht aus, sich auf diese Ordnungen affirmativ zu beziehen (wie beispielsweise in bestimmten Spielarten multikultureller oder feministischer Politik). Vielmehr müssen Differenzverhältnisse auch immer als Verhältnisse verstanden werden, die zuweilen als Dominanz und Herrschaft wirkende Macht über Menschen ausüben. „Diversity" ist erst dann als politische Praxis überzeugend, wenn aus dem Wissen um die Verwobenheit von Differenz- und Machtverhältnissen reflexive Konsequenzen gezogen werden.

Einem reflexiven Ansatz muss es vor dem Hintergrund der bisherigen Überlegungen um dreierlei gehen. Erstens darum, sich systematisch mit der Frage auseinanderzusetzen, wo das Eintreten für Differenz und für die Pluralität von Differenz Machtverhältnisse als Dominanz- und Herrschaftsverhältnisse bestätigt und ermöglicht. Ein Kennzeichen des hier angesprochenen reflexiven Ansatzes besteht darin, sich des „Feierns der Differenz(en)" zu enthalten und vielmehr genau zu registrieren, unter welcher Bedingung das Eintreten für Differenz(en) weniger mit Macht verbunden ist. Ein reflexiver „Diversity-Ansatz" ist ein in einem weit reichenden Sinne beobachtender Ansatz, der die Entmächtigung von Menschen durch Differenzdiskurse und durch auf Identität beharrende Verständnisse kritisiert.

Zugleich und zweitens heißt dies, dass „Diversity" als politische Praxis nur da überzeugend sein kann, wo sie selbstreflexiv ist. „Diversity" ist kein Königsweg (auch wenn so manche Hochglanzbroschüre dies zu versprechen scheint), sondern eine soziale und politische Praxis, die selbst auf ihre ausschließenden

Effekte zu betrachten ist. Welche klischeehaften Vorstellungen werden durch „Diversity-Ansätze" befördert und revitalisiert? Welche Differenzzusammenhänge werden durch „Diversity-Ansätze" vernachlässigt? Auf welche Differenzzusammenhänge werden Menschen durch „Diversity-Ansätze" festgelegt? Wer profitiert von „Diversity-Ansätzen"? Wer gewinnt nicht oder verliert durch „Diversity-Ansätze"? Wem nützen, wem schaden „Diversity-Ansätze"? Diese und ähnliche Fragen enthalten Perspektiven, die integraler Bestandteil einer sich ihres Machtpotenzials bewussten, reflexiven „Diversity-Praxis" wären.

Schließlich pflegt eine reflexive Praxis eine Aufmerksamkeit und auch eine bedingte Vorliebe für Phänomene, die aus dem Rahmen der üblichen Unterscheidungen fallen, d.h. aus dem Rahmen dessen, was mit Differenzordnungen ohne weiteres verstanden, klassifiziert, erkannt und eingeordnet wird. Es geht hier um ein Interesse an dem nicht schnell Verstehbaren, an dem Mehrfachen, dem Uneingeordneten, dem sich den Ordnungen Entziehenden. Wo es Strategien gelingt, an solche Phänomene anzuschließen, gewinnen sie eine Perspektive, die das einteilende, das vereindeutigende, das klassifizierende und das fixierende Denken und Handeln schwächt. Dieses Vermögen stellt aber keinen Selbstzweck dar, es geht in der Be-Achtung des Uneindeutigen nicht um ein Achten des Uneindeutigen des Uneindeutigen wegen, sondern vielmehr darum, an konkrete und empirisch gegebene Phänomene der Uneindeutigkeit anzuschließen, ihnen, so könnte man sagen, nachzueifern, um – und dies scheint mir ein sehr gutes Motiv von reflexiven „Diversity-Ansätzen" zu sein – den Menschen gerechter zu werden.

Anmerkungen

1   Gabriele Rosenstreich, The mathematics of Diversity training. Multiplying Identities, Adding Categories and Intersecting Discrimination, in: Anne Broden / Paul Mecheril (Hrsg.), Repräsentationen. Dynamiken der Migrationsgesellschaft, Düsseldorf 2007, S.131–159, hier S. 132.

2   Zum Beispiel Michael Stuber, Diversity Mainstreaming, in: PERSONAL Heft 3 (2002), http://www.mi-st.de/download/Div-02-Mrz-Personal.pdf. (letzter Zugriff: 16.3.2009).

3   Vgl. Paul Mecheril, Diversity. Die Macht des Einbezugs, 2007, http://www.migration-boell.de/web/diversity/48_1012.asp (letzter Zugriff: 16.2.2009).

4   Vgl. ders., ‚Diversity'. Differenzordnungen und Modi ihrer Verknüpfung, 2008, http://www.migration-boell.de/web/diversity/48_1761.asp (letzter Zugriff: 16.3.2009).

5   Andreas Linder, Medien zwischen Diskriminierung und Diversity, 2008, http://www.migration-boell.de/web/diversity/48_1237.asp (letzter Zugriff: 16.3.2009).

Prof. Dr. Rudolf Leiprecht, geb. 1955

Professor für Sozialpädagogik mit dem
Schwerpunkt Diversity Education
an der Carl von Ossietzky Universität Oldenburg,
Direktor des Interdisziplinären Zentrums für Bildung
und Kommunikation in Migrationsprozessen (IBKM)

Rudolf Leiprecht
Diversitätsbewusste Sozialpädagogik.
Ein Beitrag zur politischen Bildung

Politische Bildung zielt ganz allgemein darauf ab, zur Herausbildung und Weiterentwicklung von aktiver Bürgerschaft, Partizipation und politischer Mündigkeit beizutragen. An diesen Anspruch anknüpfend, versuche ich im folgenden Beitrag zunächst zu zeigen, wie ein Blick auf politische Bildung aus der Perspektive der Sozialpädagogik im Allgemeinen aussieht. Danach diskutiere ich, in welcher Weise eine diversitätsbewusste Perspektive hier von Bedeutung ist.[1] Es zeigt sich u.a., dass sie eine sinnvolle Erweiterung interkultureller Ansätze darstellen kann, indem zum Beispiel erstens bestimmte soziale Repräsentationen von „Kultur", die im Kontext von Sozialpädagogik, aber eben auch von politischer Bildung häufig eine kontraproduktive – nämlich stigmatisierende und essenzialisierende – Wirkung entfalten, nicht mehr als unhinterfragte Selbstverständlichkeiten die Sichtweise bestimmen und zweitens eine Dezentrierung hinsichtlich „Kultur" und Ethnizität stattfindet, indem für die jeweils konkreten Bildungsthemen und Adressatengruppen zugleich auch die Frage nach der Bedeutung von sozialer Klasse, Geschlecht, sexueller Orientierung, Generation und Behinderung gestellt wird. Darüber hinaus thematisiert eine sozialpädagogische Perspektive in besonderer Weise, dass der Versuch der Dekonstruktion für Menschen in prekärer Lebenslage meist zu kurz greift.

Politische Bildung aus der Perspektive der Sozialpädagogik

Politische Bildung ist eng mit den beiden Fachdisziplinen Erziehungswissenschaft und Politikwissenschaft verbunden, und innerhalb der Erziehungswissenschaft haben sich verschiedene Teildisziplinen herausgebildet, wie etwa die Schulpädagogik, die Erwachsenenbildung und die Sozialpädagogik. Anders als die Schulpädagogik konzentrieren sich die beiden letztgenannten Teildisziplinen allerdings auch und in besonderer Weise auf außer- bzw. nichtschulische Handlungsfelder. Dies ist ein erster wichtiger Hinweis, da die Verbindung von politischer Bildung und Politikwissenschaft und hier der enge Bezug zur Fachdidaktik Politik den Eindruck erwecken könnte, als handele es sich bei politischer Bildung lediglich um ein Schulfach, das man als Politik, Gesellschaftskunde, Gemeinschaftskunde oder Ähnliches bezeichnen könnte. Bei politischer Bildung im Kontext von Erwachsenenbildung und Sozialpädagogik ist sofort deutlich, dass sich das damit zu bezeichnende Aufgabenfeld nicht auf die Schule reduzieren lässt.

Gleichzeitig ergeben sich durch die Teildisziplin Sozialpädagogik – anders als bei der Erwachsenenbildung – besondere inhaltliche Momente, die mit der Geschichte, dem Aufgabenbereich und dem Selbstverständnis von Sozialpädagogik zu tun haben. Die spezifischen Hilfs- und Unterstützungssysteme entlang staatlicher Regulierungen in den Blick nehmend wird in der sozialpädagogischen Fachdebatte die eigene Teildisziplin beispielsweise „als gesellschaftlich institutionalisierte Reaktion auf typische psychosoziale Bewältigungsprobleme in der Folge gesellschaftlich bedingter Desintegration"[2] definiert. In der Sozialpädagogik geht es also – folgt man diesem Selbstverständnis – vor allem um die Unterstützung von psychosozialem Gleichgewicht, Handlungsfähigkeit und Bewältigungskompetenz in Situationen, die durch prekäre Verhältnisse, erhöhte Risikolagen und kritische Lebensereignisse gekennzeichnet sind. Damit kommen in besonderer Weise sogenannte gesellschaftliche Randlagen und sozial benachteiligte Gruppen in den Blick.

Allerdings lässt sich die Perspektive von Sozialpädagogik nicht auf solche soziale Lagen und Gruppen beschränken. Zum einen können mit kritischen Lebensereignissen auch Konstellationen, die im Lebenslauf sehr vieler Menschen auftreten, gemeint sein, wie etwa für Kinder und Jugendliche der Tod eines Elternteils oder die Scheidung der Eltern. Zum anderen handelt es sich bei erhöhten Risikolagen auch um die Herausforderungen, denen Jugendliche in Gleichaltrigengruppen ausgesetzt sind, wenn es beispielsweise darum geht zu beweisen, wie viel Alkohol oder andere Drogen man verträgt. Derartige Konstellationen lassen sich auch bei solchen Jugendlichen beobachten, die keineswegs zu sozial benachteiligten Gruppen gerechnet werden können. Außerdem verweist der Begriff Desintegration darauf, dass noch viel größere Gruppen der Gesellschaft zur Verliererseite sozialökonomischer Entwicklungen werden können und eben nicht nur die klassische Unterschicht, wobei die Situation von aktuell Deklassierten jeweils eine Bedeutung für andere Sozialklassen haben kann: An ihrem Schicksal „entzünden sich auch die Ängste jener, die noch gute und qualifizierte Arbeit haben, aber befürchten, ihnen könnte einmal ein ähnlicher Abstieg widerfahren"[3].

Insgesamt können als wichtige „Großthemen" der sozialpädagogischen Arbeit Fragen zu sozialer Ungleichheit und sozialer Gerechtigkeit bezeichnet werden, wobei – gerichtet auf die verschiedenen Adressatengruppen – ein zentrales Thema gruppiert ist um „das Interesse nach Orientierung in Fragen der Lebensgestaltung"[4]. Hier soll – zum Beispiel den Formulierungen des Kinder- und Jugendhilfegesetzes folgend – an den Interessen junger Menschen angeknüpft und Selbstbestimmung unterstützt werden.[5] Einer Thematisierung von Lebensgestaltung, Eigeninteressen und Selbstbestimmung ist jedoch – hierauf machen die Sozialpädagogen Michael Galuske und Thomas Rauschenbach zu Recht aufmerksam – „zwangsläufig ein politisches Moment immanent"[6].

Ihr Fachkollege Albert Scherr greift vor diesem Hintergrund denn auch auf eine Aufgabenbestimmung zurück, die viel mit den Regelungen des Zusammenlebens – also mit Politik – zu tun hat: Sozialpädagogik soll zum Beispiel Jugendliche umfassend im Prozess des Heranwachsens und im Umgang mit den Widersprüchen ihrer Lebenspraxis unterstützen und „über die Sozialisationsleistungen der Familie und der Schule hinausgehende, diese Leistungen nicht nur ergänzende Lern- und Entwicklungsangebote anbieten"[7]. Dabei geht es darum, eine professionelle Praxis zu entwickeln, „die sich auf jeweils spezifische Begrenzungen und Beschädigungen einer selbstbestimmten Lebenspraxis in der Absicht bezieht, die Spielräume bewussten und selbstbestimmten Handelns zu erweitern"[8].

Diese doppelte normativ-fachliche Orientierung – hier beispielhaft demonstriert am Bereich Jugendarbeit –, zur Handlungsfähigkeit und Bewältigungskompetenz in kritischen Lebenssituationen und zur Selbstbestimmung bei Fragen der Lebensgestaltung beitragen zu wollen, ist ein wichtiges inhaltliches Moment, das immer wieder beobachtet werden kann, wenn Sozialpädagogen versuchen, ihre spezifische Perspektive auf die politische Bildung zu beschreiben, und zwar einerlei, ob es bei den Adressatengruppen um Kinder, Jugendliche oder Erwachsene geht. Impliziert wird mit dieser Orientierung also zugleich ein emanzipatorischer Bildungsbegriff, der das Anliegen untermauert, „vorgefundene Abhängigkeiten und unbewusste Handlungsroutinen schrittweise und graduell durch eine bewusstere und selbstbestimmtere Gestaltung der eigenen Lebenspraxis"[9] ersetzen zu wollen.

Dies ist eine hohe Messlatte für die jeweils eigene sozialpädagogische Fachlichkeit, die damit auch Elemente einer impliziten politischen Bildung in sich trägt. Die dargelegte doppelte normativ-fachliche Orientierung stellt eine Überforderung dar und kann zu Handlungsblockaden führen, wenn der Anspruch entsteht, ein solches Anliegen – ohne die Berücksichtigung der strukturellen und institutionellen Praxisbedingungen – gleichsam „aus dem Stand heraus" und in umfassender Weise von heute auf morgen erreichen zu wollen. Sie ist jedoch sinnvoll und weiterführend, wenn sie zur Formulierung von kritischen Fragen an die eigene Praxis beiträgt. Ja, sie ist als ein Element des professionellen Reflexionsrahmens geradezu unverzichtbar, da institutionelle Rahmungen von sozialpädagogischer Unterstützung häufig nicht durch „Freiwilligkeit" auf der Seite der Betroffenen gekennzeichnet sind und in widersprüchlichen Feldern von Kontrolle und Hilfe gehandelt werden muss. Würden Sozialpädagoginnen und -pädagogen solche Vorstellungen nicht entwickeln und begründen, bestünde die Gefahr, dass sie zum einen vorhandene Widersprüchlichkeiten im eigenen Handlungsfeld nicht erkennen und zum anderen im Modus des Alltagsbewusstseins stecken blieben; ein Modus, von dem aus allzu häufig das Vorfindbare als selbstverständlich, fraglos gegeben und unveränderbar hingenommen wird.

Zum Nutzen einer diversitätsbewussten Perspektive in der Sozialpädagogik

Der Modus des Alltagsbewusstseins lässt sich sehr gut mit der Theorie zu sozialen Repräsentationen fassen.[10] Dieses Theoriekonzept befasst sich mit Verstehensprozessen in der Kommunikation und ist eine Theorie der sozialen Konstruktion: Bestimmte Sachverhalte, Ereignisse, Gegenstände, Gruppen und Handlungen werden nicht individuell wahrgenommen, sondern der Mensch deutet sie über vereinfachende Bilder und Vorstellungen.[11]

Im Kontext der pluriformen Einwanderungsgesellschaft geht es bei solchen sozialen Repräsentationen zum Beispiel um Vorstellungen zu Ausländern, zu eingewanderten Gruppen, zum Islam oder zu Konzepten wie Staatsbürgerschaft, Anpassung, Zugehörigkeit oder Integration. Eine besondere Rolle spielen hier soziale Repräsentationen zu „Kultur", die gerade auch für die Praxis von Bildung und sozialer Arbeit von großer Bedeutung sind. Vorstellungen zu „Kultur" entfalten jedoch häufig eine unglückliche Eigendynamik, an deren Ende nicht selten stereotype Zuschreibungen stehen: Dabei werden einzelne „Kulturen" als abgeschlossene, homogene und statische Einheiten wahrgenommen, die das Denken, Fühlen und Handeln von Individuen, die einer „Kultur" zugeordnet werden, angeblich determinieren. Kultur wird so in kulturalisierender

Weise vorgestellt, d.h. auf eine als ursprünglich behauptete und als unverändert wirksam dargestellte Essenz reduziert, mit anderen Worten: Es wird essenzialisiert.

Eine interkulturelle Pädagogik oder eine interkulturelle Soziale Arbeit hat es in Bezug auf soziale Repräsentationen zu „Kultur" nicht einfach, da ein zentraler Begriff der eigenen Fachdiskurse im Alltagsbewusstsein anders verstanden wird und eine kontraproduktive Wirkung entfaltet. Hier kann eine diversitätsbewusste Perspektive überaus nützlich sein. Nun ist in der Geschichte der Sozialen Arbeit eine allmähliche Entwicklung hin zu einem reflexiveren Umgang mit sozialer Klasse, Geschlecht und Ethnizität zu beobachten; eine Entwicklung, die sich keineswegs geradlinig oder gleichzeitig oder – bezogen auf die Bedeutung der jeweiligen Kategorien im Verhältnis zueinander – gleichmäßig vollzieht; zudem ist sie von teilweise heftigen Auseinandersetzungen begleitet, genauso wie von Ignoranz und Abwehr.[12] Dennoch bildet sich langsam eine diversitätsbewusste Perspektive in der sozialen Arbeit heraus, welche die Bedeutung von verschiedenen Differenzlinien[13] anerkennt, nicht die exklusive Bedeutung einer einzelnen Differenzlinie behauptet und Intersektionalität[14], d.h. auch die Frage nach den Verbindungen und Schnittpunkten zwischen den Differenzlinien, berücksichtigt. Ein Ergebnis der Analyse von solchen Schnittpunkten und Konstellationen ist meist, dass eine soziale Gruppe keineswegs so homogen ist, wie sie vorgestellt wird. Solche Feststellungen sind von Bedeutung, weil sie zu einer differenzierteren und realitätsgerechteren Wahrnehmung führen und sich gegen gängige Vereinheitlichungstendenzen wie zum Beispiel *die* Frauen oder *die* Türken richten.[15]

Nehmen wir den Fachdiskurs interkultureller Sozialer Arbeit, so zeigt sich, dass mit einer solchen Perspektive anstatt Kultur jetzt Diversität als Leitkategorie und Erfahrungswirklichkeit betont wird. Es findet zudem gleichzeitig eine Dezentrierung und eine Kontextualisierung statt. Der Nutzen liegt auf der Hand: Diversität legt es (auch im alltäglichen Sprachgebrauch) deutlich weniger nahe, sich kulturelle Einheiten und einheitliche Identitäten vorzustellen. Mit einer diversitätsbewussten Perspektive steht nicht mehr ein einzelnes und isoliertes Gruppenmerkmal im Mittelpunkt – die andere Kultur –, ein zugeschriebenes Merkmal mit einer bestimmten inhaltlichen Qualität, das sich – so Wolfgang Schröer und Lothar Böhnisch – „zum Stigma entwickeln kann, sondern es wird zuerst nach den Kontexten […] gefragt"[16]: Weshalb, in welcher Weise und mit welchen Folgen spielt ein bestimmtes Ensemble von Differenzlinien in einem konkreten sozialen Kontext eine Rolle? Und danach: Weshalb, in welcher Weise und mit welchen Folgen wird in diesem sozialen Kontext beispielsweise die Frage nach der Kultur besonders bedeutsam?

Mit einer diversitätsbewussten Perspektive werden also Ansätze verbunden, die – so die Hoffnung – „nicht nur ein Potenzial zur Überwindung kulturalistischer Engführungen in der Thematisierung von Differenz (bieten), sondern auch einen Ansatzpunkt zur kritischen Auseinandersetzung mit normativ aufgeladenen Gemeinschaftskonzepten und den damit verbundenen Homogenitätserwartungen"[17].

Gegenüber interkultureller Sozialer Arbeit (oder auch interkultureller Pädagogik) stellt diese Perspektive deshalb zweifellos eine wichtige Ergänzung dar, wobei sie jedoch kein Ersatz für diese Fachdiskurse sein kann, genauso wenig wie zum Beispiel für Geschlechterpädagogik oder Sonderpädagogik. Zu sehr sind wir darauf angewiesen, jeweils über spezialisierte Kenntnisse und Herangehensweisen zu verfügen, auch wenn die jeweiligen Fachdiskurse und Teildisziplinen zu Querschnittsaufgaben in allen anderen Fachdiskursen, Teildisziplinen und Praxisfeldern im Bereich von Bildung und sozialer Arbeit führen müssen. Zu den spezialisierten Wissensformen im interkulturellen Bereich gehören zum Beispiel migrationssensible und rassismuskritische Thematisierungen,[18] aber auch grundlegende Kenntnisse zur gleichzeitigen Förderung von Mehrsprachigkeit und schulbezogenen Deutschkompetenzen für Kinder und Jugendliche, deren Familiensprache eine andere ist als die Umgebungssprache.[19]

Unterschiedliche Relevanz von Differenzlinien

Insgesamt ist deutlich, dass für die einzelnen Differenzlinien und ihre Verschränkungen die Theorieentwicklung vorangehen muss, und zwar in der Perspektive der Weiterentwicklung von gemeinsamen Mindeststandards, um die Anschlussfähigkeit der einzelnen Teilbereiche zu erhalten und auszubauen. Außerdem gilt es, weitere empirische Untersuchungen durchzuführen, die die konkrete Bedeutung von Konstellationen verschiedener Differenzlinien zeigen. Dabei geht es um zweierlei:

1. Es ist zweifellos richtig, dass es nicht ausreicht, nur die bekannte Trias von „race, class, gender" in den Blick zu nehmen.[20] Aus der Geschichte und der Erfahrung der Sozialen Arbeit heraus müssen – und dies könnte ein nächster Schritt für Studien und Praxisansätze in Deutschland sein – im Kontext von Geschlecht/sexuelle Orientierung, Ethnizität/Nationalität/Kultur und sozialer Klasse mit Generation/Alter und Behinderung/Gesundheit mindestens zwei weitere wichtige Differenzlinien ebenfalls fokussiert werden.

2. Nicht alle möglichen Diversitäten – und dies ist sehr wichtig – haben eine vergleichbare Relevanz. Um Verharmlosungen zu vermeiden, müssen Theorie und

Empirie herangezogen werden, damit begründete, aber auch immer wieder revidierbare Entscheidungen über ihre – u.U. auch bereichsspezifische – Bedeutung getroffen werden können. In Sätzen wie zum Beispiel dem folgenden steckt eine erhebliche Verharmlosung: „Ach was, Diskriminierung … Wer wird denn eigentlich nicht diskriminiert? Schwarze, Eingewanderte, dicke Menschen, kleine Menschen, Brillenträger, Glatzköpfe … und Raucher, so wie ich!"[21] Es mag für Raucherinnen und Raucher unangenehm sein, draußen in der Kälte zu stehen und zu kleinen Grüppchen zusammengepfercht nur an bestimmten Stellen auf Flughäfen und Bahnhöfen ihrem Genuss frönen oder ihrer Sucht nachgeben zu können, und möglicherweise wird dies auch als Diskriminierung empfunden. Wenn Erfahrungen von Brillenträgern, Glatzköpfen und Rauchern jedoch auf eine Ebene mit den Erfahrungen von schwarzen Deutschen oder von schwarzen Eingewanderten gestellt werden, dann wird auch eine jahrhundertealte Geschichte von Sklaverei, Kolonialismus und Rassismus dethematisiert; eine Geschichte, deren Spuren auch heute noch in Praxisformen, in Texten, im Denken und Handeln festzustellen ist, nicht zuletzt auch in der verbreiteten Vorstellung davon, wie eine Deutsche bzw. ein Deutscher auszusehen hat: Deutschsein wird hier untrennbar an Weißsein gekoppelt, anders gesagt: Die übliche Beschreibung von Deutschsein hat auch eine (versteckte) rassialisierende Komponente.

Soziale Konstruktion und Dekonstruktion

In enger Verbindung mit Diversitätsbewusstheit und Intersektionalität gewinnen heute auch in der Sozialpädagogik zunehmend theoretische Vorstellungen an Gewicht, die gleichzeitig auf Doing Gender, Doing Sexuality, Doing Ethnicity, Doing Culture, Doing Race und Doing Class hinweisen. Mit diesen Begriffen sind jeweils Prozesse, Praktiken, Handlungsweisen und Routinen gemeint, mit denen soziale Verhältnisse, kollektive Identitäten und soziale Rollen in den alltäglichen Interaktionen hergestellt, reproduziert, bestätigt, aber auch modifiziert und verändert werden. Dabei wird grundsätzlich davon ausgegangen, dass soziale Verhältnisse, kollektive Identitäten und soziale Rollen in historischen und gesellschaftlichen Prozessen entstanden sind und in ihrer jeweiligen Gestalt mit Interessen, Privilegien, Machtasymmetrien und vor allem auch mit Kräfteverhältnissen zu tun haben; Kräfteverhältnisse, in denen Individuen und Gruppen eine Bedeutung in Bezug auf deren Hinnahme, aber auch in Bezug auf deren Veränderung haben können.

Die Begriffe, die an „Doing" gekoppelt werden, sind deshalb untrennbar mit Theorien zur sozialen Konstruiertheit verbunden. Dabei geht es auch darum, in welcher Weise, mit welchem Ergebnis und mit welcher Wirkung sozial konstruiert wurde. Soziale Konstruktionen sind keine bloßen Luftgebilde oder Hirngespinste, im Gegenteil: Sie führten in ihrer langen Geschichte zu institutionalisierten Routinen und zu eingeschliffenen Praxisformen, wurden teilweise in Gesetzesform gegossen und haben u.U. eine Art „leibseelischer" Verankerung bekommen.

Nun ist es zweifellos wichtig und richtig, mit Hilfe von Dekonstruktion genau diese „Gewordenheiten" und ihre mögliche Interessens- und Machtverbundenheiten aufzuzeigen und damit zur „Verflüssigung" von starren und festlegenden Bildern, Vorstellungen, Routinen, Praxisformen etc. beizutragen. Allerdings – und hier ist die Perspektive von Sozialpädagogik auch für die politische Bildung überaus nützlich – haben gewachsene Routinen und Praxisformen u.U. „eine eigene Bewältigungsqualität in kritischen Lebenssituationen"[22]. So kann beispielsweise das Leben einer tradierten Rolle Orientierungs- und Verhaltenssicherheit schaffen, gerade weil sie so selbstverständlich erscheint. Dies macht es gerade dann, wenn eine solche Rolle für andere Beteiligte (Ehepartner, Kinder, Freunde, Kolleginnen etc.) problematisch wird, schwierig. Die Unterstützung einer Veränderungsperspektive bleibt notwendig. Doch das Denkmuster Dekonstruktion erweist sich als hilflos und kann gegenüber Betroffenen geradezu zynisch wirken, wenn nicht gleichzeitig auf die Bewältigungsmöglichkeiten der Betroffenen geachtet wird: Erst wenn Fachleute in Sozialpädagogik und politischer Bildung mit Hilfe von entsprechenden Ressourcen und dem Aufbau vertrauensvoller Beziehungen in der Lage sind, mit den Betroffenen gemeinsam zumindest eine Perspektive von funktionalen Äquivalenten für die jeweilige Bewältigungsqualität zu entwickeln, mag es in prekären Verhältnissen gelingen, möglicherweise problematisches Verhalten entlang tradierter sozialer Konstruktionen aufzulösen oder zu mindern.[23]

Eine diversitätsbewusste sozialpädagogische Perspektive als Beitrag zur politischen Bildung

Mit einer diversitätsbewussten sozialpädagogischen Perspektive geht es also nicht um das bloße Feiern von Vielfalt. Aus den eher naiven Versionen des Multikulturalismus, wo dies im Mittelpunkt stand, konnte mittlerweile einiges gelernt werden. Vielmehr geht es in erster Linie darum, historisch gewachsene und in gesellschaftlichen Prozessen entwickelte Einteilungen, die mit sozialen Positionierungen, Zuschreibungen, Wertungen und Festlegungen verbunden sind, aus kritischer Perspektive zum Thema zu machen. Dabei soll insbesondere vermieden werden, dass die hauptsächliche Verantwortung für eine Lebenslage mit deutlich eingeschränkten Möglichkeitsräumen bei den Ausgegrenzten, Benachteiligten und unmittelbar Betroffenen gesucht wird, während dominierende Strukturen, Institutionen und Organisationen genauso wie individuelle (Mit-)Verantwortlichkeiten in privilegierten Positionierungen aus dem Blickfeld geraten.

Diese diversitätsbewusste Perspektive ermöglicht die Erkenntnis, dass alle Menschen in einer Gesellschaft mit mehreren Differenzlinien zu tun haben und in verschiedenen Konstellationen zueinander stehen.[24] Dies gilt dementsprechend auch für all diejenigen, die an politischer Bildung beteiligt sind, also für Planerinnen und Planer, Teamerinnen und Teamer, Teilnehmerinnen und Teilnehmer und so weiter. Bezüglich einiger dieser Einteilungen und Zugehörigkeiten befinden sich die einzelnen Beteiligten in einer eher privilegierten Position, bei anderen in einer eher benachteiligten. Daraus ergibt sich ein jeweils spezifischer Möglichkeitsraum, der allerdings keineswegs unveränderbar ist.

Vieles kann sich im Laufe des Lebens verändern, und manches geschieht gleichsam von selbst: Der eigene Körper funktioniert heute vielleicht noch, man ist nicht auf ein Krankenbett, eine Betreuung oder ein Pflegeheim angewiesen usw., dennoch kann man – und dies ist keineswegs unwahrscheinlich – in diese Situation kommen; wobei die individuellen und kollektiven Verdrängungsmechanismen gegenüber solchen Wahrscheinlichkeiten leider meist sehr gut funktionieren. Anderes, was sich verändern könnte und müsste, bedarf einer speziellen individuellen und kollektiven Anstrengung. Dies gilt in besonderer Weise auch für soziale Ungleichheiten entlang der Differenzlinien Ethnie/Nation/Kultur, Geschlecht/sexuelle Orientierung und soziale Klasse. Die entscheidenden Schritte in ihren jeweiligen Möglichkeitsräumen müssen die einzelnen Individuen machen, dabei sind sie freilich auf Unterstützung, Bündnisse, Solidaritäten, Gelegenheitsstrukturen etc. angewiesen.

In einer Konstellation der Privilegierung wird zudem deutlich, dass es zu allen „Einzelelementen" jeweils noch andere Seiten gibt; Seiten, die zu Erfahrungen des Benachteiligt-Seins und des „Nicht-als-normal-betrachtet-Werdens" führen und Seiten, auf denen Zugehörigkeiten abgesprochen und verweigert werden. Kurzum, alle Beteiligten haben mit solchen Einteilungen und Zugehörigkeiten zu tun. Dies muss reflektiert werden: Wie sieht die jeweils eigene Positionierung aus, was bedeutet dies, welche Auswirkungen sind zu beobachten, welche Vorstellungen, Bilder und Phantasien werden diesbezüglich transportiert? Wie werde ich vor diesem Hintergrund selbst wahrgenommen, wie nehme ich andere wahr? An welcher Stelle gab es Erfahrungen mit Zuschreibung und Ausgrenzung, mit Privilegierung und Ohnmacht, wie wurden diese Erfahrungen interpretiert und bearbeitet und so weiter? Dabei geht es manchmal, aber eben nicht immer, auch um harmlose Dinge. All dies gilt es herauszuarbeiten, um den Handlungsmög lichkeiten in den jeweils eigenen Möglichkeitsräumen nachzuspüren und – gemeinsam mit anderen – zu einer Erweiterung der jeweils eigenen Möglichkeitsräume zu kommen.

Es kann nicht zufriedenstellen, in einem „Netz von Wechselausgrenzungen"[25] verstrickt zu sein und sich dadurch in letztlich doch fremdbestimmten Räumen gegenseitig kleinzuhalten, anstatt sich auf den Weg zu einer gemeinsamen Selbstbestimmung zu begeben. Dies fügt sich gut zu einer allgemeinen Perspektive von Sozialpädagogik, nämlich auch Fragen der jeweiligen Lebensgestaltung mit aufzugreifen, um Selbstbestimmung und Selbstbewusstsein zu fördern und zu unterstützen. Deutlich ist, dass aus der Perspektive einer diversitätsbewussten Sozialpädagogik Nachfragen an mehrere Teilbereiche politischer Bildung zu richten sind:

1. In Bezug auf die Zusammensetzung von Zielgruppen, Teams und Veranstaltergruppen: Hier geht es u.a. darum, Heterogenität als Normalfall auch wahrnehmen und zum Beispiel im Umgang mit Teilnehmerinnen und Teilnehmern realisieren bzw. thematisieren zu können; im Mittelpunkt steht dabei eine diversitätsbewusste Selbstreflexion.

2. In Bezug auf die Ansprache und Erreichbarkeit von Zielgruppen: Aus der Perspektive der Sozialpädagogik sind Gruppen, die sozial benachteiligt sind, in die Angebote politischer Bildung mit einzubeziehen. In der Einwanderungsgesellschaft handelt es sich hier oft auch um Gruppen mit Migrationshintergrund; auch auf diese Gruppen muss politische Bildung zielen, wobei möglicherweise auf besondere sprachliche Lernvoraussetzungen genauso Rücksicht genommen werden muss wie auf besondere Ausgangspunkte, die mit kulturellen Fremd- und Selbstzuschreibungen zu tun haben.

3. In Bezug auf die angebotenen Inhalte und Themen: Aus der Perspektive von Sozialpädagogik sind soziale Ungleichheit und soziale Gerechtigkeit wichtige Themen politischer Bildung. Hier geht es neben der Herausarbeitung der Ursachen und Auswirkungen von sozialer Ungleichheit u.a. auch darum, stereotype Sichtweisen und Alltagstheorien über sozial benachteiligte Gruppen zu hinterfragen. Einer Homogenisierung von Gruppen ist genauso entgegenzuarbeiten wie einer Kulturalisierung und Ethnisierung von prekären Lebenslagen. Theorieansätze zur sozialen Konstruktion und Mitgestaltung (Doing) sind hier unverzichtbar, allerdings darf der im Prinzip sinnvolle Ansatz der Dekonstruktion die möglicherweise besonderen Bewältigungsqualitäten von bestimmten sozialen Konstruktionen in prekären Lebenslagen nicht vernachlässigen.

4. In Bezug auf den Umgang mit Zielgruppen: Unterstützung zur Entwicklung von zunehmender Handlungsfähigkeit und Bewältigungskompetenz in kritischen Lebenssituationen und Unterstützung bei der Entwicklung von Selbstbestimmung in Fragen der Lebensgestaltung sind wichtige inhaltliche Orientierungspunkte aus der Perspektive von Sozialpädagogik, die auch im Kontext politischer Bildung Gültigkeit beanspruchen sollten.

5. In Bezug auf die generelle Anlage und die Einzelmethoden von Veranstaltungen: Sie sollten im Hinblick auf den Umgang mit Zielgruppen (siehe 4.) mindestens dazu beitragen können, untersuchende Haltungen zu fördern und Selbstbestimmung zu unterstützen.

Deutlich ist insgesamt, dass eine diversitätsbewusste Sozialpädagogik zum einen bereits in ihren eigenen Arbeitsfeldern in Prozessen (impliziter) politischer Bildung involviert ist, zum anderen viel zur (expliziten) politischen Bildung in anderen Arbeitsfeldern beizutragen hat: In pluriformen Einwanderungsgesellschaften gibt es kaum eine vernünftige Alternative dazu, als darüber zu reflektieren, was die Anerkennung von Heterogenität als Normalfall für die eigene Praxis bedeutet. Dies gilt für die Akteure und die Inhalte, Konzepte und Methoden der politischen Bildung selbst, gleichzeitig ist politische Bildung aber auch eine gute Möglichkeit, diese Reflexionen voran zu treiben.

Anmerkungen

1   Für den Abschnitt 2 habe ich teilweise Ausführungen überarbeitet, die ich in einer ursprünglichen Fassung bereits an anderer Stelle publiziert habe (vgl. Rudolf Leiprecht, Eine diversitätsbewusste und subjektorientierte Sozialpädagogik. Begriffe und Konzepte einer sich wandelnden Disziplin, in: Neue Praxis, (2008) 4, S. 427–439.

2   Lothar Böhnisch, Lebensbewältigung. Ein sozialpolitisch inspiriertes Paradigma für die Soziale Arbeit, in: Werner Thole (Hrsg.), Grundriss Soziale Arbeit, Wiesbaden 2002/2005, S. 199.

3   Lothar Böhnisch / Wolfgang Schröer, Politische Pädagogik. Eine problemorientierte Einführung, Weinheim / München 2007, S. 35.

4   Franz Josef Krafeld, Die Geschichte der Jugendarbeit: Von den Anfängen bis zur Gegenwart, Weinheim 1984, S. 162.

5   Vgl. SGB VIII, § 11, Absatz 1.

6   Michael Galuske / Thomas Rauschenbach, Politische Jugendbildung in Ausbildung und Beruf, in: Benno Hafenegger (Hrsg.), Handbuch politische Jugendbildung, Schwalbach im Taunus 1997, S. 61.

7   Albert Scherr, Subjektivität und Anerkennung. Grundzüge einer Theorie der Jugendarbeit, in: Doron Kiesel / Albert Scherr / Werner Thole (Hrsg.), Standortbestimmung Jugendarbeit, Schwalbach im Taunus 1998, S. 148.

8   Ebd., S. 154.

9   Ebd.

10   Vgl. Serge Moscovici, Geschichte und Aktualität sozialer Repräsentationen, in: Uwe Flick (Hrsg.), Psychologie des Sozialen. Repräsentationen in Wissen und Sprache, Hamburg 1995.

11   Vgl. hierzu auch Jonathan Potter / Margaret Wetherell, Soziale Repräsentationen, Diskursana-lyse und Rassismus, in: U. Flick, (Anm. 10), S. 183; Wolfgang Wagner, Alltagsdiskurs – Zur Theorie sozialer Repräsentationen, Göttingen 1994, S. 95ff.

12   Vgl. hierzu Fabian Lamp, Soziale Arbeit zwischen Umverteilung und Anerkennung. Der Umgang mit Differenz in der sozialpädagogischen Theorie und Praxis, Bielefeld 2007; sowie R. Leiprecht (Anm. 1), S. 428ff.

13   Zum Konzept der Differenzlinien vgl. Helma Lutz / Norbert Wenning, Differenzen über Differenz – Einführung in die Debatten, in: Dies. (Hrsg.), Unterschiedlich verschieden. Differenz in der Erziehungs-wissenschaft, Opladen 2001, S. 11–24; Helma Lutz / Marianne Krüger-Potratz, Sitting at a Cross-roads – rekonstruktive und systematische Überlegungen zum wissenschaftlichen Umgang mit Differenzen, in: Tertium Comparationis, (2002) 2, S. 81–92; Rudolf Leiprecht / Helma Lutz, Intersek-tionalität im Klassenzimmer: Ethnizität, Klasse, Geschlecht, in: Rudolf Leiprecht / Anne Kerber (Hrsg.), Schule in der Einwanderungsgesellschaft, Schwalbach im Taunus 2006, S. 218–234; Rudolf Leiprecht / Helma Lutz, Rassismus – Sexismus – Intersektionalität, in: Claus Melter / Paul Mecheril (Hrsg.), Rassismuskritik (Band I): Rassismustheorie und Rassismusforschung, Schwalbach im Taunus 2009.

14   Zum Konzept Intersektionalität vgl. Kimberlé Crenshaw, Demarginalizing the Intersection of Race and Sex: A Black Feminist Critique of Antidiscrimination Doctrine, Feminist Theory and Antiracist Po-litics, in: University of Chicago Legal Forum 1989, S. 138–167; Cornelia Klinger / Gudrun-Axeli Knapp, Achsen der Ungleichheit – Achsen der Differenz: Verhältnisbestimmungen von Klasse, Geschlecht, ‚Rasse'/Ethnizität, in: Cornelia Klinger / Gudrun-Axeli Knapp / Birgit Sauer (Hrsg.), Achsen der Ungleichheit. Zum Verhältnis von Klasse, Geschlecht und Ethnizität, Frankfurt/Main / New York 2007, S. 19–41.

15   Vgl. hierzu auch den Beitrag von Paul Mecheril, Diversity Mainstreaming, in diesem Buch S. 202–210.

16   L. Böhnisch / W. Schröer (Anm. 3), S. 253.

17 Ulrike Hormel / Albert Scherr, Bildung für die Einwanderungsgesellschaft. Perspektiven der Auseinandersetzung mit struktureller, institutioneller und interaktioneller Diskriminierung, Wiesbaden 2005, S. 214.

18 Vgl. C. Melter / P. Mecheril (Anm. 13); Wiebke Scharathow / Rudolf Leiprecht (Hrsg.), Rassismuskritik (Band II): Rassismuskritische Bildungsarbeit, Schwalbach im Taunus 2009, in Drucklegung.

19 Vgl. Winfried Stölting, Erziehung zur Mehrsprachigkeit und zweisprachige Erziehung, in: R. Leiprecht / A. Kerber (Anm. 13).

20 Vgl. Helma Lutz, Differenz als Rechenaufgabe, in: H. Lutz / N. Wenning (Anm. 13).

21 Die ursprüngliche Form dieses Satzes stammt aus einer Reflexionsübung, die in den Niederlanden für den beruflichen Bildungsbereich entwickelt wurde (vgl. Marcel Kreuger / Rudolf Leiprecht gemeinsam mit Jan Hartman / Fred Penninga, Vooroordelen, discriminatie, racisme, MBO-module, Rotterdam 1995, S. 35).

22 Lothar Böhnisch / Heide Funk, Soziale Arbeit und Geschlecht, Theoretische und praktische Orientierungen, Weinheim / München 2002, S. 27.

23 Vgl. ebd.

24 Vgl. hierzu auch den Beitrag von Paul Mecheril, Diversity Mainstreaming, in diesem Buch S. 202–210.

25 Klaus Holzkamp, Antirassistische Erziehung als Änderung ‚rassistischer‘ Einstellungen? Funktionskritik und subjektwissenschaftliche Alternative, in: ders., Schriften I. Normierung, Ausgrenzung, Widerstand, Hamburg / Berlin 1997, S. 296.

Elke Gryglewski, geb. 1965

*Diplom-Politologin, wissenschaftlich-pädagogische
Mitarbeiterin in der Gedenk- und Bildungsstätte
Haus der Wannsee-Konferenz*

Elke Gryglewski
Historisch-politische Bildung
in der Einwanderungsgesellschaft

Als Viola Georgi, die sich als eine der Ersten grundlegend mit der Erinnerung in der multikulturellen Gesellschaft befasst hat, 1995 ihre Diplomarbeit abschloss, gab sie ihr den Titel „Geschichtskonstruktionen in den Erzählungen von deutschen und ausländischen Jugendlichen". Ihre Dissertation im Jahr 2003 nannte sie „Entliehene Erinnerung. Geschichtsbilder junger Migranten in Deutschland". Dass zunächst von ausländischen Jugendlichen die Rede war, obwohl es um Menschen ging, die zu einem erheblichen Teil in Deutschland geboren und keineswegs vorübergehend anwesende Gäste waren, ist symptomatisch dafür, wie schwierig es zunächst war, auch nur den Gegenstand der Forschung zu bestimmen.

Wir haben es beim Thema historisch-politische Bildung in der Einwanderungsgesellschaft mit einem vergleichsweise „jungen" Diskurs zu tun. Im Feld der Erinnerungspädagogik wurde ähnlich spät wie in anderen gesellschaftlichen Kontexten wahrgenommen, dass Deutschland seit langem ein Einwanderungsland ist. Und obwohl es ein wachsendes Bewusstsein dafür gibt, dass Jugendliche nichtdeutscher Herkunft eben nicht „Ausländer" sind, werden sie nach wie vor als solche wahrgenommen oder bezeichnet. Schließt man den Geschichtsunterricht in die historisch-politische Bildung mit ein, fällt zudem auf, dass der Diskurs vorwiegend von Problembeschreibungen bestimmt ist: Schüler/innen nichtdeutscher Herkunft interessierten sich nicht für die deutsche Geschichte, und wenn es zur Behandlung des Holocaust komme, seien antisemitische Äußerungen seitens muslimischer Schüler/innen zu hören. Oft wird unterstellt, nur bei der Behandlung der Geschichte des Nationalsozialismus ergäben sich Probleme. Die genannten Einschätzungen, die von Lehrkräften immer wieder vorgetragen werden, zeigen ein weiteres grundsätzliches Problem in der Diskussion: Einwanderungsgesellschaft wird vielfach ausschließlich mit Menschen türkischer oder arabischer Herkunft assoziiert. Und schließlich wird unterstellt – wie es auch der erste von Viola Georgi gewählte Titel nahelegt –, dass „deutsche" und „ausländische" Jugendliche per se einen unterschiedlichen Zugang zur deutschen Geschichte hätten. Die Art und Weise, wie in den jüngsten Diskussionen im schulischen Bereich auf einer solchen Unterscheidung insistiert wird, legt den Verdacht nahe, dass „nicht interessierte und antisemitische muslimische Schüler/innen" als willkommene Ablenkung von nicht interessierten und antisemitischen autochthonen Schülern/innen (und manchen Lehrern/innen) dienen.

Nur langsam gerät ins Bewusstsein, dass diejenigen, die diese verkürzte Sichtweise vertreten, möglicherweise selbst ein Teil des Problems sind. Aus unterschiedlichen Motiven heraus und oft auch unbewusst, wurde und wird – gerade wenn es um die Geschichte des Nationalsozialismus geht – eine fiktive Einheit hergestellt: die Gemeinschaft derjenigen, die aus dieser Geschichte lernen müssen. Wenn Lehrer/innen und Pädagogen/innen im außerschulischen Bereich den Jugendlichen zu vermitteln versuchen, dass es eine besondere Verpflichtung der „Tätergesellschaft" gibt, sich mit dieser Geschichte auseinanderzusetzen, sprechen sie oft von der Verantwortung der Nachkommen der Täter, und merken nicht, dass sich vor allem diejenigen, deren Familiengeschichte nicht in Deutschland beheimatet ist, ausgeschlossen fühlen. Auch Jugendliche deutscher Herkunft reagieren oft ablehnend auf diesen Diskurs, weil sie das Gefühl haben, damit sollten ihnen Schuldgefühle vermittelt werden.[1]

Neue pädagogische Ansätze gesucht

Der Beginn der Diskussion in der Gedenkstättenlandschaft und in anderen außerschulischen Institutionen fällt mit der Suche nach neuen pädagogischen Ansätzen für die historisch-politische Bildung insgesamt zusammen, die darauf zielen, mehr Jugendliche zu erreichen und einen nachhaltigen Lernerfolg zu erzielen. Daher ist es naheliegend, dass viele der pädagogischen Überlegungen, die bei der Arbeit mit multikulturell zusammengesetzten Gruppen zu berücksichtigen sind, allgemeine Gültigkeit haben oder haben sollten.

Die Konzepte, die mittlerweile zur Befassung mit der Geschichte des Nationalsozialismus in der Einwanderungsgesellschaft vorgeschlagen werden, sind vielfältig. Oft geht es dabei um unterschiedliche Formen von Aktualisierung der

Geschichte. So wird angeregt, sich im Zusammenhang mit der Geschichte des Nationalsozialismus dergestalt mit allgemeinen Menschenrechtsfragen zu beschäftigen, dass schon während des Lernprozesses zur Geschichte Aktualisierungen vorgenommen werden,[2] oder es wird vorgeschlagen, Handlungsspielräume von Individuen während des „Dritten Reichs" ins Zentrum der Beschäftigung zu rücken, um alle Lernenden unabhängig von ihrer Herkunft dazu zu bringen, sich zu überlegen, wie sie selbst in bestimmten Situationen reagiert hätten oder reagieren würden.[3] Auch der Vorschlag, häufiger Migrationsgeschichte zum Thema zu machen, gehört zu diesen auf Aktualisierung zielenden Konzepten.

Andere Ansätze sehen eine Erweiterung des Blickwinkels bei der Beschäftigung mit Geschichte dahingehend vor, dass die Geschichte der Herkunftsländer vieler Schüler/innen – z.B. der Türkei, des ehemaligen Jugoslawien oder Griechenlands –, die bislang eher nicht berücksichtigt wurde, mit aufgenommen wird.[4] Für Erwachsene wird diese Ausweitung der Wahrnehmung dahingehend vorgenommen, dass die Beziehungsgeschichte zwischen Deutschland und den Herkunftsländern der an der jeweiligen Veranstaltung beteiligten Teilnehmenden über einen langen Zeitraum in all seiner Komplexität behandelt wird.[5] Auch wenn viele der Konzepte bereits erfolgreich umgesetzt werden, ist – im Interesse einer uns in der Diskussion weiterbringenden Reflexion – zumindest kritisch zu fragen, warum sich alle darin gleichen, dass sie vermeintlich oder tatsächlich ein pädagogisches Angebot für „Andere" darstellen, obwohl die betroffenen Schüler/innen nichtdeutscher Herkunft mehrheitlich bereits in Deutschland geboren wurden (wenn die Familien als „Gastarbeiter" nach Deutschland kamen, gehören sie zur dritten in Deutschland lebenden Generation, wenn die Familien als Flüchtlinge kamen, in der Regel zur zweiten Generation). Ohne von vornherein zu unterstellen, dass Konzepte, die speziell für multikulturell zusammengesetzte Gruppen entwickelt werden, falsch sind, scheint mir ein Bewusstsein dafür vonnöten, dass in dieser Anlage bereits ein Teil des Problems liegen könnte. Fügen wir uns damit nahtlos in den Diskurs ein, der Menschen nichtdeutscher Herkunft zu „Anderen" macht und sie ausschließt?

Anerkennung als Voraussetzung für den Lernprozess

Aus Gründen, die zunächst nichts mit dem Erinnerungsdiskurs zu tun haben, wie zum Beispiel Bildungsbenachteiligung, Ausgrenzungserfahrungen oder soziale Benachteiligung, kommt es bei zahlreichen Jugendlichen nichtdeutscher Herkunft zu einer Form von Reethnisierung. So jedenfalls nehmen es viele Pädagogen/innen wahr. Was im Sportalltag an der massiven Identifikation zum Beispiel mit türkischen Fußballmannschaften im Rahmen von Welt- oder Europameisterschaften zu erkennen ist, äußert sich beim Geschichtslernen in einer Fokussierung des Interesses auf die Herkunftsländer. So fragen z.B. Jugendliche türkischer Herkunft im Haus der Wannsee-Konferenz immer interessiert nach, warum auch die Türkei in der von Adolf Eichmann für die Konferenz angefertigte Statistik zu jüdischen Menschen in Europa aufgeführt ist. Wegen solcher Interessenschwerpunkte, die man als Indiz für die o.g. gewisse „Selbst-Reethnisierung" sehen kann, reagieren viele Jugendliche nichtdeutscher Herkunft positiv auf pädagogische Konzepte der historisch-politischen Bildung, die vorsehen, auf die Herkunftsländer ihrer Familien einzugehen.

In den letzten zwei Jahren führte die Gedenkstätte Haus der Wannsee-Konferenz in Kooperation mit dem arabischen Jugendclub Karame e.V. in Berlin ein Projekt durch, bei dem sich Jugendliche arabisch-palästinensischer Herkunft mit ihren Familiengeschichten und der Geschichte der Palästinenser sowie mit der Geschichte des Nationalsozialismus, insbesondere der Verfolgungsgeschichte der europäischen Juden, beschäftigten. Den Mitarbeitern/innen der Gedenk- und Bildungsstätte ging es bei dem Projekt um die Überprüfung der im Haus bereits betriebenen „Pädagogik der Anerkennung". Diese möchte den Jugendlichen vermitteln, dass sie im Haus gern gesehene Besucher sind. Das geschieht zum einen durch die Einbeziehung der Geschichte der Herkunftsländer der Schüler/innen im Rahmen der eintägigen Studientage und zum anderen durch Kleinigkeiten wie die Bereitstellung von Informationsflyern in fast allen europäischen Sprachen sowie in Türkisch und Arabisch oder durch einen Einstieg in die inhaltliche Arbeit, indem zunächst gefragt wird, welches für die Jugendlichen wichtige historische Ereignisse sind. Da man die Schüler/innen im Rahmen des mehrmonatigen Projekts besser kennenlernen und beobachten konnte, sollte dabei verifiziert werden, ob die Anerkennung tatsächlich zu einer größeren Bereitschaft führt, sich mit der Geschichte des Nationalsozialismus und des Holocausts auseinan-

Gedenkstätte Haus der Wannseekonferenz
Am 20. Januar 1942 verhandelten in der Villa am Wannsee in Berlin Spitzenbeamte der Ministerialbürokratie und der SS über die organisatorische Durchführung der Entscheidung, die Juden Europas in den Osten zu deportieren und zu ermorden. Zum 50. Jahrestag der Konferenz 1992 wurde in der Villa eine Gedenk- und Bildungsstätte eröffnet. Das Bildungsangebot wendet sich an Schulklassen und andere Jugendgruppen, aber auch an Erwachsene. Dabei handelt es sich um Führungen und Kleingruppenarbeit in der ständigen Ausstellung sowie um die Durchführung von Studientagen.
www.ghwk.de

Jugendclub Karame e.V.
Karame e.V. wurde 1978 gegründet und betreibt seit 1996 einen Jugendclub in Berlin Moabit. Dem Bedarf des Sozialraums entsprechend richtet sich das Angebot von Karame vornehmlich an Kinder und Jugendliche arabischer Herkunft sowie auch an deren Eltern. Neben offenen Angeboten für Kinder und Jugendliche ist die Vermittlung zwischen den Kulturen ein Schwerpunkt der Arbeit.
www.karame.de

derzusetzen. Die Erkenntnisse, die im Rahmen dieses Projekts gewonnen werden konnten, waren insgesamt sehr interessant und warfen neue wichtige Fragen auf. Im Folgenden werden nur diejenigen genannt, die für die hier thematisierte Frage der historisch-politischen Bildung in der Einwanderungsgesellschaft relevant sind.

Zunächst fiel der starke emotionale Bezug auf, den die Jugendlichen permanent zu „Palästina" herstellten, ohne jemals in der Region gewesen zu sein. Im Laufe der Monate wurde zunehmend deutlich, dass dies zumindest in dieser Gruppe eine Reaktion auf ihr deutsches Umfeld war, das sie ständig als „Araber" oder „Ausländer" bezeichnet und ihnen ein Deutschsein verweigert.[6] Dieser Zusammenhang trat umso deutlicher hervor, als sich herausstellte, dass die Jugendlichen über keinerlei historisches oder anderes Faktenwissen zu der Region verfügten. Weiterhin war auffällig, wie sehr sie sich des Stellenwerts des Diskurses zum Nationalsozialismus in der deutschen Gesellschaft bewusst waren; sie wussten auch, wie hervorragend sich gerade diese Geschichte dazu eignet, Pädagogen/innen und Lehrkräfte zu provozieren oder sich Aufmerksamkeit zu verschaffen. Darüber hinaus vertraten die Jugendlichen die Ansicht, die Geschichte des Nationalsozialismus stehe in unmittelbarem Zusammenhang mit ihren Familiengeschichten. Hitler könnte ihrer Meinung nach auch für die Gründung des Staates Israel und die damit zusammenhängende Flucht und Vertreibung der Palästinenser verantwortlich gemacht werden. Schließlich empfanden die Jugendlichen eine massive – vermeintliche oder tatsächliche – Erinnerungskonkurrenz zwischen der Erinnerung an den Nationalsozialismus und der an die eigene Familiengeschichte bzw. die Geschichte der Palästinenser. Außerdem vermischten sie die Beurteilung der Geschichte mehrheitlich mit der Wahrnehmung aktueller politischer Ereignisse, vor allem des Nahost-Konflikts. In Zeiten einer großen medialen Präsenz des Nahost-Konflikts konnte es sogar dazu kommen, dass einige der Schüler/innen es ausdrücklich begrüßten, dass „die Juden" den nationalsozialistischen Verbrechen zum Opfer gefallen sind.

Studienreise nach Israel

Je mehr sich die Jugendlichen mit der Geschichte ihres jeweiligen Herkunftslandes anerkannt fühlten, umso eher waren sie bereit, sich auf eine differenzierte Wahrnehmung sowohl von historischen als auch von aktuellen Ereignissen einzulassen. Diese Haltung konnte verstärkt im Rahmen einer Studienreise nach Israel und in die Palästinensischen Autonomiegebiete im Sommer 2008 beobachtet werden. Die Idee für die Reise war entstanden, als deutlich wurde, dass den Jugendlichen jegliche Kenntnisse zur Region fehlten.[7]

Im Verlauf der Reise zeigte sich nicht nur, dass sich die Jugendlichen überall dort in Israel wohlfühlten, wo man ihnen freundlich begegnete, und dass die vor der Reise formulierten Ängste binnen weniger Stunden vollständig verflogen waren.

Es wurde auch deutlich, wie „deutsch" der Lernprozess der Jugendlichen hinsichtlich seiner kognitiven Ausrichtung ist. Während des Besuches des Ghetto-Kämpfer-Museums in einem Kibbuz im Norden Israels waren die Jugendlichen bei allen Einheiten zur Geschichte des Nationalsozialismus rege beteiligt. Sie knüpften an schulisches Wissen, an Kenntnisse aus dem deutschen Fernsehen und an den gesellschaftlichen Diskurs in Deutschland an. Besuchten wir hingegen die ehemaligen Heimatorte der Großeltern der Jugendlichen, waren diese an den historischen Informationen zur Geschichte der Orte kaum interessiert, sondern wollten dort lediglich Steine für die Familien sammeln und Erinnerungsfotos machen. Dass ihnen der Diskurs zur Geschichte des Nationalsozialismus sehr viel vertrauter ist als der Diskurs um die „Nakba"[8], wurde auch im Rahmen des Workshops deutlich, der im „Center for Humanistic

> **Ghetto-Kämpfer-Museum**
> Das Ghetto-Kämpfer-Museum ist der älteste israelische Museumskomplex zum Thema der Shoah und des Jüdischen Widerstands. Das Haus der Ghettokämpfer wurde 1949 in der Nähe von Akko von einer Gruppe Überlebender der Shoah, Mitgliedern des jüdischen Untergrunds in den Ghettos in Polen und ehemaligen Kämpfern der Partisaneneinheiten gegründet. Die Idee war, einen Ort der Dokumentation zu schaffen, der die Geschichte der Juden während des Zweiten Weltkriegs im Allgemeinen und des Widerstands im Besonderen erzählt.
> *www.gfh.org.il*

Education" des Ghetto-Kämpfer-Museums durchgeführt wurde. Als die Mitarbeiterin sie fragte, welche Gedenktage es in ihren Familien gibt (um, nachdem das Stichwort „Nakba" gefallen wäre, mit den Jugendlichen zu besprechen, wie man mit der Erinnerung an ein so dramatisches Ereignis umgehen kann), wiesen die Jugendlichen fröhlich auf Geburtstage oder auch Sterbedaten in der Familie hin; der Begriff „Nakba" hingegen, den sie erst im Rahmen des Workshops in Berlin kennengelernt hatten, war, wie viele andere historische Inhalte aus dem Gesamtprojekt auch, in Vergessenheit geraten. Insgesamt wurde während beider Projekte deutlich, dass die Jugendlichen über die Familienerzählung hinaus, sie seien „wegen des Krieges" nach Deutschland gekommen – in manchen Fällen ergänzt durch ein einzelnes dramatisches Ereignis, für das „die Juden" verantwortlich gemacht werden – über wenig Faktenwissen verfügten. Zu Beginn des Projekts waren sie mehrheitlich nicht in der Lage, Geburtsorte oder -daten von Eltern und Großeltern zu benennen. Offensichtlich erleben sie selten, dass sie gefragt werden, woher ihre Familien kommen und konnten sich daher kaum vorstellen, dass jemand wirklich Interesse an ihren Familiengeschichten haben und sie sogar in den Kontext der Geschichte der Palästinenser stellen könnte.

Räume schaffen für einen gemeinsamen Erinnerungsdiskurs

Diese und weitere im vergangenen Jahr durchgeführte kurzfristige Projekte, in denen ähnliche Erkenntnisse gewonnen wurden, deuten darauf hin, dass in der historisch-politischen Bildung ein Raum geschaffen werden müsste, in dem sich – nicht nur – Jugendliche mit ihren Familiengeschichten aufgehoben fühlen bzw. in den sie diese auch in irgendeiner Form einbringen können. Die Anerkennung der unterschiedlichen Herkunftsgeschichten, die seit Jahrzehnten Teil der deutschen Gesellschaft sind, scheint mir eine wesentliche Voraussetzung für eine gleichberechtigte Diskussion um einen gemeinsamen Erinnerungsdiskurs zu sein, der auch die Frage beinhalten könnte und sollte, wie die „Haftung" der Gesellschaft für die im Nationalsozialismus begangenen Verbrechen heute aussehen müsste. Gleichzeitig sollte jedoch darauf geachtet werden, die Jugendlichen und Erwachsenen nichtdeutscher Herkunft nicht noch mehr, als sie es sowieso schon vielfach erleben, zu „Fremden" zu machen.

Über die Frage der historisch-politischen Bildung hinaus sollten wir uns immer wieder vergegenwärtigen, dass die Teilhabe am deutschen Erinnerungsdiskurs zumindest ein Element der Partizipation an der Gesellschaft darstellt. Immer wieder formulieren Jugendliche und Erwachsene nichtdeutscher Herkunft ihr Interesse speziell an der Geschichte des Nationalsozialismus, weil es für sie eine Möglichkeit ist „dazuzugehören". Zugleich sollte jedoch klar sein, dass ein Desinteresse an der Geschichte des Nationalsozialismus nicht ohne weiteres als Zeichen der Verweigerung der Teilhabe gedeutet werden darf, da dieser Maßstab bei der übrigen Bevölkerung auch nicht angelegt wird. Damit geht die Feststellung einher, dass eine Veränderung der historisch-politischen Bildung in der Einwanderungsgesellschaft kein Allheilmittel sein kann. Nur wenn Fortschritte in Richtung auf Chancengleichheit in Bildung und Beruf bei Menschen nichtdeutscher Herkunft erreicht werden, kann sich der Erinnerungsdiskurs zukunftsfähig weiterentwickeln.

Für Fortschritte in der historisch-politischen Bildung sind mehrere Dinge vonnöten. Vorläufig ist es sicherlich richtig, Konzepte für „Andere" zu entwickeln, jedoch sollten sie sich zugleich an die gesamte Gesellschaft richten. So dürfte es einer Schulklasse aus einer Kleinstadt im Allgäu nicht schaden, wenn sie etwas über die Türkei in der Zeit des Nationalsozialismus lernt. Gleichzeitig sollten die durchführenden Pädagogen/innen immer für verschiedene Interessen offen sein und nicht befremdet reagieren, wenn z. B. Schüler türkischer Herkunft wider Erwarten nicht an der Geschichte der Türkei während des Nationalsozialismus interessiert sind, sondern eher etwas über Griechenland oder Deutschland wissen möchten.

Auch brauchen wir Qualifizierungsmaßnahmen für Pädagogen/innen sowohl im Hinblick auf Kenntnisse, die beispielsweise den Nahost-Konflikt betreffen, als auch in Bezug auf interkulturelle Kompetenzen, zu denen das Bewusstsein gehört, dass Anerkennung eine grundlegende Voraussetzung für erfolgreiche Lernprozesse ist. Es geht um Anerkennung der Lernenden dahingehend, dass sie einerseits mit ihrer Unterschiedlichkeit als gleichberechtigt wahrgenommen werden, andererseits ihnen aber auch Grenzen gesetzt werden. Eine Lehrkraft, der ihre Schüler/innen wichtig sind, wird sich auch mit deren problematischen Äußerungen auseinandersetzen oder schlicht inakzeptablen Schimpfwörtern, wie zum Beispiel „Du Opfer" oder „Du Jude" etwas entgegensetzen. Oft wird es dabei sinnvoll sein, die Schüler/innen zu fragen, warum sie bestimmte Äußerungen machen, und im Diskussionsprozess zu klären, warum das Gesagte so nicht stehen bleiben kann. Anerkennung kann manchmal aber auch bedeuten, den Jugendlichen zu erklären, warum etwas indiskutabel ist und keines weiteren Gesprächs bedarf. Vor allem aber müssen wir uns regelmäßig selbst hinterfragen: Wo reagieren wir auf Aussagen, die letztlich unsere Befindlichkeiten und nicht die unseres Gegenübers widerspiegeln? Welches sind unsere Bilder und (Vor-)Urteile? Dies würde den Prozess zu einem gemeinsamen Diskurs erheblich voranbringen.

Anmerkungen

1   Den Eindruck, ausgegrenzt zu werden, äußerten unter anderem Frauen nichtdeutscher Herkunft, die als Stadtteilmütter in Berlin-Neukölln arbeiten und von sich aus an die Aktion Sühnezeichen Friedensdienste herangetreten sind, um sich mit der Geschichte des Nationalsozialismus zu beschäftigen. Dass Schüler/innen deutscher Herkunft Probleme mit diesem Diskurs haben, erfahren wir regelmäßig im Rahmen von Studientagen in der Gedenk- und Bildungsstätte Haus der Wannsee-Konferenz. In der Regel formulieren die Schüler/innen zunächst, dass sie „nicht schon wieder" etwas über den Holocaust hören möchten. Im Verlauf des Gesprächs werden dann die wahren Motive für die ablehnende Haltung gegenüber der Thematik genannt.

2   Dieser Vorschlag wurde von mehreren Vortragenden im Rahmen einer 2007 durchgeführten Tagung der Landeszentrale für politische Bildung Saarland vehement vertreten.

3   Siehe hierzu das pädagogische Konzept „Konfrontationen" des Fritz-Bauer-Instituts. Konfrontationen ist ein pädagogisches Konzept für die schulische und außerschulische Bildung. Es besteht aus Fortbildungsveranstaltungen mit Werkstattcharakter, Beratung von Schulen und Bildungsträgern, einem Medienangebot und der Reihe „Bausteine für die pädagogische Annäherung an Geschichte und Wirkung des Holocaust", http://www.fritz-bauer-institut.de/publikationen/konfrontationen.htm (letzter Zugriff: 19.3.2009).

4   Dieser pädagogische Ansatz wird im Haus der Wannsee-Konferenz und bei Mihgasch/Begegnung e.V. im Rahmen von Studientagen umgesetzt.

5   Der beziehungsgeschichtliche Ansatz wird vor allem im Rahmen der interkulturellen Studienfahrten genutzt, die von Aktion Sühnezeichen Friedensdienste und dem Kölner Appell mit Erwachsenen z.B. türkischer, kurdischer, deutscher und armenischer Herkunft seit einigen Jahren durchgeführt werden.

6   Diese Erfahrung deckt sich mit den Analysen der Mitarbeiter von www.ufuq.de, die bei sehr provokanten und problematischen Texten arabischer Hip-Hopper immer wieder eine Bezugnahme zur eigenen Stellung in der deutschen Gesellschaft erkennen. www.ufuq.de bietet Informationen und Materialien zu politischen, religiösen und sozialen Phänomenen in den verschiedenen arabischen, türkischen und muslimischen Communities in Deutschland und zeigt Möglichkeiten auf, wie diese Kenntnisse und Materialien in Jugendarbeit und politischer Bildung sinnvoll eingesetzt werden können, http://www.ufuq.de/ueber-ufuq (letzter Zugriff:18.3.2009).

7   Durchgeführt werden konnte die Reise dank der finanziellen Förderung durch die Stiftung Erinnerung, Verantwortung und Zukunft.

8   Nakba – die Katastrophe. So nennen Palästinenser die Ereignisse des Jahres 1948, als der israelische Staat gegründet wurde.

Gabriele Rosenstreich, geb. 1966

Projektleiterin und freiberufliche Referentin mit den Schwerpunkten Diversity, Antidiskriminierung, feministische, queer und rassismuskritische Theorie-Praxis-Verknüpfungen

Gabriele Rosenstreich

Empowerment in der politischen Bildungsarbeit mit Migrantinnen und Migranten

Empowerment ist die Selbstbefähigung und Selbstbemächtigung, die Stärkung von Eigenmacht und Selbstbestimmung. Dieses emanzipatorische Handlungskonzept ist zu einem wichtigen Schlagwort in der entwicklungspolitischen Zusammenarbeit geworden und zu einem zentralen Bezugspunkt im deutschsprachigen psychosozialen und sozialpädagogischen Diskurs avanciert. In den pädagogischen Diskurs hat das Konzept hingegen kaum Eingang gefunden. Dies ist nicht zuletzt deswegen etwas erstaunlich, da Empowerment durchaus als grundsätzliches Ziel von politischer Bildungsarbeit verstanden werden könnte – erst recht, wenn die Zielgruppe aus marginalisierten Menschen besteht, wie beispielsweise Migranten/innen.

Menschen, die migrieren, die auswandern, sind oft gerade diejenigen, die ein verhältnismäßig hohes Maß an Selbstbestimmung und Ressourcen haben. Beim Einwandern verschiebt sich die Situation. Die Umstellung auf eine neue Gesellschaft und eine neue Position in dieser Gesellschaft birgt zwar Chancen, kann aber auch Verunsicherung und Entmächtigung bewirken. Oftmals haben Migrantinnen und Migranten verhältnismäßig wenig Selbstbestimmung über ihre Lebensbedingungen. Stichworte hierbei sind z.B. die Abhängigkeit von staatlichen Behörden in Bezug auf die Aufenthaltsgenehmigung, hohe Arbeitslosigkeit, ungleiche Bildungschancen, Unkenntnisse des politischen Systems, Stigmatisierung und individuelle sowie strukturelle Diskriminierung. Diese Probleme betreffen oft ebenfalls ihre Kinder und weitere Generationen.

Ich möchte in diesem Beitrag zu einer Auseinandersetzung mit dem Konzept Empowerment in der politischen Bildungsarbeit mit Migranten/innen einladen. Dabei werde ich Handlungsempfehlungen für die politische Bildung formulieren und einige Empowerment-Zugänge vorstellen. Um Thesen aufstellen zu können, wie politische Bildungsarbeit zum Empowerment von Migrantinnen und Migranten beitragen kann, müssen wir als Erstes klären, welche Bedeutung der Begriff Empowerment hat.

Was ist Empowerment?

Der Kern von Empowerment ist „power": Gemeint ist damit die Stärke und Macht, über Ressourcen zu verfügen, mit denen bestimmte Intentionen verwirklicht werden können, sodass selbstbestimmt gelebt werden kann. Das Wesentliche dabei ist, dass „power" hier nicht Dominanz bedeutet.

Die Gesellschaft ist von Machtachsen durchzogen, d.h. von strukturellen Machtungleichheiten, die mit Gruppenzugehörigkeiten verbunden sind. Die Ressourcen und Entfaltungsmöglichkeiten von bestimmten sozialen Gruppen werden systematisch eingeschränkt. Das heißt, manche Gruppen von Menschen, wie beispielsweise Migranten/innen, werden tendenziell von gesellschaftlicher Macht ferngehalten, sie werden marginalisiert: Institutionalisierte Prozesse hindern sie daran, materielle und soziale Ressourcen in Anspruch zu nehmen, mit anderen zu kommunizieren, zu lernen und ihre Fähigkeiten in sozial anerkannte Abläufe einzubringen. Empowerment bezeichnet Strategien, die den Machtzugang und somit die Handlungsspielräume von marginalisierten Gruppen ausweiten, und zwar auf Grundlage der Selbstdefinition und Selbstbestimmung dieser Gruppen.

Jede Person hat gleichzeitig individuelle und kollektive Interessen und Bedürfnisse. Ausgangspunkt von Empowerment ist also die Selbstdefinition jeder Person und jeder Gruppe. Sie bestimmen selbstständig die Problemdefinition, die Ziele und die Wege dorthin und gehen dann selbst diesen Weg. Empowerment ist ein Handlungskonzept, um diesen Prozess zu unterstützen. Selbstdefinition und Selbstbestimmung setzen voraus, dass sich die Person ihrer Situation bewusst ist. Erst durch das Verstehen kann sie ihre Situation auch ändern.

Empowerment-Ansätze können diese Reflexion und die damit verbundenen Prozesse der Selbst- und Problemdefinition unterstützen. Darüber hinaus fördern sie die Inanspruchnahme von Ressourcen und die Umsetzung der Eigeninitiative, sodass Menschen am gesellschaftlichen Leben und an Entscheidungsprozessen mehr teilnehmen und teilhaben können. Dies ist verzahnt mit dem Begreifen von sich selbst als einem wirkungsvollen Teil der Gesellschaft.

Empowerment ist also auf demokratische Partizipation, auf die Stärkung der Teilhabe an Entscheidungsprozessen ausgerichtet und hat dabei mehr zum Ziel als lediglich die Teilnahme und Teilhabe am Vorhandenen. Es zeigt sich in sozialem Handeln und impliziert die Möglichkeit, das Vorhandene zu ändern, die Machtverhältnisse zu verändern, z.B. durch Mitwirken an Entscheidungsprozessen. Individuelle Emanzipation kann jedoch nur mit der Veränderung von gesellschaftlichen Strukturen im Sinne von sozialer Gerechtigkeit vonstattengehen. Empowerment ist somit ein Prozess der Veränderung der persönlichen, kollektiven und gesellschaftlichen Bedingungen.

Empowerment in der Praxis politischer Bildungsarbeit mit Migrantinnen und Migranten

In der politischen Bildung ist bei der Auseinandersetzung mit Machtungleichheiten der Blick in der Regel auf die dominanten sozialen Gruppen, die potenziell diskriminierenden Menschen gerichtet. In Antirassismus-Workshops und interkulturellen Trainings sollen sie beispielsweise für ihr eigenes Machtpotenzial und ihre Vorurteile sensibilisiert werden; angestrebt wird die Veränderung ihres Verhaltens. Wenn wir den Blick auf die machtlosere Position der potenziell Diskriminierten richten, stellen sich andere pädagogische Fragen: Wie kann Bildungsarbeit dem Empowerment von marginalisierten Gruppen wie Migranten/innen dienen und Menschen darin unterstützen, sich gegen Diskriminierung zur Wehr zu setzen und über ihr eigenes Leben zu bestimmen?[1]

Politische Bildungsarbeit ist eines von vielen Handlungsfeldern, in denen Empowerment möglich ist. Die Umsetzung eines Empowerment-Ansatzes in diesem Bereich kann dazu beitragen, die Handlungsmöglichkeiten von Migrantinnen, und Migranten, die bislang tendenziell von Macht ausgegrenzt werden, zu stärken. Bildungsangebote können an verschiedenen Aspekten von Empowerment ansetzen. Sie können beispielsweise zur Grundlage der Selbstdefinition beitragen, indem sie Möglichkeiten schaffen, das eigene Selbstverständnis und die eigenen Interessen zu begreifen und zu artikulieren.

Das Finden und Hörbarmachen der „eigenen Stimme" in geschützten Empowerment-Räumen ist ein Schritt in die Mündigkeit und zur Selbstbestimmung über das eigene Leben.[2] Sie können einen Raum bieten, um die Sensibilisierung für die eigene Situation, die eigenen Machtzugänge und Ressourcen, aber auch die eigenen Ohnmachtserfahrungen zu fördern und um eine Selbstreflexion, die das Begreifen von Zusammenhängen ermöglicht, in Gang zu setzen.

Im Rahmen von politischer Bildung können zudem Wissen und Kompetenzen vermittelt werden, die sowohl hilfreich für die Erarbeitung als auch für die Umsetzung von individuellen und kollektiven Zielen sowie Handlungsstrategien sind. Bildungsangebote stellen so eine Möglichkeit dar, Selbstorganisation zu fördern und über kollektive Strategien Problemlagen zu bewältigen.

Ich werde im Folgenden exemplarisch auf zwei sehr verschiedene und entgegengesetzte Beispiele von Bildungsangeboten für Migranten/innen eingehen: Zum einen auf die Integrationskurse, die vom Staat im Rahmen des Zuwanderungsgesetzes vorgesehen werden, und zum anderen auf Empowerment-Workshops, die von Migranten/innen und anderen potenziell durch Rassismus gefährdeten Menschen angeboten werden. Anhand dieser Beispiele werde ich einige Möglichkeiten und Spannungsfelder in der Umsetzung von Empowerment in der politischen Bildungsarbeit mit Migranten/innen skizzieren.

Integrationskurse

Das Zuwanderungsgesetz sieht vor, dass Einwanderern durch vom Bund und von den Ländern angebotene Kurse die Integration in Deutschland erleichtert wird. Eigentlich wäre es dabei naheliegend, dass Empowerment ein Element davon ist: In den Leitlinien des Integrationsplanes wird unter anderem dafür plädiert, auf die Fähigkeiten, Leistungen und das Engagement von Migrantinnen und Migranten zu setzen. In Integrationskursen könnten Migranten/innen darin unterstützt werden, über ihr Leben in Deutschland besser zu bestimmen und ihre Ziele zu verfolgen; sie könnten Wissen und Kompetenzen erlangen, die dabei hilfreich sind.

Sicherlich gibt es auch Integrationskurse, die versuchen, den Ansätzen von Empowerment nachzugehen, in der Regel wird jedoch auf solche emanzipierende und selbstermächtigende Ansätze verzichtet. Der entscheidende Punkt ist dabei der politische Diskurs, aus dem die Integrationskurse entstanden sind und der das Gegenteil von Empowerment beinhaltet. Die Debatten um Integrationskurse sind in der Regel geprägt vom Problembild der „unwilligen Migranten", die gezwungen werden, sich anzupassen. Zugespitzt formuliert: In den Programmen bringt man Migranten/innen bei, wie sie weniger Ärger machen. Hier geht es oft nicht um die Stärkung ihrer Rechte und Handlungsmöglichkeiten, sondern um den Zwang, ihren „Pflichten" dem Staat und der Dominanzkultur gegenüber nachzugehen, wozu insbesondere die Verwendung der deutschen Sprache gehört. Deutsch wird hier als Symbol der Anpassung an die deutsche Gesellschaft vermittelt und nicht als hilfreiches Werkzeug, die eigenen Handlungsspielräume auszuweiten, um letztlich die deutsche Gesellschaft selbst zu beeinflussen. Integration heißt zu oft Anpassung anstelle von Empowerment zur gleichberechtigten Interaktion und Teilhabe an der Gesellschaft.

Die Perspektive von Empowerment beinhaltet eine Abkehr von Ansätzen, die Bildung als Möglichkeit zur sozialen Kontrolle sehen. Im Gegenteil, die Anbieter von Bildungsangeboten sollen die Perspektive der Teilnehmenden als Ausgangspunkt einnehmen und deren Eigenpotenzial stärken. Wenn Integrationskurse eine Orientierung an der Minderheitenperspektive anbieten würden, könnten sie beispielsweise eine Auseinandersetzung mit vorhandenen rassistischen Strukturen einschließen, über das „Allgemeine Gleichbehandlungsgesetz"[3] und andere Ressourcen informieren und so einen Rahmen bieten, in dem Widerstandsstrategien entwickelt werden könnten.

Empowerment-Workshops von und für Migrantinnen und Migranten

Es gibt auch einige Bildungsangebote, die mit einem expliziten Empowerment-Ansatz politische Bildungsarbeit von und für Migranten/innen anbieten, die von Rassismus betroffen sind. Diese Angebote sind aus der Kritik an der von der Mehrheitsperspektive geprägten antirassistischen Bildungsarbeit entstanden sowie aus dem Bedürfnis, neben den verschiedenen bestehenden Bildungsräumen selbstbestimmte und geschützte Räume von und für von Rassismus betroffene Menschen zu schaffen. Ausgangspunkt ist oft die Auseinandersetzung mit dem eigenen verinnerlichten Rassismus, so beispielsweise im „Schwarze-Bewusstseins-Training" von Phoenix e.V., einem Verein, der das Ziel verfolgt, wirkungsvoll gegen Rassismus vorzugehen.

Diese Bildungsangebote wenden sich ausschließlich an von Rassismus betroffene Menschen. Die gemeinsame Ohnmachtserfahrung der Teilnehmenden ist die Voraussetzung dafür, dass ein sicherer, geschützter Raum entsteht, in dem die erlebte Diskriminierung auf konstruktive Art reflektiert werden kann. Dieser Anspruch birgt jedoch auch Spannungsmomente: Da sich alle Menschen in einem unstabilen Mit- und Nebeneinander von Mehrfachzugehörigkeiten, Selbst- und Fremdzuordnungen bewegen, ist der jeweilige Machtzugang immer kontextgebunden und dynamisch. Auch unter Migrantinnen und Migranten gibt es somit Machtunterschiede. Die Positionen der Teilnehmenden unterscheiden sich sowohl hinsichtlich ihrer Migrationsgeschichte also auch hinsichtlich anderer Machtachsen, sodass sie nicht unbedingt vor Sexismus, Homophobie, Behindertenfeindlichkeit usw. von Seiten anderer Teilnehmender geschützt sind. Der Anspruch der Schaffung geschützter Räume ist somit schwer zu verwirklichen und kann sogar die Komplexität und Kontextgebundenheit von Macht verschleiern.[4]

Trotz aller Spannungen erfüllt dieser Eigen-Raum eine wichtige Funktion, und mit sorgfältiger und reflektierter Anleitung können sich Minderheiten angehörige in diesen Veranstaltungen verhältnismäßig offen begegnen, ihr Bewusstsein erweitern, Erfahrungen und Wissen austauschen und sich gegenseitig gegen Diskriminierung stärken. Auf diese Weise überwinden sie die passive Ohnmacht und entwickeln alltägliche und politische Handlungs- und Widerstandsstrategien. Darüber hinaus werden diese Bildungsangebote als Keimzellen für eine solidarische und gleichberechtigte Gesellschaft betrachtet. So versteht die Projektinitiative HAKRA[5] ihre Empowerment-Arbeit als Demokratiearbeit, „denn sie ist politisch, parteiisch und strebt nach Veränderung der ungleichen Verteilung von Privilegien und Machtverhältnissen in der Gesellschaft".[6]

Handlungsempfehlungen: Wie kann politische Bildungsarbeit zum Empowerment von Migrantinnen und Migranten beitragen?

Um zum Empowerment von Migranten/innen beizutragen, muss ein entsprechendes Herangehen alle Ebenen der Bildungsarbeit durchdringen. Ich werde im Folgenden exemplarisch auf einige Ansatzpunkte für Empowerment eingehen. Wichtig dabei ist, dass diese nicht vereinzelt, sondern als ineinandergreifende Handlungsweisen zusammen mit weiteren Empowerment-Strategien eingesetzt werden müssen.

Strukturelle Rahmenbedingungen

Will ein Bildungsträger zum Empowerment von Migrantinnen und Migranten beitragen, muss er bei sich selbst und seinen Strukturen anfangen: Zum einen, um mit einem positiven Vorbild voranzugehen, zum anderen, um die Perspektiven und Interessen von Migranten/innen berücksichtigen zu können. Diese müssen daher maßgeblich (oder ausschließlich) an der konzeptionellen Planung, Umsetzung und Evaluation von Bildungsangeboten beteiligt sein. Dies kann in verschiedenen Funktionen der Fall sein, beispielsweise als Träger von Bildungsarbeit, als Mitarbeiter/in, als Berater/in oder als Partnerorganisation; wichtig dabei ist in erster Linie, dass die einzelnen Funktionen mit Entscheidungsmacht verbunden sind.

Konzeptionelle Ebene

Ein weiterer Ansatzpunkt betrifft die konzeptionelle Ebene der Arbeit. Um wirkungsvolle Programme zu entwickeln, ist es wichtig, dass die Bildungsträger die Werte, Vorannahmen und konzeptionellen Grundlagen reflektieren, die der eigenen Arbeit zugrunde gelegt werden.

Ein Grundverständnis jeglichen Empowerment-Ansatzes ist es, dass die soziale Realität veränderbar ist. Werte, die mit Empowerment einhergehen, sind: soziale Gerechtigkeit, Respekt vor der Würde und den Rechten jedes Menschen, Partizipation sowie Demokratie als eine Gesellschaftsform, in der jede und jeder teilnehmen und teilhaben kann.

Ein mehrdimensionales Menschenbild bzw. Identitätskonzept erachte ich als notwendig, um der realen Komplexität der Macht- und Ohnmachtgefüge, in denen sich die Teilnehmenden an Bildungsprogrammen bewegen, gerecht zu werden. Jede Person ist gleichzeitig Mitglied in vielen sozialen Gruppen, die je unterschiedlichen Machtzugang mit sich bringen. Das heißt, ein Migrant ist gesellschaftlich hinsichtlich verschiedener Kategorien verortet, wie beispielsweise in Bezug auf Religion, Hautfarbe, sexuelle Orientierung, Geschlechtsidentität und soziale Herkunft. Um Ressourcen und Barrieren zu erkennen, müssen diese verschiedenen Zugehörigkeiten im Blickfeld sein. Identität kann begriffen werden als ein nie abgeschlossener Prozess der Herausbildung von Subjektivität und der entsprechenden gesellschaftlichen Positionierung angesichts eines komplexen Zusammenspiels von zum Teil wechselnden Mitgliedschaften in verschiedenen Gruppen und den jeweiligen Kontexten.[7] Das damit einhergehende Gesellschaftsbild betrachtet mehrdimensionale Machtverhältnisse als den Rahmen, in dem individuelles und kollektives Handeln stattfindet. Die individuelle Subjektivität und das individuelle Handeln müssen somit vor dem Hintergrund des gesellschaftlichen Kontextes verstanden werden, um wirkliches Empowerment zu ermöglichen.

Pädagogische Grundlagen von Empowerment-Ansätzen sind unter anderen:
* Teilnehmerzentrierung: Ausgangspunkt sind die Teilnehmenden als Expertinnen und Experten ihrer eigenen Lebenssituation. Die Planung und Durchführung der Bildungsangebote orientiert sich an ihren Interessen und Lernvoraussetzungen.
* Ressourcenorientierung: Der Fokus liegt auf den Ressourcen und Stärken der Teilnehmenden. Es geht darum, diese sichtbar zu machen und ihre vorhandenen Potenziale auszubauen und besser einsetzbar zu machen.

Einem defizitären Ansatz, der bei der „Unfähigkeit" der Teilnehmenden ansetzt, wird hiermit eine deutliche Absage erteilt.

- Community-Development-Ansatz: Eine Community ist eine Bevölkerungsgruppe, die ein loses Gemeinschaftsgefühl hat, z.b. die „kurdische Community". Beim „Community Development" geht es um das Bestreben einer „Gemeinwesenentwicklung", bei der die Fähigkeiten von Menschen, an der Entwicklung ihrer eigenen Community teilzunehmen, gefördert werden. Dabei geht es vor allem um die Förderung der (Selbst-)Organisation.

- Gleichberechtigte Zusammenarbeit von Pädagogen/innen und Teilnehmenden: Aufgabe der Pädagogen ist es nicht, den Teilnehmenden fertige Lösungen zu präsentieren, sondern ihnen das notwendige Wissen zu vermitteln, damit sie selbst Lösungen für ihre unterschiedlichen Problemlagen entwickeln können.

Bildungsziele

Ein Bildungsziel ist folgerichtig Empowerment selbst. Dazu gehört, dass die Ziele im Einzelnen von den Teilnehmenden selbst bestimmt werden. Dennoch ist das Programmdesign von an Empowerment orientierten Bildungsangeboten auch von übergreifenden Zielen geleitet, in deren Erarbeitung die jeweilige Zielgruppe ebenfalls miteinbezogen werden sollte.

Typische Ziele können sein:
- Erlangung von „partizipatorischer Kompetenz". Diese beinhaltet nach Charles Kieffer drei Komponenten:
  – die Entwicklung eines positiveren und wirkungsmächtigeren Gefühls des eigenen Selbst,
  – die Konstruktion von Wissen und Kapazität für ein kritischeres Begreifen des Geflechts von sozialen und politischen Beziehungen, die die eigene Lebenswelt konstituieren,
  – die Förderung von Ressourcen und Strategien oder mehr funktionaler Kompetenz für wirksame und aktive Erreichung von persönlichen und kollektiven soziopolitischen Zielen.[8]
- Interkulturelle Kompetenzerweiterung: Durch die Entwicklung und Vertiefung von einem Gefüge an persönlichkeitsbezogenen Fähigkeiten und Fertigkeiten (z.B. Respekt, Kooperationsfähigkeit, Experimentierfreude, die Fähigkeit zum Perspektivenwechsel) sowie von spezifischem soziokulturellem und gesellschaftspolitischem Wissen können Menschen in kulturellen Überschneidungssituationen unabhängiger, flexibler, sensibler, angemessener und damit auch wirkungsvoller handeln.

- Bewusstseinserweiterung: Durch die Schärfung des Blicks für soziale Probleme und die eigenen Handlungsmöglichkeiten können Menschen nicht nur ihre eigene Lebenssituation besser begreifen, sondern auch aktiver für eine Verbesserung der sozialen Bedingungen eintreten.
- Wissensvermittlung: Sprachkenntnisse, Kenntnisse über Rechte und andere Ressourcen sowie technische Fähigkeiten, um Medien zu nutzen, ermöglichen es den Teilnehmenden, gesellschaftliche Ressourcen besser für sich in Anspruch zu nehmen und als Mittel zur Durchsetzung der eigenen Interessen nutzbar zu machen.
- Entwicklung von Bewältigungsstrategien bei Diskriminierung: Dies kann zum Beispiel ein Selbstverteidigungs-Ansatz sein, d.h. das Erlernen und Erproben von Strategien, um sich vor Diskriminierung zu schützen und sich bei erlebter Diskriminierung wehren zu können. Dies können aber auch Ansätze sein, die auf die Bewältigung von psychischen Belastungen ausgerichtet sind.
- „Community Building": In eine schützende, unterstützende und/oder ermutigende Gemeinschaft mit anderen eingebunden zu sein, ist wichtig für die individuelle psychische Gesundheit und somit für das Wohlbefinden und die Fähigkeit, das Leben zu meistern, aber auch für die Durchsetzung von kollektiven Interessen und für wirkungsvolles Handeln auf der gesellschaftlichen Ebene.

Methoden

Methoden müssen immer entsprechend den konzeptionellen Grundlagen, den Lernzielen und der Zusammensetzung und Bedürfnislage der Teilnehmenden ausgewählt und angewandt werden. Es gibt dabei eine Vielfalt von möglichen Methoden, welche jeweils unterschiedlich eingesetzt werden können. Beim Empowerment-Ansatz ist von besonderer Bedeutung, dass die eingesetzten Methoden die Eigeninitiative und Selbstständigkeit der Teilnehmenden bei der Steuerung des Lernprozesses fördern und positive Gruppenprozesse unterstützen. Im Mittelpunkt stehen meist interaktive Methoden, aber auch einleitende Theorie-Inputs können sehr produktiv eingesetzt werden. Bei allen Übungen und Aktivitäten ist es wichtig, sehr viel Raum für Reflexion zu lassen, beispielsweise indem das soeben Erlebte in der Gruppe diskutiert wird. Durch die Vermittlung ihrer eigenen Haltung, durch gezielte Fragen und auch Antworten kann die Moderation bei den einzelnen Teilnehmerinnen und Teilnehmern viel in Bewegung setzen. Ich möchte im Folgenden vier (sich überschneidende) methodische Ansätze skizzieren, die für Empowerment besonders geeignet zu sein scheinen.

Analyse

Julian Rappaport zufolge können durch die Analyse von Alltagsbewältigungen von Menschen wichtige Schlussfolgerungen für mögliche Lösungsansätze gezogen werden. Danach wird nach Wegen gesucht, wie dieses Wissen nutzbar gemacht werden kann.[9] So werden beispielsweise durch die Analyse der Erfahrungen anderer marginalisierter Gruppen wie Lesben und Schwule Ähnlichkeiten und Überschneidungen festgestellt, Momente der Solidarität begriffen, aufgegriffen und für sich nützlich gemacht. Auch die Analyse der eigenen Lebenswelt bietet reichhaltige Anhaltspunkte. Ein wichtiges Konzept ist in diesem Zusammenhang die biografische Selbstreflexion, in der die eigenen kulturellen Annahmen bewusst gemacht werden und zugleich die Einbettung des Individuums in gesellschaftliche Zusammenhänge verdeutlicht wird, z.B. durch Analyse der Migrations- und Kolonialgeschichte Deutschlands. Aber auch das Erkennen der eigenen Ressourcen ist ein zentraler Bestandteil von Empowerment-Prozessen, da dies die Voraussetzung dafür ist, dass sie auch eingesetzt werden.

Dekonstruktive Pädagogik

Durch das kritische Hinterfragen von vermeintlichen Wahrheiten, z.B. die eigene stabile Identität, und in der Auseinandersetzung mit Differenz und Macht entsteht Raum für neue Möglichkeiten und Herangehensweisen. Dadurch kann die eigene Situation besser begriffen und können Handlungsstrategien entwickelt werden. Die Dekonstruktion von Differenz betrachte ich als einen vielversprechenden pädagogischen Ansatz zur Destabilisierung von Diskriminierungssystemen.[10]

Theaterpädagogische Methoden

In Rollenspielen, szenischer Darstellung und Simulationen können sich Teilnehmer/innen ausprobieren, die eigene Wahrnehmung sensibilisieren, Erfahrungen analysieren und alternative Handlungsstrategien entwickeln. Lernprozesse sind dabei nicht nur kognitiv, sondern auch körperlich-sinnlich erfahrbar und erlauben die Integration von verschiedenen Lernebenen. Augusto Boals „Theater der Unterdrückten" ist hier besonders erwähnenswert.[11]

Vermittlung von Werkzeugen

Bei Empowerment geht es einerseits darum, die bereits vorhandenen Kompetenzen der einzelnen Teilnehmenden als Ressourcen sichtbar zu machen, und andererseits auch darum, diesen zusätzliche Werkzeuge an die Hand zu geben, die sie selbstbestimmt einsetzen können, z.B. Methoden der Problemlösung, Mediation, Recherche, Lobbyarbeit, Projektmanagement usw. Jede Bildungsveranstaltung, die Empowerment anstrebt, sollte Elemente von Aktionsplanung mit einschließen, nicht nur um die Teilnehmenden zum Handeln zu ermutigen, sondern auch um ihnen konkrete Hilfsmittel dafür zu geben, wie beispielsweise Leitlinien zur Zielformulierung und Planung.

Anstelle einer Schlussfolgerung

Politische Bildung soll dazu beitragen, dass sich Menschen als wirkungsvolle Teile der Gesellschaft begreifen und entsprechend handeln. Diese Teilhabe ist eine Voraussetzung für die Zugehörigkeit zu einer Gesellschaft und somit für deren Stabilität und ihren Zusammenhalt. Ich plädiere für den gezielten Einbezug von Empowerment-Ansätzen in die politische Bildungsarbeit, um Migrantinnen und Migranten sowie andere bislang marginalisierte Gruppen darin zu unterstützen, ihre eigenen Interessen in der Gesellschaft wirkungsvoll einzubringen. Empowerment ist keine Hilfestellung, um sich an die Gesellschaft anzupassen, sondern eine Unterstützung dabei, sich einzumischen und die Gesellschaft zu verändern. Dies stellt Bildungsträger vor eine große Herausforderung, da die Ziele der Zielgruppe nicht unbedingt denen der Bildungsanbieter oder des Staates entsprechen. Empowerment ernst zu nehmen bedeutet, in eben diese Auseinandersetzung einzusteigen.

Gleichzeitig mahne ich zur Vorsicht und zur kritischen Auseinandersetzung mit dem Konzept Empowerment, da ich dabei auch eine Gefahr der Instrumentalisierung sehe. Empowerment darf nicht dazu führen, dass Verantwortlichkeiten immer weiter nach unten verschoben werden, sodass diese letztlich an das Individuum delegiert werden. Wenn die gesellschaftlichen Rahmenbedingungen für individuelles Handeln ausgeklammert werden und das Individuum im Rahmen von Bildungsangeboten ermutigt wird, sich als „seines eigenen Glückes Schmied" zu begreifen, dann kommt es nicht umhin, sein Scheitern als persönliches Versagen zu verstehen. Ob beabsichtigt oder nicht wird damit ein angebliches Empowerment zu einer Strategie, Schuld an das Opfer zu delegieren und die strukturellen Bedingungen der Ohnmacht zu verschleiern und somit Machtungleichheiten zu zementieren.

Empowerment bedarf weit mehr als nur der Bildungsarbeit, aber Bildungsarbeit kann ihren Beitrag dazu leisten, dass marginalisierte Menschen mehr Handlungsspielräume haben, um über ihr Leben und ihre Umwelt zu bestimmen. Durch ihre Teilhabe werden Menschen an die Gesellschaft gebunden, in der sie leben. Es wird ihre Gesellschaft, mit der sie sich auseinandersetzen, der gegenüber sie eine Verantwortung empfinden.

Anmerkungen

1   Diese Dichotomie von marginalisierten und dominanten Gruppen bzw. potenziell „Diskriminierenden-Diskriminierten" ist notwendigerweise vereinfacht dargestellt. Mehrdimensionale Diversity-Ansätze machen deutlich, dass die Positionen von Individuen in dem komplexen Gewebe von Machtachsen je nach Identität, Unterdrückungsform und Kontext wechseln. Ich diskutiere diese Spannungsmomente ausführlich in: Gabriele Rosenstreich, Von Zugehörigkeiten, Zwischenräumen und Macht, in: Gabi Elverich / Annita Kalpaka / Karin Reindlmeier (Hrsg.), Spurensicherung. Reflexion von Bildungsarbeit in der Einwanderungsgesellschaft, Frankfurt/M. 2006.

2   Nuran Yiğit / Halil Can, Die Überwindung der Ohn-Macht, in: G. Elverich u.a. (Anm. 1), S. 172.

3   Das 2006 verabschiedete Allgemeine Gleichbehandlungsgesetz (AGG) basiert auf den Antidiskriminierungsrichtlinien der EU, die vorgeben, dass Deutschland verpflichtet ist, alle Betroffenen in geeigneter Form über ihre Rechte zu informieren. Eine 2008 durchgeführte Umfrage des Antidiskriminierungsnetzwerks des Türkischen Bundes in Berlin-Brandenburg (TBB) ergab, dass nur 48% der befragten Berliner/innen mit Migrationshintergrund wussten, dass es das AGG gibt, lediglich 16% fühlten sich über ihre Rechte nach dem AGG ausreichend informiert und 69% gaben an, gerne mehr über das AGG erfahren zu wollen (Pressemitteilung des Antidiskriminierungsnetzwerk Berlin des TBB, 18.8.2008).

4   Vgl. G. Rosenstreich (Anm. 1).

5   HAKRA ist eine „Projektinitiative gegen Rassismus aus der Minderheitenperspektive", die sich im Januar 2005 gegründet hat.

6   Vgl. N. Yiğit / H. Can (Anm. 2), S. 172. Siehe auch Halil Can, Demokratiearbeit und Empowerment gegen Diskriminierung und Rassismus in selbstbestimmten People-of-Color-Räumen, in: Maria do Mar Castro Varela (Hrsg.), Soziale (Un)Gerechtigkeit, Münster 2008.

7   Ich diskutiere Identitäts- und Gesellschaftkonzepte sowie ihre pädagogischen Implikationen ausführlicher in: Gabriele Rosenstreich, The Mathematics of Diversity Training: Multiplying Identities, Adding Categories and Intersecting Discrimination, in: Anne Broden / Paul Mecheril (Hrsg.), Re-Präsentationen: Dynamiken der Migrationsgesellschaft, Düsseldorf 2007, http://bieson.ub.uni-bielefeld.de/volltexte/2007/1105/ (letzter Zugriff: 16.3.2009).

8   Charles Kieffer 1984, zitiert in: Wolfgang Stark, Empowerment. Neue Handlungskompetenzen in der psychosozialen Praxis, Freiburg im Breisgau 1996.

9   Julian Rappaport, Ein Plädoyer für die Widersprüchlichkeit: Ein sozialpolitisches Konzept des ‚empowerment' anstelle präventiver Ansätze, in: Verhaltenstherapie und psychosoziale Praxis, 17 (1985), S. 257–278.

10   Vgl. Bettina Fritzsche / Jutta Hartmann / Andrea Schmidt / Anja Tervooren (Hrsg.), Dekonstruktive Pädagogik, Opladen 2001.

11   Vgl. Augusto Boal, Theater der Unterdrückten. Übungen und Spiele für Schauspieler und Nicht-Schauspieler, Frankfurt/M. 1989.

Aus der Praxis politischer Bildung

Dr. Norbert Cyrus, geb. 1960

Kultur- und Sozialwissenschaftler am Interdisziplinären Zentrum für Bildung und Kommunikation in Migrationsprozessen an der Universität Oldenburg

Norbert Cyrus
Winning Active Citizens for Unions and Parties. Bürgerbeteiligung von Zugewanderten in Europa

Mit dem Ziel, Toleranz und Kritikfähigkeit zu vermitteln und zu stärken, demokratische Verfahrensregeln zu verankern und damit zur Herausbildung und Weiterentwicklung aktiver Bürgerschaft und Partizipation beizutragen, hat die politische Bildung als Zielgruppe nicht nur Bürgerinnen und Bürger beim Erwerb von Kompetenzen zu unterstützen, sondern sie sollte auch die demokratischen Institutionen und Organisationen in ihren Bemühungen um Ansprache und Aktivierung der Bürger/innen motivieren und beraten. Schließlich muss sich die politische Bildung als Profession und Disziplin auch selbst reflektieren, um angemessene Ansätze und Methoden für veränderte Rahmenbedingungen und neue thematische Herausforderungen zu entwickeln. Mit dem europäischen Bildungsprojekt WinAct wird nun ein möglicher Ansatz aufgezeigt, wie die politische Bildung auf die Herausforderungen antworten kann, die sich aus der europäischen Integration und der verstärkten Zuwanderung ergeben. WinAct ist die Abkürzung des englischen Projektnamens „Winning immigrants as active members" – zu deutsch: „Einwanderinnen und Einwanderer als aktive Mitglieder gewinnen". Das Projekt, das zwischen 2006 und 2008 von der Universität Oldenburg koordiniert wurde und sieben Partnerorganisationen aus fünf Ländern zusammenbrachte, versuchte mit einer europäischen Ausrichtung der politischen Bildung den Herausforderungen sinkender politischer Beteiligung und unzureichender politischer Repräsentation von Einwanderinnen und Einwanderern zu begegnen. Dazu wurden Trainingskurse für Erwachsenenbildnerinnen und -bildner aus ganz Europa konzipiert und durchgeführt. In diesem Beitrag soll nach einer kurzen Betrachtung der mit der europäischen Integration verbundenen Herausforderung für die politische Bildung der vom Projekt WinAct verfolgte Ansatz vorgestellt werden.

Europäische Herausforderungen für die politische Bildung

Aus der europäischen Integration ergeben sich für die politische Bildung nicht nur neue Themen und Aufgaben, sondern auch veränderte Rahmenbedingungen und Möglichkeiten. Auch für Bürgerinnen und Bürger entstehen durch die europäische Integration neue und zusätzliche Möglichkeiten der politischen Beteiligung. Die bisher exklusiven nationalen Entscheidungsrahmen werden nicht entwertet, aber um die Ebene der Europäischen Union erweitert. Allerdings lässt sich feststellen, dass die politische Beteiligung auf europäischer Ebene bisher eher niedrig ausfällt. Zusätzlich verweisen sinkende Mitgliederzahlen bei Gewerkschaften und politischen Parteien in der Europäischen Union auf einen Trend nachlassender zivilgesellschaftlicher und politischer Beteiligung.

Darüber hinaus ist festzuhalten, dass die Beteiligung der Zugewanderten im Vergleich zur einheimischen Bevölkerung in fast allen europäischen Mitgliedsländern geringer ausfällt.[1] Immerhin ist aber in der Öffentlichkeit inzwischen das Problembewusstsein für die Benachteiligung und Ausgrenzung von Migrantinnen und Migranten gewachsen. Dies hängt auch damit zusammen, dass die Zugewanderten und die europäischen Aufnahmeländer gleichermaßen die „Illusion der Rückkehr" verloren haben. Allen Beteiligten ist heute bewusst, dass sich als „Gastarbeiter" angeworbene, als Flüchtlinge eingereiste oder als Familienmitglieder nachgezogene Menschen dauerhaft niedergelassen haben und zu Einwanderinnen und Einwanderern geworden sind. Man weiß im Grunde auch, dass schon in naher Zukunft die Europäische Union aus demografischen und wirtschaftlichen Gründen auf Zuwanderung in größerem Umfang angewiesen sein wird.

Aus demokratietheoretischer Sicht muss die Tatsache, dass die europäischen Gesellschaften hinter ein bereits erreichtes Ausmaß politischer Beteiligung der Bürgerinnen und Bürger zurückzufallen drohen und starke regionale und soziale Unterschiede in der politischen Beteiligung der Bürgerinnen und Bürger bestehen, als Warnsignal ernst genommen werden. Denn ein demokratisches System bezieht seine Legitimation auch daraus, dass auf bestehende soziale Unterschiede und Defizite bei der politischen Beteiligung sensibel reagiert wird und ernst gemeinte Maßnahmen ergriffen werden, um die Bürgerbeteiligung (wieder) zu stärken. Für politische Systeme stellt sich damit die konkrete Herausforderung, eine angemessene politische Beteiligung und Repräsentation der einheimischen Bevölkerung im Allgemeinen und der zugewanderten Bevölkerung im Besonderen effektiv zu erreichen. Hier kommt die (europäische) politische Bildung ins Spiel, die mit der Entwicklung und Durchführung geeigneter Bildungsmaßnahmen dazu beitragen kann, die bestehenden sozialen Unterschiede bei der politischen Beteiligung (sowohl auf nationaler als auch auf europäischer Ebene) zu verringern und auch die Partizipation der zugewanderten Bevölkerung zu stärken. Das europäische Bildungsprojekt WinAct weist hier einen möglichen Weg, wie die politische Bildung auf die zwei Herausforderungen, nämlich die der aktuellen und in Zukunft noch ansteigenden Zuwanderung in die Europäische Union sowie die der sehr unterschiedlichen Beteiligungsraten in den Mitgliedsländern der Europäischen Union, antworten kann.

Empfehlungen für mehrheitsgesellschaftliche Organisationen

Auf der Grundlage der Forschungsbefunde hat das europäische Forschungsprojekt POLITIS praxisrelevante Empfehlungen für verschiedene Akteure und Kontexte formuliert, unter die auch Empfehlungen für mehrheitsgesellschaftliche Organisationen fallen, die den Ausgangspunkt für das Projekt WinAct bilden.[2] Dabei wird in den Handlungsempfehlungen für mehrheitsgesellschaftliche Organisationen wie z.B. politische Parteien unter anderem auf die strategische Bedeutung des ersten Kontaktes hingewiesen. Denn ganz unabhängig davon, ob Interessenten angesprochen wurden oder aus eigener Initiative den Kontakt gesucht hatten: Für den weiteren Verlauf des Engagements war der erste persönliche Kontakt mit Parteirepräsentanten in Büros oder während einer Versammlung entscheidend. Interessierte wurden nur Mitglied, wenn sie sich als Person ernst genommen fühlten.

Die Erzählungen der aktiven Einwanderinnen und Einwanderer verdeutlichten allerdings, dass die Mitarbeiter/innen mit Erstkontakt oft keine Vorstellung von dem Einfluss haben, den sie mit ihrem Verhalten auf die Gewinnung und Aktivierung neuer Mitglieder haben. Bisher sind die Mitglieder und Mitarbeiter/innen der Organisationen nur unzureichend für die Gestaltung des Erstkontakts und der Zusammenarbeit mit engagierten Einwanderinnen und Einwanderern sensibilisiert. Daher war es nahe liegend, Trainingsmaßnahmen zur Sensibilisierung und Schulung von Mitarbeitern/innen und Vertretern/innen von Organisationen im Bereich zivilgesellschaftlicher Organisation und politischer Willensbildung zu empfehlen. Zur möglichst zeitnahen und praxisbezogenen Verbreitung und Umsetzung der Ergebnisse und Handlungsempfehlungen des Forschungsprojekts POLITIS wurde an der Universität Oldenburg das europäische Bildungsprojekt WinAct konzipiert und eine Förderung bei der Europäischen Kommission beantragt.

WinAct – ein europäisches Bildungsprojekt

Im Rahmen der SOKRATES-Programme zur Bildungsförderung besteht eine spezielle Aktion zur Förderung europäischer Projekte im Bereich der Erwachsenenbildung unter dem Namen Grundtvig.[3] Ihren Namen erhielt die Aktion von Nikolaj Frederick Severin Grundtvig (1783–1872), einem dänischen Theologen und Dichter, der wichtige Impulse für das lebenslange Lernen gegeben hat und als Begründer der Volkshochschulen gilt. Im Rahmen der Aktion Grundtvig werden verschiedene Aktivitäten im Bereich der Erwachsenenbildung gefördert, etwa der Zusammenschluss von Partnern zur Ausarbeitung öffentlichkeitswirksamer Aktionen, Websites und Broschüren oder die Entwicklung und Durchführung von Trainingskursen (Grundtvig 1.1), die Bildung von Lernpartnerschaften (Grundtvig 1.2) und von transnationalen thematischen Netzwerken zum Austausch von Ideen und Erkenntnissen (Grundtvig 1.4) sowie die Förderung der individuellen transnationalen Mobilität von Erwachsenenbildnerinnen und -bildnern zur Weiterbildung. Dabei erhalten geförderte Teilnehmerinnen und Teilnehmer auf Antrag einen Zuschuss von bis zu 1.500 €, um an einer transnationalen Weiterbildung in einem anderen Land teilzunehmen (Grundtvig 1.3).

Der von der Universität Oldenburg konzipierte Antrag für das Bildungsprojekt WinAct im Rahmen der Aktion Grundtvig 1.1 wurde von der Europäischen Kommission ausgewählt und für zwei Jahre mit 70 Prozent der Gesamtkosten bezuschusst. Das WinAct-Projektteam selbst war mit sieben Partnerorganisationen aus den fünf europäischen Ländern Deutschland, Irland, Norwegen, Rumänien und Portugal transnational zusammengesetzt. Es würde hier zu weit führen, die Entwicklungsschritte und Inhalte des gesamten Projekts umfassend darzustellen.[4]

Die Projektpartnerschaft hatte das Ziel, Trainingskurse für Erwachsenenbildnerinnen und -bildner aus allen europäischen Ländern zu entwickeln und durchzuführen. Aus praktischen Gründen konzentrierte sich das Projekt auf die zwei Organisationsbereiche der politischen Parteien und der Gewerkschaften.

In den Trainingskursen sollen sich die teilnehmenden Erwachsenenbildnerinnen und -bildner aus verschiedenen europäischen Ländern mit Lehr- und Lernmaterialien vertraut machen, um anschließend in ihren Wohnländern WinAct-Workshops für Vertreter/innen und Mitglieder politischer Parteien oder Gewerkschaften anzubieten. Durch die Workshops sollen die Vertreter/innen der Organisationen für die Frage der Aktivierung von Einwanderinnen und Einwanderern sensibilisiert werden und bei der Ausarbeitung konkreter und passender Ansätze zur Gewinnung von Zugewanderten als aktive Mitglieder unterstützt werden. Zur Konzeption länderspezifischer Workshops können die Erwachsenenbildnerinnen und -bildner auf jeweils drei Module aufbauen, die lernerzentrierte Übungen zur allgemeinen Reflexion der Beteiligung von Zuwanderern, der länderspezifischen Rahmenbedingungen und der Besonderheiten bestimmter Organisationen enthalten.

Train the trainer – lernerzentrierte Ansätze

Methodisch orientiert sich das Projekt WinAct an der Idealvorstellung des selbst gesteuerten Lernens. Als selbst gesteuert wird Lernen dann bezeichnet, wenn der Lernende selbst die Ziele und Inhalte des Lernprozesses und den Lernweg bestimmt sowie selbst für die Lernprozesse und die Überprüfung des Lernerfolgs verantwortlich ist.[5] Das Konzept des selbstgesteuerten Lernens umfasst verschiedene Dimensionen: An erster Stelle ist zu nennen, dass die Orientierung beim Lernprozess nicht auf den Inhalten liegt, sondern von den Kompetenzen, Bedürfnissen und Erfahrungen der Lernenden (Lernerzentrierung) ausgeht. Beim Aktivitätsgrad wird darauf geachtet, dass die Lernenden die Lerninhalte nicht passiv konsumieren, sondern in Übungen aktiv agieren. Die Lernorte sollen nicht gebunden, sondern flexibel sein. Auch die Lernziele sollen nicht fest vorgegeben sein, sondern von den Lernenden selbst bestimmt werden. Und die Überprüfung des Lernerfolges soll durch Selbstkontrolle erfolgen. Das Konzept des selbstgesteuerten Lernens bietet sich zur Gestaltung von Maßnahmen der Erwachsenenbildung und insbesondere der Fortbildung von Erwachsenenbildnerinnen und -bildnern als methodischer Ausgangspunkt an, wobei das Konzept eher als idealtypische Orientierung dienen kann. Denn in der Regel beinhaltet jedes erfolgreiche Lernen Elemente „fremdgesteuerter" Anregung und selbstgesteuerter Eigeninitiative. In den Arbeitsplänen sowohl für die Workshops wie auch für die WinAct-Trainingskurse wurde dementsprechend versucht, mit einer Mischung aus kurzen Vorträgen, angeleiteten Übungen und aktiver Gruppenarbeit eine gute Balance des Lernarrangements zu finden. Zur besseren Veranschaulichung möchte ich kurz den Workshop vorstellen, der in Norwegen mit Gewerkschaftern/innen durchgeführt wurde.

WinAct-Workshop mit Gewerkschaftern in Norwegen

Der WinAct-Workshop für Gewerkschaften fand im September 2007 in Stavanger statt. Es nahmen sieben Personen von vier regionalen Gewerkschaftsorganisationen teil, die in ihren Organisationen für die Betreuung von Arbeitsmigrantinnen und Arbeitsmigranten zuständig waren. Die Beteiligung am Workshop war maßgeblich durch die Unterstützung einer aktiven Gewerkschaftsoffiziellen erfolgt, die im Dachverband für Migrationsfragen und Organisation zuständig ist und selbst Migrationshintergrund aufweist.

Am Beispiel einiger ausgewählter Übungen möchte ich im Folgenden zumindest ansatzweise illustrieren, wie das Programm aussah. Zu Beginn berichteten alle Teilnehmerinnen und Teilnehmer über die Maßnahmen, die in der eigenen Gewerkschaftsorganisation zur Aktivierung von Einwanderinnen und Einwanderern unternommen werden. Dabei zeigte sich, dass erhebliche Unterschiede im Problembewusstsein und bei den Aktivitäten bestehen. Danach sollten die Teilnehmenden in zwei Kleingruppen drei Argumente benennen, warum die Beteiligung von Einwanderinnen und Einwanderern für die eigene Organisation vorteilhaft ist. Im Ergebnis wurde erkannt, dass durch die Beteiligung von Zugewanderten ein höheres Wissen über Migranten/innen und ihre Kultur, ihre Tradition und Religion entsteht; dass ein besseres Verständnis der Verhaltens- und Reaktionsweisen von Zuwanderern gewonnen werden kann; und dass die für die Organisierung und Ansprache von Arbeitsmigrantinnen und Arbeitsmigranten wichtige Ressource der Diversität gestärkt wird. Mit dieser Aufgabenstellung wurde die Aufmerksamkeit auf die möglichen Vorteile gelenkt, die einer Organisation durch die aktive Beteiligung von Migrantinnen und Migranten entstehen können.

Daran anschließend wurden die Teilnehmerinnen und Teilnehmer mit Befunden aus der aktuellen Gewerkschafts- und Migrationsforschung konfrontiert, die Auskunft darüber gaben, warum Einwanderinnen und Einwanderer einer Gewerkschaft nicht beitreten. Eine Befragung von Migrantinnen und Migranten in Norwegen hatte ergeben, dass niedriges Einkommen und Rückkehrorientierung eine Rolle spielen: Gewerkschaftsbeiträge werden als zu hoch angesehen, das Geld soll für die Rückkehr gespart werden. Auch schlechte Erfahrungen mit den Gewerkschaften im Herkunftsland, das Gefühl, aufgrund des sozialen Status nicht zur Gewerkschaft zu gehören, sowie fehlende Informationen über das Gewerkschaftssystem in Norwegen tragen zur Distanz bei. Schließlich besteht auch die Vorstellung, dass Gewerkschaftsarbeit zu viel Zeit beansprucht, die für das Zusammensein mit der Familie fehlt. Mit diesen Informationen wurde die zunächst provozierende Botschaft transportiert, dass es aus der Perspektive der Zugewanderten gute Gründe gibt, nicht Gewerkschaftsmitglied zu werden. Die Teilnehmerinnen und Teilnehmer erhielten dann die Aufgabe, auf die genannten Gründe gegen eine Gewerkschaftsmitgliedschaft „Antworten" zu finden. Sie erarbeiteten eine Reihe von Maßnahmen und Aktivitäten, u.a. die Verbreitung von Informationsblättern in mehreren Sprachen über Arbeitnehmerrechte, über Mindestbedingungen für Arbeit und Lohn sowie über die Vorteile einer Gewerkschaftsmitgliedschaft. Weiterhin wurde vorgeschlagen, für eine Anfangszeit eine kostenlose

Gewerkschaftsmitgliedschaft anzubieten, eine aktive und direkte Ansprache am Arbeitsplatz durchzuführen und für Gewerkschaftsveranstaltungen eine Kinderbetreuung zu organisieren. Außerdem wurde als wichtig erachtet, Migrantinnen und Migranten gezielt anzusprechen und ihnen zu vermitteln, dass sie von der Gewerkschaft als Mitglieder erwünscht sind und gebraucht werden und dass sie bei der aktiven Mitgliedschaft auf allen Ebenen Unterstützung erhalten würden.

Als abschließende Übung wurden die Teilnehmerinnen und Teilnehmer gebeten, eine Kampagne zur Gewinnung von Zugewanderten als aktive Mitglieder zu entwerfen und anschließend auf einem Poster oder einer Tafel zu präsentieren. Nach einer intensiven Diskussion stellten die Teilnehmenden schließlich eine Kampagne mit dem Titel „Gemeinsam in einer bunten Gewerkschaft" vor. Im Rahmen dieser Kampagne sollen Gewerkschaftsoffizielle und Mitglieder mit Migrationshintergrund auf Zuwanderinnen und Zuwanderer aktiv zugehen und z.B. am Arbeitsplatz oder in städtischen Fußgängerzonen mit Kaffee, Waffeln und Informationen werben. Die Informationen sollten in mehrere Sprachen übersetzt sein und es sollten auch Dolmetscher eingesetzt werden. Weiterhin sollten Veranstaltungen für und mit Arbeitsmigranten/innen organisiert werden. Begleitet werden soll die Kampagne durch Informationen im Internet und offensive Pressearbeit. Die selbstständig erarbeitete Idee, mit Migrantinnen und Migranten „gemeinsam in einer bunten Gewerkschaft" aktiv zu werden, hatte für die Teilnehmer/innen selbst einen motivierenden und mobilisierenden Effekt.

Das Programm der Grundtvig-Trainingskurse

Bei den Grundtvig-Trainingskursen für Erwachsenenbildnerinnen und -bildner wurden zentrale Ergebnisse des europäischen Forschungsprojekts POLITIS in der klassischen Form kurzer Vorträge vermittelt. Im Mittelpunkt der Trainingskurse stand aber die aktive Aneignung der in den Modulen vorgeschlagenen Übungen, darunter Rollenspiele, Satzergänzung, Assoziationsübungen und Planspiele. Zentral für diese Herangehensweise ist die Überlegung, dass die Teilnehmerinnen und Teilnehmer der Trainingskurse zumindest einige der Übungen, die sie später in Workshops anwenden sollen, zunächst selbst durchführen, also sozusagen am eigenen Leib erleben sollten.

Im Anschluss an diese Übungen erfolgt jeweils eine didaktische Reflexion, die dann zu der Frage führt, ob und in welcher Weise die Module für die jeweilige „Lernkultur" des Wohnlandes und der Zielgruppe übernommen, weiterentwickelt oder ergänzt werden kann. Durch diese lernerzentrierte Vermittlung der Module werden vorhandene Kompetenzen der teilnehmenden Erwachsenenbildnerinnen und -bildner aktiviert und sichtbar gemacht sowie die Eigeninitiative und der Austausch zwischen den Teilnehmenden der international zusammengesetzten Arbeitsgruppe gefördert.

Bei der Durchführung von bisher zwei Trainingskursen bestätigten die teilnehmenden Erwachsenenbildner/innen die Annahme, dass die Wahrnehmung der mangelnden Bürgerbeteiligung von Zugewanderten in den europäischen Ländern sehr unterschiedlich ist: In einigen europäischen Ländern, namentlich Großbritannien, Irland und den skandinavischen Ländern, besteht bereits ein hohes Problembewusstsein für die unzureichende Beteiligung von Zuwanderinnen und Zuwanderern. Entsprechend stärker ist das Interesse an Ideen und Ansätzen, wie die Aktivierung von Einwanderinnen und Einwanderern durch die politische Bildung konkret gefördert und praktisch begleitet werden kann. In anderen europäischen Ländern, insbesondere in den neu beigetretenen EU-Mitgliedsstaaten, ist die Beteiligung von Einwanderinnen und Einwanderern dagegen bisher (noch) kein Thema. Hier steht die politische Bildung eher vor der Aufgabe, in einem ersten Schritt zum Problembewusstsein beizutragen und auf die Potenziale und Chancen der Einbeziehung und Aktivierung dieser Bevölkerungsgruppe aufmerksam zu machen.

Zum Abschluss der Trainingskurse stellten zwei von den Teilnehmenden ausgewählte Erwachsenenbildner/innen ihre selbst entwickelten Arbeitspläne für Workshops in Norwegen und Ungarn (Gewerkschaften) vor. Es war faszinierend zu sehen, wie unterschiedlich die in den WinAct-Modulen vorgeschlagenen und im Trainingskurs durchgeführten Übungen aufgegriffen und eingesetzt wurden. Während die bereits im WinAct-Prozess beteiligte Kollegin aus Norwegen weiterführende Ideen zur Ausweitung der Aktivitäten vorstellte, hatte der Kollege aus Ungarn ein Workshop-Programm konzipiert, das vor allem auf eine Sensibilisierung für die Thematik unter Berücksichtigung der besonderen Situation der ethnischen Minderheiten in Ungarn abzielte. Mit den Präsentationen wurde noch einmal deutlich, wie unterschiedlich der Stand der Erwachsenenbildung im Bereich der politischen Integration von Zuwanderinnen und Zuwanderern ist. Durch die Teilnahme an den WinAct-Trainingskursen erhielten die Erwachsenenbildnerinnen und -bildner neue Impulse und Anregungen, die sie dann in ihrer Arbeit auf die jeweilige Situation übertragen müssen.

Zusammenfassung und Ausblick

Einwanderinnen und Einwanderer sind in den einheimischen zivilgesellschaftlichen und politischen Einrichtungen als aktive Mitglieder unterrepräsentiert.

Aktuelle Forschungsergebnisse zeigen, dass bei der zugewanderten Bevölkerung durchaus ein Potenzial zu gesellschaftlichem Engagement besteht, das bisher nicht genutzt wird. Das europäische Bildungsprojekt WinAct hat einen Ansatz entwickelt, wie die politische Bildung im europäischen Raum zur Aktivierung und Beteiligung engagierter Einwanderinnen und Einwanderer beitragen kann. Erwachsenenbildnerinnen und -bildner aus ganz Europa haben die Möglichkeit, an Trainingskursen teilzunehmen und Module kennenzulernen, damit sie in ihren Ländern gezielt Workshops für Offizielle einheimischer politischer Organisationen anbieten können, in denen Möglichkeiten und Wege der Aktivierung und Gewinnung von Zuwanderinnen und Zuwanderern konkretisiert werden. Möglich ist auch die Ausweitung und Übertragung des WinAct-Ansatzes auf andere Organisationen wie Bürgerinitiativen, Bildungseinrichtungen, Selbstorganisationen oder Kirchengemeinden.[6]

Die Erfahrungen mit den bisher durchgeführten Workshops und Trainingskursen zeigen, dass das Projekt WinAct in mehrfacher Hinsicht Anstöße gibt: Das Bildungsprojekt WinAct bietet eine zeitnahe und praxisorientierte Vermittlung der Ergebnisse europäischer Forschung in der politischen Bildung. Durch die Ausarbeitung der fünf Module mit lernerzentrierten Übungen wird das Thema der Aktivierung von Einwanderinnen und Einwanderern für die Fort- und Weiterbildung praktisch umgesetzt. Zugleich wird ein möglicher Weg gewiesen, wie die politische Bildung dazu beitragen kann, das Thema der politischen Beteiligung von Zuwanderern durch den gewählten „train the trainer"-Ansatz in den verschiedenen europäischen Ländern zeitgleich auf die Tagesordnung zu setzen und inhaltlich voranzubringen. Darüber hinaus werden durch die transnationalen Trainingskurse lebendige Beziehungen zwischen Erwachsenenbildnerinnen und -bildnern aus verschiedenen europäischen Ländern ermöglicht und damit ein Beitrag zu einer Europäisierung der politischen Bildung geleistet. Nach der ersten Runde von WinAct-Trainingskursen im Juli 2008 sind weitere Kurse für das Jahr 2009 in Coimbra (Portugal) und Oldenburg (Deutschland) geplant. Aktuelle Informationen und die wichtigsten Lehr- und Lernmaterialien sind auf der Website des Projekts WinAct zu finden.[7]

Anmerkungen

1   Vgl. Dita Vogel, Förderung politischer Integration von Migrantinnen und Migranten in Europa, in diesem Buch, S. 149–161.

2   Für weitere Informationen zum POLITIS Projekt siehe D. Vogel (Anm. 1).

3   Informationen in deutscher Sprache zur Aktion GRUNDTVIG bietet die Nationale Agentur beim Bundesinstitut für Berufsbildung, http://www.na-bibb.de/grundtvig_4.html (letzter Zugriff: 16.3.2009); in englischer Sprache informiert die Website der Europäischen Kommission http://ec.europa.eu/education/lifelong-learning-programme/doc78_en.htm (letzter Zugriff: 16.3.2009).

4   Die Website des Projekts WinAct bietet weitere Informationen über Zusammensetzung und Zielsetzung des Projekts und macht Trainings- und Lernmaterialien verfügbar sowie weitere Hintergrundmaterialien, siehe http://www.uni-oldenburg.de/PolitischeBildung/23289.html (letzter Zugriff: 16.3.2009).

5   Zum Konzept des selbst gesteuerten Lernens vgl. Matthias Vonken, Selbstgesteuertes Lernen, Arbeitsprozessintegriertes Lernen, unv. Präsentation, Konstanz 2008, einen umfassenden Überblick über Ansätze und Methoden der politischen Erwachsenenbildung bietet Dirk Lange (Hrsg.), Methoden Politischer Bildung. Handbuch für den sozialwissenschaftlichen Unterricht, Band 6, Hohengehren 2007.

6   Die in Brüssel sitzende ökumenische „Kommission der Kirchen für Migranten in Europa" (CCME) hat inzwischen vom Europäischen Integrationsfonds ein Projekt bewilligt bekommen, bei dem es unter Anwendung des WinAct-Ansatzes darum geht, Einwanderinnen und Einwanderer als aktive Mitglieder für Kirchengemeinden zu gewinnen.

7   Vgl. Anm. 4

Olaf Stuve, geb. 1964

Diplom-Soziologe, wissenschaftlicher Mitarbeiter bei Dissens e.V. (Berlin) und Projektleiter in den Projekten „PeerThink – tools and resource for an intersectional prevention of peer violence" (EU – Daphne II) und „Intersektionale Gewaltprävention" (Aktion Mensch)

Olaf Stuve
Kein Wir, kein Nicht-Wir.
Intersektionalität in der politischen Bildung

Die Diskussion um politische Bildung in der Migrationsgesellschaft betrifft direkt die Frage nach der Bevor- und Benachteiligung von Menschen aufgrund ihrer gesellschaftlichen Positionierungen. Die sozialen Kategorisierungen, die in diesem Zusammenhang aktuell verhandelt werden, sind die der Ethnisierung, Vergeschlechtlichung und sozialen Schichtung. Aktuelle Studien zur Chancengleichheit im deutschen Bildungssystem verweisen darauf, dass Bildung in Deutschland keine Ungleichheit ausgleichende, sondern sie verstärkende Funktion einnimmt. Mit anderen Worten: Bildung produziert und reproduziert Dominanzverhältnisse.[1] Im folgenden Beitrag wird die politische Bildungsarbeit mit dem Ansatz der Intersektionalitätsforschung zusammengebracht. Dabei stellt der Begriff der Intersektionalität die Konstitutionsbedingungen der einzelnen Identitätskategorien in den Mittelpunkt und thematisiert die Auswirkungen der eingewobenen Herrschafts- und Machtverhältnisse auf die Produktion von sozialer Ungleichheit. Der Schwerpunkt liegt auf der Verwobenheit von Rassismus, Geschlechterverhältnissen und sozialen Klassenverhältnissen. Eine intersektionale Perspektive innerhalb der politischen Bildung stellt den Versuch einer sprachlichen, methodischen und didaktischen Arbeit zu den genannten Dominanzverhältnissen dar. Es geht dabei erstens um eine Sensibilisierung aller Bildungsbeteiligten für Dominanzstrukturen, zweitens um ein analytisches Verständnis dieser gesellschaftlichen Strukturierungen und drittens um die Erweiterung der Handlungsmöglichkeiten der Beteiligten. Die Strategie des Empowerments von gesellschaftlich benachteiligten Gruppen zur Erweiterung von deren subjektiven Handlungsmöglichkeiten stellt dabei eine pädagogische Strategie dar. Empowerment kann als eine Antwort auf strukturelle Benachteiligungen angesehen werden. Menschen aus gesellschaftlich benachteiligten Gruppen sollen durch besondere Bildungsräume in die Lage versetzt werden, für ihre Interessen gegenüber den gesellschaftlich dominanten Gruppen einzutreten und sie durchzusetzen.[2] Ausgehend von den genannten strukturellen Benachteiligungen soll hier die Bildungspraxis mit Jugendlichen besprochen werden, die im bundesdeutschen Diskurs als Bildungsverlierer bezeichnet werden. Exemplarisch soll anhand des Projekts „respect – come together" aus Bremen auf einen Aspekt einer solchen außerschulischen politischen Bildungsarbeit eingegangen werden: Diskussion, Kontroverse und Konflikt als notwendige Voraussetzungen für den Umgang mit Unterschiedlichkeit. Zuvor jedoch wird ein allgemeiner Blick auf das Verhältnis von Bildung, Differenz und Gleichheit in der Migrationsgesellschaft geworfen.

Bildung, Differenz und Gleichheit in der Migrationsgesellschaft

Eine zentrale Aufgabe politischer Bildung in einer globalisierten Welt ist es, Heterogenität als etwas Selbstverständliches innerhalb jeder Gesellschaft zu verdeutlichen. Dies stellt eine Grundlage dafür dar, dass in einer heterogenen Gesellschaft demokratische und auf Gerechtigkeit ausgerichtete Politikformen möglich werden. Jedoch ist die gesellschaftliche Herstellung von Unterschieden selbst stark von „strukturierten Beziehungen der Dominanz und Unterordnung"[3] gekennzeichnet. In Deutschland werden Menschen mit Migrationshintergrund immer wieder als die Anderen im Gegensatz zu den Dazugehörigen konstruiert, was die Grundlage für strukturelle, institutionelle und individuelle rassistische Ausgrenzungen darstellt. Paul Mecheril hat mit dem Begriff der „natio-ethnokulturellen Zugehörigkeit" ein Wir-Phantasma für die bundesdeutschen Verhältnisse benannt, das nach dem Ganz-oder-gar-nicht-Prinzip funktioniert und den Einzelnen eine Einbezogenheit und ein umfassendes Identitätsangebot verspricht. Damit ist eine Vorstellung verbunden, die davon lebt, jegliche Differenz auf ein imaginäres „Nicht-Wir" zu projizieren, das räumlich „nicht hierher gehöre."[4] Dabei wird das Andere als etwas Ursprüngliches dar- und vorgestellt, das entweder auf Natürlichkeit oder auf Kultur zurückgehe. Mark Terkessidis zeigt in seiner Studie „Die Banalität des Rassismus" anhand von Alltagserfahrungen von Interviewpartnern/innen mit unterschiedlichem Migrationshintergrund, wie diese jeweils Initialerlebnisse während ihrer Kindheit und Jugend in Deutschland hatten, die eine „Verweisung an einen anderen Ort"[5] darstellten. Dabei handelte es sich gerade nicht um offensichtlich rassistische Handlungen von Einzelnen, die gegebenenfalls als individuelle Fehlleistung gedeutet werden könnten, sondern vielmehr um alltägliche, sich wiederholende Erlebnisse, deren Hintergründe nicht auf „böse Absichten" zurückzuführen gewesen wären. So kann die scheinbar einfache Frage „Woher kommst du?" kaum als ein neutrales Interesse gewertet werden, sondern stellt im bundesdeutschen Kontext oftmals eine imaginierte „Verweisung an einen anderen Ort" dar.[6] Ein längeres Zitat soll verdeutlichen, wie die „Verweisung an einen anderen Ort" und damit die Konstruktion des „Nicht-Wir" an der Schule reproduziert wird.

„Mein erstes Erlebnis [...] hatte ich in der Grundschule, wo wir ein Diktat zurückbekommen haben und ich der Beste dieses Diktats war und die Lehrerin anschließend gesagt hat, der Eren als Türke hat die beste Arbeit geschrieben, ihr solltet euch mal eine Scheibe davon abschneiden, und das war eigentlich die erste Erfahrung, wo ich darüber nachgedacht habe, dass ich eigentlich gar kein Deutscher bin, sondern eigentlich wirklich nur ein Außenstehender."[7]

Die Konstruktionsprozesse eines Wir- und eines Nicht-Wir-Kollektivs binden beide Seiten in ihrer Konstruiertheit jeweils aneinander und stellen eine gesellschaftliche Beziehung der Dominanz und Unterordnung dar, in der die dominante Gruppe Vorrechte und Überlegenheit gegenüber den Anderen für sich beansprucht. Ähnliche gesellschaftliche Konstruktionen von scheinbar unveränderbaren, hierarchisch angeordneten Gegensätzen finden wir in Bezug auf Geschlecht und Sexualität. Die gesellschaftliche Produktion von Differenzen verläuft dabei nicht nebeneinander, sondern die jeweiligen Dominanzverhältnisse hängen immer auch zusammen, sie bringen sich gegenseitig hervor, verstärken sich, schwächen sich ab. Diese dynamischen Verwobenheiten werden hier mit dem Begriff der Intersektionalität umschrieben.

Was meint Intersektionalität?

Der Begriff Intersektionalität kommt aus den englischsprachigen feministischen Diskussionen, woher auch das Wort „to intersect" – (über)schneiden, (über)kreuzen, aber auch zusammenlaufen, überlagern – stammt. Intersektionalität bietet eine analytische Sprache an, mit deren Hilfe es möglich ist, jede Person in ihrer simultanen Positionierung innerhalb der sozialen Kategorien, wie Geschlecht, soziale Klasse, Sexualität und Ethnizität anzuerkennen.[8]

Im deutschsprachigen Raum werden Fragen der simultanen Positionierung in der Gesellschaft erst vereinzelt auf Praxen der (politischen) Bildung angewandt, obwohl Fragestellungen des Zusammenwirkens von Geschlecht, Ethnizität und sozialer Schichtung in den aktuellen Diskussionen über das Thema Bildungschancen vermehrt eine Rolle spielen. Oftmals finden wir die Kategorisierungen in Form von Beschreibungen wie die des männlichen Jugendlichen mit Migrationshintergrund, der in einem sozial benachteiligten Stadtteil lebt. Hier werden jene sozialen Kategorisierungen, zu deren Bearbeitung das Konzept der Intersektionalität etwas beitragen kann, deskriptiv angewandt, jedoch nicht in ihrer Entstehung analysiert.

Mit dem hier vorgestellten intersektionalen Ansatz werden die jeweiligen Konstruktionen, die mit Begriffen wie Kultur, Ethnizität oder auch Geschlecht verbunden sind, selbst in Frage gestellt. Geschlecht, Ethnizität oder Kultur werden also verstanden als etwas, das es zwar gibt und Bedeutung für uns als Individuen hat, das aber nicht auf ein Ursprüngliches zurückgeht oder auf etwas Letztliches abzielt. „Die Bedeutung ist hier nicht der Ursprung oder das endgültige Ziel, sie (die Kultur, aber ebenso die Ethnizität und das Geschlecht, O.S.) kann nicht endgültig fixiert werden, ist immer im Prozess, innerhalb eines Spektrums positioniert. Ihr politischer Nutzen kann nicht essentiell, sondern nur relativ bestimmt werden."[9] Wie kann mit den realen Identitätsentwürfen von Jugendlichen, den damit verbundenen Homogenisierungen und den Dominanzverhältnissen zwischen den sozialen Gruppen umgegangen werden?

Mit der von Leslie McCall für die Sozialwissenschaften eingeführten Unterteilung des Konzepts der Intersektionalität in drei Ebenen soll hier ein Vorschlag für die politische Bildung gemacht werden: Mit einem anti-kategorialen Zugang werden soziale Kategorien wie Ethnizität und Geschlecht als Ergebnisse sozialer Herstellungsprozesse dekonstruiert. Ausgangspunkt sind dabei die Erzählungen der Jugendlichen, die für eine kritische Auseinandersetzung mit sich selbst sowie mit den gesellschaftlichen Strukturen genutzt werden. Mit Hilfe eines interkategorialen Zugangs werden die Anordnungen von Ungleichheit aufgrund sozialer Kategorien zwischen sozialen Gruppen explizit benannt. Zwischen diesen beiden Perspektiven liegt ein intrakategorialer Zugang, mit dem Fragen von Differenz und Ungleichheit innerhalb einer jeweils homogenisierten Gruppe in den Blick genommen werden.[10]

Beziehen wir das Konzept der Intersektionalität auf eine politische Bildung, die die strukturierten Beziehungen von Dominanz und Unterordnung verstehen und verändern will, so kommen wir zu folgenden Kriterien:
* Bildung mit einer intersektionalen Perspektive bearbeitet Dominanzverhältnisse in ihrer gegenseitigen Beeinflussung. Zum Beispiel werden Zusammenhänge zwischen Männlichkeitspraxen, Ethnisierungen und sozialer Klasse diskutiert. So werden hypermaskuline Inszenierungen von

jungen Männern mit Migrationshintergrund auf der Folie von rassistischen und sozialen Ausgrenzungserfahrungen diskutiert, anstatt sie auf vermeintliche kulturelle Traditionen zurückzuführen. Fremd- und Selbstethnisierungen werden nicht nur auf Migrantengruppen bezogen, sondern ebenso auf die Mitglieder der Mehrheitsgesellschaft, die sich allerdings immer wieder als nicht-markierte Gruppe hervorbringen.

- Eine intersektionale Bildung greift die Erzählungen der Jugendlichen auf, die die Verschränkungen bereits enthalten. Minorisierten Gruppen wird die Möglichkeit gegeben, Ausgrenzungserfahrungen, das heißt zum Beispiel Erfahrungen von Alltagsrassismen, von Sexismus und Homophobie, zu thematisieren. Dieses Thematisieren kann in eine Perspektive des Empowerments für die nicht-dominante Gruppe münden.
- Eine intersektionale Bildung stellt Jugendlichen einen Auseinandersetzungs- und Verhandlungsraum zur Verfügung, innerhalb dessen sie die kulturellen und geschlechtlichen Anforderungen, ihre Selbstkonzepte, Männlichkeits- und Weiblichkeitsvorstellungen und die sich möglicherweise daraus ergebenden Probleme reflektieren können.
- Weder kulturalisiert noch naturalisiert eine intersektionale Bildung Konflikte und Personen. Sie baut vielmehr Dominanzverhältnisse durch Dekonstruktion ab. Dekonstruktion heißt an dieser Stelle, „für die gesellschaftlichen und politischen Herstellungsprozesse zu sensibilisieren, die Identitäten entstehen lassen, die Zugehörigkeiten und Ausschlüsse aus Gruppen regeln"[11].
- Bildung mit einer intersektionalen Perspektive stellt eine praktische Kritik an Dichotomien wie Deutsche – Nicht-Deutsche, Weiße – Nicht-Weiße oder auch Männlichkeit – Weiblichkeit, Hetero- und Homosexualität dar. Sie geht auf die Herstellungsprozesse dieser binären Konstruktionen ein.
- Historische Entwicklungen sind ebenso wie strukturelle Verhältnisse von Bedeutung. Für die politische Bildung kann beispielsweise eine Schwerpunktsetzung auf die Migrationsgeschichte heutige Verhältnisse erklären und verändern.

Wie kann mit Jugendlichen zu diesen gesellschaftlichen Herstellungsprozessen und den daraus resultierenden Verhältnissen von Dominanz und Unterordnung gearbeitet werden? Eine erste Antwort auf diese Frage klingt banal: Politische Bildungsarbeit muss einen Raum schaffen, in dem es für Jugendliche möglich ist, von Lebenswirklichkeiten zu erzählen, Interessen zu artikulieren und Ausgrenzungen (sowohl als Täter/innen wie auch als Opfer) zu beschreiben. Davon ausgehend ist es erst möglich, Anknüpfungspunkte für einen individuellen und sozialen Umgang miteinander zu entwickeln. Zur Konkretisierung einer Konzeption politischer Bildung, die in Grundzügen eine intersektionale Perspektive einnimmt, wird im Folgenden das Bildungsprojekt „respect" beschrieben.

Respect – come together. Ein Ansatz transkultureller geschlechtsbezogener Pädagogik

„Respect – come together" hat als Projekt der politischen Bildung im Jahr 2007 in Zusammenarbeit mit Bremer Haupt- und Realschulen aus sozial benachteiligten Bezirken stattgefunden. Ein Vorläuferprojekt unter dem Titel „respect – antirassistische jungen- und mädchenarbeit gegen ausgrenzung und gewalt" geht in die Jahre 2003–2005 zurück; in seinem Rahmen hat sich die Projektgruppe als ein transkulturelles Team gebildet.[12] In der Projektarbeit werden vor allem die Verschränkungen zwischen den Kategorien Geschlecht und Ethnizität auf unterschiedlichen Ebenen berücksichtigt:

- Die Themen Geschlecht, Heterosexismus und Rassismus werden innerhalb des Projekts als Ausgrenzungskategorien betont, indem die Gruppen zu rassistischen Diskriminierungserfahrungen ebenso wie zu alltäglicher Homophobie und zu Sexismus arbeiten.
- Das Team begreift sich als transkulturell. Seine Mitglieder haben unterschiedliche kulturelle, geschlechtliche, sexuelle und soziale Klassenhintergründe. In jedem Kleinteam ist mindestens eine Person mit Migrationshintergrund vertreten. Nach Möglichkeit sind auch die sexuellen Orientierungen innerhalb der Teams heterogen.[13]
- Als Arbeitsstruktur wird in Mädchen- und Jungengruppen gearbeitet. Damit wird die Bedeutung von Geschlecht betont, und auch wenn die dichotome Geschlechteranordnung weiblich – männlich reproduziert wird, so liegt dem Ganzen doch ein Verständnis von Geschlecht zugrunde, das neben diesen beiden noch weitere Geschlechter (aner)kennt.

In der Begrifflichkeit von McCall arbeitet „respect" auf allen drei zuvor erläuterten Ebenen intersektional, die in verschiedenen Strategien des Abbaus von Dominanzverhältnissen sichtbar werden und die jeweils einer Weiterentwicklung bedürfen: Die anti-kategoriale Strategie ist eine praktische Verweigerung gegenüber der permanenten Wiederholung der Dichotomien wie Deutsche und Nicht-Deutsche oder auch Männlichkeit und Weiblichkeit. Sie bietet in ihrer Arbeit offene, prozessuale Identitäten an, mit anderen Worten, es werden keine essentialistischen Identitätskonzepte herangezogen. Den Verzicht auf essentialistische Identitätsentwürfe „in den Rahmen Gender und Ethnizität zu stellen heißt, die Äußerungen der Jugendlichen in einen diskursiven Kontext zu setzen, der die

Machtverhältnisse berücksichtigt und Grenzen problematisiert. Die gegenseitigen (Selbst-)Reflexionen der identitären Entwürfe in den Seminaren sind in diesem Ansatz als kritische Aufklärung zu verstehen"[14]. Es handelt sich hierbei also um eine Kritik an Identitätspolitiken. In die strukturierten Beziehungen von Dominanz und Unterordnung interveniert die Arbeit von „respect" durch ein Konzept des Empowerments der nicht-dominanten Gruppen. Im ersten Schritt bedeutet dies eine Analyse der Dominanzverhältnisse, wie sie sich in einer Gruppe widerspiegeln. Das Empowerment beginnt dort, wo Erzählungen von zum Beispiel alltagsrassistischen und sexistischen Erfahrungen nicht in Frage gestellt werden. Eine Delegitimierung oder Desartikulation dieser abwertenden und ausgrenzenden Erlebnisse wäre eine Reproduktion genau jener Alltagserfahrungen. Die nicht-dominanten Gruppen werden über den Weg der Anerkennung ihrer Erzählungen von Abwertungs- und Ausgrenzungserfahrungen dazu ermutigt, ihre Rechte einzufordern. Hier findet eine interkategoriale Perspektive ihren Niederschlag.

Ein weiteres Element der Arbeit ist die Aufforderung an die Jugendlichen, ihre persönlichen Haltungen zu unterschiedlichen Fragen verbal und körperlich zum Ausdruck zu bringen. Individuelle Mehrfachzugehörigkeiten, Standpunkte und Haltungen werden sichtbar. Dabei geht es zunächst um eine Sensibilisierung für Unterschiedlichkeit, die im Weiteren in kontroverse Diskussionen übergehen kann. Die Kontroverse wird als Möglichkeit betrachtet, Gegensätzlichkeiten differenziert auszudrücken und gegebenenfalls stehen lassen zu können. In Anlehnung an Chantal Mouffes Begriff der agnostischen Demokratie[15] wird hier nicht auf den Konsens, sondern auf Streit gesetzt. In einer politischen Bildung in der Migrationsgesellschaft können so bestehende Paradigmen, wie zum Beispiel das der Integration, in dem immer schon vorausgesetzt scheint, wer sich in was wie zu integrieren hat, selbst zum streitbaren Gegenstand demokratischer Auseinandersetzungen gemacht werden.

Im Folgenden wird die Methode eines Positionsbarometers beschrieben bei dem Jugendliche ihre (gegensätzlichen und gemeinsamen) Interessen, Dominanzverhältnisse und Oberflächenprojektionen zum Ausdruck bringen können. Inhaltlich wird es vor allem um die Bedeutung von natio-ethno-kulturellen Konstruktionen gehen.

Positionsbarometer – Methode und Haltung

Das Positionsbarometer ist in seiner Anordnung denkbar einfach: Die Teamerinnen und Teamer überlegen Fragen, von denen sie denken, dass sie in der

Gruppe zu Diskussionen führen werden. Als Antworten werden JA und NEIN angeboten, allerdings können die Teilnehmenden sich auch zwischen den Polen positionieren. Sie werden aufgefordert, sich zur Beantwortung der Fragen jeweils im Raum so zu positionieren, wie es ihrer Meinung entspricht. Dann haben sie die Möglichkeit, ihre Position zu begründen. Die Teamer/innen betonen, dass es sich um spontane Positionierungen handelt, die im Laufe der Diskussionen geändert werden können. Niemand soll auf seine spontane Positionierung festgelegt werden. Die Teamer/innen nehmen weitestgehend eine moderierende und nach-fragende Rolle ein. Während der Beobachtung sind zwei Fragen von der Gruppe diskutiert worden: 1. „Denkst du, dass in Deutschland alle die gleichen Chancen haben?", 2. „Würdest du dich als Deutscher bezeichnen?" Im Folgenden be-spreche ich nur die Diskussion zur zweiten Frage. Allerdings soll darauf hinge-wiesen werden, dass sich die 16-köpfige Jungengruppe in Bezug auf die Frage nach der sozialen Chancengleichheit entlang der Linie mehrheitsdeutsche Jugendliche (Nein, es haben nicht alle die gleichen Chancen) und Jugendliche mit Migrationshintergrund (Ja, alle haben die gleichen Chance) teilte.

„Wer würde von sich sagen, ein Deutscher zu sein?"

Die Jungen positionieren sich so, als müssten sie nicht eine Sekunde über die Antwort nachdenken. Wie bei der Frage nach der sozialen Chancengleichheit teilt sich die Gruppe wieder in jene mit und jene ohne Migrationshintergrund. Alle Jungen mit Migrationshintergrund bis auf einen sitzen zusammen auf der Seite „Nein, ich würde nicht sagen, Deutscher zu sein". Diese Aufteilung wird von den Beteiligten mit den Worten kommentiert: „Wie eben! Nur Adil (Name geändert), der sitzt falsch. Verräter!" Daraufhin bemerkt Adil „Oh, stimmt" und steht auf, um quer durch den Raum auf die andere Seite zu wechseln. Einer der Teamer stellt die Zwischenfrage: „Wer ist in Deutschland geboren?" und weist einen Punkt an, wohin alle kommen sollen, die die Frage mit „Ich" beantworten können. Alle stellen sich auf diesen Punkt. Danach nehmen alle wieder ihre ursprüngliche Position ein. Eine lebhafte Diskussion beginnt, während der die Jungen mit Migrationshintergrund beschreiben, dass sie sich nicht als Deutsche fühlen. Sie schildern, dass sie immer wieder das Gefühl haben, in Deutschland nicht er-wünscht zu sein. Sie nehmen Bezug auf den Satz „Ich bin stolz ein Deutscher zu sein". Dieser Satz höre sich für sie nicht wie eine Selbstbeschreibung an, sondern vielmehr wie eine Differenzmarkierung, durch die sie ausgeschlossen werden sollen. Als Beobachter ordne ich diese Beschreibungen in die weiter oben von Terkessidis benannte „Verweisung an einen anderen Ort" ein. Bisher hatten die Jungen mit Migrationshintergrund auf den Satz „Ich bin stolz ein ..." mit dem Ge-gensatz „Ich bin stolz ein ..." reagiert. Sie machen nun den grundlegenden

Unterschied deutlich, dass sie in Deutschland nicht in der Position seien, mit ihrem Satz andere auszugrenzen.[16] So scheint die Aussage „Ich bin stolz ein Türke zu sein" für die Jungen das notwendige Äquivalent in der binären natio-ethno-kulturellen Ordnung zu sein, die Mecheril als eine Logik des Ganz-oder-gar-nicht, des Entweder-oder benannt hat. Die Strategie der Selbstethnisierung darf hier eben nicht als ein „Ausdruck von Desintegration verstanden [werden], sondern als eine Form der ‚Selbstbehauptung', die sich nicht auf verfestigte Strukturen wie Pass, Sprache, Kultur und Religion verlassen kann"[17]. Können Selbstethnisierungen auch andere Funktionen haben, so wird deutlich, dass sie nur in Relation zu anderen gesellschaftlichen Gruppen verstanden werden können. In Ethnisierungs- wie auch Selbst-Ethnisierungsprozessen kommt der Konstruktion von Geschlecht eine wichtige Rolle zu. So nehmen im bundesdeutschen Diskurs Mitglieder der Mehrheitsgesellschaft für sich in Anspruch, gleichberechtigte Geschlechterverhältnisse etabliert zu haben; hingegen wird vor allem Migranten/innen mit muslimischem Hintergrund zugewiesen, in patriarchalen Geschlechtervorstellungen gefangen zu sein. Andererseits – so Mechthild Bereswill – wird von jungen Männern „Männlichkeit gegenüber klassenspezifischen oder rassistischen Unterordnungen verteidigt, und zwar mit überzogenen Praktiken der Verkörperung von Hypermaskulinität, nicht selten ausagiert durch Gewalt"[18]. Im Laufe der Diskussion steht der oben erwähnte Adil erneut auf und geht wiederum quer durch den Raum auf die Seite „Ich würde sagen, dass ich ein Deutscher bin". Er kommentiert das mit den Worten, dass er den deutschen Pass hat und er damit Deutscher ist. Die anderen beobachten den erneuten Seitenwechsel von Adil, kommentieren ihn diesmal jedoch nicht, sondern akzeptieren den „Seitenwechsel". Hier wird in der Bewegung von Adil meines Erachtens der Ethnisierungsdiskurs unterlaufen und auf die Ebene der staatsbürgerlichen Rechte verschoben. Gefühle des Ausgegrenztseins werden von der einen wie auch von der anderen Seite geäußert. Auch die mehrheitsdeutschen Jugendlichen beschreiben, dass sie sich nicht dazugehörig fühlen, wenn sich die Jugendlichen mit türkischem Hintergrund auf die türkische Nationalität beziehen. Doch lernen sie zugleich durch die Beschreibungen ihrer Mitschüler, dass es hier einen spezifischen, gesellschaftlich strukturierten Unterschied gibt, der mit Rassismus zu tun hat.

Den mehrheitsdeutschen Jugendlichen ist es in dieser Phase, in der es um sprachliche Feinheiten und damit verbundene Abwertungen geht, wichtig zu sagen, dass sie keine Rassisten sind. Sie betonen die Sympathien, die Gemeinsamkeiten, bedauern verletzende Sprach- und Verhaltensweisen. Die adressierten Jungen mit Migrationshintergrund können diese Aussagen von ihren Mitschülern hören und akzeptieren.

Während die Diskussion weiterläuft, steht Andreas (Name geändert) auf und setzt sich in die Mitte zwischen die beiden Pole. Er kommentiert seine neue Positionierung damit, dass eine seiner Urgroßmütter gar keine Deutsche gewesen sei, sondern, wie er glaube, eine Türkin. Die Diskussion geht weiter, und einige Zeit später setzt Andreas sich auf die Seite der Jugendlichen mit Migrationshintergrund. Bei dieser Bewegung handelt es sich meines Erachtens nicht um die Hinwendung zu einer Gruppe, sondern vielmehr um das Aufbrechen einer verkehrten Dichotomie. Unabhängig von der konkreten Familiengeschichte, die in dieser Situation unklar bleibt, macht die Umpositionierung des Jungen die verdrängten und ausgelöschten Erinnerungen von Migrationsgeschichten in Deutschland sichtbar. Dadurch wird eine homogene Einheit nationaler Bevölkerung weiter dekonstruiert.

Ich habe die Bewegung Adils „quer durch den Raum" stark betont, weil sie meines Erachtens grundlegend für Diskussionen in der Migrationsgesellschaft sein sollte: Es sollten Räume hergestellt werden, die quer zu ethnisierenden Positionierungen verlaufen. Ebenso scheint mir die Positionierung von Andreas wie eine suchende Bewegung quer zu den verkehrten Wir- bzw. Nicht-Wir-Kollektiven.

Resümee

Eine anti- und intrakategoriale Perspektive wird dadurch verfolgt, dass – ausgehend von den identitären Selbstentwürfen – die darin manifesten sozialen Kategorisierungen in Frage gestellt werden. So steht Adil zunächst ganz selbstverständlich, scheinbar ohne nachzudenken, vielleicht aber auch ganz bewusst auf der Seite „der Deutschen", bis seine Positionierung als verkehrt, als Verrat gekennzeichnet wird. Verrat begeht man gegenüber einer Gruppe, die man eigentlich nicht verlassen darf. So ist Adil zunächst auf eine gemeinsame Identität als eine gemeinsame Nicht-Identität festgelegt. Adils „verkehrte" Positionierung stellt die erste Irritation einer Identitätskonstruktion dar, die auf dem Gegensatz (deutsches) Wir-Kollektiv und (nichtdeutsches) Nicht-Wir-Kollektiv aufbaut. Die Irritation wird durch die Moderationsfrage nach dem Geburtsort verstärkt. Durch sie wird verdeutlicht, dass alle in Deutschland geboren sind. Die hier erlebte Differenz „ist eben kein Ergebnis von unterschiedlichen, primordialen Zugehörigkeiten, sondern wird durch eine aktive Diskriminierung erst erzeugt – es geht also um einen Prozess der Differenzierung"[19]. Ich denke, die Moderationsfrage hat die Position Adils gestärkt, ohne dass er sich wiederum ad hoc illoyal gegenüber der Gruppe des „Nicht-Deutschen-Kollektivs" zeigen musste. Vielmehr macht sie die dahinterliegende gesellschaftliche Struktur, die zu der Aufteilung führt, sichtbar und diskutierbar. Das ist wichtig, weil Jugendliche mit Migrationshintergrund nicht nur die Verweisung an einen anderen Ort erleben, sondern auch die Vereinnahmung durch die Mitglieder der Mehrheitsgesellschaft, die oftmals mit der Aufforderung zur Abkehr von vermuteten Loyalitäten gegenüber den eigenen Communities verbunden wird. Wieder haben wir es hier mit der Herstellung der Differenzen zwischen dem Deutschen und dem Nicht-Deutschen zu tun. Im Laufe der Diskussion kann Adil den ethnisierten Diskurs verlassen und mit Bezug auf das Staatsbürgerrecht wieder seine ursprüngliche Positionierung einnehmen.

Das Thema Rassismus, also eine Auseinandersetzung über eine strukturierte Beziehung der Dominanz und Unterordnung, wird über das Sprechen der Jungen über ihre Gefühle, die durch den Satz „Ich bin stolz …" ausgelöst werden, in die Diskussion eingeführt. Für deren Verlauf ist es von großer Bedeutung, dass die Jungen ausdrücken können, welche Gefühle damit verbunden sind, wenn sie sagen, dass sie sich nicht als Deutsche sehen, obwohl sie in Deutschland geboren und aufgewachsen sind und dort ihren Lebensmittelpunkt für ihre Zukunft sehen. In der Diskussion thematisieren sie ihre Ausgrenzungserfahrungen. Damit verdeutlichen sie sich und ihren mehrheitsdeutschen Mitschülern, dass es bestimmte Mechanismen sind, die zu der Gegenüberstellung des Wir-Kollektivs und des Nicht-Wir-Kollektivs führen.

Zugleich – und das ist ebenso von großer Bedeutung – können die mehrheitsdeutschen Jugendlichen ihren Mitschülern versichern, dass sie ihre Äußerungen in Bezug auf die Formulierung „stolz, deutsch zu sein", nicht rassistisch meinen. Unabhängig von der Motivation, sich den Satz „Ich bin stolz …" zu eigen gemacht zu haben, kommt in der Diskussion heraus, dass dieser hegemonial gewordene Diskurs über die Wiederaneignung eines „gesunden Patriotismus/Nationalismus" die unmittelbaren sozialen Netzwerke ethnisiert. Die Jungen dieser Gruppe machen deutlich, dass sie daran keinerlei Interesse haben.

Anmerkungen

1   Die Ergebnisse von PISA zeigen, dass in Deutschland, verglichen mit anderen Industrieländern, die stärkste Korrelation zwischen sozialem Hintergrund und Bildungsleistungen besteht. Vgl. Vereinte Nationen – Generalversammlung (Hrsg.), Umsetzung der UN-Resolution 60/251 „Rat für Menschenrechte" vom 15. März 2006. Bericht des Sonderberichterstatters für das Recht auf Bildung, Vernor Muñoz.   http://www.archiv-der-zukunft.de/blog/material/2007_-_Munoz-UN-Report_Arbeitsuebersetzung_der_GEW.pdf, S. 10 (letzter Zugriff: 16.3.2009); vgl. auch: Leonie Herwartz-Emden, Interkulturelle und geschlechtergerechte Pädagogik für Kinder im Alter von 6 bis 16 Jahren, Düsseldorf 2008, S. 7.

2   Das Konzept des Empowerments geht vor allem auf das Black Movement in den USA der 1960er Jahre zurück. Hier ist der Begriff dem Konzept HARKRA entlehnt, das in Deutschland zu einem der wenigen Empowerment-Konzepte gehört. Vgl. Nuran Yiğit / Halil Can, Politische Bildungs- und Empowerment-Arbeit gegen Rassismus in People of Color-Räumen – das Beispiel der Projektinitiative HAKRA, in: Gabi Elverich / Annita Kalpacka / Karin Reindlmeier (Hrsg.), Spurensicherung – Reflexion von Bildungsarbeit in der Einwanderungsgesellschaft. Frankfurt/Main / London 2006, S. 167–193.

3   Stuart Hall, „Rasse", Artikulation und Gesellschaften mit struktureller Dominante, in: ders., Rassismus und kulturelle Identität. Ausgewählte Schriften 2, Hamburg 1994, S. 113.

4   Paul Mecheril, Einführung in die Migrationspädagogik. Weinheim / Basel 2004, S. 22.

5   Mark Terkessidis, Die Banalität des Rassismus. Migranten zweiter Generation entwickeln eine neue Perspektive, Bielefeld 2004, S. 180.

6   Vgl. auch Garda Ferreira, Die Kolonisierung des Selbst – der Platz des Schwarzen, in: Hito Steyerl / Encarnación Gutiérrez Rodriguez (Hrsg.), Spricht die Subalterne deutsch? Migration und postkoloniale Kritik, Münster 2003, S. 146–165.

7   Tarik Badawia, „Der dritte Stuhl": Eine Grounded-Theory-Studie zum kreativen Umgang bildungserfolgreicher Immigrantenjugendlicher mit kultureller Differenz, Frankfurt/Main 2002, S. 202, nach M. Terkessidis (Anm 5), S. 176.

8   Vgl. Ann Phoenix, Racialised young masculinities: Doing intersectionality at school, in: Malwine Seemann (Hrsg.), Ethnische Diversitäten, Gender und Schule, Oldenburg 2008, S. 23.

9   Stuart Hall, Die Frage des Multikulturalismus, in: Ideologie, Identität, Repräsentation. Ausgewählte Schriften 4, Hamburg 2004, S. 196.

10   Vgl. Leslie McCall, The Complexity of Intersectionality, in: Journal of Women in Culture and Society, vol. 30, no. 3, Chicago 2005, S. 1771–1800.

11   Abousoufiane Akka / Ines Pohlkamp, Pädagogik der Oberfläche. Gender und Ethnizitäten in der antirassistischen Mädchen- und Jungenarbeit, in: Christine Riegel / Thomas Geisen (Hrsg.), Jugend, Zugehörigkeit und Migration. Subjektpositionierung im Kontext von Jugendkultur, Ethnizitäts- und Geschlechtskonstruktionen, Wiesbaden 2007, S. 330.

12   „Respect – come together" ist im Rahmen der Lokalen Aktionspläne Bremen finanziert worden und lief über einen Zeitraum von sechs Monaten. Ich habe mit meiner Kollegin Mart Busche im Rahmen unserer Tätigkeit in dem EU-Projekt PeerThink das Projekt besucht und eine teilnehmende Beobachtung sowie Interviews durchgeführt, vgl. http://www.peerthink.eu (letzter Zugriff: 16.3.2009); vgl. auch http://vielfalt-bremen.de/artikel.php/523/38600/respect-come-together.html (letzter Zugriff: 16.3.2009). Das frühere Projekt hatte eine dreijährige Finanzierung durch die Bundesstiftung Entimon, vgl. http://www.bremer-jungenbuero.de/respect.html (letzter Zugriff: 16.3.2009).

13   Vgl. A. Akka / I. Pohlkamp (Anm. 11) S. 330.

14   Ebd., S. 329.

15 Vgl. Chantal Mouffe, Über das Politische. Wider die kosmopolitische Illusion, Frankfurt/Main 2007.

16 In der Gruppe der Jugendlichen mit Migrationshintergrund wurde reflektiert, dass es nicht die Türken gibt, sondern Menschen aus der Türkei, die Türken, Kurden, Aleviten, Sunniten usw. sind. Außerdem bestand ein ausgeprägtes Anti-Nazi-Verständnis, das sich auch gegen „Graue Wölfe" richtete.

17 A. Akka / I. Pohlkamp (Anm. 11) S. 227f.

18 Mechtild Bereswill, Undurchsichtige Verhältnisse: Marginalisierung und Geschlecht im Kontext der Männlichkeitsforschung, in: Cornelia Klinger / Gudrun-Axeli Knapp / Birgit Sauer (Hrsg.) Achsen der Ungleichheit. Zum Verhältnis von Klasse, Geschlecht und Ethnizität, Frankfurt/Main / New York 2007, S. 90.

19 M. Terkessidis (Anm. 5) S. 173.

Robert Feil, geb. 1966

Leiter des Fachbereichs Schule und Bildung,
Integrationsprojekt i-punkt bei der Landeszentrale
für politische Bildung Baden-Württemberg

Robert Feil
Der Beitrag der Integrationskurse zur politischen Partizipation von Zugewanderten

Der Integrationskurs nach § 43 des Zuwanderungsgesetzes, das 2005 in Kraft getreten ist, ist ein Kernelement der bundesdeutschen Integrationspolitik und versteht sich – wie im Gesetzestext formuliert – als „Grundangebot", das die „Eingliederungsbemühungen von Ausländern" unterstützt. Er umfasst einen 600-stündigen Sprachkurs und einen 45-stündigen Orientierungskurs, in dem die Teilnehmer/innen mit Basis- und Orientierungswissen zu gesellschaftlichen Themen, zur Geschichte und zur politischen Ordnung in der Bundesrepublik vertraut gemacht werden sollen. Beide Teile des Integrationskurses zielen im Wesentlichen darauf ab, Migrantinnen und Migranten zu einer eigenständigen Gestaltung ihres Alltags zu befähigen.

Bei der Vergabe von Kursplätzen kommen Angebot und Nachfrage auf zwei grundsätzlich verschiedenen Wegen zusammen: 1. über das (freiwillige) Einlösen eines Anspruchs auf eine Teilnahmeberechtigung (z.B. bei Neuzugewanderten und Spätaussiedlern/innen) oder 2. über eine Verpflichtung zur Teilnahme durch die Grundsicherungsstellen oder Ausländerbehörden (z.B. bei so genannten „Altzuwanderern"[1], die Sozialleistungen beziehen und/oder sich nicht auf einfache Art und Weise in deutscher Sprache verständigen können). Sofern freie Kursplätze zur Verfügung stehen, kann das Bundesamt für Migration und Flüchtlinge (BAMF) zudem Altzuwanderer und EU-Bürger/innen zu einer Teilnahme berechtigen. Seit der Änderung des Aufenthaltsgesetzes im August 2007 können auch Deutsche – insbesondere bereits länger eingebürgerte

Menschen – mit besonderem Integrationsbedarf als neue Zielgruppe den Integrationskurs besuchen.

Zwischen Januar 2005 und Dezember 2007 haben ca. 175.000 Personen einen Integrationskurs abgeschlossen. Rund 112.000 haben sich der Prüfung für das Zertifikat Deutsch unterzogen (Sprachniveau B1). Bestanden haben diese Prüfung ca. 78.000 Teilnehmerinnen und Teilnehmer. Das entspricht einer Quote von 44,6%, bezogen auf die Gesamtzahl der Absolventen. Im gleichen Zeitraum wurden über 500.000 Teilnahmeberechtigungen erteilt.[2]

Sprachkenntnisse sind eine notwendige, aber keinesfalls hinreichende Voraussetzung für jedwede Form gesellschaftlicher Teilhabe – seien es nun Formen politischer Partizipation oder die Beteiligung im Bildungsbereich oder auf dem Arbeitsmarkt. Der Integrationskurs verbindet sprachliche Förderung mit politischer Bildung und erschließt auf diese Weise Potenziale für die Integration von Migrantinnen und Migranten. Der folgende Beitrag geht zunächst der Frage nach, in welchem Maße die bestehende strukturelle, curriculare und pädagogische Grundanlage der Kurse dieser intendierten integrationsstiftenden Wirkung entspricht bzw. entgegenkommt. Anschließend werden auf Basis der Befunde Verbesserungsvorschläge formuliert. Im Fokus stehen dabei die Ausgestaltung der Orientierungskurse und die Verzahnung mit dem Sprachkurs.

Derzeit existieren keine empirischen Studien, die untersuchen, wie die gesetzlichen Integrationskurse durch die Kursteilnehmer/innen bewertet werden (z.B. hinsichtlich Übereinstimmung mit ihrer Interessen- und Bedürfnislage). Ebenso fehlt eine gesicherte Datenbasis, um differenzierte Aussagen über die Wirkung der Kurse zu treffen. Wirkung bezieht sich in diesem Zusammenhang weniger auf die Verhaltensdimension als auf Einstellungen und Kompetenzen, die politischer und gesellschaftlicher Partizipation vorgelagert sind. Für die Bewertung des Beitrages der gesetzlichen Integrationskurse zur Partizipation von Migrantinnen und Migranten werden deshalb hier Kriterien herangezogen, die im Rahmen des Integrationsprojektes i-punkt der Landeszentrale für politische Bildung und der Landesstiftung Baden-Württemberg als Erfolgsfaktoren für politische Bildungsarbeit mit und für Migrantinnen und Migranten extrahiert werden konnten. Das Kernelement des Projekts i-punkt bildeten im Zeitraum zwischen 2003 und 2005 157 Orientierungskurse, die in Zusammenarbeit mit kommunalen Bildungsträgern und Migrantenselbstorganisationen durchgeführt wurden. Darüber hinaus wurden über 100 Kursleiter/innen für die politische Bildungsarbeit qualifiziert und ein Set von elementarisierenden Lernmedien entwickelt. Diese Orientierungskurse waren den seit 2005 im Rahmen des Zuwanderungsgesetzes vorgesehenen Orientierungskursen zeitlich vorgelagert. Sie entstanden aus der Überlegung, dass auch die politische Bildung einen Beitrag zur Förderung der Partizipation von Migrantinnen und Migranten leisten müsse.

Die Evaluation der Kurse umfasste sowohl qualitative als auch quantitative Instrumente: Eine Teilerhebung über standardisierte Fragebögen bei über 800 Teilnehmern/innen und ca. 80 Kursleitern/innen wurde ergänzt durch leitfadengestützte Interviews zu Qualitätsfaktoren von Lernmedien und Kursen.[3]

Wer den Diskurs über die Integrationskurse – und politische Bildungsangebote für Migrantinnen und Migranten im Allgemeinen – aufmerksam verfolgt, wird schnell feststellen, dass sich divergierende Einschätzungen im Hinblick auf die Ausgestaltung und Wirkung dieser Kurse im Wesentlichen an zum Teil gegensätzlichen Zielvorstellungen und Leitbildern festmachen lassen. Häufig beruhen diese Leitbilder auf (unzulässigen) generalisierenden Annahmen über die Motivationsstruktur, die Bedürfnis- und Interessenlagen sowie die Lernvoraussetzungen von Migranten und Migrantinnen. Um die Einordnung der Befunde dieses Beitrags zu erleichtern, wird deshalb zunächst das zugrunde liegende Leitbild skizziert.

Plädoyer für ein angemessenes Leitbild

„Unter politischer Beteiligung werden in der Regel jene Verhaltensweisen von Bürgerinnen und Bürgern verstanden, die sie alleine oder mit anderen freiwillig mit dem Ziel unternehmen, Einfluss auf politische Entscheidungen zu nehmen. Diese Einflussnahmen können sich auf eine oder mehrere Ebenen des politischen Systems (Gemeinde, Land, Bund) richten."[4] Politische Partizipation in diesem Sinne verlangt vom Individuum ein ganzes Set von Kompetenzen und Fähigkeiten: Wissen über Politikfelder, politische Prozesse und Akteure, Fähigkeit zur Analyse von Interessenlagen, Kenntnis der zur Verfügung stehenden Partizipationsinstrumente, Mobilisierungs- und kommunikative Kompetenzen und vieles mehr. Darüber hinaus können wir davon ausgehen, dass diese zielgerichteten „Verhaltensweisen" nur realisiert werden, wenn eine entsprechende individuelle Motivation und spezifische Dispositionen vorhanden sind. Dazu gehört:

- Politische Entscheidungen werden als relevant für die eigenen Lebensverhältnisse erkannt.
- Gesellschaftliche Kooperation bzw. politische Partizipation wird vom Individuum mit einem subjektiv empfundenen Nutzen verbunden.
- Ein Grundmaß an Identifikation mit der Gemeinschaft, an interpersonellem Vertrauen und Selbstwirksamkeitsgefühl ist vorhanden.

Den gesetzlichen Integrationskurs mit einem derart umfassenden Anspruch zu versehen, scheint aus verschiedenen Gründen verfehlt. Er versteht sich als Grundangebot staatlicher Integrationspolitik und kann allein vom zur Verfügung stehenden Zeitbudget her lediglich den Ausgangspunkt für die Ausprägung von Teilhabevoraussetzungen und -kompetenzen bilden. Zudem überfordert eine Orientierung am Leitbild des Aktivbürgers, der gleichsam „allzeit bereit" seine Interessen in den politischen Prozess einbringt, sowohl Teilnehmer/innen als auch Lehrkräfte: Wer die Messlatte zu hoch legt, verkennt die Herausforderungen, die in Zusammenhang mit den heterogenen Lernvoraussetzungen stehen, und sorgt letztlich eher für Frustrationen und Verweigerung. Zudem orientieren sich auch politische Bildungsangebote an deutsche Staatsbürger/innen – z.B. die der Bundes- und Landeszentralen – stärker am Leitbild des interventionsfähigen Staatsbürgers, der auf politische Prozesse dann einwirkt, wenn es aus seiner Interessenlage heraus geboten erscheint.[5]

Politische Teilhabebereitschaft erwächst ganz wesentlich aus der Dialog- und Kooperationsbereitschaft des Individuums im gesellschaftlichen Nahbereich – sei es nun in der Nachbarschaft, in der Schule oder in Vereinen und Initiativen. Auch deshalb sollte der zweite Schritt nicht eingefordert werden, bevor der erste getan ist. Gerade in den lebensweltlich orientierten Themen der Integrationskurse (und der Relevanz, mit der sie verbunden sind) liegen Übungsfelder für weiterführendes gesellschaftliches Engagement und politische Beteiligung.

Das Curriculum zum Orientierungskurs: Im Dilemma zwischen antizipiertem Bedarf und realen Bedürfnissen

Das „Curriculum für einen bundesweiten Orientierungskurs", herausgegeben vom Bundesamt für Migration und Flüchtlinge, bildet seit Januar 2008 die verbindliche Grundlage für die inhaltliche Ausgestaltung politischer Bildung im Rahmen der Integrationskurse. Gleichzeitig bilden die Lernstandards dieses Curriculums die Basis für die Fragen des standardisierten Tests zum Orientierungskurs, der im Januar 2009 eingeführt wurde. Die Einführung des Curriculums und des bundeseinheitlichen Tests (nicht

Integrationskurse

Laut Zuwanderungsgesetz, das 2005 in Kraft getreten ist, müssen Ausländerinnen und Ausländer, die aus einem Land kommen, das nicht zur Europäischen Union gehört, einige Voraussetzungen erfüllen, wenn sie ein unbefristetes Aufenthaltsrecht in Deutschland erhalten wollen. Nachzuweisen sind unter anderem ausreichende Kenntnisse der deutschen Sprache sowie Grundkenntnisse der Rechts- und Gesellschaftsordnung und der Lebensverhältnisse in Deutschland. Mit dem erfolgreichen Abschluss des Integrationskurses sind diese Voraussetzungen erfüllt. Außerdem können sie dann gegebenenfalls früher eingebürgert werden. (vgl. Merkblatt zum Integrationskurs für Neuzuwanderer sowie teilnahmeverpflichtete Altzuwanderer, Erscheinungsdatum 17.2.2009) *www.integration-in-deutschland.de* *www.bamf.de*

zu verwechseln mit dem Einbürgerungstest) erhöht das Gewicht und die Verbindlichkeit politischer Bildung im Rahmen des Integrationskurses. Beide Schritte folgen den Empfehlungen der „Evaluation der Integrationskurse nach dem Zuwanderungsgesetz" von 2006 und sorgen dafür, dass Kursträger, Lehrkräfte und Teilnehmer/innen dem 45-stündigen Orientierungskurs mehr Bedeutung beimessen (müssen).[6]

Einbürgerungskurse

Zum 1. September 2008 wurde der Einbürgerungstest bundesweit eingeführt. Er beruht auf einer Änderung des Staatsangehörigkeitsgesetzes im Jahr 2007. Danach müssen Einbürgerungsbewerber/innen unter anderem staatsbürgerliche Kenntnisse nachweisen. Diese können sie in der Regel mit einem erfolgreich bestandenen Einbürgerungstest oder mit dem Abschluss einer deutschen allgemein bildenden Schule nachweisen. Dieser Test wird vom Bundesamt für Migration und Flüchtlinge im Auftrag der Länder durchgeführt. Das Bundesamt arbeitet dabei mit den Volkshochschulen als Prüfstellen zusammen. Zur Vorbereitung auf den Test werden in den Ländern Einbürgerungskurse angeboten.

www.integration-in-deutschland.de
www.bamf.de

Das Curriculum gliedert sich in drei Module: Politik in der Demokratie, Geschichte und Verantwortung sowie Mensch und Gesellschaft. Diesen Modulen wiederum sind Unterthemen und so genannte Feinlernziele zugeordnet. Feinlernziele kombinieren einen spezifischen Lerninhalt mit einer Lernzielebene (z.B. „kennen", „verstehen", „reflektieren"). Alle Feinlernziele sind obligatorisch für die Gestaltung der Kurse und testrelevant, d.h. können den Teilnehmern/innen im Test in Form von Multiple-choice-Fragen wieder begegnen. Als Orientierungshilfen für Lehrkräfte sind die jeweiligen Unterthemen mit Empfehlungen zum Zeitaufwand für ihre Vermittlung im Unterricht versehen. Die folgende Abbildung bietet einen Überblick über die zu lehrenden Inhalte, verzichtet jedoch der Übersichtlichkeit halber auf eine Auflistung der einzelnen Feinlernziele.

Mit 19 Unterrichtseinheiten liegt das Hauptgewicht des Orientierungskurses auf dem Themenmodul Politik in der Demokratie und der Vermittlung von Basiswissen zu institutionellen Grundarrangements des Grundgesetzes. Der Fokus auf Verfassungsorganen und -normen (der „Polity-Dimension") ergibt sich aus den rechtlichen Bestimmungen des Zuwanderungsgesetzes und der Integrationskursverordnung sowie aus politischen Vorgaben, die den Prozess der Curriculumsentwicklung begleitet haben. Kritik am Curriculum entzündet sich vor allem an dem Anspruch bzw. am Umfang der Standards sowie an der starken Polity-Orientierung. Außerdem werden Zweifel an der Vermittelbarkeit von „Politik" angesichts heterogener Lerngruppen und geringer Sprachkenntnisse geäußert. „Von Migrantinnen und Migranten wird mehr verlangt, als viele Deutsche wissen", lautet dabei sinngemäß ein Vorwurf, der immer wieder erhoben wird. In der Tat ergibt sich aus der empirischen Datenlage ein eher düsteres und bedrückendes Bild zum politischen Wissen der Deutschen – nicht nur an der „Peripherie" des politikdidaktischen Lernkanons und nicht nur bei so genannten bildungsfernen

Synopse Curriculum Orientierungskurs
(45 UE = Unterrichtseinheiten à 45 Minuten)

Einführung (2 UE): Vorstellung der Inhalte; Ziele und Nutzen des Kurses; Erwartungen		
Modul 1: Politik in der Demokratie	**Modul 2: Geschichte und Verantwortung**	**Modul 3: Mensch und Gesellschaft**
Strukturprinzipien des deutschen Staates (4 UE) • Demokratie • Rechtsstaatlichkeit • Sozialstaatlichkeit • Bundesstaatlichkeit	**Nationalsozialismus und seine Folgen (3 UE)** • Ideologische Grundprinzipien • Widerspruch zur Demokratie • Rollenverteilung und Widerstand • Auswirkungen des Nationalsozialismus	**Zusammenleben in der Familie (3 UE)** • Unterschiedliche Familienformen, Funktionen der Familie • Rollenverteilung, Gleichberechtigung • Alter und Generationenbeziehungen
Grundrechte und staatsbürgerliche Pflichten (4 UE) • Inhalte der Art. 1–6 GG • Zusammenhang zwischen Grundrechten und Demokratie • Staatsbürgerliche Pflichten	**Wichtige Stationen der Geschichte nach 1945 (3 UE)** • Grundgesetz = Deutsche Verfassung • Überblick: Stationen der Geschichte (Stunde null, Besatzung, Gründung Bundesrepublik und DDR, Volksaufstand, Mauerbau)	**Erziehung und Bildung (2 UE)** • Bedeutung von Bildung • Verantwortung der Familie für den Bildungserfolg • Auswirkung von Erziehungsstilen
Verfassungsorgane, Parteien, Staatssymbole (4 UE) • Verfassungsorgane und ihre Aufgaben • Parteien im Bundestag • Staatssymbole	**Wiedervereinigung / Europäische Integration (3 UE)** • Meilenstein Wiedervereinigung • Alte und neue Bundesländer • Aktuelle Lebenssituation, Stand der inneren Einheit • Europäische Einigung: Motive	**Interkulturelles Zusammenleben (4 UE)** • Unterschiede und Gemeinsamkeiten • Ursachen für interkulturelle Missverständnisse • Verhalten im Umgang mit Konflikten
Sozialstaat (3 UE) • Sozialversicherungen • Finanzierung des Sozialstaats • Armutsrisiken		**Religiöse Vielfalt (2 UE)** • Verbreitung von Religionen und Konfessionen • Grundrecht auf Religionsfreiheit und Toleranzprinzip • Religiöse Ausdrucksformen im Alltag und Spannungsfelder
Politische Beteiligung und Teilhabe (4 UE) • Wahlrechtsgrundsätze nach Art. 38 GG • Dauer der Legislaturperiode • Landtage und Kommunalparlamente • Andere Beteiligungsformen		**Verfügungsstunden (2 UE)**
Kursabschluss (2 UE): Information Testformat, Testvorbereitung, zusätzliche Lernmaterialien und Lernquellen, weitere Integrationsangebote		

Quelle: eigene Darstellung auf Basis des Curriculums für einen bundesweiten Orientierungskurs vom 1. Januar 2008

Zielgruppen.[7] Diese Defizite bedeuten im Umkehrschluss allerdings nicht, dass politische Bildung im Rahmen der Integrationskurse unter Preisgabe ihres originären Auftrags auf „weiche" gesellschaftliche Themen zu beschränken ist. Die Identifikation mit unserer Gesellschaft und ihrer demokratischen Grundordnung kann sich nur in einer aktiven Auseinandersetzung mit ihren normativen Grundlagen entwickeln – und nicht unter deren Ausklammerung. Im Übrigen weisen die Evaluationsbefunde der 157 i-punkt-Kurse darauf hin, dass Kernthemen politischer Bildung bei Migrantinnen und Migranten durchaus auf positive Resonanz stoßen können und nicht im Gegensatz zu ihren Interessen und Präferenzen liegen. Im Rahmen der quantitativen Evaluation der i-punkt-Kurse wurden die Teilnehmer/innen nach Kursabschluss nach den beliebtesten Themen im Kursverlauf gefragt.[8] Unter den „Top 5" rangierten dabei mit den Modulen „Grundrechte" (Platz 3) und „Politik in der Demokratie" (Platz 5) zwei zentrale Themen der politischen Bildung an oberster Stelle. Gerade von diesen Themen können bei entsprechender didaktischer Aufbereitung und methodischer Umsetzung Impulse zur Förderung der Diskursfähigkeit und des politischen Interesses ausgehen.

Das Curriculum für den Orientierungskurs beschreibt in diesem Zusammenhang zutreffend die pädagogische und didaktische Grundperspektive (Perspektivenvielfalt, Handlungsorientierung, Elementarisierung, Lebensweltorientierung), verbleibt bei der konkreten Ausgestaltung der Lernziele allerdings punktuell in einem traditionellen, institutionenkundlichen Verständnis politischer Bildung. Das Einüben von Partizipationskompetenzen, die Förderung von Teilhabemotivation erfordern aber ein exemplarisches Anbinden an konkrete politische Prozesse und gesellschaftliche Kooperationsfelder. Die persönliche Involvierung entspringt dem (durchaus konflikthaften) Abgleich individueller Interessenlagen und Werthaltungen mit dem gesellschaftlichen Umfeld und den politischen Rahmenbedingungen. Dafür bleibt im knappen Zeitbudget von 45 Unterrichtseinheiten (zu) wenig Spielraum. Eine weitere Herausforderung besteht für Lehrkräfte und Lehrbuchentwickler in der konzeptionellen Anlage des Tests zum Orientierungskurs. Der Test operationalisiert die erfolgreiche Teilnahme im Wesentlichen durch den Nachweis von Faktenwissen über die politische Ordnung, die deutsche Geschichte und über gesellschaftliche Themen. Wie beim Einbürgerungstest erfolgt die Lernzielkontrolle über Multiple-choice-Fragen, bei denen die Teilnehmer/innen die korrekte Lösung aus vier Antwortvorgaben auswählen müssen. Es steht zu befürchten, dass aus dieser Konstellation negative Rückwirkungen auf die Kurspraxis insbesondere dann entstehen, wenn die wichtigen und richtigen Leitprinzipien des Curriculums der reinen Akkumulation von Faktenwissen mit geringer Halbwertzeit (im Sinne eines „test drilling") untergeordnet werden. Die skizzierten Probleme legen in Bezug auf das Curriculum zum Orientierungskurs vor allem eine strukturelle Veränderung nahe: eine größere Flexibilisierung mit mehr Gestaltungsspielräumen.

Der Sprachkurs knüpft flexibel an die individuellen Lernvoraussetzungen an, in dem die Teilnehmer/innen je nach Eingangskompetenz verschiedenen Modulen zugeordnet werden. Zudem kann der Stundenansatz von 600 Unterrichtseinheiten aufgestockt werden, wenn das anvisierte Sprachniveau B1 nach Kursabschluss nicht erreicht ist. Der Integrationskurs folgt insofern in Bezug auf seine sprachliche Komponente flexibel dem bestehenden Bedarf der Teilnehmer/innen. Im Orientierungskurs hingegen wird der antizipierte gesellschaftliche Integrationsbedarf den heterogenen Interessen- und Bedürfnislagen der Teilnehmer/innen übergeordnet. Die inhaltlichen Vorgaben sind verbindliche Grundlage für die ohnehin heterogenen Lerngruppen der „konventionellen" Integrationskurse ebenso wie für Jugend-, Frauen- und Elternintegrationskurse. Eine lebensweltorientierte Ausrichtung politischer Bildung, die die höchst unterschiedlichen Bedürfnis- und Interessenlagen der jeweiligen Zielgruppen einbezieht, wird durch diese starren Vorgaben erschwert. Dadurch verringert sich aus Sicht der Teilnehmer/innen zum einen die Relevanz der Inhalte, zum anderen lassen sich die synergetischen Wirkungen zwischen Sprachförderung und politischer Bildung nicht in vollem Maße ausschöpfen: Beim Spracherwerb verbinden sich Motivation und Lernprogression in hohem Maße mit „funktionalen Notwendigkeiten", die Lernende mit der Beherrschung der jeweiligen Zielsprache verbinden. Politische Bildung kann diese Notwendigkeiten nur sichtbar machen, wenn didaktische Entscheidungen flexibel auf die spezifische Relevanz gesellschaftlicher und politischer Themenfelder für unterschiedliche Zielgruppen abgestimmt werden können.

Bei den bereits beschriebenen i-punkt-Kursen konnten die Kursleiter/innen gemeinsam mit den Teilnehmern/innen eine Auswahl aus einem Kanon von 15 Lernmodulen treffen. Vorgabe war lediglich eine Mindestzahl von Themen im Kernbereich politischer Bildung. Eine Flexibilisierung der Orientierungskurse in diesem Sinne wäre wünschenswert und im Übrigen nicht unvereinbar mit der Vorgabe eines bundeseinheitlichen Tests. In schulischen Curricula wird längst mit Pflicht- und Wahlpflichtbestandteilen gearbeitet. In ähnlicher Weise ließe sich in den Orientierungskursen ein Pool von Pflichtthemen mit einer flexiblen Schwerpunktsetzung durch eine erweiterbare Reihe von Wahlpflichtthemen (z.B. Familie, Bildung, Arbeit…) verbinden. Beim Test kann darauf durch eine kursspezifische Einspeisung von Fragen zu den jeweiligen Wahlthemen Bezug genommen werden. Aus einer flexibleren Gestaltung der Orientierungskurse würden sich darüber hinaus zahlreiche Ansatzpunkte für so genannte Verbundprojekte ergeben, die auf den Inhalten der Integrationskurse aufbauen und vor allem in den Bereichen Sprache, Bildung und Beruf durch das BAMF gefördert werden. Unter partizipatorischen Gesichtspunkten verbindet sich mit dem Integrationskurs eine weitere wichtige Chance: Er kann eine Brücke zum Einbürgerungsverfahren bilden. Über die Hälfte aller erteilten Teilnahmeberechtigungen im Jahr 2007 ergingen an Altzuwanderer[9], viele von ihnen mit einer Aufenthaltsdauer in Deutschland, die – wenn nicht unmittelbar, so doch zumindest perspektivisch – den Weg zur Einbürgerung und der damit verbundenen Ausweitung von politischer Teilhabe ermöglicht. Für sie wäre dieser Weg fraglos leichter zu beschreiten, wenn mittelfristig die Curricula, Testverfahren und Nachweismodalitäten für Orientierungs- und Einbürgerungskurse enger miteinander verzahnt würden. Die Bedeutung und Wirkung curricularer Vorgaben bemisst sich im Wesentlichen am Vermögen der Lehrkräfte, sie im Unterricht umzusetzen. Deshalb wird in diesem Beitrag abschließend auf die Lehrkräftequalifizierung Bezug genommen.

Lehrkräftequalifizierung:
Politische Bildung funktioniert nicht im Vorbeigehen

Lehrkräfte in Integrationskursen müssen entweder über ein abgeschlossenes Studium Deutsch als Fremdsprache/Deutsch als Zweitsprache verfügen oder an einer vom Bundesamt für Migration und Flüchtlinge vorgegebenen Zusatzqualifizierung teilnehmen. Eine Übergangsfrist für Lehrkräfte, die diese Voraussetzungen nicht erfüllen, endet im Dezember 2009. Zweifellos ist diese Regelung für viele Kursleiter/innen mit Härten verbunden, schließlich verfügen sie zum Teil über langjährige Berufserfahrung. Letztlich sind diese formalen Anforderungen für die Qualitätssicherung eines bundesstaatlich finanzierten Integrationsangebots jedoch nachvollziehbar und notwendig. Das bestehende Anforderungsprofil umfasst allerdings ausschließlich Kompetenzen zur Sprachvermittlung und lässt die politische Bildung im Rahmen des Orientierungskurses unberücksichtigt. Dies steht nicht im Einklang mit Empfehlungen aus der Evaluation der Integrationskurse[10] und wird zudem unter fachlichen Gesichtspunkten § 15 Abs. (4) der Integrationskursverordnung nicht gerecht. Dort ist formuliert: „Lehrkräfte im Orientierungskurs müssen eine für die Vermittlung der Ziele [...] ausreichende fachliche Qualifikation und Eignung nachweisen." Der Orientierungskurs geht in seinem inhaltlichen Anspruch und den formulierten Zielen weit über traditionelle Landeskunde hinaus. Die Kursleiter/innen stehen bei der Vermittlung des Moduls „Geschichte und Verantwortung" und „Politik in der Demokratie" vor großen fachlichen, didaktischen und methodischen Herausforderungen: Die Bedeutung der in Art. 20 GG festgelegten Grundsätze unserer staatlichen Ordnung erschließt sich Kursteilnehmern/innen nicht durch die Vorlage des Gesetzestextes. Alltagswissen allein reicht nicht aus, um Ideologie und Folgen nationalsozialistischer Zwangsherrschaft zu vermitteln. Didaktisch-methodische Fehlentscheidungen in diesen Themenbereichen sind den Absichten des Orientierungskurses nicht nur abträglich, sondern kontraproduktiv für die im Curriculum formulierten affektiven, kognitiven und instrumentellen Lernzielen. Das Leitbild vom interventionsfähigen Staatsbürger setzt voraus, dass Lehrkräfte mit den Grundlagen politischer Bildungsarbeit und spezifischen Methoden im Orientierungskurs vertraut sind. Erfahrungen mit entsprechenden Qualifizierungsangeboten zeigen zudem, dass die in Teilen bestehende persönliche Distanz von Sprachkursleitern/innen zur Politik und zu politischer Bildung verringert werden kann und der Orientierungskurs eine Bedeutungsaufwertung auf Seiten der Lehrkräfte erfährt.[11]

Fazit: Partizipationspotenzial mit Optimierungsmöglichkeiten

Der Integrationskurs kann vor allem durch seine Verbindung von Sprachförderung und politischer Bildung wichtige Impulse für gesellschaftliche und politische Teilhabe von Migrantinnen und Migranten vermitteln. Die strukturellen Rahmenbedingungen und pädagogischen Voraussetzungen dafür wurden durch die Umsetzung vieler Empfehlungen der Integrationskursevaluation deutlich verbessert. Davon profitiert auch die politische Bildung im Rahmen der Orientierungskurse. Test und Curriculum werten ihr Gewicht auf. Allerdings besteht die Gefahr, dass der Test als „heimliches" Curriculum die Kurspraxis bestimmt und die politische Bildung von Migrantinnen und Migranten auf die Akkumulation von Faktenwissen reduziert wird. Die Umsetzung der curricularen Leitprinzipien und Ziele erfordert deshalb neben einer Flexibilisierung der Inhalte verbindliche und fachlich begründete Qualifizierungsanforderungen an die Lehrkräfte. Darüber hinaus sollte perspektivisch auf eine engere Verzahnung von Integrationskursen und Einbürgerungsmodalitäten hingewirkt werden, um Migranten und Migrantinnen den Weg zur deutschen Staatsbürgerschaft und zu gleichberechtigter politischer Teilhabe zu erleichtern.

Anmerkungen

1   Aus Transparenzgründen wird an dieser Stelle die behördliche Terminologie übernommen.
2   Quelle: Integrationskursbilanz für das Jahr 2007, Bundesamt für Migration und Flüchtlinge, Nürnberg 2008.
3   Nähere Informationen unter http://www.i-punkt-projekt.de (letzter Zugriff: 16.3.2009).
4   Max Kaase, Politische Beteiligung / Politische Partizipation, in: Uwe Andersen / Wichard Woyke (Hrsg.), Handwörterbuch des politischen Systems der Bundesrepublik Deutschland, Bonn 2000, S. 444.
5   Vgl. Paul Ackermann, Die Bürgerrolle in der Demokratie als Bezugsrahmen für die politische Bildung, in: Gotthard Breit / Siegfried Schiele (Hrsg.), Handlungsorientierung im Politikunterricht, Schwalbach 1998, S. 18.
6   Vgl. Evaluation der Integrationskurse nach dem Zuwanderungsgesetz, Bundesministerium des Innern, Berlin 2006, S.189.
7   So ordnet beispielsweise ein Drittel der Personen mit Hochschulabschluss die Wichtigkeit von Erst- und Zweitstimme bei Bundestagswahlen falsch ein (Quelle: DFG-Projekt „Politische Einstellungen, politische Partizipation und Wählerverhalten im vereinigten Deutschland", Querschnittsbefragung 2002).
8   Die i-punkt-Kurse sind sowohl in Bezug auf ihre heterogene Zusammensetzung als auch auf die sprachlichen Voraussetzungen der Teilnehmer/innen (A2–B1) mit den gesetzlichen Integrationskursen vergleichbar. Zur Auswahl standen 15 Themenmodule, die flexibel zusammengestellt werden konnten.
9   Vgl. Bundesamt für Migration und Flüchtlinge (Anm. 2), S. 2.
10   Vgl. Evaluation der Integrationskurse nach dem Zuwanderungsgesetz (Anm. 6), S. 192.
11   Die Landeszentrale für politische Bildung Baden-Württemberg hat 2007 und 2008 rund 120 Kursleiter/innen im Rahmen von je zwei Wochenendseminaren qualifiziert, nähere Informationen unter http://www.i-punkt-projekt.de (letzter Zugriff: 16.3.2009). Alle Seminare wurden evaluiert.

*Thomas Krüger, geb. 1959,
Präsident der Bundeszentrale
für politische Bildung*

*Thomas Arslan, geb. 1962,
freiberuflicher Drehbuchautor
und Filmemacher*

*Silke Kettelhake, geb. 1967,
Filmjournalistin, Autorin*

Thomas Arslan / Thomas Krüger

Der Film als Medium für politische Bildung. Ein Gespräch

Moderation: Silke Kettelhake

Thomas Arslan, werden Sie oft zum Thema Migration befragt?

Arslan: Selbstverständlich, Migration ist und bleibt ein großes Thema. Im Hinblick auf meine künstlerische Arbeit ist dies aber nicht mein zentrales „Steckenpferd". Zwar habe ich darüber gearbeitet, etwa mit der Berlin-Trilogie wie „Dealer", „Geschwister", „Der schöne Tag", doch auf die Auseinandersetzung mit dem Thema Migration sehe ich mich nicht fixiert.

Haben Sie den Anspruch, sich mit Ihren Filmen indirekt oder direkt an dem Diskurs zum Thema Einwanderung zu beteiligen?

Arslan: Ich versuche, eine Arbeit abzuliefern, die eine filmische Erfahrung mitbringt, die sich das Publikum aneignen kann oder auch nicht. Der Film muss als Film, als kinematografisches Konstrukt funktionieren. Welche Diskussionen ein Film auslösen kann, das entzieht sich meinem Zugriff und meiner Absicht. Natürlich sind meine Filme in einem bestimmten Feld platziert, und sie werden auch dementsprechend wahrgenommen. Doch ich versuche, sie so anzulegen, dass sie nicht nur ein Thema zusammenschnüren, dass sie Erfahrungen wiedergeben, die nicht nur eine These illustrieren oder darauf hinauslaufen. In erster Linie gilt es zu versuchen, von den Festschreibungen und den Klischees wegzukommen, um dann genau hinschauen zu können.

Der Spagat zwischen den Welten, war der für Sie nie ein Thema?

Arslan: Eigentlich nicht. Deutschland ist mein Lebensmittelpunkt; in der Türkei waren wir eher zu Besuch. Gut, während meiner Grundschulzeit musste mein Vater seinen Militärdienst absolvieren und wir lebten in Ankara. Doch es war immer klar, dass ich nach Deutschland gehöre. Zuhause haben wir deutsch gesprochen. Meine Mutter und mein Vater sind beide keine wirklich praktizierenden Gläubigen; hieraus ergaben sich keine Dispute.

Anfeindungen, Vorurteile und Ausgrenzungen:
Teilen Sie diese Erfahrungen, etwa in der Schulzeit, der Kindheit?

Arslan: Die gab es schon, waren aber nicht gravierend. Die große Identitätskrise blieb bei mir aus. Sicherlich bekommt die Beschäftigung mit der eigenen Identität erst durch die Zuschreibung von außen eine Bedeutung. In der Schule werden die Sprüche zum türkisch-deutschen Hintergrund normal, daran gewöhnt man sich.

Thomas Krüger, wen will die Bundeszentrale für politische Bildung (bpb) mit ihrer filmpädagogischen Arbeit erreichen?

Krüger: Die Hauptzielgruppe sind für uns Schülerinnen und Schüler. Wir können von sehr großen Erfolgen hinsichtlich der Schulkinowochen sprechen: Für Schulklassen aller Schulformen werden spezielle Kinovorstellungen zu vergünstigten Sonderpreisen angeboten. Hier werden bildungsrelevante Produktionen gezeigt und anschließend diskutiert. Die bpb stellt pädagogische Begleitmaterialien zur Verfügung. Das läuft stark in Kooperation mit den Film-Verleihern. Zum Beispiel „Sophie Scholl – Die letzten Tage": Jeder vierte Besucher des Films wurde durch die filmschulische Arbeit vermittelt, so die Produktions- und Verleihfirma X-Filme. Wir wollen eine neue Mobilisierung im Medienbereich. Und die filmschulisch aktiven Lehrerinnen und Lehrer sind sehr interessiert.

Die Aufarbeitung der deutschen Geschichte mit Filmen wie „Das Leben der Anderen" oder „Sophie Scholl – Die letzten Tage" – erreichen diese Filme auch die Einwanderergeneration und ihre Kinder?

Krüger: Das ist ein wahnsinnig schwieriges Arbeitsfeld. Wenn man deutsche Zeitgeschichte, also den geschichtlichen und kulturellen Hintergrund vermitteln will, dann stößt man in manchen Migrantenkreisen auf Blockaden: „Das ist eure Geschichte, damit haben wir nichts zu tun." Diese Reaktion erklärt sich aus der jahrzehntelangen Verweigerung der deutschen Mehrheitsgesellschaft, die sich

nicht als Einwanderungsgesellschaft begreifen und sich so einem breiter ge-
fassten Geschichtsbild nicht öffnen wollte. Diese Missstände gilt es jetzt aufzu-
holen. Die Schuld an mangelndem Interesse auf die Zugewanderten zu schieben,
wäre zu einfach.

Eher geht es darum, wie die Vermittlung von Zeitgeschichte etwa durch größere
Kontexte – sprich eine umfassende Menschenrechtsbildung – funktioniert. Auch
die jeweiligen national konnotierten „Zeitgeschichten" sollten miteinander verglichen werden.

Die deutsch-deutsche Zeitgeschichte etwa lässt sich als eine asynchron ver-
zahnte Parallelgeschichte bezeichnen; bestimmte zeitgeschichtliche Ereignisse
der DDR-Geschichte können mit Ereignissen der westdeutschen Geschichte in
Bezug gesetzt werden. Das lässt sich auf die europäische Geschichte übertragen: Hier liegt die Chance, den Horizont zu öffnen für Migrantinnen und
Migranten, die sich selbst in der zweiten, der dritten Generation als solche gar
nicht mehr verstehen, da sie ja hier aufgewachsen sind – diese einzuladen, sich
mit Geschichte auseinanderzusetzen.

Inwiefern bleibt der Umgang mit der jüngeren deutschen Geschichte, die
NS-Zeit, Kapitulation, BRD und Terrorismus, DDR und Mauerfall, ein Thema
für die filmschulische Bildung der bpb?

Krüger: Die Geschichtsrezeption der Deutschen hat wunde Punkte, eben aus
den Geschehnissen des Holocaust: Da ist etwa die besondere Verantwortung
Deutschlands gegenüber dem Staat Israel. Doch das ist ein Aspekt, der für
manche Jugendliche – z.B. aus dem arabischen Kontext – nur sehr schwer
nachvollziehbar ist. Da herrscht dann eher Abschottung angesichts des immer
noch aktuellen Nahostkonflikts.

Für uns sind das methodisch-didaktische Herausforderungen. Wir sind auf der
Suche nach Stoffen, nach erzählten Geschichten, eben in Filmen, die uns die
Möglichkeit des geöffneten Horizonts bieten, die aus dem Klischee der deutschen Didaktik ausbrechen. Das ist eine der Motivationen der filmischen Arbeit
der Bundeszentrale für politische Bildung: Sehr genau hinzuschauen, welche
Geschichten erzählt werden und wie sie erzählt werden. Wir wollen aufmachen,
nicht zumachen.

Was mich schockiert, ist, dass über Jahrzehnte hinweg Zuwanderung ein
Faktum ist – aber sich im Methodenapparat, gerade, was Sozialkunde und

Geschichte betrifft, nur wenig getan hat. Im Gegenteil, durch die Reproduktion der alten Methodik und Didaktik gibt es eher noch eine Verstärkung zur Abgrenzung, zur Gettoisierung. Ein echtes Problem. Wenn Familien oder Nachbarn fehlen, die das abfangen, die diesen Mangel im Privaten wieder wettmachen, stellt sich das Dilemma ein. Aber das ist doch absurd, die Schule ist der öffentliche Ort, wo dies verhandelt werden sollte! Hier müssen sich die Curricula, die Methoden ändern. Das deutsche Bildungssystem reagiert viel zu starr und zu langsam, um Schritt zu halten mit dem, was eigentlich real passiert ist.

Die deutsche Vergangenheit, auch ein Thema für Thomas Arslan?

Arslan: Natürlich, zwar ist das momentan nicht mein Fokus; doch ich lebe seit 1986 in Berlin, der damals zweigeteilten Stadt. 1986 habe ich an der Filmhochschule das Regiestudium begonnen, da ist man sensibilisiert auf eine bestimmte Art, für eine bestimmte Zeit. Die Änderungen in Berlin sind radikal und sehr augenfällig in der jüngeren deutschen Geschichte, damit muss man sich in irgendeiner Form beschäftigen, auch wenn es bei mir nicht persönlich besetzt ist.

Wie unterstützt die Bundeszentrale für politische Bildung die Lehrerinnen und Lehrer hinsichtlich des Umgangs mit Kindern mit Migrationshintergrund?

Krüger: Die Zuständigkeiten der einzelnen Bundesländer müssen wir beachten, wir dürfen nicht in die Kompetenzen der Länder eindringen. Doch wir liefern Arbeitsmaterialien für die Fächer Politik oder Sozialkunde. Wir liefern Hintergrundwissen für Lehrerinnen und Lehrer.

Aber: Kritisch muss man gegenüber der politischen Bildung sagen, dass diese sich über Jahrzehnte hinweg, eigentlich von ihrer Gründung an, als in der Mehrheitsgesellschaft reproduziert sah. In dem Erlass der Bundeszentrale für politische Bildung stand bis zum Jahr 2000 verankert, dass sich die politische Bildung an das deutsche Volk zu wenden hat. In der Konsequenz hieß das, Migrantinnen und Migranten waren nicht Zielgruppe der politischen Bildung. Das änderte sich erst unter Rot-Grün im Zuge der Debatte um die Zuwanderung und führte dazu, dass sich die politische Bildung neu strukturierte. Es gibt eine breite Infrastruktur an Bildungsträgern in Deutschland. Darunter sind nur wenige, die aus der Initiative von Migranten entstanden sind. Die Bundeszentrale für politische Bildung versucht erst seit einigen Jahren, solche Strukturen durch die Förderung von entsprechenden Trägern und Vereinen aufzubauen.

Insofern, denke ich, wird die Strategie, die politische Bildung neu zu positionieren und das in Frage zu stellen, was die bisherige Praxis war, erfolgreich sein. Das ist zur Zeit der Alltag, in dem wir uns bewegen, um uns zu repositionieren und zu öffnen. Das heißt erstens Kooperationen mit migrantischen Organisationen. Zum zweiten heißt es aber auch, das Migrationsthema nicht vordergründig als solches zum Anlass zu nehmen, um Strategien zu verändern, sondern an realen Alltagsprozessen anzuknüpfen. Wir müssen uns an Schulklassen wenden, in denen fünfzig bis sechzig Prozent der Kinder Migrationshintergrund haben – aber wir sollten nicht versuchen, politische Bildung über das Migrationsthema anzugehen, sondern über andere Themen, Demokratiethemen zum Beispiel.

Wir brauchen Strategien für einen erweiterten Horizont, die tatsächlich nicht distanzieren, sondern integrieren. Das ist ein wahnsinnig mühevoller Prozess – wir müssen die Ansätze neu erfinden. Dem Film kommt in dieser Arbeit eine sehr große Bedeutung zu.

Thomas Arslan, was bedeutet für Sie das „deutsch-türkische" Kino? „Kanak Attack", „Kurz und schmerzlos", „Chiko" – bewegt sich das Kino der in Deutschland geborenen Einwandererkinder im Kreisel zwischen Drogenkriminalität und Selbstfindung? Erzählt mit einer Filmsprache, die männlich, hart, eben kurz und schmerzlos ist?

Arslan: Gut, mit der Geschichte eines jungen Drogendealers türkischer Herkunft, mit „Dealer" von 1999, habe ich versucht, in dem Feld zu arbeiten. Mich hat es weniger interessiert, einen coolen Testosteronfilm zu machen. Mich haben andere Dinge interessiert: Ich würde mich nicht für ein bestimmtes Format oder ein Genre entscheiden wollen. Film muss einfach eine Position haben, die sich nicht so schnell erschöpft. Film ist eine ästhetische Erfahrung, aus der man alles Mögliche erschließen kann. Den Zugang zu finden und einen Film auch politisch zu lesen, das halte ich für völlig in Ordnung; es steht aber nicht in meinem Fokus. Dafür lege ich eher Wert auf die Konstruktion des Films. Es geht nicht darum, Zustände zu bebildern als Illustration der Sprache. Davon sollte sich der Film frei machen.

Krüger: „Dealer" war und ist durchaus ein Film für die bpb, ich war bei einigen Schulvorführungen dabei. Die Reaktionen waren sehr heterogen und interessant. Bei „Dealer" geht es weniger um eine politische Message, sondern um Kontexte, in denen man sich zwangsläufig bewegt, und darüber kommst du dann mit den Schülerinnen und Schülern ins Gespräch. Du schließt ihren Alltag mit einer sorgfältig erzählten Geschichte auf. Das finde ich sehr spannend in der

Arbeit mit Film. Film ist sinnlich und hat einen eigenen erzählerischen Anspruch: Den Schülerinnen und Schülern die Möglichkeit zu geben, einzutauchen und sich auseinanderzusetzen. Das ist ein mehrgleisiger Prozess. Sie können den Satz, dass dem Film keine politische Message zu unterstellen ist, auf den Bildungsprozess selbst anwenden. Das ist ja auch keine Message, die wir intendieren, sondern ein nach vorne offener Prozess. Die Auseinandersetzung mit dem Stoff bringt dich vielleicht am Ende zu einem Punkt, den du selbst nicht erwartet hast als Vermittler.

Das ist das Spannende an sprachlich nicht fixierbaren Programmen, an Narration, die sich audiovisuell darstellt. Eine ganz spannende Kombination, finde ich. Denn die politische Bildung, die man ja eher so verortet, „nun lass uns mal aufzählen, wie viele Bundesländer hat die Republik" oder „Legislative, Exekutive, Judikative" – das muss auswendig gelernt werden – diese kognitiven Faktoren sind es ja nicht, die das Ganze politisch machen, sondern das Verhalten zu realen politischen Vorgängen, zu Fakten, die die Realität bestimmen.

Vertrauen Sie also auf die Emotionalität des Mediums Film?

Krüger: Was der Film den klassischen Bildungsinstrumenten voraus hat, ist, dass er auch mit Emotionen operiert. Und Emotionen zulässt. Die Menschen haben natürlich Emotionen, aber die kommen in bestimmten Curricula nicht vor. Man hat ein ziemlich geradliniges Verständnis von dem, was in der Sozialkunde durchgenommen werden soll. Aber die persönlichen Dimensionen,

das Persönlichkeitsbild, das eben auch auf Emotionen aufsetzt, das ist etwas, was die politische Bildung aufgreifen sollte. Sie sollte die Eindimensionalität des kognitiven Kanals verlassen.

Politische Bildung, das ist auch demokratische Schulentwicklung, etwa wie ich mich als Schüler oder Schülerin in der Nachbarschaft verorte. Da muss ein neuer Zugang her über die Partizipation, über die Teilhabe an gesellschaftlichen und politischen Prozessen, die die Themen virulent machen. Wir wollen den Menschen einen Widerhaken geben, um sich einzuklinken. Das betrifft nicht nur die Migrantinnen und Migranten!

„Dealer" ist ein sehr langsam erzählter Film, das Gegenteil von Action und schnellen Schnitten. Wie erreichte er seine Zuschauer?

Arslan: Die Reaktionen auf „Dealer" waren sehr heterogen. Da wurde wieder ein Klischee reproduziert, der Ausländer als Krimineller. Gut, das Klischee gibt es, doch es spielt nicht die zentrale Rolle – sondern vielmehr das soziale Umfeld, in dem er sich bewegt. Die Schülerinnen und Schüler äußerten sich sehr viel offener als die Lehrer, die schon so viel aufbereitet hatten, sie waren einfach viel direkter. Sie brachten Kenntnisse oder Teilkenntnisse des Milieus mit.

Krüger: Dass der Film als Film eben kein Standardprodukt mit vielen schnellen Schnitten und einem sogenannten hohen Unterhaltungswert ist, das ist uns wichtig. Dass jeder Film auf völlig unterschiedliche Art erzählen kann. Bei filmschulischer Vermittlung zählt nicht nur der Stoff, das Thema, sondern auch die Machart des Films, die Kameraperspektive, das Kostüm, das gesamte Setting. Wir wollen ein Stück Medienkompetenz erzeugen. Du brauchst keinen Blockbuster und kein Blockbuster-Publikum, dafür setzen wir uns in der filmschulischen Arbeit nicht ein. Aber wenn man sich mit kontroversen politischen Stoffen auseinandersetzen will, dann brauchst du das Grundwissen und die Grundfähigkeit, verschiedene Filme zu unterscheiden und reflektieren zu können.

Sorgt die Sequenzanalyse, wie sie etwa mit den Filmheften der bpb möglich wird, nicht auch für eine gewisse Entzauberung?

Arslan: Ein guter Film muss dem standhalten!

Krüger: Bildungsprozesse sind Entzauberungsprozesse. Ein Thema wird ausgeleuchtet, die Technik hinterfragt, alles wird skelettiert. Mit diesem Wissen gehe ich in den nächsten Film, und wenn das Licht ausgeht, sitze ich vor der Leinwand genauso hilflos wie vor dem vorigen Film – nun allerdings mit dem Filmwissen ausgestattet. Auf lange Sicht habe ich größere Möglichkeiten, mich darüber zu verständigen und zu differenzieren. Auch zu kritisieren.

Der Abschluss Ihrer Berlin-Trilogie handelt von der Unmöglichkeit der Liebe. In „Der schöne Tag" aus dem Jahr 2000 gibt Serpil Turhan eine 21-jährige Synchronsprecherin. Mit der eigenen Herkunft oder der Herkunft der Eltern hat dieser Film praktisch nichts mehr zu tun. Sie sagten: „Die Figur der Deniz steht sicher für die Erfahrungen von vielen ihres Alters. [...] Die viel beschworene Zerrissenheit zwischen zwei Kulturen entspricht nicht ihren Lebenserfahrungen. [...] Sie bewegt sich mit Selbstverständlichkeit durch die Umgebung, in der sie lebt." Warum haben Sie diese Geschichte einer Identitätssuche nicht im deutschen Milieu angesetzt?

Arslan: Im Kontext der Trilogie sind die Filme weniger als ein Statement denn als eine Versuchsanordnung zu sehen: Um zu einem anderen Fokus auf eine Person zu kommen, die ansonsten immer als Opfer dargestellt wird. Mir ging es darum, näher zu betrachten, wie eine junge Frau mit ihrem Alltag umgeht. Sie kommt aus dem Migrantenkontext; sieht sich aber niemals als Opfer.

Bei „Aus der Ferne" arbeiteten Sie als Produzent, Kameramann und Regisseur. Ein sehr persönlicher Film ist entstanden, warum alles aus einer Hand?

Arslan: Die Vorstellung gefiel mir, mit den elementarsten Einheiten des Films zu arbeiten. Der Kameraarbeit bringe ich ein explizites Interesse entgegen, mich hat es gereizt, alles selbst zu machen. Zudem ist da die größere Kontrolle, wenn man's selbst in die Hand nimmt. Es ging um meinen Blick auf die Türkei, auf Istanbul, Ankara: Mein Türkeireisefilm, das war eher ein Ausgangspunkt, um sich ein Bild der eigenen Position zu machen, vielleicht auch im Spiegel zu Deutschland, denn hier ist mir alles doch vertrauter. Es ging sicherlich auch um eigene Erfahrungen mit der Türkei, vier Jahre habe ich dort gelebt. Ausgangspunkt war die Neugierde. Was hat sich geändert? Wie leben die Menschen dort?

Hatten Sie das Gefühl, Sie reisen als Deutscher in die Türkei?

Arslan: Ja, ich wurde schon so wahrgenommen. Weil ich eben auch kein Türkisch spreche.

Welche Konsequenzen würden Sie aus ihrem eigenen Berufsverlauf ziehen und welche Empfehlungen können sie anderen ambitionierten Migrantinnen und Migranten geben?

Arslan: Na ja. Da kommen mir nur Plattitüden in den Sinn. Ich finde es schon wichtig, dass man ein gewisses Durchhaltevermögen hat, um die Phasen zu überstehen, in denen es nicht so doll läuft.

Das Gespräch wurde am 14.08.2008 in Berlin geführt.

Christine Failing, geb. 1964

zuständig für Presse- und Öffentlichkeitsarbeit bei
Phoenix Köln e.V. Kultur- und Integrationszentrum

Christine Failing
Migranten-Eltern-Lotsen. Ein Bildungsprojekt mit Zugewanderten aus der ehemaligen Sowjetunion

Der Verein Phoenix-Köln e.V. plant gemeinsam mit der Otto-Benecke-Stiftung ein Bildungsprojekt mit Migrantinnen und Migranten aus der ehemaligen Sowjetunion. Können Sie dieses Projekt kurz beschreiben? An wen wendet es sich in erster Linie? (Die Fragen wurden von der Redaktion gestellt.)

Zielgruppe sind russischsprachige Zuwanderer und Zuwanderinnen im Familien-kontext, d.h. Eltern und Großeltern mit 15- bis 25-jährigen Kindern bzw. Enkeln. Diese Familien sind überwiegend als deutschstämmige Spätaussiedler oder als jüdische Immigranten nach Deutschland gekommen und haben hier ein dauer-haftes Bleiberecht. Viele Eltern haben im Herkunftsland eine höhere bzw. akade-mische Ausbildung abgeschlossen und entsprechende Berufserfahrung erwor-ben, die sie hier meist aus formalen Gründen nicht adäquat auf dem Arbeitsmarkt einsetzen können. Wenn sie nicht arbeitslos sind, arbeiten die meisten von ihnen in Beschäftigungsverhältnissen, deren Qualifikationsanforderungen deutlich un-ter dem erworbenen Ausbildungsniveau liegen. Die Beherrschung der deutschen Sprache ist in dieser Zielgruppe nur unzureichend gegeben. Trotz von der öffent-lichen Hand angebotener und auch genutzter Sprachkurse ist meist nur passives Wissen vorhanden, da die bestehende Infrastruktur der inzwischen sehr großen russischen Zuwanderer-Community die Alltags-Kommunikation in russischer Sprache ermöglicht. Kontakte zur deutschsprachigen Aufnahmegesellschaft sind nur rudimentär vorhanden. Die Kinder und Jugendlichen haben einen oft nachhaltig wirkenden Bruch ihrer Sozialisation erfahren, der es ihnen erschwert, in der neuen Umgebung Fuß zu fassen. Sie bilden oft eng zusammenhängende Peergroups, die sich gegen die Außenwelt abschotten und die empfänglich für rassistische, Gewalt bejahende und undemokratische Einstellungen sind. Insbesondere versuchen sie, sich gegen ausländische Jugendliche aus sogenannten Gastarbeiterfamilien abzugrenzen und dadurch ihre eigene soziale Position vermeintlich zu stärken. Sie sind in Folge sprachlicher Probleme und schlecht entwickelter Soft Skills sowie einem meist nicht adäquaten Bewerbungsverhalten auf dem Arbeitsmarkt schlecht integriert.

Ziel des Projektes ist es daher, zugewanderte russischsprachige Eltern zu befähigen, die Integrationschancen ihrer Kinder in der Gesellschaft sowie in der Ausbildung und auf dem Arbeitsmarkt durch Eigenaktivität zu erhöhen. Damit soll als Beitrag nachholender Integrationsförderung das vorhandene Ausbildungs- und Erwerbspotenzial junger russischsprachiger Zuwanderinnen und Zuwanderer besser als bisher genutzt, Konfliktpotenzial vermindert und das Zusammenleben von Einheimischen und Zugewanderten verbessert werden. Das Projekt MIGELO verfolgt den Ansatz, durch Bildung und Aufklärung sowie politische Partizipation Wege zu schaffen, um Antisemitismus und Fremdenfeindlichkeit zu überwinden und die berufliche Integration zu fördern. Toleranz und Vielfalt werden u.a. mittels positiver Vorbilder, z.B. der Eltern, als gewinnbringend erfahren, und junge Menschen werden zu notwendigen eigenen Anstrengungen motiviert. Die Erfahrungen aus verschiedenen Städten zeigen, welche ungeheure kreative und gestalterische Potenziale durch die beschriebene Art des Vorgehens der Gesellschaft eröffnet und zur Integrationsförderung genutzt werden können. In den sozialen Brennpunkten verschiedener Städte, wie in Köln-Chorweiler, zeigt sich der Bedarf an Selbstorganisation. MIGELO will diesen Bedarf aufgreifen und qualifizierte, aber häufig entmutigte und frustrierte russischsprachige Migranteneltern für integrative Arbeit in der eigenen Community gewinnen. Mit Hilfe von Fortbil-

PHOENIX-Köln e.V. ist eine politisch und konfessionell unabhängige und gemeinnützige Selbsthilfeorganisation, die 2002 von Migranten/innen aus den Ländern der ehemaligen UdSSR und Einheimischen gegründet wurde. Die Gründer und die haupt- und ehrenamtlichen Mitarbeiter/innen setzen sich für die Integration der russischsprachigen Bevölkerung ein. *www.phoenix-cologne.com*

Otto Benecke Stiftung e.V. ist eine gemeinnützige Organisation, die 1965 auf Initiative der Deutschen Studentenverbände an der Technischen Universität Berlin gegründet wurde. Sie ist im Auftrag der Bundesregierung tätig und hat ihren Sitz in Bonn. Die Stiftung nimmt im Rahmen humanitärer Bildungshilfe Eingliederungsaufgaben für Aussiedler/innen, Kontingentflüchtlinge und asylberechtigte Ausländer/innen wahr, die in der Bundesrepublik Deutschland eine Hochschulausbildung aufnehmen oder fortsetzen wollen oder als Hochschulabsolventen ausbildungsadäquate Beschäftigungsmöglichkeiten anstreben. *www.obs-ev.de*

Das gemeinsame Projekt MIGELO wird durch die Bundeszentrale für politische Bildung gefördert.

dungsmaßnahmen und lokalen Aktivitäten sollen sich die Eltern ihrer Potenziale bewusst werden und lokale Elterninitiativen aufbauen. Die Aktivierung des Selbsthilfepotenzials der betroffenen Eltern dient dazu, dass sie für sich neue Perspektiven entwickeln und wieder Vorbildfunktionen für ihre Kinder übernehmen.

Wo sehen Sie die entscheidenden Handlungsfelder, an denen das Projekt ansetzen sollte?

Zugewanderte russischsprachige Eltern sollen die Integrationschancen ihrer Kinder in der demokratischen Gesellschaft sowie in der Ausbildung und auf dem Arbeitsmarkt aktiv und nachhaltig wirksam fördern. Das Verhältnis vieler aus dem russischsprachigen Raum stammender Migranten/innen zum Gemeinwesen, zu Verwaltung, Staat und Politik ist oft von großer Distanz geprägt. Sie konzentrieren sich eher auf ein community-internes, informelles Umfeld. Das verhindert die Entwicklung tragfähiger und langfristiger wirtschaftlicher Perspektiven für die Familien und ihre Kindern. Ab einer bestimmten Größe der Community kann sich daraus eine Parallelwelt entwickeln, die neben einer russischsprachigen Infrastruktur mit verschiedensten Dienstleistungen auch Erwerbsmöglichkeiten in regulären Arbeitsverhältnissen und in informellen Formen bieten kann. Dies ist insbesondere in einer Stadt wie Köln mit einer hohen Zahl russischsprachiger Einwohner festzustellen. Allerdings können auf dieser Basis kaum notwendige langfristig tragfähige Zukunftsperspektiven für junge Migrantinnen und Migranten entwickelt werden.

Existiert in einer Kommune kein russischsprachiges Umfeld, besteht für Familien aus dem russischsprachigen Raum die Gefahr der Vereinzelung und Selbstisolierung, da sie kaum Eingang in das deutsche Umfeld suchen und daher kaum Zugang zu Hilfesystemen finden, die andere Aspekte des Lebens als die bloße Existenzsicherung bearbeiten, wie z.B. die Berufsberatung für junge Menschen. Dies gilt für viele Formen demokratischer Beteiligung. Daher werden auch Möglichkeiten, sich in die Politik eines Gemeinwesens einzubringen und damit eine Basis für eine stärkere Berücksichtigung der eigenen Interessen zu schaffen, nicht genutzt. Daraus ergibt sich die Notwendigkeit, dieser Zielgruppe den Nutzen und die Notwendigkeit einer Partizipation am Gemeinwesen zu vermitteln und sie an die entsprechenden Möglichkeiten in den unterschiedlichen für die Integration wichtigen Zusammenhängen heranzuführen.

Viele Eltern aus der Zielgruppe wünschen sich für ihre Kinder eine berufliche Zukunft, die sie besserstellen soll als in der derzeitigen, oft sozial randständigen Lage der Familie. Es gibt aber kaum klare Vorstellungen darüber, welcher Aufwand von den Familien selbst zu leisten ist, um ein solches Ziel zu erreichen. So findet auch keine systematische Beschäftigung mit der schulischen Entwicklung der Kinder und mehr noch der Jugendlichen statt. Die Verantwortung für die schulische Bildung wird allein der Schule überlassen. Viele Eltern sind sich oft nicht klar über die Potenziale, die ihre Kinder mitbringen und die in der Schule gefördert und beruflich genutzt werden können. Ebenso mangelt es an einer beruflichen Orientierung der Jugendlichen und ihrer Eltern. So bleiben ihnen das breite Spektrum beruflicher Ausbildung, ein Studium und adäquate Arbeitsmöglichkeiten oft verschlossen. Die Jugendlichen haben kaum Chancen, ihre Interessen und Fähigkeiten gewinnbringend einzubringen. Deshalb ist es eine wichtige Aufgabe des Projekts, die Eltern in Handlungsfelder ihres Umfelds einzuführen, insbesondere hinsichtlich der Schule ihrer Kinder, und sie zu ermutigen und zu befähigen, vorhandene Aktionsmöglichkeiten zu nutzen und die Jugendlichen bei der beruflichen Orientierung angemessen zu unterstützen.

Welche politischen Bildungsinhalte werden vermittelt, um die Motivierung zur Partizipation zu stärken?

Vor dem Hintergrund der vorangegangenen Sozialisationsprozesse in der ehemaligen Sowjetunion erfordert die Befähigung, als Migranten-Eltern-Lotse tätig zu werden, politische Bildungsmaßnahmen, die eine entsprechend positive und beispielhafte Selbsterfahrung ermöglichen. Die Organisation und Durchführung der politischen Bildungsarbeit im Rahmen des Projekts MIGELO sowie die pädagogische Begleitung der Teilnehmenden zielen auf eine modulare und aufeinander abgestimmte Umsetzung, um eine effiziente und nachhaltige Befähigung zur politischen Partizipation und Selbstorganisation (Gründung von Elternvereinen) zu gewährleisten. Partizipation als konstitutives Moment des methodischen Ansatzes von MIGELO beinhaltet, dass die Teilnehmer/innen als Regisseure ihres Lebens betrachtet werden, die sich selbst als aktiv handelnde Subjekte ihres eigenen Lebens wahrnehmen. Entscheidende Merkmale der Partizipation sind Mitbestimmung und Freiwilligkeit, um Demokratie für die Teilnehmer/innen erfahrbar zu machen. Die einzelnen Seminareinheiten und Bildungsveranstaltungen werden mit partizipativen Methoden und Verfahren durchgeführt, um nach dem „Learning-by-doing-Prinzip" die Themen der politischen Bildung wie zum Beispiel „Politische Partizipation", „Demokratie selbst erfahren", „Die Schule als politischer Handlungsort", „Familie als Ort gelebter Demokratie und Toleranz" u.a. nicht nur theoretisch, sondern darüber hinaus praxisorientiert zu vermitteln und die Teilnehmer/innen zu einer aktiven Beteiligung zu motivieren. Gesellschaftspolitische „Einmischung" wird in diesem Sinne offensiv verstanden, nämlich als eine Notwendigkeit der gesamtgesellschaftlichen Bewusstseinsbildung, um Strukturen der Segregation zu verändern und die Entwicklung von sozialer Gerechtigkeit zu fördern. Im

Verlauf des Projekts ist es entscheidend, dass die MIGELO-Multiplikatoren während ihrer Grundausbildung lokale Elternarbeit durchführen und ihre Kenntnisse in die Kommunalpolitik transferieren. Durch die Gründung von Elternvereinen sollen die Eltern unterstützt werden, als Gemeinschaft transparente Initiativen zu entwickeln, die eine breite Information über wichtige Lebensbereiche ihrer Familien und Kinder fördern sowie neue, auch individuelle Perspektiven eröffnen, um damit Grundlagen für eine bessere Partizipation zu legen und ihre Stellung im Gemeinwesen zu stärken. Dabei wird zunächst auf Leit- und Brückenfiguren aus der Community gesetzt, die die organisierten Eltern sukzessive zu mehr Eigenverantwortung und Eigeninitiative hinführen sollen. Andererseits muss dafür Sorge getragen werden, dass sich das einheimische Umfeld explizit für die Elterninitiativen öffnet, deren Interessen respektiert und ihnen mit der Aufnahme in bestehende Netzwerke die Chancen zu deren Vertretung bietet. Nicht zuletzt sollen über diese Elterninitiativen auch Selbsthilfepotenziale freigesetzt werden, um gemeinsam für die berufliche Integration der nachwachsenden Generation zu sorgen.

Wie gehen Sie methodisch vor? Sind Ihre Methoden auch auf die Bildungsarbeit mit anderen Migrantengruppen übertragbar?

Der methodische Ansatz von MIGELO ist angelehnt an die partizipative, Demokratie fördernde Methodik des brasilianischen Pädagogen Paulo Freire. Zentrales Element ist dabei die Orientierung an den Lebensbedingungen der Teilnehmenden. Im Mittelpunkt stehen die russischsprachigen Multiplikatoren bzw. Eltern mit ihren individuellen Eigenschaften, Problemen, Kompetenzen und Ressourcen in ihrer Alltagssituation und ihren sozialen Netzwerken. Es gilt, die Ressourcen der Teilnehmer/innen ebenso wie die ihrer Umwelt zu stärken. Sie werden darin unterstützt, ihre individuellen und alltagsbezogenen Handlungskompetenzen zur eigenen Lebensbewältigung zu erweitern und praktisch zu nutzen. Diese lebensweltorientierte Sichtweise zielt ab auf Hilfe zur Selbsthilfe, Empowerment und Identitätsarbeit.

Die Übertragbarkeit von Erfahrungen und Erkenntnissen ist der Ausgangspunkt des Projektes. Wir stützen uns auf Konzepte der Elternbildung und Partizipation, die bei anderen Migrantengruppen erfolgreich waren. Das ist ein sehr pragmatischer Ansatz des Lernens aus Best-Practice-Beispielen. Das Beispiel spanischstämmiger Migrantinnen und Migranten in Deutschland zeigt, wie eine Zuwanderergruppe durch Selbstorganisation und Elternbildungsarbeit den Schulerfolg und die berufliche Integration ihrer Kinder unter Wahrung ihrer kulturellen Identität erreichen kann. Heute zählen spanischstämmige Jugendliche zur erfolgreichsten Gruppe von Absolventen und Absolventinnen deutscher Gymnasien. Ihre Abiturquote liegt gleichauf bzw. zum Teil sogar über der Abiturquote deutschstämmiger Mitschüler/innen. Aufgrund ihrer bilingualen und bikulturellen Erziehung und Kompetenz sind die Nachkommen der ehemaligen „Gastarbeiter" gesuchte Fachkräfte deutscher Unternehmen im In- und Ausland. Darüber hinaus leisten spanischstämmige Migrantinnen und Migranten vielfältige Beiträge, um die gesellschaftliche Toleranz im Sinne eines gemeinsamen Miteinanders von Einheimischen und Zugewanderten zu fördern.

Auch der Verband binationaler Familien führt seit vielen Jahren erfolgreich Fortbildungsveranstaltungen für Eltern mit Migrationshintergrund durch und befähigt diese, gezielt die Schulleistungen ihrer Kinder und deren Sozialverhalten zu fördern. Auch das Empowerment-Programm der Magdeburger Eltern-AG ist sehr gut für die Elternarbeit von Migrantenselbstorganisationen geeignet, da es neben der Verbesserung elterlicher Erziehungskompetenzen auf die Stärkung sozialer Netze sowie auf die Förderung der Bereitschaft der Eltern abhebt, für sie relevante Institutionen aufzusuchen, und so besonders auf sozial benachteiligte Eltern ausgerichtet ist.

Die Aufbereitung dieser Erfahrungen und der anschließende Transfer auf die russischsprachigen Zugewanderten ist ein Kernelement des Projektes. Dieser Erfahrungsschatz anderer Migrantengruppen wird für die Schulung der russischsprachigen Lotsen nutzbar gemacht. Wir gehen davon aus, dass die Reflexion dieser vielfältigen Erfahrungen unsere Arbeit entscheidend erleichtern kann. Unsere Aufgabe ist es, diese Praxiserfahrungen so aufzubereiten und in Bildungsveranstaltungen und Aktionen umzusetzen, dass sie auf die speziellen Lebensumstände unserer Zielgruppe passen – also die interkulturelle Passung zu bewerkstelligen.

Wir gehen dabei mehrstufig vor. Um die Zielgruppe der russischsprachigen Eltern erreichen zu können, ist es erforderlich, zuerst Multiplikatoren auszubilden, die über fundierte Lebensweltkenntnisse der Zielgruppe verfügen. Der von uns gewählte methodische Ansatz gewährleistet, dass die Multiplikatoren im lebensweltlichen Milieu der russischsprachigen Eltern als „Animierende" oder „Begleiter" akzeptiert werden. Sie werden als Aktive mit eigenen Sichtweisen, Fähigkeiten und Urteilen verstanden, die die Kompetenz besitzen, sich selbst wie auch ihre Interessen zu vertreten. Im Unterschied zu hierarchieorientierten Konzepten werden sie als soziale Subjekte mit Möglichkeiten, Interessen und Bedürfnissen gesehen und mit dem Recht, selbst Akteur zu sein. Die Multiplikatoren werden befähigt, mit den Eltern gemeinsam Lösungen zur Verbesserung ihrer Lebenssituation zu entwickeln. Es gilt dabei, unter den Eltern Solidarität und Handlungskompetenzen herzustellen und ihre Fähigkeiten zur Selbsthilfe zu fördern.

Cvetka Bovha, geb. 1968

Diplom-Pädagogin, Anti-Bias- und Betzavta-Trainerin,
Begleitung von internationalen Freiwilligendiensten

Nele Kontzi, geb. 1974

Diplom-Kulturwissenschaftlerin, Anti-Bias- und Betzavta-
Trainerin, Mitarbeit an diversen Modellprojekten an
Schulen zu vorurteilsbewusstem, demokratischem Handeln

Cvetka Bovha / Nele Kontzi
Der Anti-Bias-Ansatz.
Vorurteilsbewusstes Miteinander an Berliner Grundschulen

Der Anti-Bias-Ansatz (bias <engl.>: Vorurteil, Voreingenommenheit, Schieflage) zeigt Möglichkeiten auf, wie in Kindertagesstätten und Schulen vorurteilsbewusste Bildung und Erziehung gestaltet werden kann. Dazu gibt es in Berlin inzwischen zahlreiche Erfahrungen an Grund- und Oberschulen. Wir stellen hier die Bedeutung und Entwicklung des Ansatzes und seine Umsetzung im Rahmen einiger Projekte aus dem Berliner Raum vor. Welche Möglichkeiten gibt es, sich mit vorurteilsbewusster Erziehung im schulischen Kontext auseinanderzusetzen? Darauf möchten wir Antworten geben und hoffen, Neugier und Interesse für diesen in Deutschland recht jungen Ansatz zu wecken.

Grundannahmen des Anti-Bias-Ansatzes

Der Anti-Bias-Ansatz geht davon aus, dass jeder Mensch Vorurteile hat, die er oder sie seit frühester Kindheit erlernt. Dies geschieht in erster Linie über Bilder und Haltungen, die durch das eigene Umfeld vermittelt werden (wie z.B. durch Familie, Freunde/innen, Kindergarten und Schule, Schulbücher und Medien usw.). Anti-Bias zielt darauf ab, diese Voreingenommenheiten bewusst zu machen und damit die Möglichkeit zu schaffen, diese auch wieder „verlernen" zu können. Bereits im Alter von drei bis vier Jahren übernehmen Kinder Abneigungen, Ängste und Stereotype gegenüber Menschen, die sich von ihnen und ihrer Familie unterscheiden. Die Beobachtung, wie Erwachsene mit vorhandenen Unterschieden umgehen, vermittelt Kindern schon früh einen Eindruck über gesellschaftliche Machtunterschiede und Ausgrenzungen. Sie beobachten die abwertende Unterscheidung von Menschen aufgrund bestimmter Merkmale. Beim Anti-Bias-Ansatz geht es nicht nur um einzelne Diskriminierungsmerkmale wie Hautfarbe und Religionszugehörigkeit; vielmehr können alle Erfahrungen mit Diskriminierung thematisiert werden, die in den jeweiligen Lerngruppen oder im Kollegium vorhanden sind, also u.a. die Unterscheidung nach Geschlecht / Gender, Behinderung, Staatsangehörigkeit, nach Muttersprache, Bildungshintergrund oder sexueller Orientierung.

Die Einzelnen sollen sich sowohl in ihrer privilegierten als auch in ihrer diskriminierten Stellung reflektieren. Wie wirken Unterdrückung und Ausgrenzung? Was sind eigene Privilegien? Wo fühle ich mich selbst diskriminiert? Wann diskriminiere ich, wen grenze ich aus? Die unterschiedlichen Betroffenheiten von Diskriminierung werden aber nicht einfach gleichgesetzt, sondern in ihrer jeweiligen Besonderheit bewusst gemacht, z.B. ihre geschichtliche Entwicklung und Verbreitung in der Gesellschaft und deren Wirkung auf den Einzelnen.

Der Anti-Bias-Ansatz zielt immer sowohl auf individuelle als auch auf institutionelle Veränderung und versucht, einen Beitrag dazu zu leisten, Vielfalt anzuerkennen und als Bereicherung wahrzunehmen. Er berücksichtigt auch die historisch-politischen Aspekte von Diskriminierung und versteht sich als systemkritischer Ansatz, der ungerechte Strukturen abbauen und verändern will. Das unterscheidet ihn von vielen anderen Ansätzen, die die Vielfalt der Einzelnen nutzen wollen, um sie besser systemimmanent zu verwerten.

Pädagogen/innen kommt in diesem Prozess eine zentrale Rolle zu. Es ist notwendig, dass sie ihre Lehr- und Lerninhalte und ihre Haltung gegenüber Schülern/innen und Eltern kontinuierlich auf einseitige und stereotype Bilder überprüfen und die Bereitschaft entwickeln, Veränderungen vorzunehmen. Welche eigenen Bewertungsmaßstäbe von „normal" und „unnormal", „gut" und „böse", „richtig" und „falsch", „selbstverständlich" und „abweichend" haben die Einzelnen und wie vielfältig bzw. einseitig ist das Kollegium an der Schule? Der Schwerpunkt bei der Arbeit mit Erwachsenen liegt in der Reflexion der eigenen Erfahrungen mit erlebter und ausgeübter Diskriminierung auf verschiedenen Ebenen. Anti-Bias sensibilisiert für Ungerechtigkeiten, die Menschen erfahren. Ziel ist es, alternative vorurteilsbewusste Verhaltensweisen für den eigenen Einflussbereich zu entwickeln.

Anti-Bias-Arbeit im schulischen Alltag ist zu unterscheiden von den Trainings für Erwachsene. Bei der Arbeit mit Kindern greifen wir auf vielfältige Übungen zurück, die zum Teil auch aus den Bereichen soziales Lernen, kooperatives Lernen, Mediation, Diversity, Erlebnispädagogik etc. bekannt sind. Die Haltung im Umgang mit Vielfalt, die hinter dem Einsatz der Methoden steht, ist entscheidend dafür. Der Schwerpunkt ist, die Kinder zu stärken, den Umgang mit Vielfalt positiv zu gestalten, einen wertschätzenden Umgang in der Klassengemeinschaft zu entwickeln und dies auch auf außerschulische Zusammenhänge zu übertragen.

Entwicklung des Anti-Bias-Ansatzes

Seit Ende der 1990er Jahre wird in Deutschland – zunächst im Kindergarten- und Erwachsenenbereich – mit dem Anti-Bias-Ansatz gearbeitet. Seit 2003 kommt der Ansatz auch an einigen Berliner Schulen zur Anwendung. Anti-Bias wurde in den 1980er Jahren in den USA von Louise Derman-Sparks und Carol Brunson-Phillips für den Elementar- und Primarbereich konzipiert und seitdem kontinuierlich weiterentwickelt.[1] Die zu diesem Zeitpunkt vorliegenden Ansätze multikultureller Erziehung erschienen ihnen nicht weitreichend genug, um angehende Pädagogen/innen auf die Arbeit mit Kindern unterschiedlicher Herkunft vorzubereiten. Es ging ihnen darum, schon im Elementarbereich präventiv zu wirken und kleinen Kindern die Möglichkeit zu geben, in einer vorurteilsbewussten Umgebung aufzuwachsen und wertschätzend miteinander umzugehen. In Südafrika wurde Anti-Bias Mitte der 1980er Jahre aufgegriffen und nach der gesetzlichen Abschaffung der Apartheid von Pädagogen/innen und Erziehern/innen verstärkt umgesetzt. Sie erkannten die Notwendigkeit, die „Apartheid in den Köpfen" und die daraus abzuleitenden persönlichen Haltungen der Menschen zur Sprache zu bringen und zu bearbeiten. Im Zuge der politischen Anstrengungen, das historische Unrecht des Apartheid-Regimes aufzuarbeiten und der multi-ethnischen Realität in Südafrika gerecht zu werden, entwickelten verschiedene Organisationen Anti-Bias-Trainingseinheiten für Jugendliche und Erwachsene. Heute ist der Ansatz durch ELRU (Early Learning Resource Unit) fest im südafrikanischen Bildungsministerium verankert.[2] Diese gestaltet Lehrmaterialien und Lehrpläne sowie Trainings und setzt sich für eine Beteiligung von Pädagogen/innen mit vielfältigen Hintergründen ein.

Anti-Bias an Berliner Schulen

Im Rahmen des Projektes „Train the Trainer" (2001–2004), das das FiPP e.V. (Fortbildungsinstitut für die pädagogische Praxis) in Berlin umsetzte, wurden mehrere Anti-Bias-Trainings für interessierte Erwachsene durchgeführt. Neben Lehrern/innen, Erziehern/innen und Sozialpädagogen/innen nahmen an den Seminaren auch freiberufliche Trainer/innen teil, die in der offenen Kinder- und

Jugendarbeit beschäftigt sind. Hieraus entstand die Arbeit mit Schulen: Da es sinnvoll erschien, die Kinder in ihrem schulischen Lernumfeld zu erreichen, vernetzten sich freie Trainer/innen mit einzelnen Trägern und traten gezielt an Schulen heran, um sie für den Ansatz zu begeistern. Unter anderem konnten wir im Rahmen der FIPP-Projekte in den letzten Jahren zahlreiche Erfahrungen vorwiegend mit Grundschulen (1.–6. Klasse) sowie mit Kindern aus dem Hortbereich sammeln, teilweise bestand auch die Möglichkeit, mit Jugendlichen der 7. bis 10. Klassen zu arbeiten.

Im schulischen Kontext entwickelte die „Netzwerkstelle Miteinander in Marzahn-Hellersdorf" des FIPP e.V. in den Jahren 2002–2007 mit dem Anti-Bias-Ordner[3] erstmalig eine deutschsprachige Methodensammlung für die Arbeit mit Kindern und erprobte diese an mehreren Grundschulen. Im Rahmen viertägiger Seminare erlebten die Kinder, wie Vielfalt den Alltag bereichern kann und wie demokratische Werte das Klima innerhalb des Klassenverbandes verbessern.

In der Zusammenarbeit mit Schulen werden wir häufig mit einer „Feuerwehr"-Erwartungshaltung konfrontiert, d.h., wir werden, wenn in der Klasse bereits sehr viele Konflikte vorhanden sind, dazugerufen. Oft haben Lehrer/innen die Erwartung, dass nach zwei bis fünf Projekttagen eine dauerhafte Veränderung stattfindet. Eine Projektwoche kann durchaus sehr entscheidende Impulse setzen. Diese sollten aber im Schulalltag immer wieder regelmäßig aufgegriffen werden, um eine nachhaltige Veränderung zu bewirken. Es erschien uns deshalb sinnvoller, mit einzelnen ausgewählten Klassen über einen längeren Zeitraum kontinuierlich zu arbeiten und vor allem auch die begleitenden Pädagogen/innen mit einzubeziehen. Hier sehen wir einen besonderen Bedarf, Pädagogen/innen bereits in der Ausbildung und durch spätere Fortbildungen für Diskriminierung und vorurteilsbewusstes Handeln zu sensibilisieren.

> **Netzwerkstelle MITEINANDER Marzahn-Hellersdorf**
>
> Die Netzwerkstelle MITEINANDER Marzahn-Hellersdorf arbeitete von 2002 bis 2007 in diesem Bezirk. Grundlegendes Ziel war die Unterstützung der örtlichen Akteure bei der täglichen Arbeit für ein demokratisches, menschenrechtsorientiertes Zusammenleben von Menschen unterschiedlicher Kultur, politischer Einstellung, sexueller Orientierung und von Menschen mit und ohne Behinderung. Die Schwerpunkte lagen hierbei sowohl auf der präventiven Arbeit mit Kindern als auch auf der praxisorientierten Fortbildung von Multiplikatoren/innen zum Thema Diskriminierung. Grundlage für diese Arbeit war der Anti-Bias-Ansatz. Zum 30.6.2007 ist die Finanzierung des Projektes ausgelaufen.
> *www.miteinander.org*

Das Modellprojekt „Starke Kinder machen Schule"

Bei der Anti-Bias-Arbeit an Schulen tritt vor allem das Modellprojekt „Starke Kinder machen Schule" durch seine längerfristig angelegte Arbeit hervor.[4] Seit September

Bundesprogramm VIELFALT TUT GUT: Jugend für Vielfalt, Toleranz und Demokratie

Zur nachhaltigen Bekämpfung von Rechtsextremismus, Fremdenfeindlichkeit und Antisemitismus und zur Stärkung der bildungspolitischen und pädagogischen Arbeit in diesem Bereich hat das Bundesministerium für Familie, Senioren, Frauen und Jugend zum 1. Januar 2007 das Bundesprogramm „VIELFALT TUT GUT. Jugend für Vielfalt, Toleranz und Demokratie" aufgelegt. Ziel des auf Dauer angelegten Programms ist es, Vielfalt, Toleranz und Demokratie als zentrale Werte der gesamten Gesellschaft zu festigen und gerade Kinder und Jugendliche früh für diese grundlegenden Regeln eines friedlichen und demokratischen Zusammenlebens zu gewinnen. Das Bundesprogramm fördert deshalb vor allem die politische Bildung sowie die Arbeit im präventiv-pädagogischen Bereich. Es werden dafür 19 Millionen Euro jährlich an Bundesmitteln zur Verfügung gestellt.
www.vielfalt-tut-gut.de

2007 und noch bis 2010 wird das Projekt im Rahmen des Bundesprogramms „Vielfalt tut gut: Jugend für Vielfalt, Toleranz und Demokratie" gefördert und vom FiPP e.V. koordiniert. Darin wirken wir als freie Mitarbeiterinnen mit. Im Rahmen von aufeinander aufbauenden Lerneinheiten ist das Projekt kontinuierlich an vier Berliner Grundschulen und deren Horten in verschiedenen Berliner Stadtbezirken präsent. Es setzt ein präventiv-pädagogisches Konzept zur Arbeit mit Kindern unter Bezugnahme auf die Themen Partizipation und Toleranz um. Die Umsetzung des Projektes im Rahmen des regulären Unterrichts und der Hortstrukturen bietet eine Möglichkeit zur Vertiefung und zur nachhaltigen Verankerung.

Um Schule für vorurteilsbewusste Bildung und Erziehung zu sensibilisieren, ist uns wichtig, auf verschiedenen Ebenen anzusetzen. Neben der Arbeit mit den Kindern in regelmäßigen (wöchentlichen) Treffen sowie in Projekttagen bzw. -wochen führen wir (Beratungs-)Gespräche mit den Lehrern/innen und Erziehern/innen durch. Wir sind in Kontakt mit der Schulleitung und bieten Fortbildungsmaßnahmen für die beteiligten Schulen und Horte an. So baut das Projekt schulübergreifende Strukturen des Austausches und des gemeinsamen Lernens auf. Die Eltern werden möglichst durch Elternabende erreicht oder durch Aufgaben, die das Kind zu Hause mit den Eltern bzw. der Mutter oder dem Vater oder einer anderen Person, die zur Familie gehört, besprechen soll.

Konkrete Umsetzung unserer Anti-Bias-Arbeit

Gemeinsam mit Pädagogen/innen entwickeln wir Lernbausteine zur Stärkung der Ich-Identität, zu Herkunft und Familie, zu demokratischem Handeln und Entscheiden sowie zu Kinderrechten, die diese im Unterricht einsetzen. Diese Themen werden durch medien- und theaterpädagogische Methoden vertieft und produktorientiert bearbeitet. Beispielsweise beginnen wir die Projekttage mit einem intensiven Kennenlernen, darüber hinaus möchten wir, dass die Schüler/innen sich untereinander (er)neu(t) wahrnehmen und sich mit allen Aspekten ihrer Identität zugehörig fühlen. Dazu arbeiten wir u.a. mit Übungen, in denen die

Kinder eigene Stärken und die der anderen einschätzen sollen. Dem Bereich Vorurteile nähern wir uns häufig über das Thema Mädchen / Jungen, denn dazu gibt es auch in 3. Klassen bereits mehr als ausreichend Zuschreibungen, Verallgemeinerungen und Klischees. Zugleich besteht ein großes Interesse zu erfahren, was über die eigene Gruppe gedacht wird. Ein Junge aus einer dritten Klasse gab einer Mitschülerin auf die Frage, warum Erwachsene sagen, dass Jungen nicht weinen dürfen, folgende Antwort: „Also, ich denke, dass die Großen gelernt haben, dass sie nicht weinen dürfen."[5] Ein weiterer spannender Punkt ist die Auseinandersetzung mit Beleidigungen in der Klasse. Wer entscheidet z.b. eigentlich, was als beleidigend wahrgenommen wird?

Die Projekttage erhielten meist ein sehr gutes Feedback. Eine Lehrerin bemerkte in einem Auswertungsgespräch, dass die Tage sehr gut gelaufen seien und die Kinder mit den Betreuern/innen sehr engagiert an ihren Problemen gearbeitet hätten und Lösungsmöglichkeiten aufgezeigt worden seien. Der Unterricht wäre nun manchmal lebendiger, da die Kinder mehr in Gruppen gemeinsam arbeiteten und ihre Probleme selbst lösten. Eine Erzieherin äußerte: „Schön ist es, wenn man am Anfang des Trainings Problematiken rauskristallisiert hat, an denen man arbeiten will, und dann am letzten Tag ein Wahnsinnserfolg da ist. Wie z.B. bei P., der am ersten Tag absolut nicht neben einem bestimmten Kind sitzen will und am letzten Tag sagt, ich möchte, dass er neben mir sitzt."

Mit den Pädagogen/innen führen wir praxisnahe Beratungen und Fortbildungen zur Umsetzung des Projektes durch. Die Seminare finden mit Lehrkräften, Erziehern/innen und Sozialarbeitern/innen statt. Allein durch diese „Mischung" kann erreicht werden, dass verschiedene Perspektiven innerhalb der Arbeit mit jungen Menschen sichtbar werden und die Vielfalt innerhalb der pädagogischen Berufsgruppe bewusst wird. Die Pädagogen/innen erhalten erste Anregungen, den eigenen Vorurteilsstrukturen auf die Spur zu kommen und ihr Arbeitsfeld auf Benachteiligungen hin zu analysieren. Viele Teilnehmende empfinden es als sehr fruchtbar, gemeinsam gegen Diskriminierung aktiv zu werden. Dazu eine Erzieherin: „Von den Seminaren konnte ich ganz viel anwenden und für mich persönlich mitnehmen, gerade was Diskriminierung angeht. Wo sind meine Grenzen, wo bin auch ich diskriminiert worden? Durch diese Erfahrung konnte ich viel mehr machen." Selbst bestärkt können die Pädagogen/innen die Kinder und Jugendlichen bei der Durchsetzung ihrer Interessen im Sinne von „Empowerment" ermutigen und ihnen wertvolle Informationen für eine erfolgreiche Handlungsstrategie geben.

In Berlin besteht die besondere Herausforderung darin, die sehr unterschiedlichen Bedingungen in den einzelnen Bezirken zu berücksichtigen. Wichtig ist hierbei ein bezirksübergreifender Dialog zwischen Kindern und Erwachsenen, um bestehenden Vorurteilen und Verallgemeinerungen zu begegnen und ins Gespräch über gemeinsame Werte und Erfahrungen zu kommen. Dieser Dialog fand und findet u.a. durch schulübergreifende Projekte statt (z.b. das Herbst-ferienprojekt im Jahr 2008: Eine Videowoche zu Kinderrechten, wobei sich die Schüler/innen treffen und in Austausch treten konnten).

Erfahrungen, Eindrücke und Handlungsempfehlungen

Die Erfahrung aus den Projekten zeigt, dass zahlreiche Kinder Schwierigkeiten haben, sich auszudrücken, wenn sie nach ihrer Meinung bzw. nach ihren Gefühlen und Bedürfnissen gefragt werden. Wir ermutigen die Kinder und üben gemeinsam das Zuhören. Interessant ist auch die Erkenntnis, dass die Schüler und Schülerinnen zu Beginn oft stark durch das schulische bzw. gesellschaftliche Leistungsdenken (ich bin schneller, ich habe gewonnen etc.) beeinflusst sind. Es ist daher hilfreich, die schulische Umgebung an den Projekttagen zu verlassen, denn dann gibt es eine neue Situation ohne Pausenklingeln und ohne die bekannte Sitzordnung. Nicht nur den Kindern fällt es schwer, das Zensuren-denken abzulegen, auch den Lehrenden. Im Vorfeld gibt es vorbereitende Gespräche mit den Lehrern/innen, dennoch kommt es während der Projektarbeit immer wieder zu Bemerkungen wie: „B., deine Störungen merke ich mir für deine Beurteilung!" Eine Erzieherin äußert sich zu dieser Problematik folgendermaßen: „Wenn man sich nicht ständig darauf konzentriert, wertet man selber ständig. Das verwischt sich ganz schnell. Dann wäre es auch gut, wenn man in der täglichen Arbeit ein Feedback hätte, wie es gelaufen ist: Was hast du gut gemacht, was könntest du anders machen?"

Wir möchten, dass die Lehrer/innen bei unseren Trainings dabei sind, um andere Perspektiven auf das einzelne Kind zu ermöglichen. Oft kommt es auch zu der überraschten Feststellung: „Von dieser Seite habe ich N. noch nicht kennen-gelernt." Veränderungen in der Klasse sind nur gemeinsam mit den Kindern und der Lehrperson möglich. Gleichzeitig kann es Probleme dadurch geben, dass die Kinder in Anwesenheit der Lehrer in ihren Rollen bleiben und auch die Lehrenden Schwierigkeiten haben, ihre Rollen abzulegen. In der Arbeit mit Jugendlichen kann es daher empfehlenswert sein, dass die Lehrer/innen nur zeitweise am Projekt teilnehmen. Am Morgen besprechen wir gemeinsam mit ihnen und der Klasse die Vorhaben für den Tag, und am Nachmittag stellen die Schüler/innen vor, womit wir uns den Tag über beschäftigt haben. Anschließend besprechen wir gemeinsam, welche Ergebnisse und Veränderungswünsche sie gerne in den Schulalltag übernehmen würden.

Schule verlangt nach nachhaltiger und langfristiger Arbeit. Bei der Planung und Durchführung von Anti-Bias-Projekten ist zu berücksichtigen, dass es häufig Wochen oder auch Monate dauert, bis eine gemeinsame Projektarbeit verabredet wird und dass an die Schule zahlreiche Erwartungen aus verschiedenen Perspektiven herangetragen werden.

Fazit

Nicht nur auf Grundlage unserer Erfahrungen gehen wir davon aus, dass Diskriminierung kein Ausnahmephänomen, sondern ein gesamtgesellschaftliches Problem ist. Wichtig ist es, auch die historischen und sozialen Bedingungen von Diskriminierung zu berücksichtigen und zu hinterfragen, wie Menschen in Gruppen eingeteilt und dadurch oft ungleich behandelt werden. Daran sind auch das deutsche Bildungssystem und die Menschen darin selbst beteiligt. Somit stellt Diskriminierung eine zentrale Herausforderung für das Bildungssystem und die schulische Pädagogik dar, denn Schule sollte allen Kindern und Jugendlichen gleichermaßen einen Zugang zur Bildung ermöglichen und sie u.a. dazu befähigen, sich mit gesellschaftlichen Veränderungen und Konflikten in der Gesellschaft, mit Formen und Folgen von Diskriminierung sowie mit Ideologien, Vorurteilen und Feindbildern auseinanderzusetzen.

Hier kann der Anti-Bias-Ansatz dabei unterstützen, „blinde Flecken" zu entdecken und gemeinsam mit anderen Kindern und Erwachsenen einander vorurteilsbewusster zu begegnen. Er ermutigt Menschen, eine aktive Rolle in Veränderungsprozessen zu übernehmen und eigene Handlungsspielräume zu erkennen und zu gestalten. Mit dem Ansatz können an Schulen längerfristige Veränderungen, die das Zusammenleben und -lernen aller Beteiligten verbessern, unterstützt werden. Es genügt nicht, allein Schüler/innen und Pädagogen/innen für die Themen zu sensibilisieren. Vielmehr ist zusätzlich eine gezielte Beteiligung von Pädagogen/innen, die vielfältige Hintergründe haben und damit aktiv umgehen, ebenso notwendig wie die Entwicklung von Materialien mit vorurteilsbewusster Perspektive. Wünschenswert wäre es, wenn der Anti-Bias-Ansatz, wie auch in Südafrika, als grundlegender Ansatz im deutschen Bildungssystem verankert werden würde und die derzeitigen befristeten Modellprojekte eine langfristige Förderung fänden.[6]

Anmerkungen

1   Vgl. Louise Derman-Sparks and the A.B.C. Task Force, Anti-bias curriculum: tools for empowering young children, Washington DC 1989; Louise Derman-Sparks / Carol Brunson Phillips, Teaching/ Learning Anti-Racism. A Developmental Approach, New York 1997.

2   Vgl. ELRU (Hrsg.), Shifting Paradigms, using an anti-bias-strategy to challenge oppression and assist transformation in the South African context. Lansdowne/South Africa 1997; http://www.elru.co.za (letzter Zugriff: 16.3.2009).

3   Der Ordner ist vergriffen und wurde überwiegend bei internen Fortbildungen weitergegeben.

4   Vgl. http://starke-kinder-machen-schule.de (letzter Zugriff: 16.3.2009). Ein Modellprojekt des FiPP e.V. in Kooperation mit Berliner Grundschulen.

5   Die Zitate stammen aus Interviews, die im Rahmen der unveröffentlichten Dokumentation der Anti-Bias-Arbeit der Netzwerkstelle Miteinander Marzahn-Hellersdorf (FIPP e.V.) der Jahre 2003–2006, durchgeführt wurden.

6   Weitere Informationen findet man bei: INKOTA-netzwerk e.V. (Hrsg), Vom Süden lernen. Erfahrungen mit einem Antidiskriminierungsprojekt und Anti-Bias-Arbeit, Berlin 2002; Christa Preissing / Petra Wagner (Hrsg.), Kleine Kinder, keine Vorurteile? Interkulturelle und vorurteilsbewusste Arbeit in Kindertageseinrichtungen, Freiburg 2003; Ute Enßlin / Stefani Hahn / Petra Wagner (Hrsg.), Macker, Zicke, Trampeltier … Vorurteilsbewusste Bildung und Erziehung in Kindertageseinrichtungen. Handbuch für die Fortbildung, Weimar 2006; Petra Wagner (Hrsg.), Handbuch Kinderwelten. Vielfalt als Chance – Grundlagen einer vorurteilsbewussten Bildung und Erziehung, Freiburg 2008; http://www.kinderwelten.net/index.php (letzter Zugriff: 16.3.2009), Kinderwelten ist ein Projekt zur vorurteilsbewussten Bildung und Erziehung in Kitas. Es bietet Kita-Teams und -Trägern ein erprobtes Konzept zur vorurteilsbewussten Praxisentwicklung; diese arbeiten seit 2008 auch mit Berliner Grundschulen zusammen; http://www.anti-bias-werkstatt.de (letzter Zugriff: 16.3.2009), die Anti-Bias-Werkstatt versteht sich als eine Arbeitsgemeinschaft, die sich sowohl auf praktischer als auch auf theoretischer Ebene mit dem Anti-Bias-Ansatz beschäftigt.

Angelika Staudt, geb. 1954

Kommunikationstrainerin,
Regisseurin, Theaterpädagogin

Marcela Herrera, geb. 1976

Diplom Kulturwissenschaftlerin, Theaterpädagogin
am Schnawwl Theater, Kinder- und
Jugendtheater des Nationaltheaters Mannheim

Angelika Staudt / Marcela Herrera
Theaterpädagogik als Methode der politischen Bildung

Anhand von zwei Beispielen aus unserer theaterpädagogischen Praxis möchten wir erläutern, wie wir es Kindern und Jugendlichen ermöglichen, einen selbstverständlichen Umgang mit kultureller, sozialer und ethnischer Vielfalt zu finden. „Geschichte und Geschichten" ist konzipiert als zweiwöchiges Kompaktprojekt für junge Menschen ab 13 Jahren in Schulen, und „Helden reisen" findet im Rahmen des Jungen Nationaltheaters Mannheim mit Grundschülern/innen statt.

Fragen zum Einstieg oder „Wie erkläre ich einem Fisch,
was Wasser ist?"

Angelika Staudt: Seit Mitte der Achtzigerjahre entwickle und leite ich theaterpädagogische Projekte für Schulen und Einrichtungen mit einem 50- bis 90-prozentigen Anteil von Kindern und Jugendlichen mit Migrationshintergrund. Da ich für das Goethe-Institut und die Deutsche UNESCO-Kommission über längere Zeiträume in Weißrussland, Südamerika und dem Nahen Osten gearbeitet habe, habe ich Erfahrung darin, „fremd" zu sein und mir neue Sprachen anzueignen. Für mich stellt die Fähigkeit, in verschiedenen Sprachen kommunizieren zu können und in anderen Kulturen zu arbeiten, eine Qualität dar. Für meine jugendlichen Projektteilnehmer/innen, die in sozialen Brennpunkten aufwachsen, ist ihr Reichtum, in zwei Kulturen und Sprachen verankert zu sein, oft ihr Konflikt. Aus Gesprächen mit ihren Eltern weiß ich, dass sie sich in der Familie den elterlichen Geboten und Zurechtweisungen entziehen mit dem Argument „Wir leben in Deutschland!", und in der Schule gegenüber Lehrern/innen und Mitschülern/innen bestehen sie darauf, dass sie türkisch, arabisch, kurdisch, serbisch oder palästinensisch sind. Sie leben einen Spagat.

In meiner Arbeit verknüpfe ich den Spielraum, den das Theater bietet, mit sozialem Lernen und nehme „Integration" wörtlich. „Integrieren" heißt „ein Ganzes bilden". Alle Teilnehmer/innen eines Projektes lernen, im Prozess der Arbeit ein Team zu werden, sich gegenseitig in ihrer Unterschiedlichkeit zu respektieren, ihre Fähigkeiten einzubringen und sich zu unterstützen, damit die Präsentation gelingt. Inhaltlich wähle ich die Themen so, dass meine Teilnehmer/innen bei der Bearbeitung die Experten sind.

Theaterpädagogische Projektarbeit am Beispiel von „Geschichte und Geschichten"

Dieses Projekt habe ich 2004 mit der Theaterpädagogin Helma Fehrmann entwickelt und Dr. phil. Barbara Glindemann brachte sich mit kreativem Schreiben ein. Bis 2008 habe ich es mit wechselnden Kolleginnen und Kollegen an 20 Berliner Haupt- und Realschulen und Gymnasien durchgeführt. Das Projekt dauert acht Schultage und findet während der Unterrichtszeit statt. Die Eltern und Großeltern der Teilnehmer/innen sind in die Projektarbeit mit einbezogen. Im Verlauf des Projektes recherchieren die jugendlichen Teilnehmer/innen unterschiedlicher nationaler, kultureller und religiöser Zugehörigkeit ihre Wurzeln über die Lebensgeschichten ihrer Eltern und Großeltern. Die Jungen und Mädchen arbeiten heraus, was Menschen verschiedener Geschlechter, Generationen und Kulturen gemeinsam haben und worin sie sich unterscheiden. Sie reisen durch die Geschichte des 20. Jahrhunderts, um in ihrer jetzigen Lebenssituation bewusst anzukommen und aus der Anonymität des „Deutschen" oder des „Migranten" herauszutreten. Zugleich werden sie befähigt, die Lebenswege und Werte ihrer Mitschülerinnen und Mitschüler anzuerkennen. So lernen sie, Vorurteilen, Geschlechternormen, Stereotypen und Diskriminierungen differenzierter zu begegnen, sich mit anderen Wertesystemen und Haltungen konstruktiv auseinanderzusetzen und in einem gesellschaftlichen Sinn kooperationsfähig zu werden. Aus der Spurensuche und dem gefundenen Material, den Fragen und Antworten erstellen die Teilnehmer/innen eine Präsentation. Dabei werden die Mittel Erzählung, Rollenspiel, Tanz, Lieder oder Briefe eingesetzt. Die Teilnehmer/innen und Zuschauer/innen entwickeln einen Sinn für das Verstehen, das Hinschauen und die Akzeptanz von Andersartigkeit. Zentral bleibt die Entwicklung des Gefühls, dass das Zusammenleben und die Gestaltung der Zukunft in ihren Händen liegen.

Gemeinsamkeiten und Unterschiede

Zu Beginn eines Projektes interviewen sich die Schüler/innen in Partnerinterviews und stellen sich gegenseitig vor. Sie befragen sich zu ihren Vorfahren und danach, worauf sie stolz sind, wovor sie Angst haben, was für sie Heimat ist und woran sie unterschiedliche Kulturen erkennen. Ihre Interviews werden zusammen mit einem Bild von ihnen an eine Weltkarte geheftet. Ihre Wurzeln und Einstellungen werden sichtbar gemacht – die Vielfalt der Menschen dieser Welt kommt ins Klassenzimmer und wird wertgeschätzt.

Heimat ist durchgängig für alle Schülerinnen und Schüler da, wo sie akzeptiert werden, wo sie sich wohlfühlen und wo ihre Familien und Freunde leben. Für manche ist Heimat das Herkunftsland, wenn dort ein Großteil der Familie lebt. Auf die Frage, worauf sie stolz sind, variieren die Antworten. Haupt- und Realschüler/innen türkischer und arabischer Abstammung sind oft stolz auf die Familienehre, dass sie Muslime/innen sind oder auf ihre Herkunftsländer. Männliche Teilnehmer, deren Vorfahren aus anderen Herkunftsländern kommen, sind stolz auf ihre sportlichen Fähigkeiten oder z.B. darauf, dass sie gut in Mathematik sind. Die Gymnasiasten sind stolz darauf, dass sie aufs Gymnasium gehen. Mädchen sind durchweg stolz auf ihre sozialen Fähigkeiten, wie hilfsbereit zu sein, gut zuhören zu können, eine gute Freundin zu sein oder sie sind stolz auf ihr Aussehen. Angst haben sie, ihre Eltern zu verlieren, keinen guten Schulabschluss zu bekommen, den Schultyp wechseln zu müssen, vor Arbeitslosigkeit, Tod, Allah und Spinnen.

Andere Kulturen im Stadtteil erkennen sie an der Kleidung, am Aussehen, an den unterschiedlichen Sprachen, an Geschäften und Restaurants. Sie finden es spannend, andere Kulturen kennen zu lernen, und sie stört, dass sie die Sprachen nicht verstehen und dass es so viele Konflikte zwischen Menschen unterschiedlicher Herkunft gibt. Keiner möchte in einem Land leben, in dem Krieg oder große Armut herrscht, das Trinkwasser nicht sauber ist, es extrem heiß oder kalt ist, Menschen an Aids und Seuchen sterben oder große Ungerechtigkeit herrscht.

Unabhängig von ihren Herkunftsländern würden manche gerne nach Indien auswandern, inspiriert durch Bollywood-Filme, oder generell nach Asien, wenn sie sich für den IT-Bereich interessieren, nach Amerika oder in Länder, in denen sie Verwandte haben, im Schüleraustausch waren oder in denen es ihnen im Urlaub gefallen hat, weil da die Menschen so nett sind. Vor allem türkische Jugendliche würden gerne in die Türkei zurückkehren.

In den nächsten Schritten werden die Eltern interviewt, wie sie gelebt haben, als sie so alt waren wie die Schüler/innen heute. Besonders spannend für die Jugendlichen ist der Projektabend, an dem Eltern und Großeltern ins Projekt eingeladen sind und befragt werden, wie die Jugendzeit (1910–1950) der Großeltern war. Unabhängig vom Herkunftsland entdecken die Jugendlichen, dass es große Parallelen gibt zwischen Menschen, die auf dem Land, und denen, die in Städten aufgewachsen sind. Sie nehmen wahr, dass das Leben auf dem Land oft von Armut geprägt war und ihre Großeltern in ihrer Jugend als Arbeitskräfte in die Haus- und Feldarbeit eingebunden waren. In manchen Familien war der Vater der Patriarch, in anderen hatten die Mütter das Sagen. Sie erfahren, dass auf Grund der finanziellen Situation nicht alle Kinder zur Schule gehen konnten und die Jungen dabei bevorzugt waren. Die Lehrer/innen in den Schulen waren durchweg autoritär und es gab die Prügelstrafe. Der Umgang mit religiösen oder politischen Minderheiten war unabhängig vom Herkunftsland häufig respektvoll, ja freundlich oder aber durch Abgrenzung und Verbote geprägt, mit anders gesinnten Menschen zu verkehren. Im Austausch darüber, was die Ursachen waren, warum Menschen ihr Heimatland verließen, fanden die Schüler/innen heraus, dass es meist wirtschaftliche Gründe und die Hoffnung auf ein besseres Leben waren, wenn z.B. Deutsche nach Amerika auswanderten oder Türken nach Deutschland einwanderten. Oft waren es auch politische Gründe, Krieg, Flucht und Vertreibung, weshalb die Menschen ihre Heimat verließen.

Vertieft werden diese Reflexionsprozesse der Schülerinnen und Schüler durch eine/n Geschichtsreferenten/in oder Recherchen im Internet. Die Geschichte der Herkunftsländer der Jugendlichen wird beleuchtet und in Zusammenhang gebracht mit dem Schicksal und den Geschichten ihrer Eltern und Großeltern. Sie nehmen wahr, dass Weltreiche, wie z.B. das Osmanische Reich oder die Sowjetunion, zerfallen und neue Ländergrenzen und politische Machtkonstellationen entstehen. Sie erkennen, dass ihr Leben hier und heute eingebunden ist in weltweite Migrationsbewegungen. Ihr neu erworbenes Wissen und ihre Erkenntnisse verarbeiten sie in Szenen für die Abschlusspräsentation.

Im letzten Baustein beschäftigen sich die Jugendlichen damit, was sie in zehn Jahren erreicht haben wollen und wie ihnen die Fähigkeiten, die sie aus zwei Kulturen gewonnen haben, dabei von Nutzen sein können. Durch diesen Transfer ihrer Erkenntnisse in Ihre persönliche Zukunft wird der Prozess abgerundet. Aus dem gefundenen Material, den Fragen und Antworten erstellen die Schülerinnen und Schüler ihre öffentliche Präsentation, bei der sie Erzählung, Rollenspiel, Tanz, Lieder oder auch Briefe, Bilder und Videosequenzen einsetzen können.

Das Junge Nationaltheater Mannheim – Theatergruppen, die nicht nur Inseln sind

Marcela Herrera: Das Junge Nationaltheater Mannheim wurde vor sechs Jahren gegründet. Ziel war es, Theaterkurse für Kinder und Jugendliche am Nationaltheater zu etablieren, in denen sich die Bevölkerungsstruktur Mannheims mit ihren unterschiedlichen ethnischen, kulturellen und nationalen Hintergründen abbilden sollte. Die Theaterkurse finden über die gesamte Spielzeit hinweg und in den Ferien statt. Jugendliche und Kinder aus bildungsfernen Schichten erreichen wir, indem wir mit Grundschulen und Jugendinitiativen zusammenarbeiten, die sich in sozialen Brennpunkten befinden. Am Ende der Spielzeit führt jede Gruppe ihre Produktion beim großen Abschlussfestival aller Theaterkurse beim „Jungen Theater im Delta" auf. Die Kinder und Jugendlichen sehen die Inszenierungen der jeweils anderen Teilnehmer/innen. Auf diese Weise schaffen wir ein Forum, in dem Kinder und Jugendliche über das Theater einander als Künstler/in begegnen können. Es ist sehr erstaunlich, beobachten zu können, mit wie viel Respekt die jungen Künstlerinnen und Künstler einander zuschauen. Ihre Neugier, auch die anderen kennen zu lernen, erwacht. Die Geschichten der Kinder und Jugendlichen haben trotz der unterschiedlichen Lebensumstände viel gemeinsam: Es handelt sich häufig um Helden, die sich einer Aufgabe stellen müssen oder wollen. Es sind Geschichten der Rebellion, der Emanzipation und der Suche nach einem Lebensweg.

> **Junges Theater im Delta**
> Die drei Eckpfeiler des Projekts „Junges Theater im Delta" sind das Nationaltheater Mannheim, das Theater und Philharmonische Orchester der Stadt Heidelberg und das Theater im Pfalzbau Ludwigshafen. Sie stellen bei einem großen Theatertreffen ihre kontinuierliche theaterpädagogische Arbeit aus Jahres- und Ferienkursen gemeinsam der Öffentlichkeit vor. Kinder und Jugendliche präsentieren, woran sie in den letzten Monaten gemeinsam mit ihren Spielleitern gearbeitet haben. Das Treffen findet seit 2006 abwechselnd an einem der drei Theater-Standorte statt. 2009 soll es erstmals an allen drei Standorten gleichzeitig ausgetragen werden.
> *www.schnawwl.de/jnt/ junges_theater_delta.php*

Nach sechs Jahren fängt das Junge Nationaltheater an, Früchte zu tragen. Ehemalige Grundschulkinder, die in der vertrauten Umgebung ihres Stadtteils angefangen haben, Theater zu spielen, machen nach Beendigung der Grundschule – unabhängig von der Entscheidung erwachsener Personen – am Jungen Nationaltheater weiter. Sie nehmen jetzt ein außerschulisches Angebot wahr.

Dort treffen sie auf Kinder und Jugendliche aus anderen Stadtteilen, denen sie vielleicht ansonsten nicht begegnet wären. Viele von ihnen lassen sich beim Start neuer Theaterkurse neugierig auf die immer wieder wechselnden Gruppenkonstellationen ein.

Alle Theaterkurse des Jungen Nationaltheaters finden in den Räumlichkeiten unserer Kooperationspartner in den sozialen Brennpunkten statt. Das bedeutet, dass die Kinder aus den sozial weniger auffälligen Stadtteilen in den „Problemvierteln" proben. Das Nationaltheater bildet hier eine räumliche Brücke zwischen den Stadtteilen Mannheims. Die Proberäume sind von uns theatermäßig ausgestattet worden und bilden einen neutralen Raum, den es zu erobern gilt. Denn unabhängig von der sozialen, kulturellen, ethnischen oder nationalen Herkunft der Kinder und Jugendlichen haben sie eines gemeinsam: Die Theaterkunst ist ihnen am Anfang noch fremd. Und die alten Theaterhasen unter ihnen wissen, dass jede neue Gruppe ein Abenteuer ist und ein ganz eigenes künstlerisches Produkt hervorbringt, welches man nicht unbedingt vorhersehen kann. Man fängt also immer wieder neu an.

Der Proberaum bietet den Jugendlichen einerseits einen geschützten Raum, der auch notwendig ist, um sich frei darin zu fühlen und zu agieren. Auf der anderen Seite sollte ein Theaterpädagoge diese „kleine Insel" mit Brücken, Fähren und Flugzeugen in die große weite Welt versehen. Die künstlerische und menschliche Herausforderung an den Spielleitenden und die Gruppe liegt darin, immer wieder neue Zusammenhänge untereinander, zum Publikum und innerhalb der Inszenierung zur Welt zu schaffen. Dazu gehört es auch, sich selbst und andere in einen anderen Kontext versetzen zu können. Um hierfür Rahmenbedingungen zu schaffen, muss das Junge Nationaltheater dafür sorgen, dass sich die Jugendlichen und Kinder in immer wieder neuen Zusammenhängen begegnen können. Das Wissen und die Erfahrung, dass ein Kontext nicht „naturgegeben" ist, macht es möglich, auch das eigene Leben als gestaltbar zu begreifen.

„Helden reisen" – ein theaterpädagogisches Projekt im Rahmen des Jungen Nationaltheaters Mannheim

Angelika Staudt: An der Theatergruppe nehmen 13 Grundschüler/innen der Neckarschule, die in einem sozialen Brennpunkt liegt, teil. Die Theater-AG findet wöchentlich zwei Stunden statt. Jedes Kind der Theater-AG hat seine Wurzeln in einem anderen Herkunftsland: in Deutschland, Ecuador, Griechenland, Italien, Korea, Libanon, Polen, Sri Lanka, Serbien, Spanien, Togo und der Türkei. Zu Beginn erzählte jedes Kind ein Märchen aus seinem Kulturkreis und wir arbeiteten heraus, wie die Handlung jeder Geschichte vorangetrieben wurde: Die Hauptpersonen mussten etwas für sie Wichtiges lernen und dabei Schwierigkeiten überwinden. Die Thematik, „ein Held zu werden", aus einer Geschichte der griechischen Antike sprach die Kinder am meisten an und so überlegten wir, welche Figuren sie gerne spielen würden und in welchen Fähigkeiten sich ihre Heldenhaftigkeit ausdrücken könnte. Es waren vor allem soziale Fähigkeiten und Eigenschaften, die sie benannten, wie nett und hilfsbereit zu sein, Menschen richtig kennenlernen zu wollen und nicht schlecht übereinander zu reden, sich gegenseitig zu unterstützen, andere zu schützen und Schwachen zu helfen, stark zu sein, um sich selbst beschützen zu können und erfolgreich zu sein. Dann überlegten wir gemeinsam, welche ihrer jetzigen Verhaltensweisen konträr dazu liefen. Diese Spannweite zwischen negativem und positivem Verhalten bestimmte den Entwicklungsprozess jeder Figur im Stück und die waren bunt gemischt. Über den Verlauf von zwei Jahren hinweg entwickelten wir unser Theaterstück über Improvisationen. Die Kinder wechselten in ihrem Spiel unbefangen zwischen märchenhaften Elementen und solchen aus der Realität: die EC-Karte zum Bezahlen eines Zaubertranks; Computertechnologie im Auto; sich von einem Ort zum anderen beamen; Internetrecherchen, um die Zusammensetzung eines Zaubertranks herauszubekommen. Es entstanden viele Momente mit einer einzigartigen Situationskomik und solche voller Weisheit. Die Streitereien unter den Kindern, die darüber entstanden, dass die Jungs das Sagen haben wollten und sich die Mädchen weigerten weiterzuspielen, wurden als zweite Ebene in das Stück eingebaut, ebenso die Lösungen, welche die Kinder für die Streits fanden. Die Arbeitsatmosphäre war spielerisch und von klaren Regeln geprägt. Unterschiedlich zu sein wurde als Qualität erkannt, denn sie war die Quelle für den Reichtum an Phantasie, der die Inszenierung auszeichnete. Gleichzeitig lernte jedes Kind, die Grundregeln einzuhalten, damit das Theaterstück funktionieren konnte. Aus einer wuseligen, chaotischen Truppe entwickelte sich ein Team, in dem jeder lernte, Raum einzunehmen und anderen Raum zu geben. Und das war für sie ein großer Lernschritt, gemessen an den sozialen und familiären Verhältnissen, aus denen sie kommen. Auf die Frage, was sie durch das Theaterspielen Neues gelernt habe, meinte Hadil (9 Jahre): „Dass jeder Mensch etwas Besonderes ist."

Anmerkungen

Informationen zu „Geschichte & Geschichten" finden Sie unter: http://www.idaev.de/mediathek.htm; http://www.ups-schulen.de/forum/08-1-2/42.pdf; http://www.qrage-online.de; http://www.migration-online.de/biblio._aWQ9NjUz_.html (letzterZugriff: 17.3.2009).

Barbara Weber, geb.1952

Kulturmanagerin,
Leiterin verschiedener Dialogprojekte

Ruthild Hockenjos, geb. 1945

Religionslehrerin i.R., Initiatorin der Werkstatt
Religionen und Weltanschauungen Berlin

Barbara Weber / Ruthild Hockenjos
Dialog und Demokratie.
Werkstatt Religionen und Weltanschauungen

In einem dialogischen Einstieg stellen wir den Ansatz unserer Dialogarbeit vor und geben Einblicke in konkrete Projektbeispiele. Im Mittelpunkt unserer Arbeit stehen ethische Fragen der Demokratie, die wir im Dialog mit unterschiedlichen Religionen und Weltanschauungen seit 2001 bearbeiten. Dabei werden Fragen aufgeworfen: Was ist Integration? Welchen Zusammenhang gibt es zwischen Integration, gesellschaftlichem Dialog und Dialogarbeit? Was sind die Kernbausteine von Dialogarbeit? Was verstehen wir unter gesellschaftlichem Dialog? Ergänzend zu diesen Fragen stellen wir zehn Thesen zur Integration zur Diskussion.

Was hat uns zur Dialogarbeit gebracht?

Barbara Weber: Wie bist du darauf gekommen, Dialoge zu organisieren?

Ruthild Hockenjos: Im Grunde aus einem persönlichen Impuls. Rückblickend sehe ich ein mühsames, fast lebenslanges Ringen um ein dialogisches Miteinander. Die Gratwanderung zwischen Dominanz und Dialog zieht sich wie ein roter Faden durch mein Leben: Einerseits ein ständiges Kämpfen gegen männliche Dominanz in meinem Arbeitsbereich Kirche, aber auch im gesamtgesellschaftlichen wie im familiären Bereich, andererseits die Auseinandersetzung mit eigener Dominanz.

Das Erfahren und Erleben dialogischer Strukturen wurde für mich meine persönliche Befreiungsgeschichte: Das dialogische Prinzip des gleichberechtigten, respektvollen Miteinanders stellte mein Gottesbild, meine Theologie, mein Arbeitsfeld Religionsunterricht und mein familiäres Umfeld auf den Kopf. Schließlich führten die Erfahrungen mit Kreuzberger Hauptschülern/innen dazu, Religion (und Weltanschauung) in ihrer Vielfalt kennenzulernen und sie nicht als Bedrohung und Beeinträchtigung, sondern als Herausforderung und Chance zu begreifen. Jetzt zu dir: Warum bist du in die Dialogarbeit eingestiegen?

Barbara Weber: Das, was ich heute damit verbinde, hat auf jeden Fall schon 1990 angefangen, als ich meine Arbeit im Bereich „Interkulturelle Arbeit" im Kultur- und Kommunikationszentrum Pavillon in Hannover aufgenommen habe. Als ich nach mehr als acht Jahren diese Arbeit beendete, schlug ich vor, den Bereich umzutaufen und ihm den Namen „Minderheiten" zu geben. Denn unsere Gesellschaft besteht aus vielen verschiedenen Minderheiten. Oder kann mir jemand sagen, was die Mehrheit ausmacht? Was verbindet die konservative CDU-Wählerin aus Kirchrode mit dem Punk aus der Nordstadt, was die junge Generation mit der alten, die Konsumkids mit den Leuten, die im Öko-Versand bestellen, was die Putzfrau aus dem Krankenhaus mit der Business-Aufsteigerin, was die Leute, die auf der Ausfallstraße Autorennen veranstalten, mit der Frau aus dem Fahrrad-Club, was verbindet den religiösen Moscheegänger mit dem linkspolitischen Intellektuellen aus Istanbul, was?

Je mehr sich die Gesellschaft in immer kleinere und in sich abgeschlossene Minderheiten von Identitäten ausdifferenziert, je mehr die Grenzziehungen für den Einzelnen in seiner Individualität klarer werden, desto mehr wird die Dominanz einer vorherrschenden Mehrheitsmeinung ad absurdum geführt. Gerade die Gesellschaft der „Ichs" bringt die Herausforderung hervor, die von ihr selbstständig produzierten Grenzen wieder zu überwinden. Sie stellt die alte Frage neu und in neuer Brisanz: Wie wird aus den vielen Einzelnen eine Gesamtheit? Was sind die verbindenden Elemente der demokratischen Gesellschaft?

Seltsamerweise gibt es aber immer wieder Menschen, die alles über die anderen zu wissen glauben, vor allem wenn es sich um Zugewanderte handelt. Je unübersichtlicher die Situation, desto holzschnittartiger sind die Theorien und die politischen Diskurse über Zuwanderung. Die Menschen, mit denen ich seit Jahren zu tun habe, kommen in den öffentlichen Debatten nicht vor. Meine innere Spannung zwischen der erlebten Wirklichkeit und den öffentlichen Debatten ist immer größer geworden. Es ist wie im Hase-und-Igel-Spiel, immer ist schon jemand da, der „alles" über die „Anderen" weiß, ohne je mit ihnen gesprochen zu haben.

Die Integrationsdebatte ist zum Verschiebebahnhof von emotionalen Versatz-stücken geworden. Was man nicht mehr gebrauchen kann, wird munter anderen Menschen zugeschrieben. Über Themen wie Kopftuch, Sprachprobleme und jugendliche Straftäter/innen sind in den vergangenen Jahren Bilder von Zuge-wanderten konstruiert worden, die permanent die Gesellschaft von Problemen entlastet und sie Zuwanderern „an die Identität klebt". Ich wollte – und will –, dass die verschiedenen Menschen dieser Republik zu Wort kommen und sich wie Subjekte verhalten können, dass sie öffentlich sprechen können, statt von an-deren beschrieben zu werden.

Aber wie hat es angefangen, wie kam es zur Gründung der „Werkstatt Reli-gionen und Weltanschauungen"?

Ruthild Hockenjos: Es gab Beispiele in anderen europäischen Ländern, mit denen wir uns auseinandergesetzt haben, und wir führten eine Debatte um unterschiedliche Konzepte von Dialog. So entstand die Idee einer „Werkstatt Religionen und Welt-anschauungen" (WRW). Eine kulturell und religiös immer vielfältiger werdende Landschaft in Berlin forderte uns dazu heraus, einerseits Materialien für den schulischen Gebrauch zu finden und anderer-seits selbst mit Angehörigen unterschiedlichster Religionen und Weltanschauungen ins Gespräch zu kommen. Der Plan, in eigenen Räumen eine reale Lernwerkstatt mit materieller und personeller Aus-stattung einzurichten, scheiterte an der Finanzie-rungsfrage. Stattdessen entwickelte sich aus dieser Ursprungsidee eine Dialogrunde von 15 bis 25 Be-teiligten, eingebunden und unterstützt durch die „Berliner Werkstatt der Kulturen". Seit 1998 erar-beitet sie Themen, sammelt und veröffentlicht Materialien und führt jährlich eine Fachtagung durch. Ich glaube, es ist wichtig, auf eine Besonder-heit hinzuweisen: Auch wenn wir mit Angehörigen verschiedener Religionen und Weltanschauungen sprechen, führen wir nicht einen theologischen interreligiösen Dialog, der sich vorrangig mit der Übereinstimmung oder Nichtübereinstimmung von heiligen Schriften und Wahr-heiten beschäftigt. Wir führen vielmehr einen gesellschaftspolitischen Dialog mit Menschen, die von verschiedenen Wahrheiten ausgehen.

Werkstatt der Kulturen

Die Werkstatt der Kulturen ist eine Berliner Institution, die der Vielfalt „migrantischer" und minoritärer Kultur-, Kunst- und Aktionsformen eine Plattform bietet. In enger Zu-sammenarbeit mit Kuratorinnen und Kuratoren aus den unterschied-lichsten kulturellen, ethnischen und künstlerischen Milieus der Stadt Berlin werden Musik-, Kultur-, Film- oder Wortveranstaltungen präsen-tiert und gemeinsam mit Koopera-tionspartnern ein- oder mehrtägige Veranstaltungsformate entwickelt. Darüber hinaus haben Kunst- und Kulturschaffende, Vereine und Pri-vatpersonen die Möglichkeit, die Räumlichkeiten der Werkstatt der Kulturen anzumieten, um sich mit ihren Projekten der Öffentlichkeit zu präsentieren.
www.werkstatt-der-kulturen.de

Die „Werkstatt Religionen und Weltanschauungen"

In der „Werkstatt Religionen und Weltanschauungen" (WRW) treffen sich Angehörige unterschiedlichster Religionen monatlich zu einem gleichberechtigten, demokratischen Dialog, bei dem nicht über Religion, sondern aus der Perspektive unterschiedlicher Religionen und Weltanschauungen über ein jährlich gemeinsam gewähltes Thema gesprochen wird. Beteiligt sind zurzeit Angehörige von Bahá'i, Buddhismus, Hinduismus, Islam (Sunniten, Sufis), Judentum und weltlichem Humanismus sowie Christen (evangelische, katholische, russisch-orthodoxe, Mitglieder der afrikanischen Freikirche), Sikhs und Yeziden; die Beteiligten sind nicht offizielle Vertreter/innen ihrer Glaubens- und Weltanschauungsgemeinschaft, sondern auskunftsfähige Angehörige.

Gegenseitiger Respekt ist die Basis unserer Dialoge; wir erzählen biografisch zum Thema mit dem Ziel, voneinander zu lernen; dabei geht es nicht um die Annäherung an „eine Wahrheit", sondern um viele Wahrheiten.

In einem Prozess des Aufeinander-Hörens, gegenseitigen Wahrnehmens und Verstehens kommen persönliche Erfahrungen, Orientierungen und Brüche zu Wort. In ihnen entdecken wir unsere Prägungen und Optionen, seien sie religiöser Natur oder nicht. Ziel unseres Austausches ist es, nicht nur miteinander ins Gespräch zu kommen, sondern diese Sichtweisen öffentlich sichtbar zu machen und gemeinsam öffentliche Dialoge zu veranstalten.

Pro Jahr wird eine Fachtagung für Lehrerinnen und Lehrer organisiert. Auch bei diesen Tagungen werden Möglichkeiten zum Dialog angeboten. Wir stellen uns jedes Mal neu die Frage: Wie können möglichst viele Menschen direkt miteinander ins Gespräch kommen? Themen waren bisher: „Advent und Ramadan – stille Zeiten und Fastenzeiten in den Religionen", „Leben, Sterben und Bestatten", „Erwachsenwerden", „Geschlechterrollen", „Identität". Zu den Themen „Leben, Sterben und Bestatten", „Erwachsenwerden" und „Geschlechterrollen" haben wir Material-Broschüren bei der Bundeszentrale für politische Bildung herausgegeben (siehe Literaturhinweise). Der Kern dieser Broschüren sind die überarbeiteten Dialoge, wir ergänzen sie mit Textauszügen, Literaturempfehlungen und Hintergrundinformationen. Die erste Broschüre ist inzwischen vergriffen; „Erwachsenwerden" wurde nachgedruckt, „Geschlechterrollen" erschien im Herbst 2007. Zurzeit arbeitet die WRW am Thema „Identität und Arbeit". Darüber hinaus haben wir ein Konzept für eine Eltern-Dialog-Werkstatt entwickelt, für das wir leider noch keine Finanzierungsmöglichkeit gefunden haben.

Kernbausteine des Dialogs

Gleiches Recht Verschiedener

Der grundlegende Zugang zum Dialog ist die Anerkennung des Anderen als gleichberechtigter Partner. Wenn die Beteiligten sich nicht gegenseitig ernst nehmen und anerkennen, kann der Dialog nicht beginnen. Der Stärkere führt mit dem Schwächeren keinen Dialog, sondern er versucht, ihm seine Weltsicht aufzudrängen, ihn zu definieren oder ihn zu verdrängen. Der Schwache wiederum igelt sich ein, schließt sich in seine Meinung ein und schützt sich.

Der Dialog ist ein Weg, um mehr Gleichberechtigung herzustellen, denn Gleichberechtigung ist nicht einfach vorhanden. Es ist wichtig, sich diese Situation klarzumachen, um daraus Konsequenzen zu ziehen. Der Vertrauensraum, der in der Gruppe entwickelt wird und wächst, ist Bedingung für den Dialog.

Respekt

Achtung und gegenseitige Wertschätzung sind daher unverzichtbare Bestandteile des Gesprächs. Das Wort Respekt kommt von: zurückschauen, widerspiegeln, achten, sich gegenseitig beachten. Respekt hat mit Distanz zu tun, mit Entfernung zum Gegenüber und mit Anerkennung der Grenze des Anderen. Man kann Respekt einfordern und dem anderen Respekt zollen. Respektvoller Umgang miteinander wirkt auf beide Seiten zurück: Das respektvolle Gespräch schützt beide Seiten vor Verletzung und wahrt die Integrität des Einzelnen. Jeder kann offen sprechen, wenn die Grenzen respektiert werden.

Zuhören und sprechen

Resonanz ist das Schlüsselwort, das beide Seiten verbindet: Warum sollen wir sprechen, wenn uns niemand zuhört? Warum sollen wir zuhören, wenn nichts gesagt wird? Jeder weiß, dass ein zugewandter und aufmerksamer Zuhörer Dinge entlockt, die wir einem anderen versagen, dass es Situationen gibt, die uns die Sprache verschlagen. Wir können sprechen, ohne etwas zu sagen, ohne uns den Zuhörenden zu öffnen, und wir können zuhören, ohne unserem Gegenüber Aufmerksamkeit zu widmen und ohne uns mit ihm oder ihr auseinanderzusetzen. Zuhören und Sprechen ohne Resonanz sind alltäglich, weit verbreitet und eben kein Dialog. Offenheit, das Zulassen einer persönlichen Ebene im Gespräch, Zeit, um eigene Gedanken zu formulieren, Raum für unterschiedliche Beiträge, je nach Temperament emotional und rational gefärbte Beiträge – alles das ist wichtig und nötig, um zu einer Gemeinsamkeit zu gelangen. Es ist nicht nur das gesprochene Wort, das den Dialog zum Dialog macht, sondern das, was in dem Raum zwischen den Beteiligten passiert.

Fragen und antworten

Der Dialog lebt von den Gegensätzen, von dem Anderen, das erkundet werden möchte, es ist eben die Fremdheit, die Fragen provoziert. Hier liegt die Herausforderung für den Lernprozess. Wer im Dialog nicht erwartet, etwas zu erfahren, etwas „Neues" zu entdecken, beginnt ihn nicht. Die unterschiedlichen Erfahrungsfelder der Gesellschaft, die Einbindungen in verschiedene Sinnhorizonte, die Verwurzelung in den unterschiedlichen Kulturen stellen eben beides her: Abgrenzung und Neugier, Absicherung und den Wunsch, das Andere zu verstehen, Angst und das Interesse am Gegenüber. Die Grundvoraussetzung des Verstehens ist die Fragehaltung: Wir müssen dem Anderen sagen, was wir nicht verstehen, und seine Antwort abwarten – und respektieren. Der Respekt verlangt, den Anderen aus seinem Selbstverständnis zu verstehen, aus dem, wie er seine Identität definiert. Eines der größten Missverständnisse in Bezug auf die Praxis des Dialogs ist ein vorschneller Kurzschluss aus oft formulierten Dialogzielen. Auch wenn dialogisches Arbeiten Zusammenhänge stiften soll, geht es zunächst um den Konflikt, um den Widerspruch, um das Verstehen des Anderen, des Fremden – in seiner Fremdheit, aus der Fremdheit heraus.

Wahrheit und Wahrnehmung

Wir sagen nicht die Wahrheit, sondern unsere Wahrheit. Der Gegensatz zur Wahrheit ist in diesem Fall nicht die Lüge, sondern die Existenz vieler Wahrheiten in einer Gesellschaft, und diese unterschiedlichen Wahrheiten stehen im Dialog nebeneinander. In einem Dialog gibt es keine Pflicht zur Übereinstimmung, keine Pflicht zum Kompromiss, der Dialog geht von der Existenz verschiedener Wahrheiten aus, denn aus dem Gegenüber der Unterschiede entsteht der Dialog, er ist ein Prozess – in dem beides verankert bleiben muss: Herstellung von Übereinstimmung und das Erkennen von Nichtübereinstimmung – als Herausforderung, um weiter im Dialog zu bleiben.

Demokratie und Dialog – 10 Thesen

Wenn man Dialogprozesse mit Akteuren aus verschiedenen Kulturen und Religionen organisiert, ist es äußerst wichtig, sich ein Fundament zu schaffen, von dem aus man immer wieder seine eigene Position überprüfen kann. Klarheit bietet die Orientierung an demokratischen Grundfragen. Wir können über vieles reden – aber wir müssen uns an dem orientieren, was uns alle verbindet: unsere gemeinsame Gesellschaft. Die individuellen Fragestellungen im Dialog werden dann für alle fruchtbar, wenn die Frage nach dem Zusammenleben als Gesellschaft im Mittelpunkt bleibt, erst dann werden sie zu politischen Fragen. Die anschließenden Thesen sind unser Vorschlag für Orientierungspunkte, um die eigene Praxis immer wieder zu hinterfragen und zu positionieren.

1. Integration bedeutet „Wiederherstellen eines Ganzen" und ist vom Grundsatz her auf die ganze Gesellschaft gerichtet, also Gesellschaftspolitik. Integrationspolitik ist darauf aus, die Gesellschaft immer wieder zu einer „ganzen" Gesellschaft zu machen, sie immer wieder neu für die Verschiedenen, die in ihr leben, zu formen.

2. Ausgangspunkt von Integrationspolitik in einer Demokratie kann nur die Basis unserer Republik sein: unsere Grundrechte und die Realisierung dieser Grundrechte für die Menschen in diesem Land.

3. Im Mittelpunkt der Politik steht der Mensch in seiner Situation in der Gesellschaft. Politik setzt sich mit den Verhältnissen, in denen Menschen leben, auseinander und nicht mit ihrem persönlichen Verhalten.

4. Das persönliche Verhalten des Menschen liegt in seiner persönlichen Verantwortung und ist mit der Freiheit der Person verbunden. Die Freiheit des Denkens, der Meinung und des Glaubens gehört zum Grundwesen der Demokratie und wird nur eingeschränkt, wenn der „Andere" durch diese Freiheit in seiner Freiheit eingeschränkt wird. Freiheit definiert sich deshalb immer neu durch die abwägende Interpretation einzelner Grundrechte und die Schlussfolgerung daraus. Im konkreten Konflikt stehen die Rechte des Einen gegen die Rechte des Anderen und die Urteilskraft entscheidet. Unsere politischen Verhältnisse, unsere Verfasstheit bedeuten für den Einzelnen die Freiheit des Fühlens der eigenen Identität und der eigenen Werte.

5. Wenn wir auf die Gesellschaft einwirken wollen, sie integrieren wollen, müssen wir uns zunächst ein Bild von ihrem Zustand machen, an Urteilskraft gewinnen und so eine Basis für unser Handeln ermitteln.

6. Was uns die Sicht verstellt, ist ein Blick auf Menschen, der darauf fixiert ist, in den Anderen das Fremde zu sehen, anstatt das, was den Vielen gemeinsam ist.

7. Vorurteile sind gefährlich, weil sie diffamieren, im Wortsinn: trennen. Vorurteile trennen den Menschen aus der eigenen Gesellschaft heraus und bürden ihm die Probleme in seiner Individualität oder in seiner diffamierten (abgetrennten) Gruppe auf. Außerdem entpolitisieren sie, weil sie die Probleme im Individuum ansiedeln und damit die Basis der Politik d.h. die eigentliche Gestaltungsmöglichkeit von Gesellschaft verlassen.

8. Integrationspolitik kann nur bedeuten, die Gesellschaft auf etwas Neues hin zu orientieren. Eine Form zu entwickeln, die wir eben heute gerade nicht vorfinden, aber suchen, um die Freiheit und Gleichheit auf der Basis von Grundrechten für die Vielen in ihrer absoluten Verschiedenheit zu verwirklichen.

9. Integrationspolitik kann gelingen, wenn die Menschen, die zusammen in einer realen Welt leben, mit anderen über sie reden, Vorurteile überwinden, eigene Urteilskraft entwickeln und neue Möglichkeiten erkennen.

10. Integrationspolitik kann und muss die Initiative ergreifen, um unsere Gesellschaft immer wieder gemeinsam neu zu gestalten. Das ist die Basis für etwas, das nur dem Menschen eigen ist: das Handeln.

Literaturhinweise

Dhority Hartkemeyer, Miteinander denken. Das Geheimnis des Dialogs, Stuttgart 1989; als Bezug auf die konkrete Methodik dialogischer Prozesse.

Kofi Anan (Hrsg.), Brücken in die Zukunft, Frankfurt a.M. 2001; das von 19 ausgewählten Personen verfasste Manifest der Vereinten Nationen stellt die Methodik und Bedeutung des Dialogs für das Zusammenleben von unterschiedlichen Kulturen im globalen und regionalen Zusammenhang vor.

Dan Bar-On, Die „Anderen" in uns, Dialog als Modell der interkulturellen Konfliktbewältigung, Hamburg 2001; der israelische Psychoanalytiker hat aus seinen Dialogen zwischen Kindern von Holocaust-Opfern und Kindern von Holocaust-Tätern und seinen Dialogen mit Juden und Palästinensern ein Dialogmodell der Konfliktbewältigung entwickelt.

Klaus Lefringhausen, Integration mit aufrechtem Gang. Wege zum interkulturellen Dialog, Wuppertal 2005; eine Dokumentation eines Projektes in NRW, in dem aus einem Prozess mit 400 Dialoggruppen das „Bündnis für Integration" entwickelt wurde.

Martin Buber, Ich und Du, Stuttgart 2001, 11. Aufl.; der Klassiker des Dialogs.

Hannah Arendt, Was ist Politik, München 2003; zum Thema Integrationspolitik.

Themen und Materialien. Erwachsenwerden vor dem Hintergrund unterschiedlicher Religionen und Weltanschauungen, Bundeszentrale für politische Bildung, Bonn 2004.

Ursula Röper / Ruthild Hockenjos (Hrsg.), Themen und Materialien. Geschlechterrollen vor dem Hintergrund unterschiedlicher Religionen und Weltanschauungen, Bundeszentrale für politische Bildung, Bonn 2007.

Dorothee Wenner, geb. 1951

Freie Filmemacherin und Autorin,
Delegierte der Internationalen Filmfestspiele
Berlin für Indien und Subsahara-Afrika

Dorothee Wenner
Unser Ausland. Ein Film- und Ausstellungsprojekt

Das Problem ist, dass hierzulande in der Debatte um Migration, Multikultur und Integration die nichtdeutschen Mitbürger/innen immer mit Problemen in Zusammenhang gebracht werden. Zur „Debatte" gehört natürlich auch, ganz wesentlich sogar, die Darstellung migrantischer Kultur in den meinungsbildenden Mainstream-Medien: Je nach politischem Blickwinkel haben ausländische Deutsche in den meisten TV-Filmen immer nur Probleme – oder sie machen welche.

„Unser Ausland" setzt dagegen

Am Anfang des Projekts stand die Beobachtung, dass mein eigenes Leben ohne ausländische Freunde/innen und Bekannte vergleichsweise öde oder zumindest doch viel ärmer und langweiliger wäre. Beim Nachdenken über dieses Phänomen wurde mir auch das politische Unbehagen über die „Problemfixierung" der Debatte immer bewusster – und ich wollte versuchen, dem etwas entgegenzusetzen. Nichts Weltbewegendes: Es ging schlicht um das Experiment, den Blickwinkel einmal umzudrehen und in Menschen, die mit Wissen und Erfahrungen aus anderen Kulturkreisen in Deutschland leben, Experten für bestimmte Bereiche deutscher Alltagskultur zu sehen. Als „umgedrehte Ethnographie" hat diese Vorgehensweise eine lange wissenschaftliche und künstlerische Tradition, wenn auch eher in Frankreich oder in England als in Deutschland.

Für mein Vorhaben schien es angebracht, die „kleine Form" zu wählen. „Unser Ausland" erschien zunächst als wöchentliche Kolumne in „Die Zeit". Es waren kurze Texte, in denen meine Freunde, Freundinnen oder Bekannte aus jeweils unterschiedlichen Ländern mit dem Hintergrund ihres professionellen oder persönlichen Spezialwissens ihren Blick über deutsche Sitten, Gebräuche und Angewohnheiten z.B. beim Fußball, bei Ehestreitereien o.ä. schweifen ließen. Für die schriftliche Form hatte ich mit den Porträtierten längere Interviews geführt, die an frühere Gespräche und Begegnungen anknüpften, auch aktuelle Beobachtungen flossen ein. Meine Aufgabe war es, ein schriftliches Destillat aus dem Gesagten zu machen, das in Länge und Umfang zur Kolumne und dem vorgegebenen Format passte. Selbstredend erschienen nur solche Texte, die zuvor von den „Expertinnen" und „Experten", zuweilen nach Korrekturen und Überarbeitungen, als gut und richtig angesehen wurden. Einige meiner Freunde hatten es vorgezogen, nicht mit ihrem richtige Namen genannt zu werden, weil sie z.B. Probleme mit ihren Aufenthaltsdokumenten hatten oder, nun ja, auch nicht wussten oder überblickten, welche Konsequenzen so eine Veröffentlichung für sie haben könnte. Schließlich waren die wenigsten von ihnen sogenannte Multiplikatoren bzw. Medienexperten, was natürlich auch den Reiz des Vorhabens ausmachte.

Zwei Beispiele für die konkreten Beobachtungen der Porträtierten: Meinem damaligen Nachbarn, dem Gebäudereiniger Toko Kiezi aus Angola, kam es immer schon komisch vor, dass so viele Deutsche eine Brille tragen müssen. Folgende Erklärung fand er dafür: „Es handelt sich um eine regelrechte Volkskrankheit mit verschiedenen Ursachen. Zum einen sitzen die meisten Leute viel zu nah vor dem Fernseher und zu oft in der Nähe von elektrischen Lichtquellen. Schlimmer aber noch ist die Tatsache, dass sich hierzulande schon die Kleinkinder sehr viel wünschen, was sie nicht bekommen können. Dadurch staut sich die Imagination, was zunächst nur Kopfschmerzen bereitet, mit zunehmendem Alter aber auch oft zu Augendeformationen führt." Biplab Basu, ein parteiloser Politiker aus Indien, wusste als Experte über deutsche Büromythologien Auskunft zu geben: „Ich habe einige Jahre als wissenschaftlicher Mitarbeiter der PDS im Bereich Ausländerpolitik gearbeitet und hatte dort viel Gelegenheit, den deutschen Büroalltag kennenzulernen. Im Grunde läuft hier alles genauso autoritär ab wie in Indien, doch der Amerikanismus hat dazu geführt, dass die Hierarchien populistisch kaschiert werden. Zum Beispiel durch die großen Büroräume und den kumpelhaften Umgangston wie: ‚Sag mal, Sibylle, wie wär's mit einem Kaffee?' Ich habe auch oft beobachtet, wie sich Bürochefs gerne ganz nah hinter die Stühle der Sekretärinnen stellten, wenn sie einen Auftrag für sie hatten, und bei Gelegenheit dann auch ein Scheibchen Tomate aus deren mitgebrachten Salatschüsseln probierten, weil sie das für ein Zeichen der Vertrautheit hielten. Die Sekretärinnen freuen sich über solche Aufmerksamkeit, denn auch sie glauben ja gerne an den Mythos des egalitären Büros. Gleichzeitig aber meckern sie andauernd, weil sie in der Realität sehr stark die Hierarchie erleben. Ihr Widerstand gegen das System beschränkt sich leider darauf, durch super-perfekte Arbeit unentbehrlich zu werden, mit dem Ziel, die Chefs von sich abhängig zu machen. Aber das führt ja zu keinen Veränderungen und ist wohl nur eine Strategie, um nicht hinauszufliegen."

Über das Echo dieser Miniaturen war ich mehr als überrascht: Es kamen Berge von Leserbriefen, Anfragen zu Nachdrucken, in Dänemark erschien gar ein ganzes Deutschlehrbuch für die Oberstufe mit 20 gesammelten Texten inklusive dänisch-deutschem Vokabelanhang. Als dann irgendwann ein ganzer Aktenordner mit Schulaufsätzen nach dem Format von „Unser Ausland" voll war, die mir deutsche Klassenlehrer/innen mit der Bitte um Veröffentlichung zugeschickt hatten, dachte ich auch selbst über eine Fortsetzung nach – und so entstand das Vorhaben, eine Videoinstallation zu machen, die an wechselnden Orten ausgestellt werden sollte. Es war ein Experiment, mit dem wir auch solche Leute erreichen wollten, die selten oder nie ins Kino gehen.

Naturgemäß ist das Medium Film oder Video nicht nur viel teurer, aufwändiger und komplizierter als die Schriftform – es verlangt von den Mitwirkenden auch ein ganz anderes und ungleich größeres Engagement als die Gespräche für die Zeitungskolumne. Voraussetzung waren Zeit und Lust, aber auch gegenseitiges Vertrauen bei der Entwicklung eines Filmvorhabens, das in einer Grauzone zwischen Fiktion und Dokumentation angesiedelt ist. Fünf der Protagonisten, die schon in der Kolumne für „Die Zeit" dabei gewesen waren, wollten und konnten auch in der Filmfassung mitmachen. Was bei der Rezeption von „Unser Ausland" leider immer etwas untergegangen ist bzw. wenig gewürdigt wurde, waren die individuellen Leistungen der Protagonisten, ihre künstlerische Begabung und ihr ethnografisches Talent. Ich hatte sie ja nicht als irgendwelche Repräsentanten für migrantische Kultur oder als Spezialistinnen und Spezialisten für die Kultur ihrer Herkunftsländer zur Zusammenarbeit eingeladen, sondern als Freunde oder Bekannte und „Experten/innen" für das jeweilige Thema. Für alle am Projekt Beteiligten war es eine Art Spielregel und Motivation, dass alle Protagonisten/innen die Freiheit hatten, nur für sich selbst zu sprechen und sehr persönliche Beobachtungen in den Mittelpunkt stellen zu können.

Im Dokumentarfilm haben sich in den 1960er Jahren zwei „Schulen" herausgebildet, die bis heute maßgeblich das Selbstverständnis und die Arbeitsweise von Dokumentarfilmern prägen. Auf der einen Seite gibt es das damals etwa in den USA und in Deutschland verbreitete „Direct Cinema". Nach dieser Auffassung von Dokumentarfilm gilt es als Ideal, dass die Protagonisten die Kamera und den Regisseur oder die Regisseurin nach einer Gewöhnungsphase wie die „Fliege an der Wand" völlig vergessen – und quasi natürlich agieren. Der französische Filmemacher Jean Rouch hat dazu eine ebenso simple wie radikale Gegenbewegung geprägt: das sogenannte „cinéma vérité". Vereinfacht gesagt ging er davon aus, dass man die Gegenwart einer Filmcrew beispielsweise im Wohnzimmer niemals ignorieren könne und sie deshalb bewusst einsetzen sollte, um Situationen, Gespräche und Aktionen zu evozieren, die im normalen Alltag niemals stattfinden würden. In der dokumentarischen Praxis sind diese beiden Schulen – nach meiner Erfahrung – häufig nicht so weit von einander entfernt, wie es die ideologischen Debatten vermuten lassen würden. Im Fall von „Unser Ausland" jedoch war Jean Rouchs Theorie ein äußerst hilfreiches und wichtiges Konstrukt für das gemeinsame Vorhaben – schließlich ließen sich die Aufgaben vor und hinter der Kamera in diesem Projekt von Anfang an nicht so klassisch trennen wie bei „normalen" Filmvorhaben.

Für die Videoinstallation entstanden im Jahr 2002 insgesamt zehn Filme von je ca. zehnminütiger Länge. Die Expertinnen und Experten kommen aus unterschiedlichen Ländern und arbeiten in unterschiedlichen Berufen. Hier zunächst eine Übersicht über die einzelnen Filme, die Experten/innen und ihre Themen:

- Christo Bakalski aus Bulgarien über das Vereinswesen
- Angela Maung Yin aus Taiwan über Teenager und Familienleben
- Jehangir Mody aus Indien über Gemütlichkeit
- Françoise Cactus aus Frankreich über Männer mit Haarausfall und Blondinenwitze
- Danuta Krzywdziński aus Polen über die Deutschen und ihr Faible für Sauberkeit
- Augustine Tullah aus Sierra Leone über deutschen Autowahn
- Jocelyn Ntikahavuye aus Burundi über die künftige deutsche Elite
- Wladimir Kaminer aus Russland über deutsche Frauen-Retter
- Eui-ok Shuh aus Korea über deutsche Volkskrankheiten
- Marly Borges aus Brasilien über deutsche Samba-Leidenschaft.

Es war mein Anspruch – und meine Aufgabe – zehn sehr unterschiedliche Filme zu machen, die sich zu etwas Ganzem zusammenfügen sollten, zu einem erbaulichen, unterhaltsamen Kaleidoskop zum Thema, ohne jeden Anspruch auf Vollständigkeit. Vor allem ging es darum, für die einzelnen Filme kinematographische Erzählformen und ästhetische Übersetzungen zu finden, die zur jeweiligen Thematik, aber auch zur Persönlichkeit der Protagonisten/innen passen.

Entsprechend haben wir vor allem mit Anleihen und Zitaten aus verschiedenen Film-Genres gearbeitet, um diesen Effekt zu erzielen. Um mit Christo Balkalski und dem Film über das deutsche Vereinsleben als erstem Beispiel zu beginnen: Für den langjährigen Leiter des Bulgarischen Kulturinstituts in Berlin, der selbst als Filmemacher und Produzent tätig ist, schien eine spielfilmähnliche Situation angemessen. Im Laufe der Vorbereitungen war mir schließlich selbst nicht mehr ganz klar, ob Christo das deutsche Vereinswesen toll, schrecklich, absurd, grotesk oder fantastisch fand – und ich wollte diese reizvolle Unsicherheit keinesfalls übertünchen, was Christo natürlich auch niemals zugelassen hätte. Also entschieden wir uns gemeinsam für eine Gratwanderung und besorgten mit unendlichen Mühen Filmaufnahmen, die die Arbeit der damals existierenden 29 (!) deutsch-bulgarischen Vereine dokumentierten. Christo kommentiert im Film die einzelnen Szenen, die als Rückprojektion mit ihm als „Erklärer" und „Deuter" zu sehen sind: „Mir sind viele Dinge und Merkwürdigkeiten im deutschen Vereinsleben aufgefallen – zum Beispiel die ewige Angst vor leeren Sälen, der nie endende Kampf um neue Mitglieder, die spezifisch deutsche Bizarrerie des ‚gemütlichen Beisammenseins' als obligatorischer letzter Tagesordnungspunkt ... Nun, es ist leicht, sich über diese ganze Vereinsmeierei lustig zu machen. Andererseits habe ich inzwischen oft schon erfahren, dass gerade in Vereinen für Leute mit abstrusen Hobbys viel Toleranz entwickelt wird. Darüber hinaus bieten Vereine Platz für die abgefahrensten Kulturveranstaltungen, die dann auch noch von den Mitgliedern mit viel Applaus bedacht werden." Wir beschlossen, die Gründungsversammlung von Christos eigenem Verein „Bulcult e.V." mit diversen Tagesordnungspunkten als narrative Klammer zu benutzen – und so geschah es dann.

Shuh Eui-ok aus Korea, die viel über das Verhältnis der Deutschen zu ihren spezifischen Krankheiten, ihr Verhältnis zu Gesundheit, Krankheit im Allgemeinen, Leben und Sterben nachgedacht hat, ist eine bemerkenswerte Dame. Sie kam mit zehntausenden anderen, sehr gut ausgebildeten koreanischen Krankenschwestern Anfang der 1970er Jahre nach Deutschland. Seither hat sie in vielen deutschen Krankenhäusern gearbeitet und Menschen beim Sterben begleitet; heute praktiziert sie in einer Berliner Gemeinschaftspraxis chinesische Heilkunst und Akupunktur. Für den Film über und mit der vornehmen, gleichwohl lebenslustigen Frau ließen wir uns von medizinischen Ratgebersendungen inspirieren: Der Film beginnt bei gedämpftem Licht in

Eui-oks Praxis und etabliert ihre medizinische Autorität, bevor sie uns durch Krankenhausflure und in die Apotheke führt, aus der sie ihre Kräuter bezieht. Besonders anrührend war der Besuch mit Eui-ok auf dem Friedhof, am Grab einer koreanischen Freundin. Eui-ok brachte der Verstorbenen etwas Essen mit, einen Schnaps und zündete ihr eine Zigarette an. Während der Dreharbeiten kam eine ältere Dame vorbei und die beiden Frauen unterhielten sich darüber, wie sie jeweils mit den Verstorbenen kommunizieren. Das war ein gänzlich ungeplanter Moment, der später im Film ganz nebenbei verdeutlichte, dass die Kommunikation zwischen Menschen unterschiedlicher Herkunft immer noch einfacher ist als zwischen Lebenden und Toten. Eui-ok wie auch die anderen Protagonisten/innen legten bei dem Projekt sehr großen Wert darauf, dass im interkulturellen Vergleich mindestens so viele „Brücken" gebaut wurden, wie Unterschiede zur Sprache kamen.

Der Film mit und über Jehangir Mody dagegen war kompliziert: Der Innenarchitekt aus Bombay, mit einem ausgeprägten Faible für Berlin, wollte sich „wissenschaftlich" dem Phänomen Gemütlichkeit annähern. Doch das Thema entglitt uns zunächst immer wieder – jeder Befragte schien genau zu wissen, was Gemütlichkeit bzw. gemütlich ist, aber jeder hatte äußerst divergierende Vorstellungen davon. Jehangir kam während der Recherche auf die geniale Idee, Gemütlichkeit mit einer Art „Fieberthermometer" zu messen. Eine ins Bild eingeblendete Skala von 1 bis 10 machte Jehangirs Ergebnisse in Sachen Gemütlichkeits-  forschung für die Zuschauer/innen gut nachvollziehbar, egal ob er Inneneinrichtungsläden, Schrebergärten oder Wohnzimmer untersuchte. Der Film wurde zum Publikums-Favoriten – schwierige Themen sind eben oft sehr ergiebig.

Diese Erfahrung machten wir auch gemeinsam mit Augustine Tullah. Der Automechaniker aus Sierra Leone arbeitet in einer KFZ-Werkstatt und damit in einem hochsensiblen Bereich deutscher Mentalitätsforschung. Er kann ein Lied von Deutschen singen, die Probleme mit ihren Autos haben: „Ich habe hierzulande viele Menschen kennengelernt, die in eine extreme Abhängigkeit von ihrem Auto geraten sind. Sie können ohne ihr Auto gar nicht mehr leben, sie lieben es mehr als die Kinder oder die Ehefrau. Ich nenne solche Leute ‚autokrank'. Autokranke kann man beispielsweise samstags in Wasch-Centern gut beobachten, wie sie stundenlang die Felgen ihrer Autos polieren. In meiner Heimat wäre es undenkbar, dass der Besitzer eines BMW selbst sein Auto wäscht – aber hier macht genau das vielen Leuten Spaß." Mit Augustine kamen wir immer wieder auf das

Irrationale im Verhältnis der Deutschen zu ihren Autos zu sprechen. Deutsche seien bereit, einen irrsinnig hohen Preis für ihren Wahn zu bezahlen – letztendlich würden auch Menschenopfer billigend in Kauf genommen. Um dieser Beobachtung nachzugehen, unternahmen wir eine Expedition mit Augustine zu den kultartigen Stätten für Unglücksopfer am Straßenrand einer baumreichen Brandenburger Allee, wo neben Kreuzen oft Plastikblumen, Bärchen und Briefe an die Verstorbenen zu finden sind. Augustine betrachtete die Stätten mit dem gehörigen Respekt – aber auch mit der kritischen Distanz, die man aus Filmen über Afrika kennt, in denen westliche Ethnologen befremdet über exotische Formen von Totenkulten berichten.

Als Videoinstallation war „Unser Ausland" von Beginn an als ein wanderndes Wohnzimmer geplant: die zehn Filme liefen als „loop" bzw. Endlospräsentation in einem großen Fernseher, der in eine Schrankwand eingelassen war. Die wiederum befand sich in einem relativ „echt" eingerichteten Wohnzimmer à la Gelsenkirchener Barock – drei Wände, Gummibaum, Regale mit Nippes, Bildchen, Zeitungsständer. Und Sofas und Sessel, auf die man sich jederzeit mal kurz, für

ein Viertelstündchen, hinsetzen konnte. Oder man blieb und schaute sich fast zwei Stunden lang den gesamten Film an. Es war ein kleiner, auf altmodische Weise gemütlicher Ort, der bewusst ein deutsches Klischee zitierte und so auch Leute anlocken sollte, die weder Cineasten noch Galeriebesucher waren. Deswegen haben wir dieses Wohnzimmer im städtischen Raum jeweils dort aufgebaut, wo Menschen in natürlichen Wartesituationen Zeit haben, Filme zu schauen: in der Schwimmhalle, wo Eltern auf ihre Kinder warten, die sie vom Kurs abholen, am Flughafen, im Shopping-Center, im Erlebnispark, in Krankenhäusern, in der

Industrie- und Handelskammer. Ursprünglich waren für „Unser Ausland" nur zehn Orte in Berlin vorgesehen, an denen das Wohnzimmer Station machte. Erfreulicherweise wanderte „Unser Ausland" dann aber durch die ganze Republik – leider nicht so oft, wie es angefragt wurde, da die Kosten für die Bewachung, den Transport und Aufbau höher waren, als viele interessierte Gastgeber zuerst angenommen hatten. Als Film jedoch tourte „Unser Ausland" auch weit über die Grenzen Deutschlands hinaus.

„Unser Ausland" – Videoinstallation und Film von Dorothee Wenner
Deutschland 2002. 112 Min. Deutsch mit engl. Untertiteln.
Eine Produktion von cine plus, in Zusammenarbeit mit „Gesicht Zeigen!".

Aus dem Gästebuch während der Berliner Tour im Jahr 2002:

Schön, wenn man seine eigenen „Macken" erkennt und darüber lachen kann.

Man muss schon ganz schön schlucken, wenn man sich hier so sieht – aber es ist wirklich herrlich.

Gute Sache, die die Menschen zum Nachdenken anregt und ihnen ihr Gesicht zeigt.

Trotz meiner eigenen Reiselust & meinem persönlichen Interesse an den verschiedensten Kulturen & entsprechendem Austausch ist das hier wirklich sehr bereichernd & lehrreich.

Ich unterrichte Deutsch als Fremdsprache und kann mir vorstellen, dass sich der Film hervorragend für den Einsatz im Unterricht eignet …

Leider haben in der großen Mehrzahl die Deutschen so wenig Talent, sich in andere Mentalitäten und Lebensumstände hineinzuversetzen.

… mal ein anderer Zugang zu diesem Thema.

Wir sind eine Klasse mit 20 Ausländern (nicht ganz – viele sind Aussiedler und haben deshalb die deutsche Staatsbürgerschaft) – also sind wir auch „Experten". Die Beiträge sind ein prima Anlass zu überlegen, was einem selbst in Deutschland auffällt.

Selten soo gelacht. Bin schon zum zweiten Mal da, diesmal mit Gast.

Ein wunderbarer Spiegel, aber so sind wir halt.

Wie wäre es mit einer Fortsetzung? Zum Beispiel Themen wie „Beamtentum", „Fleiß", „Sicherheitswahn"?

Sehr schön: die „volksnahe" Präsentation.

Vielleicht können sich manche Deutsche jetzt mal nicht mehr so ernst nehmen?

Hat sich eigentlich durch den Blick von außen speziell in Berlin etwas geändert? Wahrscheinlich weniger, als zu wünschen wäre. Wir amüsieren uns über das, was die „Ausländer" über uns sagen – und alles bleibt, wie es ist. Schade. Alle rasen und glotzen und spießen weiter.

Sehr interessant, wie wir sind.

Guter, aber erschreckender Einblick in die deutsche Mentalität, ich fühle mich doch eher wie ein Ausländer.

Oh je, ich erkenne mich und will doch nicht so sein …

Dragica Horvat, geb. 1951

*Integrationsbeauftragte der Stadt Göppingen,
langjährige Projekterfahrung im Bereich
interkulturelle Bildung*

Dragica Horvat

Teilhaben – Teil werden. Biografiearbeit in Göppingen

Das Bild von hilflosen, sprachlosen, ausgeschlossenen, ungebildeten, nicht engagierten Migrantinnen und Migranten, die in ihrer „Tradition" (wobei Tradition soziale Immobilität und Verwurzelung in unhinterfragten Werten meint) verharren, ist in der Öffentlichkeit immer noch weit verbreitet. Diese einseitig verzerrte Vorstellung ist nicht nur verletzend für Migranten/innen, sondern auch kontraproduktiv für die Integrationsarbeit. Denn zahlreiche Menschen, die ihre kulturellen Wurzeln außerhalb Deutschlands haben, arbeiten und engagieren sich erfolgreich in unterschiedlichsten gesellschaftlichen Bereichen. Sie tragen mit ihren Kenntnissen und Fähigkeiten zur Entwicklung und zum Wohlstand dieser Gesellschaft bei, und mit ihrem ehrenamtlichen Engagement leisten sie einen wertvollen Beitrag für eine lebendige Demokratie. Sie haben sich „ihren" Platz in dieser Gesellschaft erobert. Doch der Weg dahin war und ist für viele nicht einfach und gradlinig, vielmehr beschwerlich und holprig. Auf der Grundlage dieser Einsichten wurde die Idee geboren, im Rahmen der Interkulturellen Wochen 2007 Beispiele erfolgreicher Partizipation von Zugewanderten in der Gesellschaft darzustellen.

Wahl der Präsentation

Wie präsentiert man die Partizipation am effektivsten? Relativ schnell einigte sich unsere Arbeitsgruppe auf ein Ausstellungsprojekt, weil in einem Ausstellungsprojekt viele Akteure eingebunden werden können, eine Ausstellung ein breites Publikum erreicht, sie relativ ortsungebunden gezeigt werden kann und die Arbeitsgruppe bereits mit einem früheren Ausstellungsprojekt positive Erfahrungen gemacht hatte. Mit dem Projekt wollte man die außergewöhnliche Lebensleistung der ehrenamtlich oder beruflich engagierten Migranten/innen ins öffentliche Bewusstsein rücken und würdigen, um einerseits dem weit verbreiteten defizitär definierten Bild über sie entgegenzuwirken und um andererseits mit guten Beispielen andere Zugewanderte, die an der Gesellschaft noch nicht so aktiv teilhaben, zu ermutigen. Diese Grundüberlegungen finden sich auch in dem Motto „Teilhaben – Teil werden!" wieder, das gleichzeitig die Partizipation und die Akklamation dazu beinhaltet.

Biografische Methode

Die Darstellung des Engagements sollte sowohl für die Dargestellten als auch für die Betrachter ein Gewinn sein. Deshalb wurde die biografische Methode gewählt. Die Biografiearbeit stellt den einzelnen Menschen in den Mittelpunkt und macht auf seinen Wert aufmerksam. Die veröffentlichte Biografie ermöglicht es den Rezipienten/innen, dem Erzählenden Respekt und Verständnis entgegenzubringen. Damit die Erzählenden auch als Individuen begreifbar und lebendig werden, müssen sie für die Ausstellung visualisiert werden. Professionelle Porträtaufnahmen, die die individuelle Persönlichkeit und die Präsenz der Porträtierten einfangen, sind wesentlich für die Sympathie und für eine angemessene Intimität beim „ersten Blick" verantwortlich.

Auswahlrahmen

Um in der Ausstellung einen breiten Bevölkerungsquerschnitt präsentieren zu können und um zu demonstrieren, dass engagierte Migrantinnen und Migranten in vielen Lebensbereichen zu finden sind, wurden Prämissen für die Auswahl der Interviewpartner/innen gesetzt: Berücksichtigt wurden das Geschlecht, die Altersgruppe, die Herkunft, die Gründe für den Aufenthalt in Deutschland und die Lebensbereiche.

Die Suche nach engagierten Menschen, zunächst als schwierig eingestuft, erwies sich als der einfachste Teil des Projekts. Hierbei war die vertrauensvolle Zusammenarbeit mit den ethnischen Vereinen wertvoll. Ihre Vertreter/innen wussten gleich, wer von ihren engagierten Landsleuten vorgestellt werden sollte, und stellten Kontakte mit ihnen her. Als ein Bericht über das Vorhaben im städtischen Amtsblatt veröffentlicht wurde, kamen viele Tipps. So waren bereits in der Vorbereitung die Einwohner/innen breit einbezogen. Die Kontaktaufnahme verlief äußerst erfolgreich. Auf sechzehn Anfragen erfolgte nur eine Absage. Alle anderen erklärten sich spontan bereit, am Projekt mitzumachen.

Projektverlauf

Die fünfzehn Interviewpartner/innen, die ausgewählt wurden, haben alle zweierlei gemeinsam: die kulturellen Wurzeln außerhalb Deutschlands und das außerordentliche ehrenamtliche bzw. berufliche Engagement. Sie gehören unterschiedlichen Generationen an und üben verschiedene Berufe aus. Manche besitzen die deutsche Staatsbürgerschaft, andere nicht. Sie kommen aus verschiedenen Ländern und gehören unterschiedlichen Glaubensgemeinschaften an. Allerdings gibt es unter diesen fünfzehn Personen kleinere Gruppierungen mit weiteren Gemeinsamkeiten. Die Ausstellung wurde nach dem Aufenthaltsgrund strukturiert. So ist eine Gesprächspartnerin als „Gastarbeiterin" nach Deutschland gekommen. Zwei suchten hier Asyl, zwei kamen aus Liebe, eine kam sowohl aus Liebe als auch wegen des Asyls, drei zogen als Kinder nach und sechs wurden hier geboren.

Die Gespräche wurden einzeln geführt, und man nahm sich Zeit dafür. Die Fragende war vor allem das offene Ohr für die Lebensgeschichte. Es war mehr ein geleitetes biografisches Gespräch als ein Interview mit genau vorgegebenen Fragen.

Ein besonders glücklicher Umstand war, dass zwei Prominente im Kreis Göppingen wohnten: der Boxer Firat Arslan und der Schriftsteller Luigi Brogna. Die Namen, Konterfeis und Lebensgeschichten der beiden wirkten als Publikumsmagnet. Doch auch die nicht so im Rampenlicht der Öffentlichkeit stehenden Gesprächspartner/innen zogen das Publikum an. In ihnen konnte man den Nachbarn, die Kollegin, den ehemaligen Schulkameraden oder die Mutter aus dem Kindergarten wiedererkennen.

Das Besondere an diesem Projekt war, dass nur Fachleute mit Migrationshintergrund die Ausstellung insgesamt realisierten. Es war ein Projekt von, für und über Migranten/innen. Konzeption, Ausführung, Fotografie und grafische Gestaltung lagen in den Händen von drei professionellen Kräften nichtdeutscher Herkunft. Das Projekt selbst wiederum war ein großes ehrenamtliches Unterfangen, weil die drei Profis ihre Arbeit zwar professionell, aber im Ehrenamt durchführten.

Die Biografien

Für die Ausstellung wurden die überarbeiteten Biografietexte veröffentlicht, die den persönlichen Erzählduktus der Gespräche und ihre Lebendigkeit zu bewahren suchen. Die Interviewpartner/innen berichten mit Offenheit und Spontaneität über ihre Erfahrungen mit der neuen Heimat und benennen Voraussetzungen für

Integration und Teilhabe. In vielen Gesprächen kommt die Aufforderung an die Migranten/innen, sich mehr der Gesellschaft zu öffnen und sich zu engagieren. Beispielhaft hierfür ist der Aufruf der 38-jährigen Hausfrau Aynur Keleş, die für ihr Engagement mit der goldenen Ehrenamtskarte der Stadt ausgezeichnet wurde: „Wir Migranten müssen mitwirken, Interesse zeigen, ‚das Boot', in dem wir alle zusammen sitzen, mitlenken und nicht alles über uns ergehen lassen."[1] Ähnlich gelagert ist auch die Argumentation der 24-jährigen Studentin Gülay Kül, die vor allem mehr Selbstbewusstsein fordert: „Wir Migranten müssen auch selbstbewusster [...] zeigen, dass wir hier sind und dass man uns nirgendwo abstellen oder verstecken kann."[2]

Doch es wird auch in vielen Beiträgen deutlich, dass die gesellschaftliche Partizipation den Migranten/innen nicht leicht gemacht wird. Die Teilhabe muss hart eingefordert werden, und dass sie mit vielen Verletzungen und Zurückweisungen verbunden sein kann, ist die Erfahrung vieler: „Am Gymnasium gab es anfangs wohl Sticheleien oder ‚Scherze' auf Kosten meiner Herkunft."[3] „Damals haben viele gelacht. [...] Ich war lange Zeit ohne Manager. Mein Training finanzierte ich mir, indem ich abends bei einer Sicherheitsfirma arbeitete."[4] Deshalb bescheinigen viele der Interviewten, dass man großes Durchhaltevermögen braucht, um sich eine Stellung in dieser Gesellschaft zu erobern: „Wenn wir die Teilhabe an der Gesellschaft erreichen wollen, müssen wir auch ein wenig stur sein und uns über Hindernisse hinwegsetzen. Als zum Beispiel die erste Weihnachtsfeier des Elternbeirats in der Schule stattfand und auch ich erschien, wurde ich von den deutschen Eltern ziemlich schief angeschaut. Doch ich bin geblieben und kam das nächste Mal wieder. So akzeptieren sie mich jetzt."[5] Die Aussage „Wir haben ein Recht, anwesend zu sein und selbst zu sagen, welche Probleme wir haben", zeugt von erlebten Hindernissen und vom Kampf gegen die Bevormundung.

Mindestens ebenso oft wird gefordert, dass die Aufnahmegesellschaft die Migranten/innen willkommen heißen, ihnen offener begegnen soll. Manche heben hervor, dass die Unterstützung durch Deutsche eine wichtige Rolle bei den Bemühungen um einen Platz in der Gesellschaft spielte. So erzählt zum Beispiel Luigi Brogna, der als Zehnjähriger in der Hauptschule landete und als Erwachsener eine erfolgreiche Schriftstellerkarriere startete: „Ich werde nicht müde zu betonen, dass ich mich nicht integriert habe, sondern integriert wurde."[6] Auch für Marija Ciber In Mauro war die Unterstützung der Kollegen tragend: „Von den Gewerkschaftskollegen wurde ich als gleichberechtigte, kompetente Partnerin angesehen."[7] Ebenso für Faton Dermaku: „Am Anfang fühlte ich mich nicht wohl. Erst als ich merkte, das niemand dumme Sprüche macht, dass man mich akzeptiert, fand ich Anschluss."[8]

Für fast alle Befragten sind ihre beiden Kulturen wertvoll und sie sehen es als positiv an, von zwei Kulturen geprägt zu sein. Keiner von ihnen musste einen „Kampf der Kulturen" ausfechten, im Gegenteil: Sie betrachten es als entscheidenden Gewinn, sich in zwei Kulturen sicher bewegen zu können:

* „Ich sehe mich von beiden Kulturen, der deutschen und der serbischen, gleichermaßen geprägt."[9]
* „Ich fühle mich hier heimisch, doch für mich ist es wichtig, nicht zu vergessen, woher ich komme."[10]
* „Deutschland ist meine Heimat. Ich habe keine Angst, meine Kultur zu verlieren, weil ich in meinem Glauben und in meiner Sprache gefestigt bin."[11]
* „Für mich sind meine beiden Kulturen wichtig. Ich spreche beide Sprachen gleichermaßen gut. Das empfinde ich als ein Geschenk."[12]

Nur zwei Gesprächspartner/innen äußern sich keinem ihrer beiden Länder besonders verbunden, allerdings nicht aufgrund von Entwurzelung, sondern weil sie global denken und die Welt als Heimat sehen:

* „Als ob der Geburtsort irgendeine schlüssige Aussage über einen Menschen machen könnte."[13]
* „Ich sehe mich von keinem nationalen Gedanken belastet, ich sehe mich als Mensch!"[14]

Die Beweggründe für das Engagement sind unterschiedlich: Einige möchten ihren Kindern oder anderen Migranten/innen gerne ein Vorbild sein und zur Nachahmung anregen. Manche möchten helfen, weil sie das soziale Engagement aus ihren Familien kennen, andere weil sie es der nachkommenden Generation leichter machen wollen. Einige können Ungerechtigkeit nicht tolerieren, andere engagieren sich, weil es ein demokratisches Grundrecht ist. Viele fühlen sich solidarisch mit anderen, und alle bewiesen ein großes Herz für andere Menschen, auch indem sie sich für dieses Ausstellungsprojekt zur Verfügung stellten.

Ein Beispieltext (Auszug)

Zeynep Akıncı (1970 in Konya/Türkei geboren, Krankenschwester und ehrenamtliche Vorlesepatin.): „Mein Vater war seit 1969 in Deutschland und hat bei Daimler gearbeitet. Meine beiden Geschwister und ich wohnten mit unserer Mutter in Izmir. Erst als ich 10 war, siedelten wir alle nach Göppingen über. Die erste Zeit war nicht einfach. Ich besuchte zuerst die Uhland-Grundschule, dann die Walther-Hensel-Hauptschule. Mein Traumberuf war Krankenschwester, doch dafür brauchte ich die mittlere Reife. So holte ich nach dem Hauptschulabschluss dann noch die mittlere Reife auf der Berufsfachschule nach.

Zu meiner ehrenamtlichen Tätigkeit kam ich zufällig über meine Kinder. Die Mitarbeiterinnen der Stadtbibliothek fragten mich, ob ich Lust hätte, als Lesepatin mitzumachen. Ich sagte sofort zu, weil das eine gute Sache ist. Einmal pro Monat werden Kindergeschichten und Märchen aus der Türkei sowohl auf Türkisch als auch auf Deutsch vorgelesen. Die Lesefeste schaffen Verbindungen zwischen der deutschen und der türkischen Kultur, die Zuhörer öffnen sich gegenseitig für das Fremde. Ich engagiere mich gerne, weil ich erstens dadurch für mich Wertschätzung von anderen bekomme und zweitens anderen damit etwas geben kann. Außerdem macht mir das Vorlesen Spaß. Ich finde, es ist eine sinnvolle interkulturelle Arbeit. Zugleich kann ich mit dieser Tätigkeit sowohl für meine Kinder als auch für meine Landsleute ein Vorbild sein."

Abschlussbemerkung

Die Ausstellung hatte großen Erfolg. An der Eröffnung nahmen weit über einhundert Besucher teil. Der Ausstellungsaufbau und die Eröffnung wurden durch viele helfende Hände unterstützt. Wir hätten sicherlich mehr Ethnien berücksichtigen können, wenn wir mehr Kapazitäten (finanzielle, räumliche und personelle) gehabt hätten. Als besonders erfolgreich – vor allem für die Schulklassen – erwies sich, dass die Interviews in der Ausstellung in gekürzter Fassung und in einer Begleitbroschüre in voller Länge veröffentlicht wurden. Damit konnten die Lehrer/innen die Ausstellung im Unterricht nachbereiten. Zudem bekamen alle Gesprächspartner/innen durch die Broschüre ihre persönliche Biografie-Veröffentlichung. Mit einem großen Teil der Gesprächspartner/innen haben sich weitere Kontakte ausgebildet, so dass sie auch bei anderen interkulturellen Veranstaltungen aktiv dabei sind und als Multiplikatoren gerne zur Verfügung stehen.

Anmerkungen

1   Aynur Keleş, Ausstellungsbroschüre „Teilhaben -Teil werden", Göppingen 2007.
2   Gülay Kül, ebd.
3   Selim Tüney, ebd.
4   Firat Arslan, ebd.
5   Aynur Keleş, ebd.
6   Luigi Brogna, ebd.
7   Marija Ciber In Mauro, ebd.
8   Faton Dermaku, ebd.
9   Dejan Vasić, ebd.
10 Nikola Sofranac,ebd.
11 Sabrina Kirec, ebd.
12 Firat Arslan, ebd.
13 Luigi Brogna, ebd.
14 Selim Tüney, ebd.

Datenvergleich

Dirk Lange / Joachim Stöter / Alexander Bähr
Zur Lage der politischen Bildung in den Bundesländern

Prof. Dr. Dirk Lange, geb. 1964

Professor für Didaktik der Politischen Bildung
an der Carl von Ossietzky Universität Oldenburg

Alexander Bähr, geb. 1982

Bachelor of Arts Soziologie, Mitarbeiter der
Professur „Didaktik der Politischen Bildung"
an der Carl von Ossietzky Universität Oldenburg

Joachim Stöter, geb. 1980

Diplom-Psychologe, wissenschaftlicher Mitarbeiter der
Professur „Didaktik der Politischen Bildung"
an der Carl von Ossietzky Universität Oldenburg

Einleitung

„Eine Demokratie, die sich nicht um die Förderung der demokratischen Kenntnisse und Fähigkeiten kümmert, wird aufhören, eine Demokratie zu sein."[1] Mit diesen Worten leiteten Abgeordnete des Deutschen Bundestags ihren Antrag zur Lage der politischen Bildung in Deutschland im Jahr 2008 ein. Sie beschreiben die Notwendigkeit politischer Bildung und fordern den Erhalt und den Ausbau ihrer Strukturen, insbesondere hinsichtlich des Aufbaus von Forschungskapazitäten.

Aber wie steht es derzeit wirklich um die politische Bildung in Deutschland? Welche Institutionen, Verbände, Organisationen, Behörden und Träger engagieren sich in ihr und wie entwickeln sich deren Ausgaben? Um diesen Fragen nachzugehen, ist im Auftrag der Bundeszentrale für politische Bildung an der Universität Oldenburg erstmalig ein „Monitor politische Bildung" entwickelt worden. Er erhebt Kerndaten zur politischen Bildung in Deutschland, wertet diese aus und dokumentiert relevante Erkenntnisse. Zu diesem Zweck wurden die institutionellen und curricularen Bedingungen der politischen Bildung in den schulischen und außerschulischen Bildungssektoren recherchiert. Sowohl öffentliche als auch gesellschaftliche Maßnahmen, die sich der politischen Bildung zuordnen lassen, sind von Interesse. Bezüglich des öffentlichen Bereiches unterscheidet der Monitor zwischen Bund, Ländern, Kommunen und Europa, während innerhalb der gesellschaftlichen Dimension zwischen Stiftungen, Gewerkschaften und Kirchen differenziert wird. Die Ergebnisse verweisen auf Tendenzen, Lücken und Entwicklungen der politischen Bildung und sollen potenzielle Förder- sowie politische Handlungsbedarfe aufzeigen.

Ähnliche Arbeiten sind bis dato selten zu finden. Im Jahr 2000 hat der wissenschaftliche Dienst des Deutschen Bundestages eine knappe Ausarbeitung über die Ausgabenentwicklung einzelner Ministerien des Bundes und der Länder im Zeitraum 1995–2000 vorgelegt.[2] In den Jahren 2006 und 2007 wurden zwei Trendberichte über die schulische und außerschulische Bildung veröffentlicht.[3] Diese beiden Aufsätze sind aber größtenteils beschreibender Natur und verfügen über keine empirische Datenbasis. Nur selten wurden Evaluationen durchgeführt, wie eine seit 2006 für die politische Erwachsenenbildung vorliegt.[4]

Dem Monitor politische Bildung liegt ein differenziertes Konzept zu Grunde, welches auf der Verwendung konkreter Kennzahlen beruht. Mittelfristig kann der Monitor dadurch für einen Longitudinal-Vergleich genutzt werden. So werden Veränderungen in der politischen Bildungslandschaft diagnostizierbar. Die Daten des vorliegenden Monitors haben insbesondere im Ländervergleich eine gute Aussagekraft. Dieser Untersuchungsbereich soll deshalb im Zentrum der exemplarischen Darstellung stehen. Um einen Einblick in das erfasste Datenmaterial zu geben, werden im Folgenden die für ein Ranking der Bundesländer relevanten Bereiche „Landeszentralen für politische Bildung", „Politische Bildung in der universitären Lehrerausbildung", „Ausgaben (der Länder) im Rahmen der Kinder- und Jugendhilfe / Kinder- und Jugendförderpläne" und „Politische Bildung – Schulen" dargestellt. Der Beitrag basiert auf dem Monitor politische Bildung, in dem alle für die Datenerhebung verwendeten Quellen belegt sind.[5]

Landeszentralen für politische Bildung

Die Landeszentralen für politische Bildung haben für die politische Bildung in Deutschland eine besondere Bedeutung. Über sie nehmen die Bundesländer ihre Verantwortung für die demokratische Bewusstseinsbildung der Bürgerinnen und Bürger wahr. Die Ausgaben der Landeszentralen für politische Bildung lassen sich über die jeweiligen Jahresberichte oder über die Haushaltspläne der zuständigen Ministerien ermitteln. Für den Monitor wurden die ausgewiesenen Gesamtausgaben als Kennzahlen zu Grunde gelegt. Eine spezifischere Aufschlüsselung der Gesamtausgaben nach z.B. Publikationen, Seminaren, Personalausgaben oder Sachausgaben konnte nicht vorgenommen werden. Die Vergleichbarkeit der Einzelwerte war aufgrund unterschiedlicher Kategorien der Kostendarstellung nicht gegeben.

Insgesamt liefern die Haushaltsansätze ein stabiles Instrumentarium der Datendarstellung. Jedoch hat das einfache Nebeneinanderstellen der absoluten Ausgaben wenig Aussagekraft, da sich die Bundesländer in ihrer Größe zu sehr unterscheiden. Für die Vergleichbarkeit der Daten wurden die Ausgaben der Landeszentralen deshalb in Relation zu der Einwohnerzahl der Bundesländer gesetzt. Diese wurden auf der Datengrundlage der „koordinierten Bevölkerungsvorausberechnung" des Statistischen Bundesamts Deutschland für das Jahr 2005 ermittelt.[6]

Die Abbildung 1 stellt dar, wie viel Geld pro Einwohner die Bundesländer ihren Landeszentralen für politische Bildung im Jahr zur Verfügung stellen. Nicht alle Einwohner eines Bundeslandes zählen zur Zielgruppe von Landeszentralen, aber die Pro-Kopf-Relation macht die Hauhaltsposten für den Ländervergleich nutzbar. Das Referenzjahr ist 2006 oder 2007 (für Schleswig-Holstein 2005). Die unterschiedlichen Jahre sind auf die verschiedenen Zeitpunkte zurückzuführen, für die die Daten zugänglich waren. Für die Erhebung selbst ist dies aber ohne Bedeutung, da von vergleichbaren Datensätzen ausgegangen werden kann. Die Ausgaben der Landeszentralen blieben in diesen Jahren relativ konstant. Es sind keine signifikanten Abweichungen für einzelne Länder bekannt.

Abbildung 1: Gesamtausgaben der Landeszentralen für politische Bildung pro Einwohner in 2005, 2006 oder 2007 (in Euro)

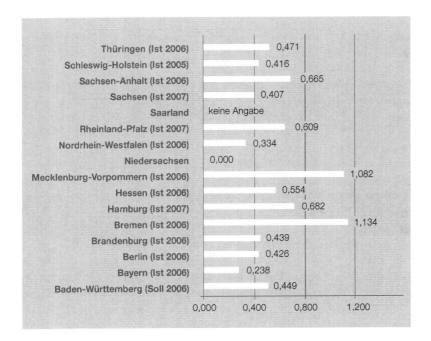

Im Länderdurchschnitt wurden für die politische Bildung pro Einwohner 53 Cent über die Landeszentralen zur Verfügung gestellt. Zur Berechnung wurden alle Ausgaben addiert und durch 15 Bundesländer geteilt (das Saarland wurde nicht einbezogen, da hier keine verwertbaren Angaben vorliegen). Die meisten Länder liegen mit ihren Pro-Kopf-Ausgaben zwischen 0,40 und 0,70 Euro. Nach oben brechen Bremen und Mecklenburg-Vorpommern aus: Beide Länder investieren pro Jahr und Einwohner mehr als 1 Euro in die politische Bildung. Nordrhein-Westfalen (0,33 Euro) und Bayern (0,24 Euro) liegen mit ihren Ausgaben deutlich unter dem Durchschnitt. Niedersachsen bildet mit 0 Euro das Schlusslicht. Es hat die Landeszentrale im Jahr 2004 ersatzlos geschlossen.

Politische Bildung in der universitären Lehrerausbildung

Wie ist es um die Bedeutung der politischen Bildung in der universitären Lehrerausbildung bestellt? Zur Beantwortung dieser Frage ist die Existenz einer fachdidaktischen Professur ein starker Indikator. Eine Professur, die sich explizit mit Fragen des politischen Lehrens und Lernens beschäftigt, stellt ein Qualitätsmerkmal der Lehrerausbildung für die Unterrichtsfächer der politischen Bildung dar.

Die folgende Darstellung konzentriert sich – im Sinne einer besseren Vergleichbarkeit – auf die gymnasiale Lehrerausbildung. In einem ersten Schritt wurde die Anzahl der Universitäten recherchiert, an denen eine Gymnasiallehrerausbildung für Unterrichtsfächer möglich ist, deren zentrale Inhalte der politischen Bildung zugerechnet werden können. Hierzu wurde der Hochschulkompass der Hochschulrektorenkonferenz herangezogen. Mittels der Stichwörter „Politik" und „Sozialkunde" wurden alle Hochschultypen, Hochschulstandorte und Bundesländer abgefragt. Zu beachten ist, dass das verwendete Suchinstrument nur diejenigen Studiengänge berücksichtigte, für die eine aktuelle Immatrikulation möglich ist. Auslaufende Studiengänge wurden demzufolge nicht erfasst. Ausbildungsstandorte, die über einen auslaufenden Studiengang für das gymnasiale Lehramt der politischen Bildung verfügen, einen geplanten neuen Studiengang zum Zeitpunkt der Erhebung aber noch nicht zur Immatrikulation anboten, wurden dadurch ebenfalls nicht erfasst.[7]

Im zweiten Untersuchungsschritt wurde die Anzahl der fachdidaktischen Professuren im Bereich der politischen Bildung ermittelt. Hierfür konnte auf die Internetseite der Gesellschaft für Politikdidaktik und politische Jugend- und Erwachsenenbildung (GPJE) zurückgegriffen werden.[8] In Zweifelsfällen wurde auf den Internetseiten der entsprechenden Universitäten nachrecherchiert. Der Ländervergleich bezieht alle planmäßigen Professuren und Juniorprofessuren der Didaktik der politischen Bildung, der Sozialkunde, der Politikwissenschaften und der Sozialwissenschaften ein. Planstellen, die zum Erhebungszeitpunkt[9] nicht besetzt waren oder sich im Berufungsverfahren befanden, wurden nicht berücksichtigt.

Die Abbildung 2 zeigt zum einen die Anzahl der Universitäten, welche für das gymnasiale Lehramt der politischen Bildung ausbilden. Zum anderen wird die Anzahl der an diesen Universitäten eingerichteten Professuren zur Didaktik der politischen Bildung dargestellt. Daraus wird die Relation von Ausbildungsstandorten und Didaktikprofessuren für die Bundesländer ersichtlich.

Abbildung 2: Relation der an der gymnasialen Lehramtsausbildung für die politische Bildung beteiligten Universitäten und Didaktikprofessuren (Stand 2008)

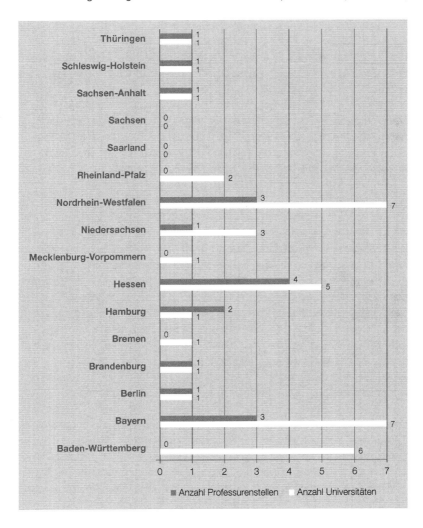

Zunächst ist festzustellen, dass an insgesamt 38 Universitäten in 14 Bundesländern (außer im Saarland und in Sachsen) ein gymnasiales Lehramt der politischen Bildung studiert werden kann. An den meisten dieser Studiengänge ist keine fachdidaktische Professur beteiligt. Die 18 eingerichteten Professuren verteilen sich auf zehn Länder. Der Idealzustand, dass eine Fachdidaktikprofessur an jedem Lehramtsstudiengang federführend beteiligt ist, war in fünf (eher kleineren) Bundesländern erreicht. Berlin, Brandenburg, Sachsen-Anhalt, Schleswig-Holstein und Thüringen verfügen aber auch nur über je einen Ausbildungsstandort. Hamburg ist das einzige Bundesland, in dem an einem Studiengang zur politischen Bildung mehr als eine Professur beteiligt ist. Die zweite Professur liegt mit der Denomination „Historisch-politische Didaktik" aber eher im Fach Geschichte.

In den fünf großen Ausbildungsländern Baden-Württemberg, Bayern, Hessen, Niedersachsen und Nordrhein-Westfalen kann die Situation nur für Hessen als befriedigend angesehen werden. Dort verfügen vier der fünf Universitäten über eine fachdidaktische Professur für politische Bildung. In Bayern, Niedersachsen und Nordrhein-Westfalen liegt die Quote unter 50 Prozent.

Als problematisch ist die Situation in Baden-Württemberg, Mecklenburg-Vorpommern und Rheinland-Pfalz einzuschätzen. Dort ist an den Universitäten, die für das gymnasiale Lehramt der politischen Bildung ausbilden, keine einzige Didaktikprofessur eingerichtet. Das hat zur Folge, dass die Gymnasiallehrer/innen für die politische Bildung in diesen Ländern während ihrer gesamten Ausbildung nie mit einer politikdidaktischen Forschungseinheit in Berührung kommen. Unverständlich ist diese Situation für Baden-Württemberg, das mit sechs Universitäten zu den großen Ausbildungsländern für die politische Bildung zählt. Die sechs Didaktikprofessuren des Landes sind ausschließlich an den Pädagogischen Hochschulen eingerichtet und haben dadurch keinen Anteil an der gymnasialen Lehrer/innenausbildung.

Ausgaben der Länder im Rahmen der Kinder- und Jugendhilfe

Die rechtlichen Grundlagen für diesen Erhebungsbereich finden sich seit 1990 im „Sozialgesetzbuch (SGB) – Achtes Buch (VIII) – Kinder- und Jugendhilfe". Dieser Bereich ist für eine Betrachtung der Lage der politischen Bildung in Deutschland relevant, da die Jugendarbeit die Aufgabe hat, junge Menschen zur Selbstbestimmung zu befähigen und sie darüber hinaus zur gesellschaftlichen Mitverantwortung und zu sozialem Engagement zu ermutigen. Die Erhebungen zu den „Pro-Kopf-Ausgaben im Bereich Einzel- und Gruppenhilfen und andere Aufgaben nach dem SGB VIII für Maßnahmen der außerschulischen Jugendbildung im Jahr 2006 (in Euro)" und den „Pro-Kopf-Ausgaben im Bereich Einzel- und Gruppenhilfen und andere Aufgaben nach dem SGB VIII für Maßnahmen der internationalen Jugendarbeit im Jahr 2006 (in Euro)" bilden für das Ranking die Bewertungsgrundlage für den Bereich der Kinder- und Jugendhilfe / Kinder- und

Jugendförderpläne. Sie zeigten die größte Eindeutigkeit und Relevanz in Bezug auf Anteile politischer Bildung in diesem Bereich, weswegen sie zur Bewertung herangezogen wurden.

Abbildung 3: Pro-Kopf-Ausgaben im Bereich Einzel- und Gruppenhilfen und andere Aufgaben nach dem SGB VIII für Maßnahmen der internationalen Jugendarbeit im Jahr 2006 (in Euro)

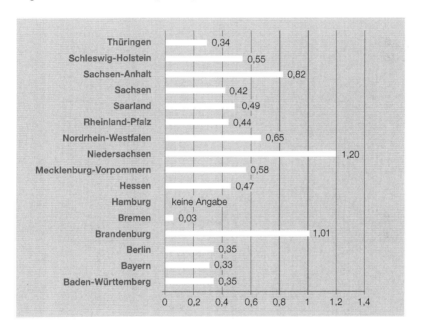

Durchschnittlich 0,54 Euro wurden für Maßnahmen im Bereich der internationalen Jugendarbeit pro Kopf aufgewandt. Niedersachsen ist mit Ausgaben in Höhe von 1,20 Euro vor Brandenburg mit 1,01 Euro führend. Weniger als 0,50 Euro pro Kopf für Maßnahmen der internationalen Jugendarbeit gaben neun Bundesländer aus. Bei fünf dieser Länder liegt die Pro-Kopf-Quote unter 0,35 Euro. Am unteren Ende der Skala liegt Bremen mit 0,03 Euro.

Bei den Ausgaben für Einzel- und Gruppenhilfen im Bereich „außerschulische Jugendbildung" bestehen zwischen den Bundesländern deutliche Unterschiede. In den für Hamburg untersuchten Statistiken wurden nicht exakt nachvoll-ziehbare Erfassungs-Unterschiede festgestellt, daher konnten diese Daten nicht mit den anderen Bundesländern verglichen werden. Die Pro-Kopf-Ausgaben für die restlichen Bundesländer lagen im Jahr 2006 zwischen 0,73 Euro und 7,64 Euro, was zu durchschnittlichen Ausgaben von etwa 3,24 Euro pro Person führt. Das Saarland (5,94 Euro), Berlin (6,23 Euro) und Bremen (7,64 Euro) liegen hierbei signifikant über dem Bundesdurchschnitt, während Bayern und Thüringen weniger als 1 Euro pro Person ausgeben.

Abbildung 4: Pro-Kopf-Ausgaben im Bereich Einzel- und Gruppenhilfen und andere Aufgaben nach dem SGB VIII für Maßnahmen der außerschulischen Jugendbildung im Jahr 2006 (in Euro)

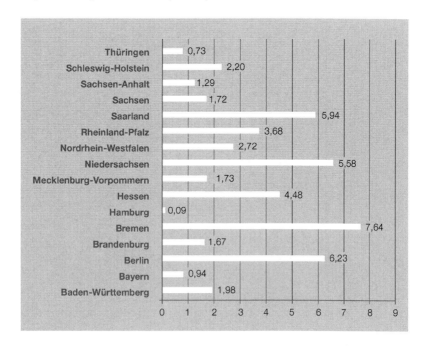

Politische Bildung – Schulen

In diesem Untersuchungsbereich interessieren die Unterrichtsfächer der politischen Bildung. Mittels einer Lehrplananalyse wurde zunächst identifiziert, in welchen Fächern die politische Bildung einen zentralen Stellenwert hat. Auf Basis der Schulstundentafeln der einzelnen Bundesländer ließ sich daraufhin bestimmen, in welchem Umfang die politische Bildung an den Schulen verankert ist. Die Datenerhebung ist auf den Pflichtunterricht an Grundschulen und in der Sekundarstufe I konzentriert, um eine Vergleichbarkeit zu gewährleisten. Verfügungsstunden wurden zur Hälfte des zusätzlich nutzbaren Stundenvolumens als Jahreswochenstunden berechnet. Optionale Unterrichtsstunden flossen nicht in die Darstellung ein.

Für die Grundschule kann der Anteil politischer Bildung nur annähernd dargestellt werden. Zum Teil musste geschätzt werden, da der Umfang der politischen Bildung im Rahmen des Sachunterrichts nicht exakt quantifizierbar ist. Der „Monitor politische Bildung" widmet sich diesem Problem ausführlich. Im Folgenden wird der Fokus auf die Anteile politischer Bildung in Hauptschulen, Realschulen und Gymnasien gelegt.

Abbildung 5: Anteil politischer Bildung in der Hauptschule von Klasse 5 bis 9 in durchschnittlich erteilten Jahreswochenstunden nach Datengrundlage zum September 2008

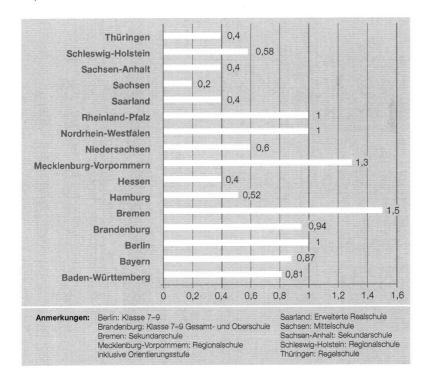

Anmerkungen: Berlin: Klasse 7–9
Brandenburg: Klasse 7–9 Gesamt- und Oberschule
Bremen: Sekundarschule
Mecklenburg-Vorpommern: Regionalschule inklusive Orientierungsstufe

Saarland: Erweiterte Realschule
Sachsen: Mittelschule
Sachsen-Anhalt: Sekundarschule
Schleswig-Holstein: Regionalschule
Thüringen: Regelschule

An den Hauptschulen werden im bundesweiten Durchschnitt lediglich 0,75 Jahreswochenstunden Unterricht in politischer Bildung erteilt. Insgesamt scheint

der politischen Bildung dort keine besondere Bedeutung beigemessen zu
werden. In fünf Bundesländern (Thüringen, Sachsen-Anhalt, Sachsen, Saarland
und Hessen) ist die politische Bildung mit 0,4 oder weniger Jahreswochenstunden prekär. In den Ländern Rheinland-Pfalz, Nordrhein-Westfalen, Mecklenburg-
Vorpommern und Berlin wird mindestens eine Jahreswochenstunde politische
Bildung unterrichtet. Bremen liegt mit 1,5 Jahreswochenstunden an der Spitze.
Die anderen Länder befinden sich im Mittelfeld.

Abbildung 6: Anteil politischer Bildung in der Realschule von Klasse 5 bis 10
in durchschnittlich erteilten Jahreswochenstunden

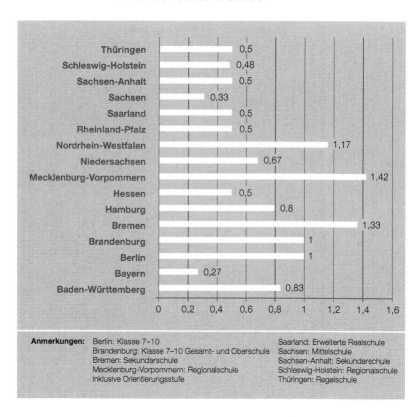

Die Bedeutung politischer Bildung an der Realschule entspricht ungefähr der an
der Hauptschule. Die durchschnittlich erteilte Jahreswochenstundenzahl sinkt
auf 0,74 Std. An den Realschulen Bayerns und Sachsens wird politische Bildung
mit 0,27 beziehungsweise 0,33 Jahreswochenstunden nur marginal unterrichtet.

Auch in den Ländern Thüringen, Schleswig-Holstein, Sachsen-Anhalt, Saarland, Rheinland-Pfalz und Hessen hat das Fach nur einen geringen Stellenwert. Über dem Bundesdurchschnitt liegen sieben Bundesländer, darunter Nordrhein-Westfalen, Bremen und Mecklenburg-Vorpommern als Spitzenreiter. Auffällig sind die deutlichen Unterschiede zwischen den Ländern. So sind die Anteile der politischen Bildung in den Realschulen Mecklenburg-Vorpommerns fünfmal höher als in Bayern.

Abbildung 7: Anteil politischer Bildung am Gymnasium von Klasse 5 bis 10 in durchschnittlich erteilten Jahreswochenstunden

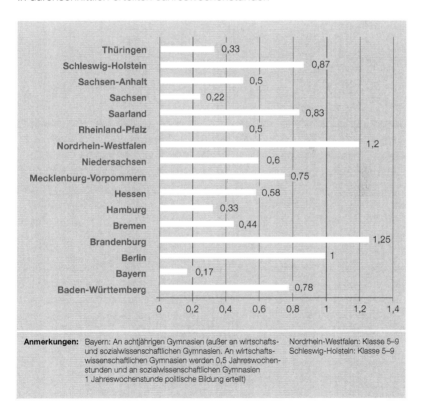

Anmerkungen: Bayern: An achtjährigen Gymnasien (außer an wirtschafts- und sozialwissenschaftlichen Gymnasien. An wirtschafts-wissenschaftlichen Gymnasien werden 0,5 Jahreswochen-stunden und an sozialwissenschaftlichen Gymnasien 1 Jahreswochenstunde politische Bildung erteilt)

Nordrhein-Westfalen: Klasse 5–9
Schleswig-Holstein: Klasse 5–9

In der Sekundarstufe I der Gymnasien lassen sich die geringsten Umfänge politischer Bildung finden. Der Durchschnitt beträgt hier nur 0,65 Stunden pro Jahr. Auch hier befinden sich Bayern und Sachsen mit 0,17 und 0,22 Jahreswochen-stunden sowie mit etwas Abstand Thüringen und Hamburg mit jeweils 0,33

Jahreswochenstunden auf den hinteren Plätzen. Sie unterbieten den Bundes-durchschnitt um ein Mehrfaches. Während Bremen in den vorher skizzierten Bereichen noch überdurchschnittliche Werte aufwies, ist der Anteil politischer Bildung an den Gymnasien mit 0,44 Jahreswochenstunden deutlicher unter dem Durchschnitt. Eine oder mehr Jahreswochenstunden erreichen Nordrhein-Westfalen, Berlin und Brandenburg. Brandenburg ist das einzige Bundesland, in welchem „Politische Bildung" auch die Fachbezeichnung ist.

Nimmt man die Ergebnisse der Haupt-, Realschulen und Gymnasien zusammen, so wird politische Bildung durchschnittlich mit 0,71 Jahreswochenstunden unter-richtet. Das ist für ein etabliertes Unterrichtsfach und einen herausgehobenen Bildungsbereich erstaunlich wenig.

Ranking

Im Folgenden wird ein Ranking der Bundesländer vorgeschlagen, in das die-jenigen Untersuchungsbereiche eingegangen sind, in denen die Länder über Gestaltungskompetenzen verfügen. Dazu zählen die dargestellten Bereiche „Landeszentralen für politische Bildung" und „Politische Bildung in der univer-sitären Lehrerausbildung" sowie „Ausgaben (der Länder) im Rahmen der Kinder-und Jugendhilfe / Kinder- und Jugendförderpläne" sowie „Politische Bildung in der Schule". Die Ausgaben des Bundes in den Ländern und die Maßnahmen in rein kommunaler Verantwortung sind nicht berücksichtigt worden. Diese vier Elemente lassen eine Einschätzung des Engagements der jeweiligen Bundes-länder im Bereich politische Bildung zu.

Auf allen Ebenen bestehen konkrete politische Einflussmöglichkeiten der jewei-ligen Landesregierung. Wie der Tabelle zu entnehmen ist, wird den ersten drei Bereichen eine gleich starke Bedeutung beigemessen, während der Bereich Schule als besonders aussagekräftig eingestuft wird und daher mit 40% in die Bewertung einfließt.

Politischer Bildung im Rahmen der Schule wird deshalb eine sehr große Bedeu-tung zugeschrieben, weil alle Kinder und Jugendlichen mit verbindlichen Inhalten angesprochen werden können. So erreicht die Schule erheblich mehr Menschen als z.B. die Landeszentralen. Außerdem begleitet sie diese kontinuierlich über einen langen Zeitraum. Speziell die Landeszentralen und die universitäre Ausbil-dung leisten trotz geringerer Reichweite als die Bereiche „Schule" und „Kinder-und Jugendhilfe / Kinder- und Jugendförderpläne" essentielle Arbeit im Bereich Multiplikatorenausbildung. Zum Teil wurden in den Untersuchungsbereichen interne Gewichtungen vorgenommen, um die Bedeutung verschiedener Segmente zu würdigen. Als Beispiel seien hier die Grundschulen genannt, die weniger explizite Inhalte politischer Bildung aufweisen als die weiterführenden Schulen, was zu einer niedrigeren Einstufung im Ranking führt. Für den Bereich der universitären Ausbildung erscheint das Verhältnis der Ausbildungseinrichtungen zur Bevölkerungszahl wichtig, um eine möglichst flächendeckende Versorgung mit qualifiziertem Lehrpersonal sicherzustellen. Weitere Hinweise bezüglich dieser Gewichtung lassen sich dem Monitor entnehmen.

Bewertungsgrundlage für das Ranking

Bereich	Einbezogene Daten	Gewichtung	
Landeszentralen für politische Bildung	Gesamtausgaben der Landeszentralen für politische Bildung pro Person (in Euro)	20%	
Politische Bildung – Universitäre Lehrerausbildung	Anzahl der Studenten/innen, die auf Lehramt für das Gymnasium Fächer studieren, deren primäre Inhalte der politischen Bildung zuzurechnen sind (Fachfälle/Sommersemester 2008) in Relation zur Anzahl der Universitäten, an denen ein solches Studium möglich ist	40%	20%
	Relation der Einwohnerzahl zur Anzahl der Universitäten, an denen ein Studium auf Lehramt Gymnasium in Fächern, deren primäre Inhalte der politischen Bildung zuzurechnen sind, möglich ist	60%	
Ausgaben im Rahmen der Kinder- und Jugendhilfe / Kinder- und Jugendförderpläne	Pro-Kopf-Ausgaben im Bereich Einzel- und Gruppenhilfen und andere Aufgaben nach dem SGB VIII für Maßnahmen der internationalen Jugendarbeit im Jahr 2006 (in Euro)	45%	20%
	Pro-Kopf-Ausgaben im Bereich Einzel- und Gruppenhilfen und andere Aufgaben nach dem SGB VIII für Maßnahmen der außerschulischen Jugendbildung im Jahr 2006 (in Euro)	55%	
Politische Bildung – Schulen	Anteil der politischen Bildung in der Grundschule von Klasse 1 bis 4 (in durchschnittlich erteilten Jahreswochenstunden)	19%	40%
	Anteil der politischen Bildung in der Hauptschule von Klasse 5 bis 9 (in durchschnittlich erteilten Jahreswochenstunden)	27%	
	Anteil der politischen Bildung in der Realschule von Klasse 5 bis 10 (in durchschnittlich erteilten Jahreswochenstunden)	27%	
	Anteil der politischen Bildung in der gymnasialen schulischen Bildung von Klasse 5 bis 10 (in durchschnittlich erteilten Jahreswochenstunden)	27%	
		Insgesamt: 100%	

Um nun eine Reihenfolge der Bundesländer auf der dargestellten Berechnungsgrundlage entwerfen zu können, wurde ein gewichtetes Ranking erstellt. Die Gewichtung soll gewährleisten, dass nicht Länder mit absolut höheren Zahlen – wie es in vielen Fällen die bevölkerungsreichen Bundesländer waren – bevorzugt abschneiden. Im Unterschied zu einer einfachen Rangfolge nach Gesamtzahlen berücksichtigt das gewichtete Ranking eine Relevanzeinschätzung der unterschiedlichen Untersuchungsbereiche. Die folgende Formel diente als Berechnungsgrundlage:

$$\frac{\sum_{i=1}^{n}(\text{Punktzahl}_{i} * \text{Relevanz}_{i})}{n}$$

Zunächst wurde für jeden Untersuchungsbereich eine eigene Reihenfolge der Länder erstellt und Punkte für die Platzierung vergeben: 16 Punkte für den ersten Platz eines Bundeslandes im jeweiligen Bereich, 15 Punkte für den zweiten Platz und so weiter. In dem Fall, dass mehrere Bundesländer denselben Platz belegten, erhielten sie jeweils dieselbe Punktzahl. Das folgende Bundesland erhielt entsprechend einen Punkt weniger usw. Die Punkte wurden mit dem Relevanzfaktor aus der Bewertungstabelle multipliziert. Anschließend konnten alle Einzelwerte summiert und durch die Anzahl der erhobenen Bereiche dividiert werden. Das Ergebnis dieser Rechenoperation liegt der folgenden Darstellung zu Grunde.

Abbildung 8: Gewichtetes Länderranking des Monitors politische Bildung

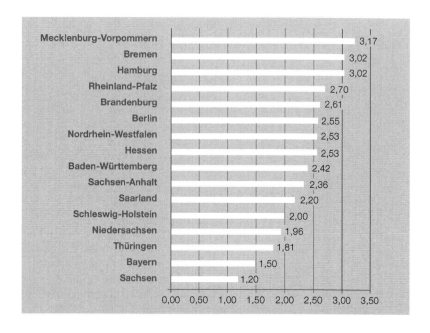

Mecklenburg-Vorpommern kommt in diesem Ranking auf den ersten Platz, dicht gefolgt von Bremen und Hamburg. Rheinland-Pfalz, Brandenburg, Berlin, Nordrhein-Westfalen und Hessen folgen auf den Plätzen vier bis acht und erreichen jeweils eine Gesamtpunktzahl von über 2,5 Punkten. Auch Baden-Württemberg, Sachsen-Anhalt, das Saarland und Schleswig-Holstein schneiden verhältnismäßig gut ab (Punktewerte jeweils über 2,0). Mit Niedersachsen, Thüringen, Bayern und Sachsen finden sich zwei „alte" wie auch zwei „neue" Bundesländer auf den letzten vier Rängen. Der Bundesdurchschnitt liegt insgesamt bei 2,35 Punkten.

Dieses Ergebnis ist sicherlich insofern überraschend, als dass sowohl Mecklenburg-Vorpommern als auch Bremen – trotz beschränkter Mittel – hier die ersten beiden Plätze belegen und umfangreiche Bemühungen zur Förderung der politischen Bildung betreiben. Verwundern dürfte das verhältnismäßig schlechte Abschneiden von Bayern, zumal das Bundesland auch im ungewichteten Ranking des Monitors den vorletzten Platz belegt. Dort spielt politische Bildung in der Realschule sowie in Gymnasien eine eher untergeordnete Rolle. Auch in den Bereichen Kinder- und Jugendhilfe sowie Landeszentrale für politische Bildung schneidet Bayern unterdurchschnittlich ab. Nur im Erhebungsbereich „Politische Bildung – Universitäre Lehrerausbildung" werden durchschnittliche Werte erzielt.

Ein Bericht zur Lage der politischen Bildung in Deutschland bedarf einer soliden, zuverlässigen und transparenten Datenbasis. Auch wenn die Ergebnisse nicht alle erfreulich sein können, wird die politische Bildung letztendlich von einer solchen Datensammlung profitieren; sei es als Standortbestimmung, als Evaluationsinstrument oder zur bildungspolitischen Interessenvertretung des Fachgebietes. Will die politische Bildung der Forderung der Bundestagsabgeordneten nach einer demokratischen Bewusstseinsbildung gerecht werden, benötigt sie dafür eine empirische Fundierung. Derzeit mangelt es in Deutschland an tragfähigen Strukturen der Forschung zur politischen Bildung. Landesfinanzierte Didaktikprofessuren, die forschungsfähig ausgestattet sind, sowie ein bundesfinanziertes Institut für die Didaktik der Demokratie könnten diesen Zustand verbessern.

Anmerkungen

1 Deutscher Bundestag, Drucksache 16/9766 vom 25.6.2008, verfügbar im Internet unter: http://dip21.bundestag.de/dip21/btd/16/097/1609766.pdf (letzter Zugriff: 15.1.2009).

2 Vgl. Georg Strate, Aufwendungen des Bundes und der Länder zur Förderung der politischen Bildung – Reg.-Nr.: WF IV – 127/2000, 2000.

3 Benno Hafeneger, „Politisch denken lernen". Trendbericht: Außerschulische politische Bildung, in: Journal für Politische Bildung, (2007) 2, S. 70–76; Peter Massing, „Schulische politische Bildung: Konsolidierung oder neue Unsicherheiten?". Trendbericht: Schulische politische Bildung, in: Journal für Politische Bildung, (2006) 4, S. 46–52.

4 Vgl. Karsten Fritz / Katharina Maier / Lothar Böhnisch, Politische Erwachsenenbildung. Trendbericht zur empirischen Wirklichkeit der politischen Bildungarbeit in Deutschland, Weinheim / München 2006.

5 Vgl. Dirk Lange, Monitor politische Bildung. Daten zur Lage der politischen Bildung in der Bundesrepublik Deutschland (unter Mitarbeit von Alexander Bähr u. Joachim Stöter), Bundeszentrale für politische Bildung, Bonn 2009 (im Erscheinen).

6 Die koordinierte Bevölkerungsvorausberechnung nach Ländern kann unter der folgenden Internetseite abgerufen werden: http://www.destatis.de/laenderpyramiden/ (letzter Zugriff: 30.3.2009). Die Daten basieren auf „[...] den Ergebnissen der 11. koordinierten Bevölkerungsvorausberechnung für Deutschland und die Länder, Variante 1–W1 (Untergrenze der ‚mittleren' Bevölkerung)".

7 Möglicherweise ist dies für die Universität Dresden der Fall.

8 Vgl. http://www.gpje.de/umfrage/gpje.html (letzter Zugriff: 2.4.2009).

9 Hier liegt der Stand 14. Juli 2008 zugrunde.

Migration und Familie

Veronika Fischer, Monika Springer (Hrsg.)

Handbuch Migration und Familie

Wie wirken sich Migrationsprozesse auf die Bevölke-rungs- und Familienstruktur und die Integrationspolitik aus? Das umfangreiche Handbuch bietet Antworten auf diese Fragen und ist zugleich Nachschlagewerk und Stu-dienbuch. Es gibt einen Überblick über die bislang eher verstreuten Untersuchungen aus den verschiedenen Fachdisziplinen. Die theoretischen Artikel, die u.a. sozial-pädagogische, historische, rechtliche, psychologische und theologische Aspekte behandeln, werden durch praktische Ansätze und Modelle ergänzt.

ISBN 978-3-89974649-5, 528 S., € 49,80

Mit Beiträgen von: Tarek Badawia, Dirk Baier, Helen Baykara-Krumme, Ursula Boos-Nünning, Peter Bünder, Bärbel Dangel, Laura de Paz Martínez, Georg Debler, Dieter Filsinger, Veronika Fischer, Stefan Gaitanides, Norbert Gestring, Mechtild Gomolla, Angelika Gregor, Susanne Huth, Andrea Janßen, Wolf-Dieter Just, Yasemin Karakaşoğlu, Margret Karsch, Reiner Klingholz, Johannes Korporal, Michael Krummacher, Doris Krumpholz, Birgit Leyendecker, Karl-Heinz Meier-Braun, Tanja Merkle, Ursula Neumann, Ludger Pries, Gaby Reitmayer, Hubertus Schröer, Wolfgang Seifert, Annegret Sirringhaus-Bünder, Monika Springer, Gaby Straßburger, Talibe Süzen, Haci-Halil Uslucan, Manuela Westphal, Franziska Wöllert, Ioanna Zacharaki

Veronika Fischer

ist Professorin für Erziehungswissen-schaft am Fachbereich Sozial- und Kul-turwissenschaften der Fachhochschule Düsseldorf.

Monika Springer

ist Diplom-Pädagogin und Trainerin für interkulturelle Kommunikation.

www.wochenschau-verlag.de  www.facebook.com/ wochenschau.verlag @wochenschau-ver

Adolf-Damaschke-Str. 10, 65824 Schwalbach/Ts., Tel.: 06196/86065, Fax: 06196/86060, info@wochenschau-verlag.de

WOCHEN SCHAU VERLAG
... ein Begriff für politische Bildung

Max Matter

Nirgendwo erwünscht

Zur Armutsmigration aus Zentral- und Südosteuropa in die Länder der EU-15 unter besonderer Berücksichtigung von Angehörigen der Roma-Minderheit

Die Einwanderung von Roma gilt in Westeuropa als Problem, weil sie arm sind und weil eine Belastung des Wohlfahrtsstaats gefürchtet wird. Dabei werden regelmäßig die großen Unterschiede zwischen den Roma-Gruppen übersehen. Die politische Abwehr gegen sie greift alte antiziganistische Vorurteile auf und verstärkt diese. Die Bekämpfung des Rassismus denjenigen gegenüber, die zu uns kommen, weil sie auf der Flucht sind oder von ihrer Freizügigkeit Gebrauch machen, wird nicht ausreichend als politische Aufgabe anerkannt.

Dieser Band liefert sachliche Grundlagen für eine Diskussion über gesellschaftspolitische Aufgaben und politische Entscheidungen zur Verbesserung der Inklusion und Teilhabe von Roma in Deutschland. Max Matter gelingt es, die Brücke von der fachwissenschaftlichen Diskussion zum kommunalen Alltag zu schlagen: unentbehrlich für alle, die verantwortlich und korrekt informiert für Roma Politik machen wollen.

ISBN 978-3-7344-0021-6, 336 S., € 39,80

Der Autor

Prof. Dr. phil. Max Matter war von 1985 bis 1996 Professor für Kulturanthropologie und Europäische Ethnologie an der Johann Wolfgang Goethe-Universität Frankfurt am Main. Von 1996 bis zum Ausscheiden aus dem aktiven Universitätsdienst 2010 Professor und Direktor des Instituts für Volkskunde (Studiengang: Europäische Ethnologie) der Albert-Ludwigs-Universität Freiburg im Breisgau.

www.wochenschau-verlag.de www.facebook.com/ wochenschau.verlag @wochenschau-ver

Adolf-Damaschke-Str. 10, 65824 Schwalbach/Ts., Tel.: 06196/86065, Fax: 06196/86060, info@wochenschau-verlag.de